中国广播电视
"走出去"战略研究

臧具林　卜伟才　主编

中国国际广播出版社

目 录

绪 论 ………………………………………………………………………… 1

第一章　中国广播电视"走出去"的机遇 …………………………… 1
第一节　中国国际地位日益提高 ………………………………………… 1
一、国际地位的概念和组成 ………………………………………… 1
二、中国国际地位显著提高的表现 ………………………………… 2
三、国际地位提高为广电"走出去"带来的机遇 ………………… 5

第二节　中国经济社会快速发展 ………………………………………… 11
一、经济社会快速发展为广电"走出去"奠定基础 ……………… 12
二、金融危机加速全球媒体格局重构步伐 ………………………… 13
三、经济社会快速发展提升广电媒体国际竞争力 ………………… 17
四、经济社会持续发展需要广电加快"走出去" ………………… 21

第三节　中华文化全球影响力增强 ……………………………………… 23
一、中华文化影响世界的主要途径 ………………………………… 24
二、中华文化全球影响力增强的体现 ……………………………… 30
三、文化影响力增强为"走出去"提供广阔前景 ………………… 35

第二章　中国广播电视"走出去"的挑战 …………………………… 39
第一节　各国对境外媒体准入有严格政策壁垒 ………………………… 39
一、美国对境外媒体的准入政策 …………………………………… 40
二、英国对境外媒体的准入政策 …………………………………… 42
三、加拿大对境外媒体的准入政策 ………………………………… 44
四、法国对境外媒体的准入政策 …………………………………… 47
五、日本对境外媒体的准入政策 …………………………………… 51

第二节 "西强我弱"舆论格局短期内难以改变 …… 54
一、西方国家媒体传播规模占绝对优势地位 …… 55
二、西方国家依靠先进技术手段控制国际舆论 …… 58
三、西方国家在国际传播领域占有语言优势 …… 61
四、西方国家涉华舆论宣传形成攻守同盟 …… 63

第三节 中国广播电视"走出去"仍处起步阶段 …… 66
一、中国广播电视"走出去"起步晚、时间短 …… 66
二、中国广播电视"走出去"主体竞争力偏弱 …… 70
三、中国广播电视国际传播实效有待提高 …… 74

第三章 中国广播电视"走出去"的条件 …… 80
第一节 国际传播新体系初步建成 …… 80
一、国际传播新体系形成的内在动因 …… 81
二、国际传播新体系形成的外部条件 …… 84
三、中国媒体做好国际传播的必然性 …… 87

第二节 广播电视国际影响力增强 …… 91
一、媒体国际影响力的内涵与外延 …… 91
二、中国广播电视国际影响力增强的表现 …… 93
三、中国媒体国际传播影响力增强的原因 …… 100

第三节 广播电视大外宣格局形成 …… 102
一、中国广播电视国际传播现状 …… 103
二、中国广电国际传播战略特点 …… 109
三、中国广电大外宣格局的问题与对策 …… 112

第四章 中国广播电视"走出去"战略布局 …… 116
第一节 在国家海外经济建设需要的地区进行战略布局 …… 116
一、我国企业海外发展现状 …… 116
二、我国海外经济发展需要外宣媒体的支持 …… 118
三、围绕国家海外经济利益进行媒体"走出去"战略布局 …… 120

第二节 在国家外交重点地区进行战略布局 …… 122
一、媒体与外交 …… 122
二、媒体服务于外交的形式 …… 123
三、媒体"走出去"可以更好地服务外交 …… 126

四、围绕国家外交战略推进媒体"走出去"布局 ………………… 127
第三节 在西方媒体活跃的地区进行战略布局 …………………………… 129
  一、西方国际传播的热点地区分析 ………………………………… 130
  二、我国媒体在相关地区的发展现状反思 ………………………… 135
  三、我国媒体在相关地区的传播建议 ……………………………… 137
第四节 在华人华侨聚集的地区进行战略布局 …………………………… 140
  一、海外华人华侨的分布现状与特点 ……………………………… 140
  二、海外华人华侨对国家软实力建设的独特优势 ………………… 144
  三、以侨务公共外交为契机加快媒体"走出去" …………………… 147

第五章 "走出去"的路径选择：本土化战略 ……………………………… 152
第一节 本土化是世界主要媒体"走出去"的根本战略 …………………… 152
  一、本土化的现实意义 ……………………………………………… 153
  二、世界主要媒体的本土化实践 …………………………………… 155
第二节 本土化的主要表现形式 …………………………………………… 164
  一、内容本土化 ……………………………………………………… 165
  二、人员本土化 ……………………………………………………… 173
  三、管理本土化 ……………………………………………………… 174
  四、运营本土化 ……………………………………………………… 175
第三节 中国媒体本土化战略的初步实践 ………………………………… 178
  一、新华社的本土化战略 …………………………………………… 178
  二、中央电视台的本土化战略 ……………………………………… 181
  三、中国国际广播电台的本土化战略 ……………………………… 183
  四、地方广电媒体的本土化创新 …………………………………… 186
  五、民营企业的本土化实践——蓝海电视 ………………………… 187

第六章 "走出去"的运作方式：公司化模式 ……………………………… 190
第一节 公司化是世界主要媒体"走出去"的运作模式 …………………… 190
  一、公司化运作模式的内涵 ………………………………………… 190
  二、广电媒体采用公司化模式的步骤 ……………………………… 191
  三、世界主要广电媒体的公司化运作 ……………………………… 197
第二节 公司化的主要表现形式 …………………………………………… 202
  一、媒介产品海外发行销售 ………………………………………… 202

二、媒介合作 ………………………………………………… 205
三、海外直接投资设厂 ……………………………………… 206
四、媒介并购 ………………………………………………… 207
五、实体合资 ………………………………………………… 212

第三节　中国媒体公司化运作的初步实践 ……………………… 213
一、媒介产品的海外发行销售 ……………………………… 213
二、中国媒体在境外的媒介合作 …………………………… 216
三、中国媒体在海外直接投资设厂 ………………………… 221
四、中国媒体的媒介并购 …………………………………… 224
五、中国媒体与境外媒体的实体合资 ……………………… 226

第七章　"走出去"的传播理念：差异化原则 ………………… 227

第一节　差异化是世界主要媒体"走出去"的传播理念 ……… 227
一、差异化的概念 …………………………………………… 227
二、差异化的现实意义 ……………………………………… 228
三、世界主要媒体差异化原则的具体应用 ………………… 230

第二节　差异化的主要表现形式 ………………………………… 237
一、因地制宜　优化布局 …………………………………… 237
二、因人制宜　分众传播 …………………………………… 242
三、因时制宜　整合传播 …………………………………… 244
四、因语制宜　母语传播 …………………………………… 246

第三节　中国媒体差异化理念的初步实践 ……………………… 249
一、中国媒体与西方媒体的差异化国际传播 ……………… 250
二、中国海外媒体与国内媒体的差异化传播 ……………… 253
三、针对不同国家和地区的差异化国际传播 ……………… 255

第八章　中国广播电视"走出去"的根本方略 ………………… 261

第一节　按照"走出去"的需要推进体制改革 ………………… 261
一、发达国家传媒体制对"走出去"的积极作用 ………… 261
二、中国广播电视体制对媒体"走出去"的障碍 ………… 263
三、中国广播电视体制改革的路径 ………………………… 268

第二节　按照"走出去"的需要加快机制创新 ………………… 272
一、健全播出监测体系 ……………………………………… 272

二、建立效果评估体系 …………………………………………… 274
　　三、构建人才保障体系 …………………………………………… 275
第三节　按照"走出去"的需要完善政策支持 ………………………… 277
　　一、国外对文化产品和服务"走出去"的政策扶持 …………… 277
　　二、中国鼓励文化产品和服务"走出去"的政策措施 ………… 281
　　三、完善中国广播电视"走出去"的政策支持 ………………… 287

主要参考文献 ……………………………………………………………… 290

撰写人员名单 ……………………………………………………………… 296

后　　记 ………………………………………………………………… 298

绪　论

"走出去"战略，是党中央、国务院根据经济全球化新形势和国民经济发展的内在需要做出的重大决策。"走出去"战略来源实践、指导实践，其探索实践的过程，大致走过了萌芽、起步、调整、发展四个阶段。党的十七大报告指出："坚持对外开放的基本国策，把'引进来'和'走出去'更好地结合起来，扩大开放领域，优化开放结构，提高开放质量，完善内外联动、互利共赢、安全高效的开放型经济体系，形成经济全球化条件下参与国际经济合作和竞争的新优势。"① 党的十八大报告明确要求："适应经济全球化新形势，必须实行更加积极主动的开放战略，完善互利共赢、多元平衡、安全高效的开放型经济体系。要加快转变对外经济发展方式，推动开放朝着优化结构、拓展深度、提高效益方向转变。""坚持出口和进口并重，强化贸易政策和产业政策协调，形成以技术、品牌、质量、服务为核心的出口竞争优势，促进加工贸易转型升级，发展服务贸易，推动对外贸易平衡发展。"② 这预示着我国"走出去"、"引进来"的双向开放，将朝着更高层次的纵深方向发展。

党的十六大以来，党中央在加快实施经济领域"走出去"战略的基础上，全面深刻阐述了文化"走出去"战略，丰富了"走出去"战略的内涵。党的十七大明确提出，要推动社会主义文化大发展大繁荣，提升国家文化软实力，提高中华文化国际影响力。2012 年，《国家"十二五"时期文化改革发展规划纲要》中明确要求"实施文化'走出去工程'"，并对"加强对外文化交流"、"推动文化产品和服务出口"、"扩大文化企业对外投资和跨国经营"等战略，提出了系列重要举措。③ 2013 年，《中共中央关于全面深化改革若干重大问题的决定》要求，"扩大对外文化交流，加强国际传播能力和对外话语体系建设，推动中华文化走向世界"，"培育外向型文化企业，支持文化企业到

---

① 《高举中国特色社会主义伟大旗帜　为夺取全面建设小康社会新胜利而奋斗——在中国共产党第十七次全国代表大会上的报告》，人民出版社，2007 年版，第 27 页。
② 《坚定不移沿着中国特色社会主义道路前进　为全面建成小康社会而奋斗——在中国共产党第十八次全国代表大会上的报告》，人民出版社，2012 年版，第 71 页。
③ 《国家"十二五"时期文化改革发展规划纲要》，参见中国经济网，http://www.ce.cn/culture/gd/201202/16/t20120216_23076264.shtml

境外开拓市场。"①

广播电视"走出去"是文化"走出去"的重要组成部分。简单地讲,广播电视"走出去",就是以广播电视为媒介和载体,通过各种途径,把中国的声音传向世界各地,树立中国良好的国际形象。2001年,《国家广播电影电视总局关于广播影视"走出去工程"的实施细则》颁布实施,标志着我国广播影视"走出去工程"正式启动。《实施细则》提出:广播影视"走出去工程"的目标、任务是把中国的声音传向世界各地。通过实施"走出去工程",五年内我广播影视节目在国外的落地和发行放映要有较大的进展和突破,使世界各国特别是北美和西欧主要国家的听众、观众了解一个真实的中国,了解我在重大国际问题上的立场、态度和观点;十年内我广播影视在国外能够具有同西方大媒体竞争能力,特别是中央电视台电视频道实现多语种、地域化播出,力争做到凡是有西方大媒体声音形象的地方就有我们的声音形象,使我广播影视节目在国际上产生重大影响,明显改善国际广播影视领域"西强我弱"的状况②。

2001年以来,中央和地方电台、电视台科学规划、统筹协调、合理布局、形成合力、整体推进,初步形成了以中央为主、地方为辅,广播、电视全方位在境外落地、交流的格局,广播电视传播力和影响力明显增强,为增进当地人民对中国政治、经济、社会和文化的了解,加深当地人民和我国之间的友谊,平衡西方媒体对中国及发展中国家的报道,发挥了重要作用,明显改善了国际广播电视领域"西强我弱"的局面。同时,应该清醒地认识到,尽管我国广播电视"走出去工程"取得了显著成效,但与我国日益提升的国际地位和综合实力相比,与我国文化产业的发展要求相比,与发达国家传媒实力和影响力相比,与增强中华文化国际竞争力的战略要求相比,还存在着较大差距。加快我国广播电视"走出去"步伐,是提高广播电视国际影响力和竞争力,为我国在复杂激烈的国际舆论竞争中赢得主动的需要,是广播电视具有全局性、战略性的工作。

理论的清醒,是实践自觉的前提。我国广播电视在全方位推进"走出去"的实践中,也逐步丰富了对外传播理论,初步形成了一套既符合我国国情和广播电视发展实际,又适应国际传播规律规则的理论遵循。

本书以理论与实践结合、现实与前瞻结合的视角,以我国广播电视"走出去"的机遇、挑战和条件分析为基点,结合我国广播电视"走出去工程"的理论探索和实践总结,对我国广播电视"走出去"方略从提出、背景、内

---

① 《中共中央关于全面深化改革若干重大问题的决定》,人民出版社,2013年版,第41—42页。

② 《国家广播电影电视总局关于广播影视"走出去工程"的实施细则(试行)》。

涵、框架、思路、初步实践、远景规划、配套措施等方面，提供操作性强的新思路、新举措、新方案。

全书共分八章，每章大体分为三节。

第一章探讨了中国广播电视"走出去"面临的良好机遇。第一节，中国国际地位显著提高，为广播电视"走出去"提供广阔空间。改革开放三十多年来，中国日益从国际舞台边缘走向中心，国际地位不断提高，突出表现在：中国成为负责任有影响力的世界大国，中国文化影响力显著增强。中国国际地位提高，为广播电视"走出去"带来了良好机遇，主要表现为：中国媒体成为世界"倾听中国的声音"的必备窗口，"和谐世界"理念为中国媒体外交提供广阔空间，构建国际话语权需要媒体"走出去"传递中国声音，塑造和平崛起的大国形象迫切需要中国媒体加快"走出去"步伐。第二节，中国经济社会快速发展，为广播电视"走出去"奠定坚实基础。一方面，中国经济社会快速发展吸引全球目光，国外友人想更全面了解中国的文化，中国经济社会快速发展促进出国移民的增长，为我国广播电视"走出去"扩大了受众覆盖范围；中国经济社会快速发展带动信息产业发展，为加快广播电视"走出去"提供了技术基础。另一方面，国际金融危机加速全球媒体格局重构步伐，国外媒体面临生存发展困境，跨国家、跨区域的媒体合作愿望更加强烈，中国媒体主动"走出去"迎来难得机遇。第三节，中华文化全球影响力增强，为广播电视"走出去"提供强大动力。广播电视"走出去"是提高文化软实力的重要途径。随着我国文化"走出去"战略的全方位实施，对外文化交流日益广泛深入，中外文化认同逐步扩大，中华优秀文化的国际影响力不断提升。伴随着"中国热"与"汉语热"的持续升温，国际社会对中国文化产品与服务的需求将大幅增长，从而为中华优秀文化更多地"走出去"提供了广阔的国际市场，也为我广播电视加快"走出去"提供了强大动力。

第二章分析了中国广播电视"走出去"面临的严峻挑战。首先，广播电视"走出去"实质上是跨文化传播行为，受语言、文化、历史、地域、意识形态、社会制度及目标受众需求等多重因素影响与制约，世界大多数国家对此十分敏感，认为其涉及意识形态和文化渗透，因而对此壁垒森严，限制重重，尤其对境外媒体准入有严格的法律和政策限制。其次，当前，美国等西方发达国家在国际力量对比中仍然占据优势，国际舆论"西强我弱"态势没有根本改变。以美国为首的西方国家媒体在世界居传统强势地位，全球国家和地区的语言、生活、文化、思维有明显西方国家印记，打破"西强我弱"舆论格局不是一夕之功。再次，相对于西方发达国家，中国广播电视"走出去工程"起步较晚、时间短，缺少具有较强国际影响和竞争力的市场主体和品牌，广播电视国际传播能力和总体实力仍然较弱，一些制约"走出去"的体制机制等瓶颈问题，也需要逐步解决。总体上看，中国广播电视"走出去"仍处于起步阶段。

第三章分析了加快中国广播电视"走出去"的条件。首先，国际传播新体系初步建成。广播电视"走出去工程"实施以来，我国已初步形成多语种、多媒体、跨平台、广覆盖的国际传播新体系。中国国际广播电台、中央电视台、中央人民广播电台是我国广电媒体"走出去工程"的主力军，其频道频率的海外落地实现了规模化发展，在重点国家和地区取得重大突破。地方广电利用地缘和语言优势，扩大对周边国家的覆盖落地，开展广播电视对外宣传和交流合作。其次，广播电视国际影响力增强。突出表现在：我广播电视品牌知名度提升，广播电视在全球性重大事件中的话语权增强，影响精英受众与主流媒体的范围扩大，广播电视产品与服务出口规模扩大、结构优化，新媒体国际传播影响力逐渐超越传统媒体。再次，广播电视大外宣格局形成。突出表现为：广播电视境外覆盖手段丰富，海外采编制播网络建设加快，传统媒体与新媒体融合传播加深。在这种格局中，国家唱主角，政府为主导，中央电视台、中国国际广播电台为主力军，中央和地方广电机构及国有、民营广电文化公司等多种主体共同参与，频道频率落地与影视节目外销、技术设备标准和服务出口相互促进。各级广播电视因地制宜、因国制宜，开创了在国外落地覆盖、通过购买国外电台电视台播出资源、销售广播电视节目、到国外举办广播电视节目展、与国外合办晚会或项目等多种形式。多领域、多层次的"走出去"格局逐步确立。

第四章从四个层面重点缕析了中国广播电视"走出去"的战略布局。第一节，在国家海外经济建设需要的地区进行战略布局。本节分析了我国企业海外发展现状，强调我国海外经济发展需要外宣媒体的支持，对围绕国家海外经济利益进行媒体"走出去"战略布局提出了建议。第二节，在国家外交重点地区进行战略布局。本节厘清了"媒体与外交"的关系，对媒体服务于外交的多种形式进行了分析，指出媒体"走出去"可以更好地服务外交，并对围绕国家外交战略推进媒体"走出去"布局提出了建议。第三节，在西方媒体活跃的地区进行战略布局。本节分析了西方国际传播的热点地区，反思了我国媒体在相关地区的发展现状，并对我国媒体在东南亚、中东、非洲等地区的传播战略提出了建议。第四节，在华人华侨聚集地区进行战略布局。本节分析了海外华人华侨的分布现状与特点，阐述了海外华人华侨对国家软实力建设的独特优势，并就以侨务公共外交为契机加快媒体"走出去"步伐提出了建议。

第五章分析"走出去"的路径选择：本土化战略。第一节，本土化是世界主要媒体"走出去"的根本战略。首先，本土化成为世界主要媒体"走出去"必由之路的现实意义，即：突破跨国界传播中外国媒体入门难的政策法规瓶颈；消除跨文化传播中影响受众有效接收的非技术性屏障；发挥多媒体、全媒体的集团作战优势，有效降低运营成本，提高收益。其次，世界主要媒体的本土化实践：内容本土化是首要载体，人才本土化是主要方法，管理本土化是必要机制，运营本土化是重要渠道。第二节，本土化的主要表现形式。主要表现为四个方面：一是内容本土化，由节目制作本土化、受众调研本土化、受众活动本土化、受众产品本土化四个方面组成。二是人员本土化，其优点在于提高国际化形象，增强子公司所在国的信任感；避免因文化差异造成的经营管理上的损失；降低经营成本，使跨国传媒明显获利。国际传媒机构往往通过驻外机构，实现人员本土化，主要途径包括派遣员工到海外工作和在海外招聘工作人员。三是管理本土化，主要有两种形式可供参考：在当地聘用管理人员，以外管外；派遣中方管理人员到当地，以中管外。四是运营本土化，跨国媒体可以借助合作媒体、海外分支机构尝试运营本土化，主要表现为与国际合作伙伴进行运营活动，通过媒体在海外的分支机构开展运营活动。第三节，中国媒体本土化战略的初步实践。从中央级、地方媒体和民营企业的本土化创新中，我们可以认识到我国媒体本土化战略的初步实践。在中央级媒体中，新华社本土化战略的重要方面是海外机构的建设，中央电视台的本土化战略主要包括海外阵地前移、节目内容本土化，中国国际广播电台的本土化战略主要体现在建设节目本土化制作机构、受众产品及受众活动本土化等方面。对地方广电媒体而言，本土化创新主要包括三个层面：第一个层面是直接引进节目运作的形态，第二个层面是节目本质内核的吸收再创新，第三个层面是由引入电视节目促使本土电视节目的原始创新和扩展。民营企业的本土化实践则以蓝海电视为典范进行分析，主要体现为：用西方人的视角做节目，落地和融资的本地化突围，盈利模式主打"媒体服务"。

第六章阐述"走出去"的运作方式：公司化模式。第一节，公司化是世界主要媒体"走出去"的运作模式。首先，本节界定了公司化运作模式的内涵。概括地讲，公司化运作模式包含三层含义：公司化运作主体是具有独立法人财产权的公司；授权责任制是公司化运作的必要机制；盈利是公司化运作的必要目的。良好的公司化运作模式具有三个特征，即：产权清晰，权责明确，管理规范。其次，广电媒体采用公司化运作模式的步骤包括：依据目标国法律，制定有区别的媒体"走出去"策略，打造本土化媒体公司，借助资本市场、实现公司盈利。再次，世界主要广电媒体的公司化运作实践。本节以英国广播公司（BBC）、新闻集团、美国有线电视新闻网（CNN）、日本NHK电视台的公司化运作为例证，分析世界主要广播电视的公司化运作实践。第二节，公司化的主要表现形式。传媒集团运用公司化模式进入国际市场，参与"全球化"进程从而实现自身发展，并在吸收消化的过程中，逐渐形成适合于媒介产业自身的公司化形式。本书以世界主要媒体为例证，分析了媒介产品海外发行销售、媒介合作、海外直接投资设厂、媒介并购、实体合资等公司化运作的五种模式。第三节，中国媒体公司化运作的初步实践。近年来，中国媒体加大了"走出去"步伐。中央级媒体、地方媒体，以及俏佳人、蓝海电视等民营媒体，都在通过多种公司化模式，加快推进"走出去"。本书着重分析了我国媒介产品的海外发行销售、我国传媒在境外的媒介合作，我国传媒在海外直接投资设厂，我国传媒在境外的并购，我国传媒与境外媒体的实体合资等公司化运作模式。

第七章阐释"走出去"的传播理念：差异化原则。第一节，差异化是世界主要媒体"走出去"的传播理念。本节认为，差异化成为媒体"走出去"传播理念的现实意义体现在两个方面：一方面，差异化有利于在林立的媒体中占领一席之地，突破媒介过剩，传播内容、形式、渠道等同质化的瓶颈；另一方面，在信息大爆炸的今天，差异化可以吸引越来越稀缺的受众注意力，进而培养媒体品牌的美誉度和忠诚度，提升媒体的吸引力和影响力。世界主要媒体在"走出去"过程中"差异化"原则的实践，主要表现在三个方面，即：打造内容的独家性，注重受众的独特性，构建渠道的独到性。第二节，差异化的主要表现形式。本节认为，在从事跨文化的国际传播过程中，要根据不同时期、不同国家、民族、地区以及习惯等因素，制定不同的传播策略和方案，采用不同的对象国母语，进行分门别类的、有针对性的差异化传播。简而言之，就是要：因地制宜、优化布局，服务国家总体外交大局；因人制宜、分众传播，适应不同国别受众的文化背景、宗教信仰、生活方式，做到入乡随俗；因时制宜、整合传播，服务于国际传播总体战略，根据不同时期的具体情况，采取适当的传播策略；因语制宜、母语传播，以受众的母语为传播媒介，提高面向国际受众的针对性和传播的精准度，扩大对外传播的范围，增强跨文化传播的亲和力和吸引力。第三节，中国媒体差异化理念的初步实践。本节从中国广电媒体与西方媒体的差异化国际传播、中国海外媒体与国内媒体的差异化传播、针对不同国家和地区的差异化传播等三个维度，对中国媒体差异化传播理念进行阐述。

第八章对中国广播电视"走出去"的政策建议进行总结，强调要推进体制改革，加快机制创新，完善政策支持，全面推进我国广播电视"走出去"。本章共分为三节。第一节，推进体制改革。本节认为，由于历史形成的行业壁垒和行政部门区划原因，我国广播电视依然存在着条块分割、重复建设、实力分散、竞争无序等体制问题。与西方发达国家相比，我国广播电视"走出去"模式相对简单，力量相对分散，渠道相对单一，实效相对不强。必须以体制改革作为根本动力，以集团化、规模化、专业化、市场化为方向，加大资源整合、行业重组和融合发展，整合功能重复、内容同质、力量分散的媒体资源，打造具有国际竞争力的跨国传媒集团，形成优势集中、功能互补的广播电视传播格局,增强广播电视"走出去"主体的综合实力和竞争力。第二节,加快机制创新。本节认为,推进我国广播电视"走出去",要加快建立一套符合媒体发展趋势、符合对象国国情、符合国际惯例的"走出去"制度体系,改进和提升管理水平与效能,切实做到科学管理、依法管理、综合管理。在运用行政管理手段的同时,注重运用经济、法律和技术手段,建立"走出去"综合管理体系,加强对"走出去工程"的保障和推动作用。这些制度主要包括:投资管理体系、播出监测体系、效果评估体系、人才保障体系。第三节,完善政策支持。本节认为,广播电视"走出去"是一项复杂的系统工程。本节梳理了国外对文化产品和服务"走出去"的政策扶持,以及我国政府及有关部门出台的多项扶持措施。本节认为,这些措施有的已经收到明显成效,有的尚未完全落实到位。要在用好用足现有各项政策的基础上,抓紧建立完善全面支持"走出去"工作的制度保障和财政、金融、税收、出口等具有较强针对性、可操作性的政策体系,包括完善财政投入政策、完善金融扶持政策、完善税收优惠政策、完善出口便利政策。

本书具有三个显著特点。一是理论性原则,对"走出去"方略从理论层面进行了系统阐释;二是实用性原则,对实现我国广播电视"走出去"的具体路径进行了探讨,对我国广播电视"走出去"的现状、为什么要"走出去"、怎样"走出去"等重要战略问题进行了思考;三是前瞻性原则,对我国广播电视"走出去"提出了富有见地的政策建议。作为有关我国广播电视"走出去"方略的研究,本书着重提供策略和路径选择,是宏观战略、中观策略、微观实务的有机结合。全书着眼我国广播电视发展全局,研究国际传媒发展趋势,综合运用文献研究、个案调查、经验总结、实证分析、跨学科研究等方法,以中外对比的视野,注重理论阐释结合典型实例,运用国际传播学、国际关系学、政治学、信息管理学、企业管理学等多学科的理论、方法和成果。同时,学习、参考、借鉴了中国企业"走出去"战略、文化"走出去"战略的相关理论成果和实践经验,力求旗帜鲜明地提出论点,具体而微地展开论述,做到观点独到、论据充分、论证清晰。综合起来讲,本书选题新颖,具有重要的理论意义、实际意义和应用价值。

当然,媒体"走出去工程"是一项复杂系统工程,改变"西强我弱"的国际传播格局亦非一日之功。实践发展永无穷期,理论创新永无止境。本书也只是对我国媒体"走出去"战略提供的初步思考,难免还存在不尽完善的地方,敬请专家和读者不吝赐教。希望本书对"走出去"方略的研究,能为提升我国国际传播能力,增强中华文化国际影响力,贡献菲薄之力。

第一章 中国广播电视"走出去"的机遇

第一节 中国国际地位日益提高

改革开放30多年来,中国取得了举世瞩目的成就,国际地位不断提高,日益从国际舞台边缘走向中心,中国道路和发展模式的影响不断扩大,中国与西方国家在力量对比上呈现此长彼消的态势。在此背景下,中国媒体在国际事务中的话语分量水涨船高。一方面,中国媒体在传播中国事务方面,具有不可替代的优势,是世界了解中国的必备窗口。另一方面,中国媒体在国际传播中,表现出有别于西方媒体的立场和声音,可以更好地满足国际受众对信息多样性的需求。这也为我国媒体"走出去"提供了更广阔的空间。

一、国际地位的概念和组成

(一)国际地位的概念和衡量

所谓"国际地位"是指一个国家在国际体系中所处的位置和该国在与其他国际行为主体相互联系、相互作用而形成的国际力量对比结构中的状态。[1]

衡量和评估国际地位的高低,取决于综合国力和外部世界两个因素。

综合国力(National Power)是衡量一个国家基本国情和基本资源最重要的指标,也是衡量一个国家的经济、政治、军事、技术实力的综合性指标。[2]它是指一个国家所具备的所有实力与潜力,也是该国国际地位高低的重要标志,反映了该国家的内在能力与其在国际社会中发挥作用的外在能力的总和。

外部世界因素是衡量一国国际地位的重要因素,包括它所面临的国际环

---

[1] 参见:百度百科"国际地位"条目,http://baike.baidu.com/view/3158227.htm
[2] 参见:百度百科"综合国力"条目,http://baike.baidu.com/view/59009.htm

境，以及它所具备的对外关系的性质和程度。假如该国综合国力保持不变，国际环境的变化可以影响其国际地位。在战争或者和平等不同的国际环境中，该国的国际地位必定受到影响、发生改变。该国对外关系的性质，是指该国所坚持的对外政策是开放的还是封闭的。该国对外开放的程度，是指该国与国际社会的联系、交往程度，以及对国际社会、机构、组织发挥影响的程度。

(二) 中国的国际地位

改革开放30多年来，中国的国际地位得到显著提高。在国际形势的不断发展变化中，中国逐渐成为一个有影响力、负责任的大国。北京奥运会和上海世博会的成功举办，向世界展示了中国的实力。随着我国改革开放不断深化和社会经济发展不断推进，我国同国际社会的交往日益频繁，世界各国也越来越关注中国。中国现在是世界上发展速度最快、变化最活跃的一支力量。从纵向看，中国正处在过去几个世纪发展最快的时期，中国从贫穷落后到总体小康、从商品短缺到商品丰富，可以说，变化之大是翻天覆地的；从横向看，中国与发达国家相比，还是相对滞后的发展中国家，尽管如此，中国的发展变化对世界产生的广泛而深刻影响世人有目共睹。

二、中国国际地位显著提高的表现

中国的国际地位显著提高，其主要表现在：中国在国际政治、经济事务中发挥着越来越重要的作用，在一系列国际事件中扮演着重要角色。中国经济的快速发展拉动了衰退中的世界经济，中国企业走出国门，中国产品遍布世界各地。中国文化走进世界各国，孔子课堂掀起汉语热和中国文化热。许多国家向往中国，渴望了解中国。

(一) 中国成为负责任有影响力的世界大国

中国是联合国安全理事会五个常任理事国之一，在联合国正确利用自己的影响和否决权，努力使联合国摆脱霸权主义和强权政治的控制，为世界和平发展做出了重要贡献。

中国是一个负责任的世界大国，在联合国事务、国际经济金融改革、联合国维和、反恐、气候变化、能源安全、国际援助、防止大规模杀伤性武器扩散、打击海盗等方面的行动和表现，受到世界范围的肯定和认可。中国在国际关系与世界事务中扮演着越来越重要的角色。

中国国际地位的提高，使中国成为国际事务的重要参与者，没有中国的参与，世界许多重大问题都难以取得有效的解决。德国对各界精英的一项问卷调查结果认为，20年后，中国在经济上的重要性将超过美国，成为世界第一，而在政治影响力方面，中国仅次于美国。① 就目前的国际地位而言，作为最大的发展中国家，中国是有世界影响的区域大国，当今世界的许多重要大事，不论在亚洲还是其他地区，比如东北亚地区问题、世界经济问题、能源问题、气候问题以及中东和平问题，在解决国际争端和地区冲突等方面中国都发挥着举足轻重的作用。同时，中国实施和平崛起外交战略，同世界各国的友好合作全面推进，与各大国的关系不断向前发展，与周边国家经贸联系日益紧密，同发展中国家的友好合作不断取得重大进展。目前，中国与世界170多个国家建立了外交关系，双方的经贸关系、政治关系不断深化和发展，形成了"朋友遍天下"的可喜局面。

（二）中国是世界经济大国

新中国成立以来，特别是经过改革开放30多年的发展，中国综合国力大大增强。21世纪以来，中国进入经济增长的快车道，经济平均增长速度为10.7%。② 2011年，中国经济总量达7.46万亿美元，成为仅次于美国的世界第二大经济体。2002年年底，中国外汇储备仅为2864亿美元，截至2012年6月末，中国外汇储备余额为3.24万亿美元，十年之间，中国外汇储备增长超过10倍。③ 此外，中国还是世界第三大贸易国。中国经济的飞速发展，使全球经济从衰退中复苏，中国劳动密集型行业提供的廉价商品，让世界许多国家受益。哈萨克斯坦东方研究中心研究员茹马古洛夫说："新中国成立后，中国成功解决了这个世界第一人口大国的百姓温饱问题，这本身就是对全人类的巨大贡献。上世纪七十年代末，中国走上改革开放的道路，中国人民的生活水平不断提高，从'温饱'过渡到'小康'。整个国家的社会经济领域不断发展，综合国力不断增强，国际地位迅速提升。"④

中国经济增长创造了"中国速度"。作为世界上第二大经济体及人口最多的国家，中国在世界上扮演着重要角色。作为主要的债权国之一，中国在国际金融体系中也起着至关重要的作用。此外，中国的市场前景是世界各国投资者的关注焦点，中国经济的持续发展成为世界经济繁荣的动力。

---

① 《精英调查：中国20年后将成第一经济大国，第二政治大国》，人民网，2009年3月26日，见：http://world.people.com.cn/GB/57507/9028180.html

② 《中国经济近9年年均增长10.7%》，新华网，2012年8月15日，见：http://news.xinhuanet.com/fortune/2012-08/15/c_112735462.htm

③ 《我国外汇储备10年增长逾10倍增长到3万亿美元》，人民网，2012年9月18日，见：http://finance.people.com.cn/money/n/2012/0918/c218900-19040433.html

④ 《内涵丰富 意义重大 影响深远——国际社会积极评价胡锦涛总书记重要讲话》，中央政府门户网站，2012年8月3日，见：http://www.gov.cn/jrzg/2012-08/03/content_2197862.htm

中国与世界的关联度空前增强。中国广泛参与全球和区域合作成为世界经济增长的重要动力。中国对世界经济的贡献也越来越大。据国家统计局发布的《新中国六十年系列报告》显示，1978年，中国经济对世界经济的贡献率为2.3%，2008年则超过20%，位居世界第一。中国经济对世界经济增长的拉动，也由1978年的0.1%提高到0.7%，高于所有国家位居第一。"只要中国打一喷嚏，各国经济就要感冒"，似乎可以用这一句话来形容中国在世界经济中的地位。[1]

中国成为应对金融危机的重要力量。日中经济协会理事长清川佑二说："自金融危机爆发以来，中国为确保经济较快增长和稳定就业，早早研究对策，全力以赴保持本国经济活力，采取了包括扩大内需，改善民生的政策。"[2]中国应对金融危机采取的措施，不仅对本国经济，而且对区域经济乃至世界经济都产生了积极影响。金融危机以来，中国及时调整宏观经济政策，形成了进一步扩大内需、促进经济增长的一揽子计划。在美欧日经济衰退的情况下，世界普遍寄希望于中国率先走出危机带领世界经济复苏。中国一再表明，将继续同国际社会加强宏观经济政策协调，推动国际金融体系改革，积极维护多边贸易体制稳定，为推动恢复世界经济增长做出应有贡献。中国一直在向世界传递着战胜危机的"中国信心"。

（三）中国文化影响力显著增强

一个真正强大的国家，不仅在于它的经济的强大，还在于它文化的强大。时任国务院总理温家宝曾经说："一个国家的实力不仅表现在经济上，而且表现在国民素质、文化发展和道德情操上。我们国家有着5000年的文化传统，在世界上历经劫波，而现在还保存完整传承下来，中国是一个典范。"[3]中国在经济高速发展的同时，在文化、社会、科技和体育等体现"软实力"的各方面，都取得了长足进步。中国一直以悠久的历史文化、快速发展的经济以及中国美食闻名于世。文化的多样性成为人们的共识，中国文化在保持历史和文化根基的同时，显示出强大的活力，成为当今世界文化不可或缺的重要力量。从古至今，世界渴望了解中国文化，尤其在目前更是如此。

许多外国人对中文感兴趣，显示出中国文化的魅力。当前，全球华语市场与华人市场正在加速形成和扩大，200多所孔子学院遍布世界，4000多万

---

[1]《中国国际地位：从地区大国到世界大国》，中国共产党新闻网网站，2010年2月9日，见：http://theory.people.com.cn/GB/10957102.html

[2]《经济观察：中国应对金融危机行动在国际上赢加分》，中央政府门户网站，2009年3月20日，见：http://www.gov.cn/jrzg/2009-03/20/content_1263941.htm

[3]《温家宝：文化传统是一个国家的灵魂 只有开放包容才能使祖国强大》，人民网，2011年3月14日，见：http://culture.people.com.cn/GB/87423/14137762.html

外国人在学习汉语。① 孔子学院和其他推广中国文化的措施，为提高和发展全球文化提供了有力的支持。近年来，中国文化在世界上越来越受到关注。印度学者谭中教授说："中国传统文化对世界文明做出了杰出的贡献。中华文明是一盏从未熄灭并永远照亮人类的明灯。在人类文明发展史上，中华文化是一种特殊而巧妙的融合中外的文化。"② 中国有五千年的文化历史底蕴，有多民族的特色资源，有大量优秀的文化人才和作品，这是我国文化软实力的巨大财富。在世界多元文化格局中增强中国的国际影响力，要增进国际社会对中国国情、价值观念、发展道路、内外政策的了解和认识，展现当代中国各领域的成就。中国不能仅仅成为世界的加工厂，输出中国制造的产品，同时还需要向世界展示中国文化和文化创新能力，传播中国的文化主张和文化价值观。

当然，中国文化走向世界，不是靠政治宣传，不是靠意识形态的传播，而是靠文化的传播和交流。任何文化都是以物质为载体，如果更多国家的人不仅崇尚中国人的文化观念，中国人的生活方式，而且流行具有中国文化特点的时尚产品，中国文化就真正走出去了。一个国家文化的影响力，不仅取决于其内容是否具有独特魅力，而且取决于是否具有先进的传播手段和强大的传播能力。特别是在当今信息社会，哪个国家的传播手段先进、传播能力强大，其文化理念和价值观念就能广为流传，就能掌握影响世界的话语权。文化的传播能力已经成为国家文化软实力的决定性因素。在新闻传播领域，只有提升媒体的信息传播力和舆论影响力，才能增强国家的软实力，形成与我国国际地位相称的舆论力量。

三、国际地位提高为广电"走出去"带来的机遇

（一）中国媒体是世界"倾听中国的声音"的重要窗口

随着中国国际地位的提高，"倾听中国的声音"已经越来越成为其他国家处理国际事务的一条行为准则。慕尼黑安全政策会议主席伊申格尔曾经说道，西方国家对听取中国的声音很感兴趣，"因为中国现在全球政策的所有重大问题上都扮演着日益活跃的角色，包括气候变化、伊朗（核问题）和阿富汗（问题）"。③ 而中国媒体在传播中国事务方面有不可替代的优势，是世界了解

---

① 《中国传媒如何"走出去"》，人民网网站，2012年2月10日，见：http://www.people.com.cn/h/2012/0210/c25408-27068329.html

② 《外国学者眼中的中国文化》，人民网，2011年10月14日，见：http://culture.people.com.cn/GB/15891528.html

③ 《慕尼黑安全政策会议倾听中国声音》，新华网，2010年2月6日，见：http://news.xinhuanet.com/world/2010-02/06/content_12943511.htm

中国的必备窗口。尽管中国与世界的关系越来越密切，但目前存在的外部世界对中国的信息需求的不对称，为中国媒体加快"走出去"步伐，介绍自己、展示自己，提供了难得机会。

长期以来，中国只是价值和工具的被动接受者，很少能主动对外界有效地传播信息和价值。改革开放30多年了，中国人已经全面接触和融入世界，但许多外国人对中国人的印象仍停留在过去，"廉价商品"、"中山装"、"红宝书"、"自行车王国"，甚至"女人裹小脚"。中国人和中国人的形象被误读和曲解，并没有被全面而真实的展现在世人面前。

由于对中国文化缺乏了解甚至误解，一些国际人士对中国感到神秘和遥远，对当今中国政治社会经济的发展缺少认同。据报道，对于中国的著名京剧《霸王别姬》译成英文是什么意思，美国有一家报纸将它翻译成："再见了，我的小老婆"。即使是望文生义，也不该翻出这样的文字。这当然是对中国文化缺乏了解、自以为是所致，叫人读了哭笑不得。[①] 再者，由于对中国的认识不够准确，一些国家在某些方面或制定相关政策时产生偏差，从而对外交产生不利的影响。

随着中国政治经济的快速发展，中国的经济与世界联系越来越紧密，中国与世界的文化交流日益频繁。世界目光聚焦中国，中国传媒所面对的国际受众不断增加。各国民众希望了解中国在重大国际事务中的立场和态度及主张，了解中国政治、经济、文化、军事、外交、科技等方面的决策和变化，了解中国悠久的历史，灿烂的文化和普通人的生活风貌。虽然与过去相比，西方媒体对中国的报道趋于更加冷静和理性，客观报道也比以前多了，但总的来说，它们的报道还是以负面的居多，这无形中影响了外国受众对中国的认识，影响了中国的国际形象，因而造成西方社会对中国的偏见和不理解。

当国际社会一些重大事件，尤其是敏感性争议事件发生时，比如叙利亚问题、气候变化、能源、水资源、国际金融体系改革等问题，国际社会希望了解中国政府在这些问题的立场和态度，倾听中国发出的声音，而对于外国政府与公众而言，他们了解中国政府与民众声音的最好途径，是通过中国媒体去了解。这就为我国媒体"走出去"提供了更广阔的空间。

中国国际地位的进一步提高，使得中国在重大议题的发言权和影响力也不断增强。中国正越来越多地参与到国际社会中去，中国与世界的联系从未像今天这样广泛和密切，另一方面，中国的事务、在中国境内发生的事情越来越多地引发世界的关注。2012年中国人大、政协"两会"拉开帷幕，全球媒体云集，新闻大战的阵势比往年有过之而无不及。据称，参与报道的中外

---

① 《〈霸王别姬〉怎么成了"再见了，我的小老婆"》，人民网，2006年12月12日，见：http://culture.people.com.cn/GB/27296/5155563.html

记者超过 3000 名，其中外国记者 900 名之多，这是一项世界级盛事的采访规模。① 世界不能无视中国的存在、中国的作用和中国的影响。中国作为最大的发展中国家，有必要对世界事务发出声音、阐明观点，中国本身的事务也需要向全球发布和传播。中国媒体的职责就是向世界推介中国，向中国解释世界，引导国内舆论，影响国际舆论，塑造中国形象。随着中国在国际事务中所起的作用越来越重要，中国的意见和声音得到加强，中国的态度成为国际关注的重点。中国的媒体应该利用这些关注发出更多的声音，纠正外界对中国认识的各种偏见和误解，向世界讲述一个真实全面的中国。

（二）"和谐世界"理念为中国媒体外交提供广阔空间

2005 年 4 月，在雅加达召开的亚非峰会上，时任国家主席胡锦涛首次提出了"共同构建一个和谐世界"的主张。同年 9 月，在联合国成立 60 周年庆典上，胡锦涛主席系统地阐述了"建立持久和平、共同繁荣的和谐世界"的新理念。② 中国的和谐世界外交理念深入人心，体现了时代与历史发展的客观要求，符合世界各国的根本利益，是国际关系发展的必由之路。随着中国全方位、多层次、宽领域外交格局的形成，中国在国际和地区事务中所发挥的建设性作用日益凸显，外交政策受到国内外普遍关注。在国际事务中，中国的立场、表态和行动，具有举足轻重的影响，这也为中国国际传播事业的开展，提供了广阔的交往平台。中国媒体的国际传播，可以面向所有的国际受众，并得到外交政策的有力支持。积极推进媒体外交，则有利于中国媒体向国际社会报道中国和平发展的基本战略和理念。同时，通过中国媒体和外国媒体的交往，有利于增加外国媒体对中国媒体及中国建设和谐世界主张的认识和理解。

媒体外交是当今世界许多国家十分重视的一种外交形式，通俗地讲，就是"媒体介入外交，外交融入媒体"。一般而言，媒体外交是指出于一国外交需要，新闻机构运用平面、电视和网络等技术平台开展的针对特定国家和区域民众的信息发布、舆论引导、行为塑造的独立或合作（与本国或他国政府和媒体组织）行为。这其中包含两类行为倾向，一类是新闻机构的主动、主导行为，经本国政府批准或授权；另一类是新闻机构的被动、参与行为，由本国政府主导。③ 媒体外交的作用发挥既体现在工具和技术手段层面，也体现

---

① 《日本华媒：2012 中国两会 寻常例会缘何世界关注》，中国新闻社网站，2012 年 3 月 6 日，见：http://www.chinanews.com/hb/2012/03-06/3721802.shtml

② 《和谐世界理念下的中国外交》，新华网，2007 年 4 月 24 日，见：http://news.xinhuanet.com/world/2007-04/24/content_6020452.htm

③ 任海、徐庆超：《媒体外交：一种软权力的传播与扩散》，载《当代世界与社会主义》2011 年第 4 期。

在社会组织层面,其社会性功能明显。媒体外交就是通过传播一国的文化和价值观念,来争取特定国家和区域的民众对该国外交政策和行为的认可、理解、支持。一般而言,媒体外交的功能内核主要包括发布信息、议程设置、引导舆论、影响政策等四个方面。在经济全球化和信息技术革命的历史语境下,媒体外交在国际关系中发挥着越来越引人瞩目的作用,成为21世纪全球外交体系中重要的组成部分。

一个国家的媒体外交开展得成功与否,不仅取决于该国文化和价值观念的吸引力,还取决于具体的传播理念、方式、手段和技巧。对中国民众而言,媒体外交还是一个新鲜词汇,对中国主流媒体来说,也几乎处于无意识、无概念的状态之中。在市场经济环境下,中国主流媒体需要一个适应期,其媒体外交意识、理念的学习和养成都需要一个过程。可喜的是,我国的媒体外交已由政府主导、推动实施,并开始受到全世界人民的瞩目。比如,2002年3月,中央电视台英语频道通过美国新闻集团旗下的福克斯新闻网在美国落地,为中国媒体外交取得实质性成果拓展了渠道。2011年1月,在美国纽约时报广场上出现了中国国家形象宣传片(人物篇),这是在新时期探索对外传播新形式的一次有益尝试,标志着中国媒体外交的新高度。可以预见,在建设和谐世界外交理念的指导下,随着中国与世界对话合作进程的加快,中国媒体外交也将会有效传播良好中国国家形象,提升中国传播力、话语权和影响力。我国媒体面临"走出去"的良好契机,可以通过与外国媒体进行新闻产品交流、联合采访、媒体研讨以及向本国及他国政府、民间机构进行公关,充分利用各种报道机会、频道及频率落地机会等,向世界展示本国情况,将世界介绍给本国民众,实现以文化人、以理服人,在全球范围内更好地推动和谐世界建设。

(三)构建国际话语权需要媒体"走出去"传递中国声音

改革开放30多年来,随着综合国力的提升,中国作为责任大国走上国际舞台。争取更多的国际话语权,既是中国应对当前由西方国家主导的国际体系的一种诉求,也是与中国国家利益及其在国际事务中所承担责任相适应的。

国际话语权是国际社会各种力量、各种矛盾、各种利益相互交织、错综复杂的博弈,它是主权国家通过正式外交、媒体传播、民间交流等渠道,将蕴含一定文化理念、价值观念和意识形态等因素的话语渗透到国际社会中,使其他国家自愿接受并认同的能力。国际话语权具有三个显著特征:首先,国际话语权是在国际上说话的权力;其次,这种权力的取得,与国家经济实力、政治制度及媒介发展密切相关;再次,在未来的国际社会,话语权的取得与国家利益密切相关。国际话语权体现在政治、外交、经济、文化、传媒等各领域,反映的是一种国际政治权力关系,它的主体是各种国际行为体,尤其是民族主权国家。

一个国家国际话语权的大小，很大程度上源于媒体的传播能力，包括媒体的规模、实力和传播的影响力，这已经成为衡量一个国家"软实力"的重要指标。媒体的国际话语权是一个国家国际话语权的基础和先导。所谓媒体的国际话语权，简单地讲，就是指媒体通过国际传播活动而产生的影响国际舆论、塑造国家形象，形成于己有利的国际环境，提升本国主导国际事务的能力。一个国家国际传媒传播的信息和观念能否为国际社会接受，能否在国际舆论中产生广泛而深刻的影响，直接关系着国际话语权的强弱和影响力的大小。

当前，欧美国家凭借雄厚的资本、高端的人才以及先进的技术垄断了国际信息传播，在国际话语权争夺中占据绝对优势。尽管我国正成为一个迅速崛起的传媒大国，但由于传媒实力结构不平衡、国际传播能力较弱、信息编发数量不足、国际传播的话语体系和话语方式相对陈旧和单一等问题的存在，我国在国际传播领域的话语权仍然不强，影响力依然较弱。我国媒体在国际舆论中依然缺乏话语主导权，这使我们发出的声音常常得不到预期的回应，甚至带来反向效果，制约到我国国际影响力的提升。

进入2009年以来，我国主流媒体大力加强国际传播能力建设，以获取与中国综合能力和国际地位相称的国际话语权，频频成为国际主流媒体聚焦的目标。

2009年2月23日，《中国日报》正式推出美国版，路透社详细报道了该报与纽约纳斯达克股票交易市场共同举行特殊开幕仪式进行庆贺的盛况。2009年4月20日，《环球时报》创办英文版，英国《金融时报》、美国《纽约时报》记者登门采访。美联社称，《环球时报》英文版的发行，反映了中国正努力推行新的"软实力"，以树立起全球声誉。[1] 2010年7月1日，新华社开播中国新华新闻电视网（CNC）。美国《华尔街日报》网站报道：新华社一直在加强其在海外的影响力，并且最近开办了一个全球性的英文电视台。这些举措是中国政府采取的更大努力的一部分，目的是通过挑战西方媒体的主宰地位和表达中国对不同事件的看法来提升自身的"软实力"[2]。可见，主流媒体加快"走出去"步伐，增强国际传播能力的实践，不仅使我国在国际话语权竞争中的弱势地位初步转变，也提高了我国的国际影响力，有利于从整体上增强我国综合国力。

---

[1] 参见段聪聪、刘洋：《〈环球时报〉英文版创刊引发外媒关注》，载于《环球时报》2009年4月21日版。

[2] 《外媒：新华社英文电视台"瞄准"世界》，http://www.022net.com/2010/7-4/436070142812923.html

(四) 塑造和平崛起的大国形象迫切需要中国媒体加快"走出去"步伐

在中国实力和国际地位持续上升的同时,由于意识形态、社会制度、价值观等因素,西方国家对中国的消极态度仍然没有改变。中国总体的国际形象和国际声誉在西方主流舆论中没有得到根本改善,这在奥运会境外火炬传递、拉萨"3·14"打砸抢烧严重暴力犯罪事件、"毒牛奶"和"毒饺子"等事件中表现得非常清楚。我们在世界的形象有两个:一个是强国,越来越强;另一个是"坏国",批评我们的社会制度、意识形态不是世界的主流,这是西方世界比较普遍的偏见。

由于对中国的"刻板印象"仍然存在,国际舆论"中国威胁论"等不和谐论调时有发生。他们认为,中国的发展对现有的国际政治经济格局构成了挑战,中国的强大使周边的一些国家认为和中国打交道会越来越难。尤其会"威胁"到美国和西方国家的利益,主张西方国家保持警惕。"中国威胁论"一定程度上恶化了中国的发展环境。面对"中国威胁论"日益成为一些国家惯用政治手段的现状,我们应该淡定从容、主动作为,采取多种方法应对它。

党的十六大以来,中国政府提出"和平崛起"外交战略,用"和平崛起"描述中国的未来形象并以"和平崛起"作为自身的角色定位,使世界各国对"中国威胁"的看法和担忧有所减弱,对中国的信任、肯定和信心有所增强。中国对外关系持续改善和发展,在联合国事务、国际经济金融改革、联合国维和行动、反对恐怖主义、防止大规模杀伤性武器扩散等方面的表现,受到世界范围的肯定和认可。

同时,我国近年来面临的国际和周边舆论环境诚然大有改善,但对国外的涉华报道及舆论形势的整体评估,却并不容乐观,有的甚至刻意"妖魔化"中国。面临新的机遇和挑战,我国传媒要通过对外传播,在国际社会塑造良好的国家形象,为和平崛起争取有利的国际舆论环境。要积极实施"走出去"工程,探索符合国际惯例和商业规则的运作模式,开拓海外市场,为国外媒体提供丰富的信息资源;着力做好那些在国际社会发挥重要作用、对国际舆论具有广泛影响的国家和地区的落地工作;进一步加大传媒业投入和推介的力度,加强与外国主流媒体的联系,努力扩大我国对外新闻报道在全球范围的覆盖面,使我们的新闻报道能够在引导国际舆论中发挥积极作用。除了积极向国际社会阐明中国"和平崛起"的战略意图之外,还要充分发挥媒体的作用,通过释放善意、提高透明度等,来主动回击"中国威胁论"的恶意攻击,打破当前我面临的被动局面。2011年1月17日,一段时长为60秒的《中国国家形象宣传片——人物篇》以每小时15次、每天300次的频率,在被称为"世界十字路口"的美国纽约时报广场的大型电子显示屏上播出。宣传片的开始以醒目的中国红为主色调,以白色书写中英文"中国 China"展现了中国文化、体育等各个领域的杰出人物和普通老百姓的风貌,以"智慧、美丽、勇敢、才能、财富"等关键词诠释中国人形象,让美国观众了解一个更直观、更立体的中国国家新形象,引起了国际社会的广泛关注。之后播出的《中国国家形象宣传片——角度篇》则以全方位、多角度展示了中国的政治、经济、文化、民族、风光等各个方面,影片中选取熊猫、京剧、武术、中医、兵马俑、长城、布达拉宫等中国文化的精华,全面展现了古老而又现代的中国国家形象以及中华民族的精神。这是继2009年"中国制造"形象广告在CNN亚洲频道播出之后的又一举措。选择在时任中国国家主席胡锦涛访问美国之机大规模集中播放中国国家形象宣传片,被看作是中国在国际社会塑造良好国家形象的国家公关行动和宣传造势,也是以外国民众为受众的中国公共外交的具体体现。

总之,中国"和平崛起"外交政策的内涵导致了中国与国际社会确立双向认同关系,是塑造良好国家形象的前提;而国际社会(包括媒体)对中国"和平崛起"外交战略的反应、解读、分析和评论,本质上也是一种塑造中国国家形象的工作。无论我们采用哪一种渠道,由中国人传播的国家形象,都是中国国内政治文化、经济文化、教育文化和社会文化的延伸和表现。

第二节　中国经济社会快速发展

党的十一届三中全会以来,中国国民经济社会发展取得举世瞩目的成绩。国家统计局公布的经济数据显示,2013年,中国国内生产总值568845亿元,经济总量排名世界第2位,按可比价格计算比上年增长7.7%。2003年至2011年,中国经济年均增长10.7%,而同期世界经济的平均增速为3.9%。中国经济总量占世界经济总量的份额,从2002年的4.4%提高到2011年的10%左右[①]。

传媒是国家综合发展水平的体现,其发展取决于经济、政治、科技、文化等社会发展的诸多重要因素。当前,中国经济保持良好态势,人民生活水平、综合国力、国际地位大幅提升,为传媒实现快速发展,创造了重要的基础条件,也为媒体"走出去"提供了前所未有的机遇。

---

① 数据来源:《中华人民共和国2011年国民经济和社会发展统计公报》,国家统计局网站:http://www.stats.gov.cn/tjgb/ndtjgb/qgndtjgb/t20120222_402786440.htm

一、经济社会快速发展为广电"走出去"奠定基础

(一) 中国经济社会快速发展吸引全球目光

随着中国经济的飞速发展,中国的国家实力与日俱增。中国翻天覆地的变化和博大精深的中华文化,让世人感受到了这个东方文明古国的巨大魅力。北京奥运会的成功和上海世博会的成功举办,使外国友人了解中国的热情日益高涨。随着中国影响力的提高,全球经济一体化的到来,中国必将会更快、更深地融入世界。

中国经济社会飞速发展吸引了来自世界的目光。尼日利亚外交部长特别顾问博拉说:"30 年前,中国还谈不上是世界上有影响力的大国,而现在中国的影响力随处可见。中国现在是一个迷人的新娘,世界各国都抢着要提亲。"[①] 德国前总理格哈德·施罗德说:"中国迈出了现代化的步伐,同时作为一个多民族国家,它得以保持稳定,这是过去一个世纪来最重大的文明成就之一。"[②] 美国《新闻周刊》曾推出封面文章——《中国的世纪》。封面上,中国影星章子怡笑靥如花,身后的背景是中国的标志性建筑万里长城和上海东方明珠电视塔。用 21 个版面从商业、教育、电影、汽车文化、奥运等多个角度解读某个国家,这在该刊的国际报道中,十分罕见。

国际政要和国际主流媒体对中国经济、社会、文化发展情况产生了极大的好奇心和更大的热情,代表了外国友人对中国经济社会发展的关注,中国经济社会飞速发展吸引了世界的目光,外国友人想更全面了解中国的文化,这也为中国广电媒体"走出去"提供了良好契机。

(二) 中国经济社会飞速发展带动信息产业发展

近年来,党和国家领导人多次强调自主创新对落实科学发展观和经济结构调整的重要作用,做出了建设创新型国家的战略部署。科学技术是第一生产力。中国经济飞速发展的同时,科学技术取得长足进步。其中,通信技术的巨大发展,将更好地服务于国民经济发展。目前,信息产业已成为我国国民经济的支柱和先导产业。

中国拥有世界规模最大的移动通信市场和通信运营商。根据工信部的统计,中国每月新增 3G 用户的占比达到一个新的里程碑,截至 2012 年 5 月,我国每月 3G 用户已占新增手机用户七成,这表明中国已开始进入 3G 快速增

---

① 《尼日利亚专家:中国巨大成就主要归功于改革开放》,中央政府门户网站,2008 年 11 月 13 日,见: http://www.gov.cn/jrzg/2008-11/13/content_ 1147971.htm

② 《China 加油!》,新华网,2008 年 12 月 22 日,见: http://news.xinhuanet.com/world/2008-12/22/content_ 10539697.htm

长阶段。业内预计,到第三季度,我国3G渗透率将达到20%。根据统计,2012年1—5月份,全国移动电话用户中,3G用户净增3825.1万户,达到16667.5万户,而1—5月份,全国移动电话用户累计净增5447.1万户,达到104072.4万户,这样算下来,今年前5个月,每个月新增3G用户占新增手机用户的70%,3G渗透率达16%。在一个业内会议上,中国电信董事长王晓初表示,按照国际主流运营商的发展经验,3G渗透率一旦达到15%就意味着即将进入加速增长阶段。[①] 此外,中国拥有了TD-SCDMA这一具有自主知识产权的第三代移动通信技术标准。TD作为中国在移动通信领域第一次自行提出的国际技术标准,将完全改变目前以市场换技术的被动局面,实现对世界移动通信市场游戏规则的再改造,走上一条内涵式发展之路。同时,TD的发展将发挥出巨大的产业带动效应,形成庞大产业群体,从而带动国民经济的跨越式发展。

2010年1月13日,时任国务院总理温家宝主持召开国务院常务会议,决定加快推进电信网、广播电视网和互联网三网融合。会议明确了三网融合的时间表。2010年至2012年,重点开展广电和电信业务双向进入试点;2013年至2015年,总结推广试点经验,全面实现三网融合发展。这就意味着,横亘在广电、电信、互联网间的隔阂和障碍,有望在国务院决策下得以冰释。三网融合要求广电媒体应掌握与新媒体融合发展的技术。在此背景下,广电媒体大力发展新媒体,积极与新媒体融合发展,既是中国广电的一项紧迫任务,也为广电"走出去"提供了更有力的技术支撑。

中国提出的第三代移动通信标准,吹响了在通信行业领域赶超一流发达国家的号角,成为中国崛起的一大引擎。中国通信技术的国际化发展,必将带动相关行业产业链的发展。广电产业与通信产业的更好结合,必将为中国广电媒体"走出去"提供更大的动力。

二、金融危机加速全球媒体格局重构步伐

2008年9月15日,美国第四大投资银行雷曼兄弟公司宣布破产。此后数月内,华尔街五大投行有的倒闭、有的转型、有的被卖,全无幸免。世界经济受美国次贷危机影响,面临衰退,世界金融风暴全面爆发。金融海啸对经济已经连续多年高速增长的中国,也产生了不利影响。中国的外贸出口受国际环境恶化的影响,下行压力逐渐加大。国内投资及消费增长乏力,急需提振。面对这种危机,中国政府果断采取扩大内需等积极的财政政策,使中国经济在全球金融危机中屹立不倒,并率先走向复苏,继续保持高增长。从危

---

① 《前5月3G用户已占新增手机用户七成》,人民网,2012年7月5日,见:http://mobile.people.com.cn/n/2012/0705/c183008-18449826.html

机中我们看到，中国模式特有的优势、积极性、合理性得到了前所未有的展现，并得到了国际社会的公开承认或默认。金融危机对世界多个领域产生了重要的影响，媒体领域也未能幸免，多家传媒机构面临困境，世界媒体格局重构步伐正在加速。而中国经济社会的稳定、迅速发展，为广电媒体实施"走出去"战略，提供了有力后盾。

（一）国外传媒机构面临生存发展困境

世界金融海啸席卷美国银行业的同时，美国传媒机构也未能幸免，面临资金链断裂的困境。由于美国经济走衰，媒体广告收入急剧下滑，更多的传媒集团面临债务危机和资金压力。

2008年12月8日，由于不堪巨额债务重压，美国报纸出版和广播集团论坛报公司提出破产保护申请。论坛报公司为美国媒体界巨头。该集团负债近130亿美元，总资产为76亿美元，公司现金流不足以支付到期债务的利息。论坛报集团旗下拥有《芝加哥论坛报》、《洛杉矶时报》、《新闻日报》和《巴尔的摩太阳报》等10家日报以及23家电视台，还有美国职棒联盟的芝加哥小熊队。

2008年12月，《纽约时报》也宣布计划抵押位于曼哈顿的总部大楼，换取银行贷款，以缓解公司流动资金危机。

2008年12月，美国第三大传媒公司维亚康姆（Viacom）宣布，作为削减成本计划的一部分，该公司计划裁员850人。由于金融海啸的到来，维亚康姆的广告销售额出现了一定的下滑，该公司旗下的Nickelodeon和MTV等有线电视网所受的影响尤为严重。该公司预计，此次的裁员计划将在2009年为公司节省2.5亿美元的资本支出。维亚康姆集团是美国第三大传媒公司，包括拥有39家地方电视台的电视集团、制作节目超过55000小时的派拉蒙电视集团、成立于1912年的派拉蒙电影公司。

这次金融危机波及范围之广、影响程度之大前所未有。国际传媒机构纷纷面临困境，急需寻找突破路径。这为中国媒体加快"走出去"提供了机遇。

（二）"口红效应"为广电媒体带来发展机遇

"口红效应"源自海外对某些消费现象的描述，于20世纪30年代美国经济大萧条时期首次提出。"口红效应"指的是每当经济不景气，人们的消费就会转向购买廉价商品，而口红虽非生活必需品，却兼具廉价和粉饰的作用，能给消费者带来心理慰藉。经济危机之下，消费者的购物心理和消费行为等都发生了变化，普通消费者个个都变成砍价高手，经济危机也使得如口红这类的廉价化妆品和文化类的产品出现了大卖。当购买价格昂贵的产品成为困难的时候，人们会转向相对廉价的消费，文化领域的消费既能满足精神的需要,又没超过其承受力,可能成为一种大规模群体需求。①

在中国国内,"口红效应"一词的走红,源自中国电影行业的一场讨论。世界经济金融危机,很容易让人联想起20世纪二三十年代的经济危机。那时几乎所有的行业都沉寂趋冷,好莱坞的电影却乘势腾飞,热闹的歌舞片大行其道,给观众带来欢乐和希望,还让秀兰·邓波儿成为家喻户晓的明星。有人因此认为,中国电影也可借"口红效应",找到一次逆境上扬的机会。也有学者指出,由电影借"口红效应"推广开去,其他文化娱乐产业也可以从"口红效应"中获益。

金融危机使部分广电媒体节目制作单位融资难度增加、流动资金减少、广告收入锐减,对传媒业的发展产生重要的影响。但历史告诉我们,金融危机虽然给传媒机构带来了风险,同时也带来了机遇。在全球金融危机下,人们需要更多元的精神文化产品。在以往的经济危机中,美国、日本等国的广电产业都实现了超常规发展,为国家走出经济危机做出了重要贡献。比如,20世纪90年代亚洲金融危机爆发后,日本以动漫为核心的文化产业迅速发展,文化产业规模跃居世界第二。韩国的文化产业规模则在10年中扩大了5倍,迅速跻身文化产业发展大国行列,"韩流"风靡全世界。

在金融危机的背景下,中国部分电视节目"走出去"成果明显。马来西亚WaTV(华频道)曾以单集1000美元的高价购买了浙江卫视《我爱记歌词》26期节目版权。《我爱记歌词》已经在印度尼西亚、马来西亚、文莱等国家和地区播出。②上海电视台的《闪电星感动》、《舞林大会》、《星尚》等在内的一批"出口"节目在东南亚市场依然走俏,甚至比金融危机发生前还要多一点份额。金融危机以来,中国的一些形式新、制作精的电视节目,更多地进入境外传媒播出机构的选择范围。

金融危机对广电媒体来说,是危机和机遇并存。一方面,受金融危机影响,广告收入的锐减可能影响节目的制作经费;另一方面,经济危机让本来已习惯于在外面享受高端娱乐项目的人,回归家庭收看免费电视节目,这给中国媒体发展创造了良好机遇。当然,机遇面前人人平等。中国广电媒体"走出去"必须坚持内容为王,制作出创意与质量并重的节目,仍然是一切的基础。

(三)跨国家、跨区域的媒体合作愿望更加强烈

面对金融危机的巨大影响,各国传媒机构都受到不同程度的冲击,不足

---

① 参见:百度百科"口红效应"条目,http://baike.baidu.com/view/2088606.htm

② 《〈我爱记歌词〉成俏货 1000美金一集出口马来西亚》,金鹰网,2008年12月11日,见:http://ent.hunantv.com/z/20081211/135431.html

之处逐渐显现。在日益恶化的竞争环境下，如何弥补自身不足、发挥自身优势，成为每个媒体面对的生存问题。

2009年10月8日至10日，由新华社、新闻集团、美联社、汤森路透集团等9家全球知名媒体共同发起的首届世界媒体峰会在北京举行，来自境内外170多家传媒机构代表齐聚一堂。时任中国国家主席胡锦涛出席峰会开幕式并发表重要讲话。此次峰会揭开全球媒体交流和合作的新篇章，在世界新闻史上写下浓重的一笔。2012年7月5日至7日，第二届世界媒体峰会在莫斯科举行。全球主流媒体机构负责人在这一"媒体的奥林匹克"舞台上再度聚首，探讨合作，谋划发展，共商新时期世界媒体面临的机遇和挑战。

2011年12月2日，国际台在北京举办国际城市广播媒体合作论坛。来自国内外40多个城市广播媒体的100多位代表参加了活动。此次论坛以"全球化时代国际城市广播媒体的合作与发展"为主题，分别就"城市广播合作与交流"、"资源共享与节目合作"、"城市广播与新媒体"、"品牌打造与媒体经营"等组织了交流和讨论。论坛发表《国际城市广播媒体合作论坛北京宣言》，与会各媒体代表强调将积极加入由国际台倡导发起的"国际城市广播媒体协作网"，加强资源共享和交流，共同应对全球化时代新媒体发展带来的机遇和挑战。

在金融危机的背景下，取长补短、优势互补、合作与发展是当今世界媒体生存的必然选择。跨国、跨区域的媒体合作愿望逐渐加强，这为中国广电媒体"走出去"提供了时机。

（四）广电媒体在后金融危机时代"走出去"恰逢其时

随着美国经济逐渐复苏，欧盟经济体以及日本等国家经济的回升，金融危机对全球经济造成的不利影响得到了有效控制，全球经济开始出现复苏性增长，后金融危机时代已经来临。

在后金融危机时代，广播电视产业在西方发达国家经济社会发展中的地位仍将继续提高，跨国传媒机构在全球范围的并购重组势头仍将继续加强，产业竞争必将进一步加剧。随着综合国力的提升与国际影响力的扩大，国外对中国发展道路和模式更加关注，与中国合作的愿望也更加强烈。外国友人被中国经济发展的良好前景所吸引，对中国文化产生了极大兴趣，这给中国广电媒体"走出去"提供了新的机遇。

在世界范围内掀起的"汉语热"便是在金融危机这一背景下产生的。面对汉语学习正成为一种全球性的热潮，中国广电媒体抓住了这一良好发展机遇。中国国际广播电台利用多语种广播，陆续开办了学汉语节目，精心制作了《每日汉语》等广播节目，满足了数以千万计海外受众学习汉语的需求，赢得了广泛赞誉。中国国际广播电台还组建了广播孔子学院，倡导"用母语学汉语"、用在线广播学汉语、用新媒体手段学汉语、通过遍及五大洲的听众俱乐部学汉语,国际台已在海外建立了15家广播孔子课堂,探索出了一条独具国际媒体传播特色的汉语国际推广之路。

中国稳定发展的大环境吸引了世界的眼球,高质量制作水准的中国电视节目受到了国外热捧。2012年,一部由中国中央电视台拍摄的纪录片《舌尖上的中国》,不仅在国内创下了极高的收视率,也吸引了海外市场的巨大关注。国外片商对该片反响强烈,一些国家和地区还发生了争抢该片的现象。《舌尖上的中国》很有可能在海外销售市场上达到一个历史突破性的成绩。早在2012年4月第65届戛纳电影节上,《舌尖上的中国》作为中国参展纪录片就引起了业界关注。《舌尖上的中国》是中国所有参展纪录片中问询量位居第二的片子(问询量第一位的是一部反映中国当代关乎国计民生的特重大超常规工程的纪录片《超级工程》)。当时,戛纳电影节主委会主席南尼·莫莱蒂还点名观看了《舌尖上的中国》片花。法国纪录片公司的卡特琳娜女士看完片花后称赞说,片子精彩,质量很高,具备世界水平,她有意购买。①

金融危机过后,中国广电媒体根据自身发展实际,采取了合作共赢等积极的"走出去"策略。2012年6月8日,中国国际广播电台葡萄牙里斯本FM91.4调频台在里斯本开播,这是国际台在海外第75个整频率落地电台。中国驻葡萄牙文化参赞李伟坤女士在开播仪式上说,中国国际广播电台里斯本调频台的开播,无疑将为两国人民的伟大友谊架起新的桥梁,为中葡新闻媒体之间友好合作搭建新的平台,也必将为促进两国之间政治、经济等领域的交流和不断发展做出新的贡献。②

可见,金融危机对广播电视对文化产业而言既是挑战,也是机遇。金融危机为国际间的媒体合作提供了机会,也为媒体"走出去"提供了前所未有的机遇,在这个世界广电媒体格局重构的步伐中,中国广电媒体将发出更有力的声音。

三、经济社会快速发展提升广电媒体国际竞争力

(一) 广电集团化成为趋势

随着中国经济社会的快速发展,中国的各行各业都将面对更加广阔的竞争舞台。全球经济一体化浪潮的到来,西方媒体凭借多年的发展经验和强大的资本优势,对全球进行传播,抢占世界传媒市场。中国经济社会的快速发

---

① 《〈舌尖上的中国〉海外受追捧 单集销价有望超〈故宫〉》,凤凰网,2012年5月23日,见:http://ent.ifeng.com/tv/news/mainland/detail_ 2012_ 05/23/14745556_ 0.shtml
② 国际在线网站消息:《国际台首个葡萄牙语海外分台正式开播》,http://gb.cri.cn/27824/2012/06/09/5951s3720917.htm

展、市场化运作，使中国的单一媒体为了适应国际竞争，而选择强强联合、取长补短、优势互补，以广电集团化建构为主的合作，将成为我国广电传媒未来生存发展的基本模式。

1999年6月9日，无锡广播电视集团成立，这是全国首家城市广电集团。2004年被国家广电总局确定为集团化改革试点单位，2006年被列为江苏省文化体制改革试点单位。

2000年12月27日，中国第一家省级广电媒体集团——湖南广播影视集团在长沙正式成立，标志着中国广电在集团化运作方面迈出了关键一步。

2001年4月，以广播、电影、电视、传输网络、网站和报刊为主业，兼营其他相关产业的大型广播影视集团——上海文化广播影视集团正式成立。

2001年11月8日，以广播电视为主业、兼营相关产业的综合型媒体集团——浙江广电集团成立，它是国内最具影响力的省级媒体之一。2011年，该集团荣获"中国500最具价值品牌"，排名全国媒体前十，位居浙江媒体第一。

媒体的集团化整合代表了当今世界媒体的发展趋势。中国广电媒体只有顺势而为，才能具有参与竞争的资格。广电的集团化经营有助于提高不同领域媒体的整合程度，有助于促进广电集团内部的资源共享以及优势互补，从而实现从信息采集制作到传送传播的一体化过程，随着传播流程的减少，节目制作成本将大幅削减，传媒集团的竞争力将逐渐增强。从江苏无锡广播影视集团成立至今，中国广播影视集团化进程已走过了十三年的风雨历程。广电集团在中国经济社会的发展进程中发挥着越来越重要的作用，广电集团化趋势必将为我国广电"走出去"提供更大的实力。

（二）吸引具备国际竞争力的国外人才加入

广电媒体"走出去"走得好不好、快不快，关键在于人才这一核心要素。人力资源是第一资源，是推动我国广电媒体"走出去"的核心竞争力。随着中国经济社会的快速发展，越来越多的具备外语、国际贸易、国际法等专业背景的人才加入到我国广电媒体中。

近年来，作为中国广电媒体"走出去"战略的主力——中国国际广播电台聘请高端外籍专家的途径和来源不断拓展。2009年，国际台签约前BBC资深新闻主播苏珊·奥斯曼，这在国内外媒体圈引起了相当多的关注。苏珊·奥斯曼已经在广播主持界工作30年。她曾在BBC斯托尔电台工作8年，来国际台之前，她在BBC新闻频道和世界频道担任主播。此外，她还曾在英国独立电视台和HTV电视台当过新闻主播和记者，主持过天空卫视《今日欧洲经济》节目。来中国工作后，国际台为苏珊量身定做了一个名为"The Beijing Hours"的早间新闻节目。国际台的受众目标主要为国际受众。近几年来，国际台"走出去"步伐逐渐加大,受众对传播质量的要求也不断提高。来自西方的国际传播人更能深入地了解西方受众,外籍人才的参与,让国际台的节目取得了更好的传播效果。大约10年前,国际台外籍专家只有30多人,每个语种也就配备一两名,而如今,国际台总共有200多名外籍专家,即便是在全球金融危机的大背景下,国际台招聘的外国专家人数依然大幅增长。

随着中国经济的发展,中国广电媒体的资本越来越雄厚,在广电媒体积极地实施"走出去"战略时吸引具有"本土化"优势的国际人才,成为中国广播电视"走出去"的重要步骤。BON蓝海电视台就是第一个进入西方主流社会的中国媒体,目前已经覆盖了亚太和北美,有线频道落地全美以及亚太部分地区。BON蓝海电视的传播方式包括卫星电视、有线电视、网络电视、手机电视和全球视频发行平台。BON蓝海电视台的制作团队全部来自欧美国家,旨在用西方人的视角和价值观,把中国的文化、生活方式和商务信息等各方面的内容传递到全世界。这跟以前国外观众看到的大多数中国节目不同,是用外国人来讲述发生在中国的故事,外国观众更容易接受。

总而言之,中国广电媒体若想占领国际市场,具备国际传播经验和国际化视野的人才是关键之中的关键。中国经济社会快速发展,则为广电媒体吸收国际化人才提供了有力支持,为广电媒体"走出去"提供了国际竞争力。

(三)越来越多的民间资本参与广电"走出去"

中国经济社会的快速发展,造就了越来越多的有国家责任感的中国商人。更多有责任感的中国商人参与到国际的传播事业中,这是中国广电"走出去"发展战略从理论到实践的落实,对提高对外开放水平和中国文化的国际影响竞争力,以及整体提升中国广电媒体国际竞争力发挥巨大作用。

2005年10月,金华邮电工程安装有限公司买下吉尔吉斯斯坦广电部在德隆电视台的股份,"金邮"董事长陈建文正式出任德隆电视台总裁。截至2010年,比什凯克开通DOLON·TV的居民,已经从原来的四五套节目增加到可以选择的70多套电视节目,其中包括HTB、PTP、OPT、TB-6等吉尔吉斯斯坦观众熟悉的电视台。为促进中吉两国的交流,还特别增加了CCTV-1、CCTV-4、新疆卫视等频道,满足了吉尔吉斯斯坦人民了解中国的愿望。[1]

2006年,温州人王伟胜全资收购阿拉迪拜电视台,并改名为:阿拉伯-亚洲商务卫视(简称AABTV)。AABTV也是欧亚非地区唯一专门介绍中国信息的专业商务资讯电视平台。2006年8月,AABTV正式开播,用阿拉伯语和英

---

[1] 《跨国运营"三网合一":"金邮"为比什凯克居民接入"信息高速"》,金华新闻网,2010年7月4日,见:http://www.jhnews.com.cn/jhwb/2010-07/04/content_1114166.htm

语24小时不间断地向20多个阿拉伯国家播送节目，主要介绍中国文化、旅游和商品，发布中国商务资讯，推介中国产品和品牌，收视人口约4亿，在中国企业与中东市场之间架起一座金桥①。

2009年，温州人叶茂西旗下的西京集团有限公司成功收购了英国一家卫星电视台——PROPELLER（普罗派乐）电视台。PROPELLER是欧洲第一个100%放映全新原创节目的数字卫星电视频道，通过英国天空广播公司的卫星平台传送，由英国格林斯比研究所附属公司图像频道有限公司于2006年2月创办，它最早在英国约克郡播放，在欧洲的覆盖国家达40多个。2008年11月，该电视台在威尼斯获得"全欧洲最佳卫视电影频道"奖项②。

改革开放以来，中国的民间资本得到了迅速的壮大。有责任感的中国富商在发展自己的同时，也有为祖国贡献力量的愿望。越来越多的民间资本涌入海外，参与海外并购。这为中国广电媒体国际竞争力的提升，做出了重要贡献。

（四）"请进来"为"走出去"服务

中国经济社会的飞速发展，为其他行业发展提供了很好的借鉴。推动广电行业的发展跟搞经济工作是一样的，既要"走出去"，也要"请进来"。"走出去"并不排斥"请进来"。而"请进来"是要把国外主流媒体"请进来"，需求合作机会，实现我们"走出去"的目标。近年，来华旅游、交流的留学人员不断增加，在中国发展业务的国外媒体数量也不断增多。他们既是我们"请进来"的对象，也为中国广播电视"走出去"这一战略服务。

中国（广州）国际纪录片大会（GZDOC）由2003年广州国际纪录片学术研讨会的基础上发展而来。经过近十年的探索和发展，目前已经成为中国唯一国家级的、享有交易功能的纪录片盛会。它有力地推动了中国纪录片产业的进步与发展，成为中国乃至亚洲唯一的国际纪录片市场交易平台，许多国外制作商从这里走进中国寻找合作机会，更多的中国纪录片和制作人从这里开始走向世界。

广东电视台的"走出去"也是从把境外媒体"请进来"开始的。十几年来，广东电视在与境外电视的竞争中不断壮大自己。广东电视台瞅准良好发展时机，利用各种渠道在竞争中寻找合作机会，创建新的合作方式。

中国国际广播电台也加大与境外媒体"请进来"、"走出去"的力度。国际在线举办了"2011中国城市榜——全球网民推荐的中国文化名城"网络互动活动，得到了国务院新闻办公室、文化部和国家旅游局的大力支持。活动

---

① 《中国民间资本"抢占"美国电视台胜算几何》，中国商报网，2009年9月18日，见：http://www.cb-h.com/news/wh/2009/917/0991772GD4DC1H57024312_2.html

② 《温州商人收购英国本土卫星电视台》，新华网地方频道，2009年7月13日，见：http://news.xinhuanet.com/local/2009-07-13/content_11698549.htm

依托国际在线多语种网站集群,充分发挥互联网传播范围广、传播手段多样、互动性强的优势,使用对象国家或地区的母语展示推介中国城市。在短短两个月的网络互动阶段,共收到来自世界各地的 576 万多张选票。评选结束后,中国国际广播电台邀请来自十几家海外媒体的外籍记者展开"中国城市榜·外媒记者城市行"活动,通过对中国城市的实地采访和体验,向各国网友报道中国城市的独特魅力和多元之美。通过此次活动,中国国际广播电台实现了很好的传播效果,扩大了影响力。

可见,中国经济社会的飞速发展,为广电"请进来"提供了良好发展空间。同时,"请进来"是为了"走出去"服务。"请进来"与"走出去"紧密结合,推动中国广播电视又好又快发展,提升了中国广播电视媒体的国际竞争力。

四、经济社会持续发展需要广电加快"走出去"

(一) 政策支持为经济社会持续发展服务

广播电视业是第三产业,为中国经济社会发展服务。近年来,第三产业已成为拉动中国经济增长的主动力。中国政府推出了一系列的政策,推动中国广电产业发展,为经济社会取得更快发展服务。

2006 年 9 月,中共中央办公厅、国务院办公厅发布《国家"十一五"时期文化发展规划纲要》,提出加快实施广播影视"走出去工程"。概括起来有三大任务:增强广播影视有效覆盖、扩大广播影视产品发行和建立广播影视交流平台。[①]

2009 年 7 月,国务院常务会议讨论并原则通过了《文化产业振兴规划》,以文化创意、影视制作、出版发行、印刷复制等为重点,旨在加大文化产业政策扶持力度,完善产业政策体系,推动中国文化产业实现跨越式发展。[②]

2011 年 10 月,中国共产党第十七届中央委员会第六次全体会议通过《中共中央关于深化文化体制改革 推动社会主义文化大发展大繁荣若干重大问题的决定》。根据《决定》,广播电视肩负着增强国家文化软实力、提升中华文化国际影响力、推动中华文化"走出去"的重要责任。[③]

[①]《国家"十一五"时期文化发展规划纲要》,新华网,2006 年 9 月 13 日,见:http://news.xinhuanet.com/politics/2006-09/13/content_5087533.htm

[②]《文化产业振兴规划》,新华网,2009 年 9 月 26 日,见:http://news.xinhuanet.com/politics/2009-09/26/content_12114302.htm

[③]《中共中央关于深化文化体制改革 推动社会主义文化大发展大繁荣若干重大问题的决定》,新华网,2011 年 10 月 25 日,见:http://news.xinhuanet.com/politics/2011-10/25/c_122197737.htm

这几项政策在中国广电产业蓬勃发展及国际金融危机的背景下提出来，充分表明中国已经把发展文化产业提高到国家战略的层面上来。在世界上最能够体现我们"软实力"的就是中华文化，而最能直观展现中华文化的就是中国广播电视节目。国外受众通过中国广播电视节目，来消除对中国的误会，了解和认同中国社会经济发展状况，有助于为中国经济社会创造更好的发展环境及合作机会。

（二）广电产业带动相关产业经济发展

随着全球一体化的到来和传播技术的飞速发展，包括广播、电视、出版、娱乐、电影等在内的文化产业创造出了巨大的社会财富，在 GDP 中所占的比重也越来越大。党的十七届六中全会提出要加快发展文化产业，推动文化产业成为国民经济的支柱性产业。目前，许多国家已经把文化产业作为战略性支柱产业，用文化产业发展带动其他相关产业经济的发展，为经济社会持续发展服务。

时任国务院总理温家宝在一家动漫公司考察时说："我有时看我孙子喜欢看动画片，但是动不动就是奥特曼。他应该多看中国的动画片。让中国的孩子多看自己的历史和自己的国家的动画片。"[①] 这是中央政府高层领导对中国动漫产业寄予的厚望。近年来，一部《喜羊羊与灰太狼》电视动画的火爆，带动了相关产业经济的发展。既推动了一年一部的《喜羊羊与灰太狼》动画电影系列，又带动了包括玩偶、图书、游戏、服装、食品、舞台剧等相关产品的发展。其带动的相关产业所产生的经济效益是以十亿计，甚至更高。一部电视动画片的成功带动起相关的各个产业的发展，为我国经济社会持续发展做出了重要贡献。

2008 年年初，中央电视台开年大戏《闯关东》掀起收视热潮。该剧讲述的是从清末到九一八事变爆发前，一户山东人家为生活所迫而离乡背井"闯关东"的故事。《闯关东》播出后，之前一直卖不动的同名小说《闯关东》，迅速成为各大书店的畅销书，成为全国图书零售市场第一名。如今，电视剧的热播带动同名小说的畅销已经成为一种普遍现象，同时带动实体经济、印刷、出版等相关产业发展。

广电产业在自身取得发展的同时，也带动了同一产业链上下游的其他产业发展。只要我们坚持内容为王，保证节目质量，以满足受众需要为目的，那么，广电体系产业链上下游产业，也都将因此面临巨大的发展机遇。为我国国民经济社会发展做出更重要贡献，并且这种贡献是可持续的。

---

① 《温家宝考察动漫产业 称不希望孙子总看奥特曼》，人民网，2009 年 4 月 1 日，见：http://media.people.com.cn/GB/40606/9061042.html

(三)广电"走出去"有助于中国经济社会持续发展

广播电视是技术最成熟、影响范围最广、受众最多的传播媒体,是世界各国间相互了解的最主要方式,是国际文化交流的桥梁和纽带。必须通过扩大中国广电媒体"走出去"的规模和力度,把中国的声音传向世界各地,让世界深入地了解中国,展示中国的和平发展理念,营造更有利于我国发展的国际舆论环境,为中国经济社会持续发展服务。

当今世界各国在政治、经济、军事等方面的竞争逐渐减少,取而代之的是无形的文化竞争,我们必须清醒地认识到,文化产业将对经济发展有巨大的推动作用。文化大发展大繁荣分两个过程,一是在国内推动文化产业发展,二是扩大中华文化的国际影响力。文化的繁荣发展一定要得到国际社会的认可。我国广电媒体"走出去"就肩负着推广中华文化的使命。要让中华文化加速走向世界,使之与我国在经济建设上取得的成就相匹配。

广电"走出去"在推广中华文化、社会发展理念的同时,也为国内企业吸引外资提供了合作的机会,对我国其他产业"走出去"有持续的推动作用。因此,广电"走出去"更有利于我国经济社会持续发展。中国经济社会的持续发展,也需要中国广播电视"走出去"。

第三节 中华文化全球影响力增强

2009年,中国科学院发布的《中国现代化报告2009——文化现代化研究》显示:在2005年的世界文化影响力指数排名榜上,中国位居世界第7,亚洲第1。与1990年相比,中国的文化影响力指数和世界排名都得到了显著提升,与国际差距进一步缩小[①]。

2005年至今,中国已成为世界第二大经济体,并先后成功举办了第29届奥林匹克运动会、2010年上海世博会、第16届亚运会,妥善应对了世界金融危机,综合实力不断增强……这一系列的成就,为中华文化全球影响力的提升注入强大现实动力,让世界目光聚焦到"中国模式"和支撑这一模式发展的五千年文明积淀。在新形势下,世界愈发渴望了解中国,希望在许多重大国际问题上听到中国的声音,看到中国全面参与全球事务。同时,重新崛起的中国也需要向世界传达和平发展的真诚期盼,展示自身充满东方智慧的文

---

① 据中科院中国现代化研究中心中国现代化战略研究课题组《中国现代化报告2009——文化现代化研究》显示:1990年,中国文化影响力列世界第11位,亚洲第2位。

化内涵，驳斥对中国发展存疑的不实言论。

可见，无论从"内需"还是"外需"层面上来看，我国文化影响力的大幅提升，都为广播电视"走出去工程"提供了难得的机遇。

一、中华文化影响世界的主要途径

（一）文化与中华文化的定义及组成

文化是影响和解释人类生活方式的知识、制度和观念的复合体，广义上，指人类创造的物质财富和精神财富的总和，狭义上，指人类创造的精神财富的总和，包含语言、文学、艺术、哲学、宗教、法律、道德、习俗、科技知识、政治文化、经济文化、社会文化、环境文化和个人行为等内容。

中华传统文化内涵丰富，是中华民族几千年文明的结晶。从思想内涵上看，中华文化以儒家学说为核心，兼容并蓄了来自佛家、道家及其他诸子百家等很多其他形态的内容，如注重自身德行修养，谨守"仁、义、礼、智、信"的道德操守，讲究"天人合一"、"道法自然"、"和合"等。从具体表现形式来看，中华文化则包含了汉字汉语、百家经典、诗词歌赋、戏曲作品、传统中医药、中华武术、科技发明、饮食厨艺、民间工艺等诸多领域。

当今的中华文化则同时兼具传统与现代性，在继承5000年历史文化遗产的基础上，进一步突出了以和谐为核心价值的时代内涵。"和谐"是中华传统文化中的重要理念。"和而不同"、"合则两利"、"强不执弱，众不劫寡，富不侮贫"、"兼爱"、"非攻"等哲学思想，都是这一理念的真实写照。以和谐为核心的当代中华文化内容，由对内倡导构建"和谐社会"和对外主张建设"和谐世界"两个部分组成。"民主法治、公平正义、诚信友爱、充满活力、安定有序、人与自然和谐相处"是我国构建"和谐社会"的主要内容，而提倡"和谐世界"的思想则主要强调世界各种文明间应和谐相处、共生共荣、互相融合、彼此交流。

总体而言，与以法理型、外向型、分析性思维，个人本位为特征的西方文化相比，中华文化以伦理型、内向型、整体性思维，家族本位为其基本特征，致力于追求社会均衡与和谐，在稳定中求发展，爱好和平、不喜战争，灵活性强[①]。

（二）文化影响力和中华文化影响力的两次大转变

文化影响力是指一个国家对世界文化市场和文化生活的客观影响的总和，既是一个国家通过国际文化互动对国际环境施加的实际影响大小，也是一个

---

① 何星亮：《中西文化的差异性与互补性》，载《思想战线》2011年第1期，第37卷。

国家的国际影响力在文化领域的表现形式①。文化影响力与国家"软实力"关系紧密，在一定程度上，文化影响力评价可以作为国家"软实力"的一种衡量方法。

在几千年的中外交流史上，古代中华文化为世界留下了灿烂光辉的文学、历史、哲学等精神财富，以四大发明为代表的古代科技成果，更直接推动了欧洲在后来的学术、航海、军事等方面的巨大进步，中华文明的思想观念、组织模式和物质文化，也对日本、朝鲜、越南等亚洲诸国的文明史产生了重要影响。时至今日，当世界需要一种有别于西方"扩张型"、"进攻型"文化的指导思想来真正实现持久和平、共同繁荣的人类社会时，中国的和谐理念恰好符合国际社会的普遍期待和世界发展的主要潮流。

大体而言，中华文化的全球影响力经历了如下两次较为明显的转变：

第一次在18、19世纪之交，中华文化的对外输出从"出超"变为"入超"，尤其在对西方世界的文化影响方面。当13世纪中、西方严格意义上的直接交往开始后，中国作为世界农业文明的杰出代表和历史悠久的文明古国，其含义丰富、成就斐然的文化，为西方世界在思想观念、道德标准、情致爱好等方面，都带来了前所未有的冲击与启发，"中国热"也在18世纪达到顶峰，席卷欧洲。伴随西欧各国在经历文艺复兴、宗教改革、科技革命后迅速崛起，尤其自18世纪末"中国热"消退，19世纪鸦片战争以降，过去经济繁荣、文化先进的中国，在西方列强眼中的形象一落千丈，甚至几乎成了"落后、贫穷、愚昧"的代名词。同时这样的局面更影响到整个世界在新形势下对中华文化的认可。

第二次转变发生在新中国成立特别是改革开放以来，中华文化对外输出能力逐渐恢复，甚至在局部领域"扭亏为盈"。这缘于几代国人运用东方智慧，在国家建设的各个方面不断开创崭新局面，使中国文化的内涵与外延在外部世界重获重视。具体而言，中华人民共和国建国后60多年通过积极向外宣传决不称霸，和平发展的理念，我们巩固了新中国人民政权，在国际上特别是发展中国家间获得广泛尊敬，争得了宝贵的发言权。尤其自改革开放以来，伴随着经济、政治、科技等"硬实力"的进一步发展和西方世界的数次衰退，中华文化更为广泛地在全球范围内开始流行。而世界各国包括欧美发达国家的政界、商界、汉学界、大众媒体，也不断提出对中华文化的重新思考和再发现。

（三）当前中华文化影响世界的三种主要途径

当今世界正处在大发展大变革大调整时期，世界多极化、经济全球化深

---

① 中国科学院中国现代化研究中心中国现代化战略研究课题组《中国现代化报告2009——文化现代化研究》，北京大学出版社，2009年版，第277页。

入发展，各种思想文化交流交融交锋更加频繁，文化在综合国力竞争中的地位和作用更加凸显，增强国家文化软实力和中华文化国际影响力的要求更加紧迫。在党的十七届六中全会上，中共中央明确了进一步推动中华文化走向世界，增强中华文化感召力和影响力的工作方向，对文化"走出去"工作做出了战略部署，提出要实施文化"走出去工程"，完善支持文化产品和服务"走出去"政策措施，支持重点主流媒体在海外设立分支机构，培育一批具有国际竞争力的外向型文化企业和中介机构，同时要把政府交流和民间交流结合起来，发挥非公有制文化企业、文化非营利机构在对外文化交流中的作用①。

最近几十年间，我国主要在以下三种途径有效开展了提升中华文化世界影响力的工作：

1. 对外文化宣传

目前，我国对外文化宣传渠道分为直接与间接两个层面，主要由国内各外宣机构的直接宣传和国际媒体的间接宣传即对中国举办的重大国际活动进行的报道组成。

（1）对外宣传机构的直接宣传

我国对外文化宣传工作主要由新华社、中国国际广播电台、中央电视台等几大中央新闻单位承担。外宣媒体为增进国际社会对我国基本国情、价值观念、发展道路、内外政策的了解和认识做了大量工作，使我国文明、民主、开放和进步的形象得到了具体展现。

（2）国际媒体间的间接宣传

近年来，我国连续举办了多项世界级重大活动，比如2008年的北京奥运会、2010年的上海世博会和广州亚运会等，通过国际媒体对这些活动的相关报道，进一步拓展了世界了解中国的渠道，有效提升了中国在世界上的关注度。

比如，2008年北京奥运会开幕式通过国际媒体的全面转播，就为全世界奉献了一场中国传统文化飨餮大餐。而所有的媒体在评价这次开幕式时态度竟然也出奇地一致，连平时对中国颇有微词的国际媒体如CNN、《华盛顿邮报》等，也不得不对今日中国的繁荣发展发出感慨："北京奥运会华丽、壮观的焰火以及运动员参与的规模前所未见。一个亚洲国家开启了最大规模、组织最为细致的奥运盛会。"英国《经济学家》杂志描述道："当游客们降落在北京未来派风格的机场时，当他们成群结队地步入雄伟壮观的新体育场时，许多人都会屏住呼吸，惊异于中国现代化的速度之快与规

---

① 《中央关于深化文化体制改革若干重大问题的决定》，中华人民共和国中央政府网站，http://www.gov.cn/jrzg/2011-10/25/content_ 1978202.htm

模之大。"西班牙《先锋报》在评论 2008 年北京奥运会的时候刊文指出:"(中国)没有对外侵略的历史和拥有谨慎智慧的特点正是我们面对的这个躁动的世界所需要的……"埃及著名专栏作家马莱克在《金字塔报》上发表文章称"北京奥运会充分体现了中国和谐发展、世界和谐共处的理念。而'同一个世界,同一个梦想'的和谐理念彰显了中国文化的包容力、生命力和延续性,也指引了一条世界和平共处的光辉大道。"① 北京奥运会的成功举办给世界留下的印象如此之深,以至于时隔一年后,当美联社在评论中国应对金融危机和派兵参与亚丁湾护航行动时也承认,"北京奥运会的成功举办以及中国经济的不断发展给许多中国民众注入了自信,中国在世界舞台上展现出了更加自信的姿态"。②

2010 年的上海世博会,成为了世界各国人民互相学习的舞台。荷兰《商报》评论说:"如果 1851 年的伦敦世博会开启了'英国时代',2010 年上海世博会则展示了中国的勃勃生机和中国人民谋求发展的坚定信心。"在历时 6 个月的上海世博会结束时,多家西方媒体在突出位置报道了这一消息,"人气足"、"最高级","打破所有纪录"……成为西方报道中出现最多的字眼。英国广播公司在同年的 10 月 31 日称,上海世博会被认为是展示中国"软实力"的一个机会。世界各地的人们通过访问上海,能感受到这座城市正在倡导的"城市,让生活更美好"的理念。③ 甚至早在世博会开幕之前,就有超过 1000 名日本记者递交申请要求参加报道活动,而日本游客迅速就将 10 万多张世博会的门票抢购一空。

有学者评论,北京奥运会改变的是"积贫积弱"、"东亚病夫"的中国形象,而世博会努力改变的是"因循守旧"、"创造匮乏"的中国形象④。可以说,最近几年我国举办的几次大型世界活动,已经成为自身开展间接外宣的平台。

2. 文化外交

推动中华文化走向世界,还需要开展多渠道多形式多层次的对外文化交流活动。目前,中国已同 149 个国家签订了政府间文化合作协定和近 800 个年度文化交流执行计划,与近 500 个民间文化团体和组织建立了友好的合作

---

① 《特稿:北京奥运会——中国告诉世界》,新华网,2008 年 8 月 25 日,见:http://news.xinhuanet.com/newscenter/2008-08/25/content_ 9706153. htm
② 《外国媒体肯定北京奥运会给中国带来的积极变化》,新华网,2009 年 8 月 8 日,见:http://news.xinhuanet.com/society/2009-08/08/content_ 11848594. htm
③ 《各国媒体给上海世博会打高分 称展现中国"软实力"》,环球网,2011 年 11 月 1 日,见:http://world.huanqiu.com/roll/2010-11/1216195.html
④ 孟建:《对超大型国际活动中国形象建构的思考》,新民网,2010 年 8 月 30 日,见:http://news.xinmin.cn/rollnews/2010/08/30/6559895.html

关系，同上千个文化组织保持着密切的合作关系，双边和多边人文交流机制不断取得新进展。

2007年至2011年间，我国9个正式运营的海外中国文化中心一共举办2500多起重要活动，吸引56万民众参加。文化中心各类教学培训也吸纳了2.6万名学员。2011年，中国文化中心启动央地对口年度合作，天津、内蒙古、上海、福建、河南、陕西和青海7个省（自治区、市）派出交流团组共计64起，600多人次；接待来访团组27起，106名各国学员、艺术家来华参加人文交流活动；在国外举办了89场活动，出席活动的公众人数超过了6万人。另外，我国正与30多个国家商谈，在未来几年内设立中国文化中心，到2020年将在海外建成50个中国文化中心。①

我国政府在文化"走出去"方面的工作，也开始了大胆创新，其中更不乏许多精彩案例。2011年在美国时报广场和CNN投放的中国国家形象系列宣传片就是一个突出例子。从2011年1月17日开始，由数十位中国杰出人士担纲的以"智慧、美丽、勇敢、才能、财富"等形象诠释中国人形象的宣传片，在4周的时间从每天早6点至次日凌晨2点前后在纽约时报广场播放了近万次。在"世界十字路口"的时报广场，每天来往的本土与全球游客熙熙攘攘、络绎不绝，色彩强烈、形象突出的形象片常常吸引游人驻足欣赏；而浓缩为30秒的宣传片电视版也通过美国有线电视新闻网（CNN）的各个频道覆盖全球播放。

继2003年中法推出互办文化年后，中国文化年、中国文化节已成为中国对外交流的重要文化标志品牌。在近几年我国在50多个国家举办的约200次此类活动中，欢乐春节、相约北京、亚洲艺术节、中非文化聚焦、阿拉伯艺术节，德国、意大利、澳大利亚"中国文化年"以及在国内的上海国际艺术节、吴桥国际杂技艺术节、各类艺术比赛、成都国际非遗节等，均以丰富多彩的品牌活动推动了中外文化交流。2009年10月8日至2010年2月14日，在比利时举办的欧罗巴利亚中国艺术节，覆盖比利时各大城市，并辐射到周边的欧洲国家。2010年10月开始的意大利中国文化年，实际开展文化交流项目超过200项，在社会各界产生了极其广泛的影响。2011年美国举办的"中国：一个国家的艺术"文化系列活动，得到美国主流人士的广泛关注和积极反响。2012年1月30日，德国中国文化年在柏林开幕。2012年3月25日至31日，在巴林举办的中国文化节成为中阿文化关系史上的盛事。中阿双方于2008年确立的中阿互办艺术节机制、"中非文化聚焦"活动也产生了深远

---

① 《海外中国文化中心建设 推动中华文化走向世界》，求是理论网，2012年8月20日，见：http://www.qstheory.cn/special/2012/hwwhzx/201208/t20120820_176518.htm

影响。①

应墨西哥政府邀请,中国作为"主宾国"参加了第 35 届塞万提斯国际艺术节。传统的川北大木偶、陕西皮影以及现代芭蕾舞剧《大红灯笼高高挂》、话剧《镜花水月》和北京现代舞等 66 场艺术表演,场场爆满,受到观众、媒体和艺术节组委会的一致好评。

另据文化部统计,自 2006 年以来,中非已成功举办 5 届"中非文化聚焦"系列文化活动。同时,共开展近 70 个 1600 多人的艺术团互访演出,涉及非洲近 160 国(次),举办展览互访 30 多起,开展治国理政、造型艺术、大型庆典、手工艺、编舞、杂技等多个门类的中非人力资源培训合作 20 多项,互访人员共 160 余位。②

3. 对外文化贸易

近年来,对外文化贸易活动的实践也成了我国文化"走出去"工作的重要着力点。目前,我国对外文化贸易几乎涵盖所有艺术门类,不仅提升了中华文化国际影响力,也为我国经济发展创造了巨大经济效益。

目前,我国文化贸易已经拥有一批具有国际竞争力的外向型文化企业,交流的领域和渠道大为扩展。据统计,从 2001 年到 2010 年,我国核心文化产品和文化服务出口的平均增速分别为 15.9% 和 28.7%。2010 年,中国核心文化产品进出口总额 143.9 亿美元,同比增长 15.1%。出口电影票房收入 35 亿元人民币,图书版权输入引进比从 2005 年的 1∶7.2 至 2010 年的 1∶3。③一批中国本土著作被海外市场引进后取得不俗成绩,比如《于丹〈论语〉心得》早在几年就已签售了 21 个语种、26 个版本的国际版权;④而 2010 年的深圳文博会交易额突破千亿元,是 5 年前第一届的 3 倍⑤。

作为中国文化企业"走出去"的"国家队"之一的中国对外演出公司,近年来也向全球近 80 个国家和地区派出团组 680 多起,演出 39000 多场,现场观众超过 7500 万人次,其中商演比例超过 60%。⑥ 2010 年国产动漫产品出

---

① 《中国已同 145 个国家签订政府间文化合作协定》,新华网,2012 年 5 月 14 日,见:http://news.xinhuanet.com/world/2012-05/14/c_111949574.htm

② 《首届"中非合作论坛——文化部长论坛"在京举行》,新华网,2012 年 6 月 18 日,见:http://news.xinhuanet.com/local/2012-06/18/c_112242408.htm

③ 《文化发展面临机遇和挑战 2012 文化产业五大看点》,人民网,2012 年 1 月 5 日,见:http://finance.people.com.cn/GB/70846/16798962.html

④ 《〈于丹《论语》心得〉版权输出 360°运作》,中国图书对外推广网,2009 年 11 月 23 日,见:http://www.cbi.gov.cn/wisework/content/84465.html

⑤ 《中华文化走向世界展示现代中国新形象》,新华网,2011 年 10 月 7 日,见:http://news.xinhuanet.com/society/2011-10/07/c_122124221.htm

⑥ 《对外文化贸易步入战略机遇期》,中国网,2011 年 12 月 25 日,见:http://finance.china.com.cn/roll/20111225/445216.shtml

口额为 5.1 亿人民币，游戏产品海外市场收入近 2.3 亿美元，分别比 2009 年增长 50.87% 和 116%。目前，中国网络游戏产品在俄罗斯、越南已基本占据市场主要份额。①

2011 年，中国文化企业 30 强的深圳华强文化科技集团自主研发的"环幕 4D 影院"进入海外市场，开启了中国拥有自主知识产权的环幕电影出口新渠道，率先建成世界领先的"全无纸化"二维动画片生产线；2008 年签约在伊朗第二大城市伊斯法罕建设总投资 7000 多万欧元的"方特卡通动漫园"，2009 年再次签约在南非约翰内斯堡建设大型主题公园，总投资 2.5 亿美元，使中国成为全球第二个大型文化主题公园出口国。② 自 2011 年 11 月至 2012 年 1 月，重庆杂技剧《花木兰》已经在法国演出 71 场，观众达 40 万人次，创下中国艺术团队海外商业演出最好成绩。③

2012 年 8 月，中国大连万达集团宣布完成对美国第二大院线集团 AMC 娱乐控股公司总计 26 亿美元的收购，万达将成为全世界规模最大的影院运营商。④

随着十七届六中全会明确提出"培育具有国际竞争力的外向型文化企业，开拓国际文化市场"，提出"发挥非公有制文化企业、文化非营利机构在对外文化交流中的作用"，可以说，我国对外文化贸易已经迎来了一次难得的"战略机遇期"。

二、中华文化全球影响力增强的体现

通过文化影响力的三条主要传播路径开展的文化"走出去"工作，使中华文化的国际影响力得到进一步提升，与中国有关的事物在世界各国都受到前所未有的关注，具体体现在如下几个方面：

（一）"中国热"蔚然成风

伴随着全球化程度的进一步加深，世界各国从来没有像今天一样紧密地联系在一起，共同面对诸多挑战。但经济现代化的单向度进程在不同文明之间却并不适用。尤其在"9·11"事件、伊拉克战争后，号称文化实力最为强

---

① 《中国文化艺术政府奖首届动漫奖天津揭晓》，中国网，2011 年 12 月 29 日，见：http://news.china.com.cn/rollnews/2011-12/29/content_ 12011860.htm

② 《如何走向文化贸易大国》，人民网，2012 年 6 月 26 日，见：http://www.people.com.cn/h/2012/0226/c25408-3695267580.html

③ 《重庆杂技剧〈花木兰〉赴法演出》，中国网，2012 年 2 月 6 日，见：http://news.china.com.cn/rollnews/2012-02/06/content_ 12547967.htm

④ 《收购 AMC 公司完成　万达成世界最大影院运营商》，新华网，2012 年 9 月 6 日，见：http://news.xinhuanet.com/finance/2012-09/06/c_ 112975504.htm

大的美国,也开始意识到自身的"普世价值"和"单打独斗"的作风在一些国家和地区具体实施起来与当地文化间"水土不服"的现象。"文明的冲突"如此显眼恰好证明了世界上并非只能存在某一种文明,面对正在发生不断深刻变化的全球局势,如果要实现持久和平,共同繁荣的目标,世界需要一种有别于西方"扩张型"、"进攻型"文化的指导理念,一个强调各个文明间应该共生共荣、互相融合、彼此交流的理念。中国传统文化古老智慧和新时代下中国提出的"和谐世界"理念,则恰好符合国际社会的普遍期待和世界发展潮流。在中国经济、科技等实力稳步增长的同时,中国文化继18世纪后又一次在世界范围受到了前所未有的礼遇与重视,"中国热"重新席卷全球。

1. 各国政界劲吹"中国文化风"

在中国新年到来之时发表贺词,已成为英国首相近年来的一个传统。2010年,刚当选的新任首相卡梅伦,在自己的第一个中国新年贺词里写道:"华人对英国做出了巨大的贡献","他们'努力工作、企业精神、社区融合'的价值观,也正是英国所需要的"[1]。2012年春节,联合国秘书长潘基文、美国总统奥巴马、加拿大总理哈珀、巴西总统罗塞夫、英国副首相兼自由民主党党首尼克·克莱格、外交大臣威廉·黑格、希腊总理、丹麦首相,以及诸多欧美国家政要,均发表了热情洋溢的新年贺词,问候全球华人。

当前,以《道德经》为代表的中国文化典籍的魅力,不仅在世界各国民众而且在西方政要间依然受到热烈追捧[2]。比如,俄罗斯前总统梅德韦杰夫2011年谈到政治体制改革时,使用了《道德经》上的"政善治,事善能,动善时",意在说明俄罗斯应根据本国国情制定政策,并保持政策的连续性。[3] 德国前总理施罗德曾在电视上号召国民每家买本《道德经》,"以解决思想上的困惑"。[4] 美国前国务卿基辛格也在自己的著作《中国论》中表示其喜欢上了中国人民的坚韧、细密、对家人的眷恋和文化,并将美国在朝鲜和越南战场的失败部分归因于美国不了解中国文明在亚洲邻国的历史影响,对中国人的敏锐缺乏领悟。至于谈到"和谐世界"概念,法国前总理德维尔潘明确表

---

[1] 《英国首相祝贺中国新年 称英国需要华人价值观》,中国网络电视台,2011年2月1日,见:http://news.cntv.cn/20110201/105084.shtml

[2] 据联合国教科文组织的统计,《道德经》是外文译本最多、发行量最大的世界文化名著之一。人民网,《从道德经中汲取智慧》,http://theory.people.com.cn/GB/40534/5654890.html

[3] 南振中:《增强中华文化的"共鸣效应"》,《人民日报》海外版,2012年3月19日。

[4] 《鹿邑:问道老子故里》,人民网,2012年1月19日,见:http://paper.people.com.cn/rmrbhwb/html/2012-01/19/content_996438.htm

示,一个中国倡导建设的和谐世界能够让所有人都扮演他自身的作用,让所有的国家都不分大小扮演自己的作用。这是非常有必要和重要的理念。罗马尼亚前文化和宗教部长席勒·特奥多列斯库也曾表示,"由于实行改革开放政策,中国出现了政治奇迹、经济奇迹和社会体制变化的奇迹。中国有悠久的文化和古老的文明。我们应该进一步了解和熟悉"。①

2. 学界媒体界"中国热"盛行

汉学在最近几十年内,作为一种文化标识的学术现象早已风靡全球。在美国著名图书销售集团"亚马逊"的网站上,如果键入"中国文化"进行搜索,立刻就会列出超过3.4万本标题含有这一关键词的英文图书。这样的搜索方式还不包括用其他语言撰写的中国著作,以及标题并不以"中国文化"为关键词的英文出版物。中国文化的热度由此可见一斑。

这样的结果显然与当地学界和媒体界对中国关注度高涨有必然联系。比如,在世界上许多国家的高校都开设有汉学或者中国学系。作为海外研究中国第一大国的美国,研究中国学的机构就从二战后的5家增长到超过200家。早在2001年,美国国内就有职业汉学家1000多人,每年毕业1000名左右的中国学博士②。"软实力"概念的提出者,著名学者约瑟夫·奈在接受媒体专访时就表示,"传统中国文化非常有吸引力"、"中国已经从传统的孔子思想中得到了软实力"。一些美国学者更认为,中国现在强调的发展、稳定与和谐,有普世的吸引力,可以补充美国的价值观念。

谈到中国"和谐世界"理论,法国国际关系专家皮卡尔指出:和谐概念包含在孔子思想和中国传统理念内,同时具有现代意义。(这个理论)提出了国际关系领域一个"新模式",对于建设一个未来更加美好的世界具有"非常积极"的"独创"意义。③

中国文化的魅力在发达国家的媒体也同样获得了肯定。《纽约时报》把老子推举为世界最伟大的10位作家之首。《时代周刊》2009年就载文提出美国应该向中国学习的获得成功的5个经验,包括节俭精神、照顾老人以及眼光长远等优点。"许多外国人在中国时都感觉到一种活力"、"这种活力不止来自随处可见的一些热烈活动,也来自一种能驾驭大事的自信和眼光"。④

众多发展中国家的学者们,在高度关注中国文化的同时,还进行了更深

---

① 《"罗马尼亚中国文化中心"揭幕》,中国文化网,2004年8月10日,见:http://www.chinaculture.org/gb/cn_world/2004-08/10/content_58745.htm

② 《关于海外汉学的对话》,载《中华读书报》,2011年9月19日。

③ 《国际专家纵论中国"和谐世界"理念(五)》,中国国学网,2006年12月31日,见:http://www.confucianism.com.cn/html/A00030001/1142096.html

④ 《美刊:美国可向中国学习的五件事》,人民网,2009年11月15日,见:http://world.people.com.cn/GB/10379883.html

入细致的分析和总结。阿根廷天主教大学政治学博士豪尔赫·E·马莱纳在文章中表示:"许多国家的公众都想了解中国取得成功的秘诀在哪里,这要从中国的传统文化中寻找答案。以促进教育的核心地位、尊重权威、律己、公民道德、为家庭奉献、寻求社会和谐为主体的儒家思想在作为一种符号被推崇的同时,也为中国获得进步提供了工具。"① 关注中国"和谐世界"理念的巴基斯坦战略研究所中国研究中心主任法扎尔·拉赫曼则认为:"中国遵循着和谐的政策:家庭和谐,邻里之间和谐,世界和谐。和谐意味着公平地共享利益,即使做不到这一点,处于优势者也不能让他人付出代价。所以中国共同发展、共同繁荣的理念,非常符合当今世界的需求,因为当今世界发达国家和发展中国家之间存在着巨大的鸿沟……"②

(二)"汉语热"持续升温

作为一种特殊的工具,语言并非中性。"文以载道",语言必然会在使用的过程中,同时传达附着在其身上的文化含义。而汉语,这个目前世界上唯一从古至今绵延流传的象形文字语言,正随着中国国际影响力的显著提升,在许多国家受到热烈追捧。

致力于教授汉语、促进教育交流、传播中国文化的孔子学院,在世界上很多国家和地区早已生根开花,结出丰硕的果实。从 2004 年 11 月 21 日在韩国首尔成立全球首家孔子学院,截至 2011 年年底,全世界已有 105 个国家建立了 358 所孔子学院和 500 个孔子课堂。2011 年,各国孔子学院注册学员已达 50 万人,课程不仅包括汉语,还覆盖了书法、武术、中医药等中国文化科目。③ 可以说,孔子学院将汉语送到了世界各地迫切想要和中国打交道的人们身边,并从语言开始,潜移默化地实现着文化的传播。

从欧美发达国家反馈回来的数字,更不难看出"汉语热"的风靡程度:1997 年,美国每 300 所小学中大约有一所教中文。到了 2008 年,这个数字接近 30∶1。英国教育大臣高夫 2012 年 6 月 10 日宣布修改英国教学大纲,汉语普通话将从 2014 年起同法语、德语、西班牙语等外语一起成为英国小学生的外语必修课④。瑞典教育大臣扬·比约克隆德表示,在今后 10 年内,瑞典所

---

① 《西媒文章:中国文化元素对海外具有吸引力》,中国文化交流网,http://www.whjlw.com/2011/1108/2013.html

② 《巴基斯坦学者高度评价中国在联合国的重要作用》,国际在线,2011 年 10 月 21 日,见:http://gb.cri.cn/27824/2011/10/21/5311s3409726.htm

③ 《国家汉办主任许琳:孔子学院很年轻,要有耐心让它成长》,新华网,2012 年 6 月 8 日,见:http://news.xinhuanet.com/politics/2012-06/08/c_112155634.htm

④ 《英国计划将汉语列入小学必修课》,国际在线网,2012 年 6 月 11 日,见:http://gb.cri.cn/27824/2012/06/11/3245s3721613.htm

有小学都应该教授中文课程①。至于汉语教育目前在法国已经成为"全国性现象"。2012年法国中学里学习汉语的学生人数达到29605人。同时全法还有1.6万名大学生和2000名小学生也在进行不同程度的汉语学习。法国的汉语教育专家认为，学习汉语能够让年青一代了解中国文化，尤其是关于尊敬老人和家庭成员互助的文化，而这正是个人主义很强的法国社会所缺失的。

在亚洲国家，目前在泰国开设汉语课程的学校达3000多所，学习汉语人数80多万人。早在2007年美国学者约书亚·柯兰齐克就在著作《魅力攻势：中国的软实力是如何改变世界的》一书提出："中国成功地唤起了东南亚人民学习汉语的热情。其中一个例子是泰国。二三十年前，泰国人学习汉语还是非法行为。现在，泰国的政客纷纷以渲染自己的华裔祖先、传统为傲。"②。在日本，外语学习情况也正悄然发生变化，汉语的受欢迎程度在2010年甚至超过了传统的英语，成为最受欢迎的外语。而新加坡前内阁资政李光耀2011年在中文版《新加坡赖以生存的硬道理》首发式上更用"你自己要了解你自己的根"来形容学习汉语的重要性。同年，在这个英语一直被列为第一教学语言的国度，教育部公布了《母语教育检讨报告》，积极鼓励在校学生学习包括汉语在内的各民族语言③。

可以预见，汉语在众多国家逐步普及的趋势将增加各国民众对中华文化的认知度，扩大文化影响力，而影响力的提高将会反过来进一步促进汉语的推广。

（三）中国文化产品加快走出国门

随着中国文化影响力的提高，以中国电影、电视、出版业等为代表行业的文化产品也在国际舞台上逐渐崭露头角，加快了"走出去"步伐。

据统计，在2011年，共有55部中国影片销往22个国家和地区，中国电影海外票房和销售收入达20.46亿元④。比如这几年在美国电影市场上，李安导演的《卧虎藏龙》，张艺谋导演的《英雄》等中国电影获得了巨大成功，

---

① 《瑞典教育大臣建议所有中小学开设中文课》，新华网，2011年7月6日，见：http://news.xinhuanet.com/world/2011-07/06/c_121632399.htm

② 《美学者柯兰齐克：中国倚靠软实力屹立于世界》，新华网，2007年5月9日，见：http://news.xinhuanet.com/world/2007-05/09/content_6073851.htm

③ 《新加坡掀起"汉语热" 在新加坡说汉语"COOL"》，新华网，2011年10月8日，见：http://news.xinhuanet.com/edu/2011-10/08/c_122125882.htm

④ 《去年海外票房超20亿 2012年中国影业迈入升级年》，中国经济网，2012年1月12日，见：http://www.ce.cn/culture/gd/201201/12/t20120112_22993480.shtml

票房收入高奏凯歌，观影民众反响热烈。① 同时还有许多中国新生代导演的中国电影也频频在国际电影节上获得荣誉，受到褒奖，为中国电影进一步开拓国际市场打下基础。中国影视动画片出口也取得了不俗成绩：在 2011 年，全国各影视机构共出口 146 部 20 万分钟，价值 2800 多万美元的动画片，在 2006 年的 4.5 万分钟基础上翻了两番还要多。②

中国的电视剧也在国际市场上受到广泛青睐：从 20 世纪 80 年代中期《西游记》在东南亚市场获得认可发展到 90 年代，《成吉思汗》、《雍正王朝》、《三国演义》等优秀的历史正剧，在亚洲市场创下不俗的收视业绩，甚至打入美国电视频道。再到《还珠格格》被韩国 SBS 电视台引进并创下收视奇迹；2007 年，《卧薪尝胆》在韩国卖到 4 万美元一集；次年《士兵突击》获东京国际电视节"海外优秀电视剧奖"……③中国题材的电视剧走出国内市场，在海外受众间树立了良好的口碑。值得一提的是，除了制作播出大量中国文化节目通过广播、网站、杂志等传播渠道覆盖世界以外，中国国际广播电台也在文化产品出口方面迈出了崭新的路子。2011 年由国际台斯瓦希里语部组织译制的《媳妇的美好时代》电视剧就成功登陆坦桑尼亚国家电视台。而随着该剧热播，坦桑尼亚国家电视台拟有偿向操斯瓦希里语的东非诸国出让转播权，由中坦双方分成出让收益④。

同时中国图书出版界也在加强对海外市场的开拓。中国出版集团公司通过直接设立海外图书分销或零售中心，拓展数字出版跨国传播渠道以及建立合资销售公司等运作方式，在海外开设了数十家销售中心，大大拓宽了中国图书的销售渠道；而主要以出版文化学术类著作的三联书店，则通过与国际著名的旅游出版社澳大利亚孤星出版社签订战略合作协议，共同编辑出版了有关中国的"旅行指南"《中国云南》、《中国西南》等，同时还将自身出版的"乡土中国" 15 种丛书翻译成英文版，推向国际市场。

三、文化影响力增强为"走出去"提供广阔前景

广播电视是文化传播的载体，广电传媒的海外落地，向来是中国文化"走出去"的重要部分，广播电视"走出去工程"，也是提高文化软实力的重

---

① 《张艺谋、李安重塑中国形象 电影如何走向海外？》，人民网，2009 年 4 月 23 日，见：http://culture.people.com.cn/GB/87423/9178913.html
② 《中国动画片年出口 20 万分钟 金额达 2800 多万美元》，中国经济网，2012 年 5 月 9 日，见：http://www.ce.cn/culture/gd/201205/09/t20120509_23308452.shtml
③ 贾佳：《为中国电视剧抢滩海外支招儿》，文化报，2012 年 4 月 2 日，第三版。http://news.idoican.com.cn/zgwenhuab/html/2012-04/02/content_3980224.htm?div=-1
④ 《坦桑尼亚播〈媳妇的美好时代〉斯瓦希里语配音》，中国网，2011 年 11 月 24 日，见：http://www.china.com.cn/international/txt/2011-11/24/content_23994033.htm

要途径。中华文化国际影响力的不断提升，世界各国对我国文化产品需求的不断增长，也为广电媒体加快"走出去"提供了强大动力。

（一）广电"走出去"扩大了中外文化认同

我国广电对外文化宣传工作多年的有效开展，使中国文化在世界范围内得到更为广泛的了解，既提高了知名度，也在海外受众群体间产生了新的认识和亲近感。

中国国际广播电台就依靠 70 年来在受众中打下的良好基础，为自身实力的发展壮大探索出了一条宝贵的道路。比如，国际台每年在旗下超过 60 种语言部门定期举办的全球知识竞赛就起到了很好的桥梁作用。许多参加知识竞赛的受众在来信、来电、网络评论中，表示自己对中国悠久文化和当代发展的倾慕之情。通过一个个主题鲜明的竞赛，比如最近几年举办的《宝岛台湾》、《相约 2008——北京奥运会》、《天下四川》、《美在广西》等活动，全球数亿受众增进了对中国的了解，加强了彼此联系，每年的获奖听众回国后成了积极传播中国文化的使者，积极活跃在当地的国际台听众俱乐部，在对象地区培养了许多潜在的忠实受众。

受惠于中国文化影响力的增强和广电外宣事业的渠道支持，中国的民营资本也尝到了甜头。比如，北京四达时代通讯网络技术有限公司就在非洲开设了功夫频道，播出《天龙八部》、《笑傲江湖》、《康熙微服私访记》、《全国武术散打比赛》等节目。从 2007 年进入卢旺达至今，该公司已在非洲 14 个国家拥有 140 万数字电视用户，旗下有上百套不同节目，成为泛非洲地区最具潜力的数字电视运营商，每年营收超过 5000 万美元。[①] 西京传媒公司则运营着覆盖全欧洲的普罗派乐电视台，在刚刚结束的伦敦奥运会中，其开办的节目《北京伦敦面对面》就得到了不少欧洲用户的青睐。

（二）国际社会对中国文化产品与服务的需求大幅增长

世界各国对中华文化的高度关注，为"走出去"工作创造了有利的发展环境。纵观最近几年的一些典型案例，不难发现：中国文化影响力的提升，也显著带动了世界对中国文化产品与服务的需求。这些需求从内容上涵盖古典哲学、道教和佛教思想、武术、太极拳、中医中药等众多领域，并以各种形式积极参与到我国有关的经济建设中来，而这些都可以成为广电媒体"走出去"可以借助的外部力量。

最近几年，《功夫熊猫》、《功夫之王》等系列中国功夫电影的成功，凸

---

① 《中非文化产业合作让非洲百万家庭看上数字电视》，新华网，2012 年 8 月 26 日，见：http://news.xinhuanet.com/fortune/2012-08/26/c_112851156.htm

显了海外市场对中国文化题材的偏爱与投注的心血，也从侧面反映了中国武术在国际舞台上的强大号召力。据报道，作为中国功夫最有代表性的佛门圣地——嵩山少林寺，在2011年就接待了来自世界各地上千名外国学员。仅2012年夏天，几百名外国新学员就在寺内开始了学习武术禅学的修行。而少林寺在国外多达几十万的庞大学员群体则几乎涵盖了世界上所有国家和地区。

目前，我国还与外国政府及有关国际组织已签订了含有中医药合作内容的双边政府间协议96个，专门的中医药合作协议49个。全球有超过160个国家和地区运用中医和针灸进行治疗。在澳大利亚，约5000家中医以及针灸诊所每年可服务280万人次的病患。在美国，45个州通过了针灸立法。而德国拥有一个十余万人的针灸师协会，会员全部来自德语语系国家[①]。

除了看中医、练中国功夫、吃中国菜、说中国话外，跟中国有关的信息也成了"香饽饽"。中国知网是一家全球领先的数字出版平台，它每年要建立近百个分类数字图书馆，为包括耶鲁、哈佛、剑桥、美国国会图书馆、法国国防部、日本银行等来自世界42个国家和地区的1188家大学、图书馆、政府部门、银行、医院的平台使用者提供有关中国文化、科技、经济、社会等各个方面的信息服务。据统计，中国知网海外读者在2011年超过了350万人，实现文化出口收入1121万美元。[②]

（三）文化传播战略提升了广播电视"走出去"的实效

在传播中国文化为主要策略的思想指导下，我国广播电视能够充分绕过意识形态、政治体制等方面的差异，向外界展示从中国文化中散发出来的柔性魅力，提升"走出去"工作的实效的同时，为塑造一个更为亲近、真实、可靠的崭新国家形象注入持久动力。

比如，2009年10月23日，由中国国际广播电台与广西人民广播电台联合打造的中国首个区域性国际广播频率——北部湾之声正式开播。北部湾之声节目秉承"中国立场、广西特色、国际表达"的传播理念，立足广西，面向北部湾和越南、泰国等东盟地区，使用英语、泰语、越南语、广州话、普通话5个语种及方言播音，为中国与东盟国家之间加强信息沟通、增进互利合作提供媒体宣传平台。而依托国家级和地方区域电台的媒体优势，北部湾之声大打"文化牌"："2011中越歌曲演唱大赛"活动的总决赛暨颁奖晚会在越南下龙市隆重举行，有包括越南VTC电视台、越南广宁省广播电视台等27家越南媒体对晚会进行了全国同步现场直播，这是中越两国广播电视首次实

---

① 李茜雯、田娜：《海外中医：已积跬步 将至千里》，《人民日报》海外版2012年8月17日。

② 《北京文化贸易进出口额居全国前列》，新华网北京频道，2012年8月27日，见：http://www.bj.xinhuanet.com/bjyw/2012-08/27/c_112852321.htm

现同步现场直播。2011年10月21日，北部湾之声承办了"传播真情，见证友谊——中国老挝建交50周年系列活动"，谱写两地文化交流的新篇章。老挝国家副总理宋萨瓦·伦萨瓦出席活动时说"广西人民广播电台为庆祝老中建交而举办的'传播真情，见证友谊'系列活动意义非凡"。

从市场反响来看，中国文化方面的广电节目的确也是最受听众青睐的中国节目之一。比如，国际台阿尔巴尼亚语网站自2003年年底上线到2012年接近10年的时间内，不管其间网站重点推送的在线栏目进行了多少次更新改版，与中国文化有关的频道几乎总是占据专题位置第一位。另据最近几年的统计，2005年以来，我国海外销售最成功的纪录片主要有《故宫》、《新丝绸之路》、《大国崛起》、《梁思成 林徽因》、《敦煌》、《台北故宫》、《千年菩提路》等。从这些纪录片的畅销不难看出：能够彰显中国文化丰富内涵的产品，在国际市场上能够吸引最大群体的受众，这也为我们下一步开拓未来广电"走出去"工作提供了宝贵的实践经验。

可见，正是由于文化传播策略有别于过去强调单方向的对外宣传，使广电媒体借助文化交流这个突破口，有效拉近广电媒体与对象地区受众间的距离，帮助我们在海外市场上奠定了更为坚实的基础，进一步提升了中国文化影响力。

我们相信，随着"走出去"工作的全面开展，中华文明将以更快的速度，获得全球其他文明圈内成员的认同，而作为"早熟"的人类文明结晶，中国文化将伴随中国经济腾飞共同完美阐释一个成功集合现代工业文明和人类精神文化生活最高理想的"中国模式"。21世纪将是中华文化全面振兴的世纪，将是中华民族伟大复兴的世纪。

第二章　中国广播电视"走出去"的挑战

第一节　各国对境外媒体准入有严格政策壁垒

1980年，联合国教科文组织发表了《多种声音，一个世界》的报告（麦克布莱德报告），其论述道，随着外来文化的侵入，加强本国文化的问题也成了一个大问题。在许多国家，政府制定了旨在支持和培育其本国文化活动的国家政策。有些国家则针对外来文化采取了最直接的抵制手段，实行严格的检查制度和边界控制；有时甚至驱逐所有外国技术人员，严禁外国材料及其播演。另一些国家则采取了独裁式的极端干预措施，各种文化活动的模式和内容都由政府或其他官僚机构加以确定，不得有其他模式或表达形式出现。①

30多年过去了，上述情形并没有得到太大改观，尤其是对广播电视节目的准入而言，除美国、新西兰、多米尼加等少数国家在视听领域承诺贸易自由化，欧洲和其他绝大多数国家都没有将全部视听服务列入市场开放的承诺清单，不必承担"市场准入"和"国民待遇"的义务。② 由于广播电视业属于文化服务产业，不仅是重要的经济增长点，更关系到社会主流价值观的塑造、国家文化安全等，同时，广播电视"走出去"实质上是跨文化传播行为，受语言、文化、历史、地域、意识形态、社会制度及目标受众需求等多重因素影响与制约，世界大多数国家对此十分敏感，认为其涉及意识形态和文化渗透，因此，各国实际上对境外节目的准入都奉行一定的限制性政策。通过

---

① 联合国教科文组织著，中国对外翻译出版公司第二编译室译：《多种声音，一个世界》，中国对外翻译出版公司，1981年版，第224—225页。

② 涂昌波：《广播电视法律制度概论》，中国传媒大学出版社，2007年版，第220页。

分析，可发现其限制性措施主要体现在传播渠道与传播内容的限制上。① 我们选取美国、英国、加拿大、法国、日本等五个国家为个案，简要介绍分析其对境外节目的准入政策及法律法规，以期对境内广电节目在"走出去"方略的战略格局制定上有所助益。

一、美国对境外媒体的准入政策

（一）媒体准入政策内外有别

美国对媒体的跨国准入有双重标准，其在世界范围内主张信息的自由流通，极力要求欧盟开放其视听节目市场；而在国内政策上则限制境外媒体节目的进入。

美国一直在国际上宣传信息自由流通的理念，这有其现实利益考虑。一般认为，当下的国际格局是"一超多强"，虽然2001年的"9·11"事件及2008年的金融危机对美国的国家实力有所削减，但其在国际政治经济事务中仍占据主导性地位，在国际传播格局中更是如此。全世界每天传播的国际新闻中，96%的新闻由西方五大通讯社发布，而其中仅有10%至30%的新闻用来报道发展中国家。美国、欧盟和日本控制了全球90%的信息资源，美国控制了世界电视节目流通量中的75%。② 所以，美国一直大力推动信息流动的自由化，有利其媒体信息进入国际市场。

美国国内针对电讯、电信业的管理法律法规主要集中在《1934年通信法》（Communications Act of 1934）、《1996年电信法》（Telecommunications Act

---

① 我国对境外广电节目的引进也采取了限制性措施。《广播电视管理条例》第10条第2款规定："国家禁止设立外资经营、中外合资经营和中外合作经营的广播电台、电视台。"国家广播电影电视总局《境外电视节目引进、播出管理规定》第6条规定："广电总局对引进境外影视剧的总量、题材和产地等进行调控和规划。"第15条规定："引进境外电视节目应严格把握导向和格调，确保内容健康、制作精良。境外电视节目中不得载有以下内容：（一）反对中国宪法确定的基本原则的；（二）危害中国国家统一、主权和领土完整的；（三）泄露中国国家秘密、危害中国国家安全或者损害中国荣誉和利益的；（四）煽动中国民族仇恨、民族歧视，破坏中国民族团结，或者侵害中国民族风俗、习惯的；（五）宣扬邪教、迷信的；（六）扰乱中国社会秩序，破坏中国社会稳定的；（七）宣扬淫秽、赌博、暴力或者教唆犯罪的；（八）侮辱或者诽谤他人，侵害他人合法权益的；（九）危害中国社会公德或者中国民族优秀文化传统的；（十）其他违反中国法律、法规、规章规定的内容。"第17条规定："经批准引进的其他境外电视节目，应当重新包装、编辑，不得直接作为栏目在固定时段播出。节目中不得出现境外频道台标或相关文字的画面，不得出现宣传境外媒体频道的广告等类似内容。"

② 丁柏铨：《全球政治经济格局中中国传播的定位》，载《西南民族大学学报（人文社会科学版）》2012年第2期。

of 1996）中，其中对外国广电节目的准入壁垒，主要涉及广电数量布局、频率分配、所有权限制、市场份额配置、对国内相关企业的扶持等。仅为执行外国准入指令的开放政策，美国从 1998 年起到 2011 年止，按通信法（1934年）310（b）4 条的规定进行细化，调整其他世贸组织成员国进入美国通信市场的法律条文已经将近 150 条。①

（二）对广播执照的限制

《1934 年通信法》以联邦通讯委员会（FCC）替代了联邦广播委员会（FRC），其目的在于管理跨州的及外国的通信业，以促进信息在美国国内的自由流通，但它对外国节目的准入也有严格规定。其 310 条的"对持有和转让执照的限制"规定：

①此法规定的广播执照不可授予外国政府、外国政府代表，或由其持有；

②如有下列情形，广播、公共传输、卫星通讯、卫星广播站的执照不应被授予或由其持有：

（a）任何外国人或其代表；（b）任何按照外国政府法律成立的公司；（c）任何公司其超过 1/5 的股份由外国人或其代表、外国政府或其代表持有，或此公司按外国法律成立；（d）联邦通讯委员会发现任何外国自然人、法人、政府或其他组织直接或间接拥有超过广播、公共传输、卫星传输、卫星传输广播站 25% 的资金份额，而且其有违反公共利益的情形。②

---

① *Rules and Policies on Foreign Participation in the U. S. Telecommunications Market*: *Market Entry and Regulation of Foreign-Affiliated Entities*, IB Docket Nos. 97-142 and 95-22, Report and Order and Order on Reconsideration, FCC 97-398, 12 FCC Rcd 23891（1997）（*Foreign Participation Order*）, Order on Reconsideration, FCC 00-339, 15 FCC Rcd 18158（2000）.

② Limitation on Holding and Transfer of Licenses.

（a）The station license required under this Act shall not be granted to or held by any foreign government or representative thereof.

（b）No broadcast or common carrier or aeronautical en route or aeronautical fixed radio station license shall be granted to or held by—

（1）any alien or the representative of any alien；（2）any corporation organized under the laws of any foreign government；（3）any corporation of which more than one-fifth of the capital stock is owned of record or voted by aliens or their representatives or by a foreign government or representative thereof or by any corporation organized under the laws of a foreign country；（4）any corporation directly or indirectly controlled by any other corporation of which more than one-fourth of the capital stock is owned of record or voted by aliens, their representatives, or by a foreign government or representative thereof, or by any corporation organized under the laws of a foreign country, if the Commission finds that the public interest will be served by the refusal or revocation of such license.

《1934年通信法》还对广播设备执照的适用范围进行了严格界定,[①] 因此传媒大亨默多克要拥有美国的电视台必须加入美国国籍。310（a）款明确禁止外国政府或其代表人拥有任何广播执照,此规定是完全禁止性的,联邦通信委员会对此事项没有自由裁量权,但此条并没有明确禁止外国政府通过间接渠道拥有广播执照。（b）款是对何人、何种组织可以拥有广播、公共传输、卫星广播站执照的具体细化规定。值得指出的是,联邦通信委员会对外资控制广播电台超过25%的份额是有自由裁量权的,只要其不违反公共利益原则,理论上讲可完全控股。[②]

（三）对所有权份额限制有所放松

《1996电信法》对全国性电台的所有权份额不再进行限制,地区性电台所有权的份额仍有限制,对电视台的所有权份额限制亦有所放松,将执照的持有年份放宽到8年。但是在美国遭受"9·11"事件之后,布什总统于2002年颁布了《本土安全法案》,成立本土安全部,下设信息安全机构,并有网络警察等具体执行人员,这标志着美国对相关信息自由流通的态度更趋于谨慎。

二、英国对境外媒体的准入政策

英国的广播电视体制以公共广播电视和商业广播电视两大体系并存为特点。根据《2003年通信法》的界定,英国的公共广播电视机构包括英国广播公司下属获得许可证费拨款的频道、独立电视网第1频道、第4频道、威尔士第4频道,以及第5频道。它们与商业广播电视在按法律规定承担义务、节目质量、编排报道原则等方面并无显著差别,唯一的不同在于商业广播电视公司是盈利机构,它的经费来源以广告收入为主,而公共广播电视机构则以电视牌照费维持生计。[③] 英国广播电视体制的二元运行机制在世界范围内有重大影响,与以美国为首的商业广播电视体制形成鲜明区别。英国属于欧盟成员国,欧盟对广播电视的相关法律法规对英国也有约束力,欧盟现行的对广播电视进行规制的主要法律是《视听媒介服务指令》,已在第四节进行了介绍,本节不再重点论述。英国对境外广播电视节目进入本国领域的规制经历了由严格到放松的过程,并主要通过限制媒体所有权来

---

① 广播设备执照被界定为"由本法案或联邦通讯委员会依本法案制定的规则、规定授权的设备,使用或操作此设备的目的是用广播传输电力、电信、信号,而不论此被授权设备的名称为何"。

② Review of Foreign Ownership Policies for Common Carrier and Aeronautical Radio Licensees under Section 310 (b) (4) of the Communications Act of 1934, as Amended.

③ 张咏华、何勇等著:《西欧主要国家的传媒政策及转型》,上海人民出版社,2010年版,第100页。

实现。①

英国政府机构中涉及广播电视监管的主要机构有文化媒介体育部、贸易工业部以及通信办公室。② 英国现行的广播电视管理法律主要有《1990年广播电视法》、《1996年广播电视法》、《2001年广播电视法》、《2003年通信法》。

在1996年之前在相关的法律法规中，对产权方面的限制主要有：

①禁止单一企业的独立电视公司拥有15张以上地区电视许可证；

②禁止同时拥有电视台和电台；

③禁止商业电台拥有2个以上的全国网络；

④禁止大报业集团拥有第5套节目电视台或电台；

⑤禁止非欧洲国拥有电视台和电台；

⑥禁止超过全国20%销售份额的报业集团拥有独立电视公司；

⑦禁止在同一地区内的地区独立电视公司和报纸相互拥有；

⑧保障在地区内至少有3个商业性的地方媒体（电视台、电台等）。

从1981年开始，英国放松了对电信业的规制，通过颁布电信法将国营的英国电信公司（BT）从邮政局中分离出来，在垄断的市场上引入竞争机制。从1996年开始对有线电视领域放松进入规制。③ 这是因为，一方面技术使传统管理广播电视的体制不适应时代发展，另一方面新右派思想在英国广播电视政策制定方面影响巨大。④

---

① 对频率的管制主要是通过发放频率许可证实施的。除非有专门豁免，否则任何经营无线电通信设备的人都必须获得国务大臣发放的许可证。《2003年通信法》保留了许可证制度，但将频率许可管理和实施权转交给了OFCOM，而且规定频道许可证可以在市场上进行交易。续俊旗：《英国新通信法解读》，载《人民邮电》2003年10月14日第4版。

② 文化媒介体育部主要负责广播电视法规政策的制定和执行情况的监督，监督广播电视机构的运营，向英国广播公司发放许可协议，任命商业广播电视规制机构的成员等，并有权对英国广播公司和商业广播电视机构的特定广播进行控制。贸易工业部主要负责对电子工业、电信业务和频率资源等进行监管。通信办公室主要负责内容、基础设施以及行业的监督与管理。国家广播电影电视总局发展研究中心：《国外广播影视体制比较研究》，中国国际广播出版社，2007年12月，第73页。

③ 金雪涛：《英国广播电视业规制之借鉴》，载《华东经济管理》2004年4月。

④ 英国的新右派思潮由两种截然不同的思想组成，一种建立在自由主义传统的基础上，注重个人自由、私人产权和市场经济的重要性，被称为新自由主义；另一种反映的是前资本主义的文化和价值体系，注重权威，传统和秩序的重要性，被称为新保守主义。新右派普遍相信资本主义完善的市场经济可以实现资源的合理配置。市场作为消费者和生产者之间的媒介，可以把消费者的信息传递给生产者，而生产者之间的竞争可以使各种资源得到有效利用，又可以保证价格的合理性。因而，媒体政策应该努力去创造一个具有最大竞争可能的环境，使消费者拥有至高无上的决定权。张咏华、何勇等著：《西欧主要国家的传媒政策及转型》，上海人民出版社，2010年版，第121—124页。

《2003年通信法》颁布后,英国对媒体所有权的限制大幅放松,上述限制措施几乎全被废除。新通信法撤销对非欧洲经济区的私人和团体拥有媒体的限制,允许外国企业收购英国的商业电视频道。① 但是独立电视台将继续持有区域性执照,以英国区域制作和节目为目标,确保这些内容不被淡化。②

可见英国对外国广播电视节目进入国内并未实行严格的政策规制,但除了美国,英国是世界上的电视大国和最大的电视节目出口国家之一。③ 英国的广播电视节目有着极高的内容标准,内容质量在全球处于领先地位,其他国家广播电视节目要想进入英国存在一定难度。

三、加拿大对境外媒体的准入政策

加拿大一直对媒体技术的发展保持高度的敏感,由于其毗邻媒介内容发达的美国,美国广播电视节目对加拿大的影响非常大。目前,美国向加拿大输出的广播电视节目可分为新闻、娱乐两大类。新闻方面,美国电视台拍摄的新闻和对重大事件的深度报道,仍占加拿大传播市场80%左右,但娱乐类节目所占的市场份额则比较低。④ 2003年加拿大文化遗产部独立调查委员会的报告称,加拿大是美国本土之外受其广电节目影响最深的国家。社区和地方广播受害尤甚,社区中的加拿大人几乎从广播电视上接触不到任何关于他们自己的信息。⑤ 因此,加拿大发展出了一整套保护本国文化产业(包括广电节目)的法律法规及政策,对其相关规定的考察可以深入探析发达国家在面临"文化入侵"时的政策态度。

(一)强化广播电视保护政策

1. 建立专门的管理组织

最先对加拿大的广播体系进行法律规制的是《1932年加拿大广播法案》,随着电视的出现,此法案被随后的1958年、1968年及1991年广播法案所取代。现在,加拿大的广播通讯管理机构是广播电视及电信委员会(CRTC),⑥

---

① 张咏华、何勇等著:《西欧主要国家的传媒政策及转型》,上海人民出版社,2010年版,第107页。

② 马庆平主编:《中外广播电视法规比较》,经济管理出版社,2005年1月,第184页。

③ 郭镇之:《英国电视节目供应体制》,载《中国记者》2007年7月。

④ 朱晶:《困境与对策——加拿大传媒抵制美国化浪潮》,载《电视研究》2000年第7期。

⑤ Standing committee on Canadian Heritage: Our cultural sovereignty—the second century of Canadian broadcasting.

⑥ The Canadian Radio-television and Telecommunications Commission (CRTC).

它是一个独立的公共组织,专门管理监督广播电视及电信业,直接负责广播法案的执行工作。作为一个独立的公共组织,其通过加拿大遗产部部长向国会报告工作。在加拿大国会研究中心的官方报告中,其对广播法案的定位是:对加拿大广播公司这一全国性的广播组织进行管理;制定外资份额的标准;确保加拿大的创造力;努力使广播体系成为推动本国文化、社会、经济发展的强势力量。[1] 其国会社会事务司发布的广播政策报告更是强调,从20世纪20年代广播开始运用伊始,加拿大的广播政策即随着新技术的发展而进行适时变革,以确保其广播体系由本国人所掌握,用来反映加拿大的价值,使用加拿大的创意内容。

2. 媒体政策适时更新

在现行广播法案颁布前的1986年,加拿大进行了一次大规模的调研活动,以考察1968年广播法是否适合技术的发展要求。2003年6月,加拿大第二次大型广播体系考察报告发表,对现行广播的实行效果进行了分析。其认为此法案的整体执行效果良好,但有些细节部分需要调整,如缺少定期报告制度、决策体系不够公开透明等。

加拿大的广播起初只有公立机构,在20世纪30年代才发展出公、私共有的体制,并于1936年成立了加拿大广播公司,其不仅负责制作、传播节目,也负责对其他广播组织的管理工作。直到20世纪50年代才按照《1958年广播法》的规定建立了广播管理委员会,承担起相应的管理职责。此时确立加拿大广播体系中最为核心的内容:突出加拿大内容、特质。随着20世纪60年代私营电视及有线电视的发展,大量加拿大人开始越来越喜欢收看美国节目,加拿大及时调整了广播政策,颁布《1968年广播法》,规定"加拿大广播系统应被有效地控制于加拿大人手中"。20世纪70年代,卫星电视开始发展,加拿大又一次调整了其广播政策,公布了《1991年广播法》。但广播电视及通讯委员会也认识到了新媒体发展的重要性,于1999年颁布指令,将通过互联网传播的广播节目免于管理,且不必取得执照。2009年,经过CRTC的详细调研后,其决定仍然对通过互联网和移动设施传播的广播节目给予免管理的待遇。[2]

可见加拿大广播媒体政策的核心是突出加拿大特色,极力避免文化认同

---

[1] THE STATE OF THE CANADIAN BROADCASTING SYSTEM: TERMS OF REFERENCE, http://www.parl.gc.ca/HousePublications/Publication.aspx?DocId=1031347&Language=E&Mode=1&Parl=37&Ses=1,访问日期:2012-7-11。

[2] CRTC, "CRTC extends exemption for new media and calls for a national digital strategy," News release, 4 June 2009.

出现分裂,并极力防止美国广电节目对加拿大本国市场的占领。①

(二) 对境外媒体节目进入的多重限制

通过对加拿大媒体政策法规的考察,可以发现,加拿大对外国节目的准入壁垒主要集中如下几方面:

1. 对境外资本的限制

加拿大曾于1973年、1985年分别制定法律限制外资进入其国内市场,其对广播的外资限制是,在执照广播公司中不得超过20%,在非持照公司中不超过33%,公司的范围包括电视、广播、电视广播传输商。

2. 本国节目优先原则

加拿大《1987年广播电视指导规则》规定了"优先节目"原则,并得到了现行广播法的确认,在黄金时间要播放一定比例的加拿大节目。其将加拿大的戏剧、音乐、舞蹈、长纪录片、除新闻外的地区节目、电子娱乐杂志等都规定为"优先节目"。最大的多平台持照商被要求在晚7—11时播出上述节目,每周不得少于8小时。多平台持照商由CRTC来认定,其标准是该持照商的节目跨越多省,且其播出语言的收听、收看观众超过总观众的70%。

加拿大对卫星广播播放的节目有着更为严格的规定,如果其为国际频道则对其内容没有特殊要求,如果其为专门对加拿大国内进行广播的卫星频道,那么其至少应该播出85%加拿大制作的节目。

3. 对本国节目的资金扶持

加拿大对广播电视的资金支持力度也非常大。其《所得税法》第19章规定,加拿大股份超过75%的媒体,可减免部分广告税。②并且于1983年成立"广播影视节目发展基金",由国营的加拿大电视公司负责管理,该基金主要资助儿童节目、综艺节目和电视剧。③

4. 对本国媒体节目的外交保护

此外,值得注意的是,加拿大在国际外交中一直采取保护本国文化产业的政策。加拿大领导人早在20世纪80年代就开始奉行"文化例外"(文化豁免)原则,1989年美加签署的《北美自由贸易协定》明确规定,加拿大文化

---

① 集中体现于 Broadcasting act 19913. (a) the Canadian broadcasting system shall be effectively owned and controlled by Canadians。加拿大广播政策的最主要立足点就是"以我为主",并将文化上升到主权的地位,这是与美国文化内容长期博弈的宝贵经验。

② 国会的补充法令规定:加拿大广告商在符合条件的媒体:加拿大股份占75%以上的期刊或加拿大股份超过80%的电视台。

③ 朱晶:《困境与对策——加拿大传媒抵制美国化浪潮》,载《电视研究》2000年第七期。

产品及服务在一定条件下可以不受自由贸易协定的限制。《关贸总协定》允许加拿大建立"影视配额"制度,这一制度可以为加拿大内容在国内主流渠道的流通提供保障,为限制外国影视内容在国内市场的大量流通提供有效办法。此外,《贸易与服务总协定》也同意加拿大不将文化服务列入协定的做法。而且,到目前为止,在 WTO 框架内,加拿大一直没有作出开放国内广电市场及视听服务贸易的承诺。①

四、法国对境外媒体的准入政策

作为全球唯一的超级大国,美国凭借自身强大的政治、经济实力,以及与欧洲源远流长的历史、文化关系,当然希望在欧洲包括广播电视在内的文化领域有所作为。以广播电视领域为例,据统计,目前欧洲市场在相当程度上已经被美国节目和产品所统治。② 而法国是欧洲反对视听节目服务自由化最激烈的国家,也是许多反对政策的提出者,因此考察法国的相关规定对了解欧洲对广电节目开放的态度具有重要意义。

(一) 欧盟的相关规定

由于欧洲一体化进程的快速推进,欧盟通过的相关法律或指令对法国亦有法律约束力(除保留条款外),所以下文法国对境外广电节目(欧洲已经统称为"视听节目")的政策法规壁垒由欧盟相关指令与国内法构成。

1989 年,欧洲议会通过《电视无国界指令》,确保播放欧洲影视作品的时间额度。1992 年,欧盟认同法国的"文化例外"概念,并确定了界定"文化例外"的六条标准。1993 年,法国和加拿大等国在乌拉圭回合谈判中,提出"文化例外"主张,认为文化产品有特殊性,不能与其他商品一样流通。

美欧之间关于视听节目开放与否的争议由来已久。早在 1947 年《关贸总协定》首度谈判期间,美国就试图谋求视听产品国际贸易的自由化,他们将视听文化产品看成与工农业产品相同的一种产品,要求欧洲取消所有限制,这遭到了欧洲的断然拒绝。1993 年,美国指责欧洲《电视无国界指令》中的配额条款违反贸易规则,要求欧洲完全开放其视听服务领域。然而,欧洲有些国家主张视听产品属于文化产品,应完全排除在《服务贸易总协定》之外(即"文化产品例外"原则)。最终,美欧没能就废除视听领域的限制性法规达成协议,美国人想迫使欧洲承诺开放其影视产业的目的没有达到,欧洲人

---

① 国家广播电影电视总局发展研究中心:《国外广播影视体制比较研究》,中国国际广播出版社,2007 年版,第 336—337 页。

② 姜飞:《"无国界电视"——欧洲文化的保护策略》,载《对外大传播》2005 年第 10 期。

试图把"文化产品例外"的条款写入协定的努力亦没有成功。①

欧洲《电视无国界指令》于1989年10月3日正式通过，1997年6月30日对其进行了修改。2007年12月19日，欧洲通过了《视听媒介服务指令》（Audiovisual Media Services Directive），取代了之前的指令。其较大的变化在于用"视听服务"代替"广播媒介"，取消了传媒的线性媒介内容传播的定义，将互动式传播媒介，如互联网视听服务、电视视频点播服务等互动式视听服务加入了调节范围。但是后两次修改都没有对1989年指令的第四条（允许成员国实行广电节目配额制度）进行实质性修改，只对本条与整体的逻辑体例进行了调整，删除了两个逻辑联结短语。②

（二）法国国内相关规定

在遵守欧盟指令的前提下，法国亦有其国内相关规定。按照法国的宪法和文化政策，法国所有的广播电视经营者都要遵守一套基本规则，以保证观点的多元化，保护未成年人和限制广播播出量。其中一项规定要求对节目播出比例按照节目来源实行配额限制，并要求对法国的影视生产商提供一定额度的资金支持，以保护法国的语言和文化。③

法国"视听传播"的概念由1986年的《视听传播自由法》予以定义，是指"通过电信传播的手段，并且不以私人为对象传播文字、图像、声音或信息"，其核心是广播和电视，"视听传播政策"实际上就是"广播电视政策"。④但是《视听媒介服务指令》给予各成员国的过渡期是两年，在2009年12月19日之前欧盟成员的相关规定要与新指令一致。所以，法国传播政策中应该包含了所有视听媒体，而不再单指"广播电视"。

法国对境外广电节目（此处与"视听节目同义"）的限制主要体现在"文化例外"及对本国视听产业的支持上。

1. "文化例外"政策

"文化例外"的概念是欧洲在1986年关贸总协定的乌拉圭回合谈判中，在法国的压力下提出的，旨在反对美国将视听和电影作品统统作为简单的

---

① 涂昌波：《广播电视法律制度概论》，北京，中国传媒大学出版社，2007年版，第219—220页。

② 1997年指令第五条，in Article4 (1), the words "and teletext" shall the replaced by the words "teletext services and teleshopping"；2007年指令第十条，in Article4 (1), the phrase, "within the meaning of article 6", shall be deleted.

③ 国家广播电影电视总局发展研究中心：《国外广播影视体制比较研究》，中国国际广播出版社，2007年版，第237页。

④ 张咏华、何勇等著：《西欧主要国家的传媒政策及转型》，上海人民出版社，2010年版，第227页。

"娱乐产品",与其他商品一样按照服务交换自由的原则来操作。节目内容是"文化例外"的核心,具体体现在播出和制作两个层面上的指标。①法国对于播出指标的要求涉及三个方面:什么样的作品?什么比例?在什么时间段播出?法律对"欧洲作品"、"国产法语作品"的概念都作了严格的界定,地面无线电视频道至少播出60%的欧洲影视作品,40%的国产法语作品。法国不仅先于欧盟采用播出指标,而且实施起来也比欧盟严格,不仅对播出的数量有要求,而且还要求这些作品必须在视听委员会认定的有意义收视时间播出。① ②制作层面的指标,对于电视频道来说更确切地说是"采购指标",因为法国对于制播分离有严格的规定,为的是保持节目制作相对于电视频道的独立,防止出现相同的经营者控制从节目制作到播出的视听传播的全部程序。法国对于独立制作企业的扶持也用法律加以明确,地面无线电视频道要将年收入的10%用来购买独立节目制作公司的节目,其全国性的无线电视频道每年必须拿出收入的3%用以投资电影生产,对于电影作品同样遵守播出指标和播出时段的要求。法国不仅对电视播出电影的数量有严格控制(专门的电影频道以外的频道每年最多播出192部电影,高收视时段之外还可以播出52部"艺术和实验"电影),而且限制播出时段,例如无线频道不能在星期二22:30之前播出电影,因为每星期三是新电影上映的时间,所以政策的原则很明确:"不能在观众最有可能走进电影院的时候用电影作品吸引他们留在家里的电视机前。"更为重要的是,电影作品在电视频道播出必须遵守一个"时间差",使电影作品的层层开发遵守涉及受众由少到多的顺序,影片上映后六个月,DVD出版发行,之后是录像点播,一年之后可以在付费电视频道播出,两年之后在参与影片投资的免费电视频道播出,观众如果要在一般的免费电视频道中收看,就要到在三年之后。②

2. 对本国广播电视媒体的财政支持

法国的公共广播电视媒体有两大收入来源:视听税和广告费。另外,它们还经常会收到来自国家的专项特殊津贴或捐赠。2003年,政府给公共广播电视媒体的这一补偿达到4.49亿欧元。③ 而且私营媒体的非营利性项目也会收到国家的资金支持,上述对视听节目的资助主要由国家电影中心负责。法国媒体除了可以享受到本国政府的资金支持,也可以受到欧洲层面资金的支持。以对发展欧盟更具竞争力影视产业价值的支持性计划MEDIA计划为

---

① 张咏华、何勇等著:《西欧主要国家的传媒政策及转型》,上海人民出版社,2010年版,第256页。

② 张咏华、何勇等著:《西欧主要国家的传媒政策及转型》,上海人民出版社,2010年版,第256页。

③ 国家广播电影电视总局发展研究中心:《国外广播影视体制比较研究》,中国国际广播出版社,2007年版,第250页。

例：MEDIA Ⅰ 在 1990—1995 年期间实施，总额 2 亿欧元，MEDIA Ⅱ 项目（1996—2000 年）为 3.1 亿欧元，2001—2005 年期间实施的 MEDIA PLUS 项目总额 4 亿欧元。2004 年 7 月，欧盟理事会最新通过的 MEDIA2007 项目决议对欧盟的视听产业给予了更坚决的支持，2007—2013 年的计划预算超过 10 亿欧元。①

3. 所有权限制政策

法国法律对本国与外国的媒体所有权都有严格限制②：

	执照有效期限（年）	一家公司的所有权（%）	外国所有权（%）	交叉所有权限制（2/3 规则)③
全国无线电视	第一个有效期为 10 年，允许一次 5 年的延期	低于 49%（除非平均受众份额低于 2.5%）如果在一家电视台拥有 15%，则在第二家电视台需低于 15% 如果在两家电视台拥有超过 5%，则在第三家需低于 5%	低于 20%	一家公司只能拥有一份全国性服务执照
地方无线电视	第一个有效期为 10 年，允许两次延期，每次各 5 年	低于 49%	低于 20%	如果运营数家电视台，则享受其服务的人数必须低于 1200 万
地面广播	第一个有效期为 10 年，允许两次延期，每次各 5 处	无	低于 20%	如果拥有数家广播网，则享受其服务的总人数必须低于 15000 万，且受众份额需低于所有广播听众的 20%

---

① 国家广播电影电视总局发展研究中心：《国外广播影视体制比较研究》，中国国际广播出版社，2007 年版，第 385 页。

② 国家广播电影电视总局发展研究中心：《国外广播影视体制比较研究》，中国国际广播出版社，2007 年版，第 257 页。

③ 2/3 规则：一家公司不能够同时出现以下情形中的两项：持有一家或数家能够覆盖超过 400 万观众的无线电视服务的执照；持有一家或更多能够覆盖超过 3000 万听众的广播服务的执照；出版或控制一家或数家全国市场份额超过 20% 的日报。

续表

		低于 50% 如果在一项服务中超过 1/3 则在第二项中需低于 1/3 如果在两项服务中超过 5%，则在第三项服务中需低于 5%		
卫星电视服务	10 年		无	同一公司不得拥有超过两份的卫星电视服务执照
卫星广播	5 年	低于 50%	无	无
有线网络系统	20 年	无	无	2/3 规则

从上表中可以看出，法国对卫星电视服务、卫星广播、有线网络系统的外国所有权是没有限制的，但是必须要遵守其他对国内广播组织的限制。

五、日本对境外媒体的准入政策

日本现在的广播体制是二战以后在美国的监督下建立起来的。在此之前，日本政府（情报局）对新闻出版等大众传媒实行严格的控制。1945 年 8 月日本战败后，以美国为首的"联合国军总司令部"占领日本，对日本的新闻体制进行彻底改造，在短时间内相继颁布了《关于言论和新闻自由的备忘录》（1945 年 9 月 10 日）、《给日本的报纸准则》（1945 年 9 月 19 日）、《给日本的广告准则》（1945 年 9 月 22 日）、《政府与新闻事业分开的备忘录》（1945 年 9 月 24 日）、《关于新闻言论自由的追加措施》（1945 年 9 月 29 日）、《除去对政治、公民、宗教自由的限制的备忘录》（1945 年 10 月 4 日）等政策文件，废除了日本政府自明治维新以后的一切大众传播法令，代之以美国的新闻自由观。虽然日本的广播体制是在受到外部压力的情况下建立起来的，但日本政府最终没有完全照搬美国模式，而是根据本国情况，在引进西方新闻自由理论的同时，保留了较多的政府管理职能。[①]

日本关于广播电视的法律法规直接来源于其和平宪法的规定。其现行宪法第 12 条规定："由宪法保障的国民的自由与权利，国民必须以不断的努力保护之。同时，国民不得滥用此种自由与权利，而应经常负起用以增进公共福利的责任。"第 21 条规定："保障集会、结社、言论、出版及其他一切表达

[①] 阎成胜：《日本政府对广播电视业的管理及对我国的借鉴作用》，《中国广播电视学刊》2001 年第 5 期。

的自由。不得实行新闻检查，不得侵犯通信秘密。"① 但日本如世界上其他国家一样，因为广播电视的巨大影响力及频率资源的稀缺，对广播电视的准入、配额及外国资本等有严格限制。

日本法律中形成的对境外广播电视节目的壁垒主要有两方面，即：许可审批制，外国人资本限制。

（一）许可审批制

日本《电波法》第4条明确规定，开设无线电台和电视台必须得到总务大臣的"许可"。执照每五年更新一次。对"委托广播电视业者"，《广播电视法》第52条规定必须由总务大臣"认定"，并五年更新一次。对开设有线电视台，《有线电视广播法》第3条也规定实行许可审批制。"一般广播事业者"开办收费业务，收费价格等服务条款也必须报请总务大臣"认可"。利用电信服务开展广播电视业务也必须向总务大臣申请登记。对开办有线广播电视者和"受托广播业者"开办服务，则实行备案制。②

（二）外国人资本限制

日本对外国资本进入其广电行业持非常谨慎的态度，某些领域则禁止外资进入。

其《有线电视广播法》第5条规定：

第3条第（1）款中所规定的准许不得给予属于下列任一项的人员：

ⅰ 不具有日本国籍的任何人

ⅱ 任何外国政府或其代表人

ⅲ 任何外国法人或团体

ⅳ 由前述三项中提到的人员担任经营主管，或者由这种人员控制五分之一以上表决权的任何法人或团体。③

但日本于1993年对有线电视政策进行了大幅度调整。废除了原来的一个城市只允许有一家有线电视公司、只能由本地业主经营的限制性规定，对外资比例的限制也放宽到三分之一，1999年后则完全放开。之后又采取了其他一些措施，包括允许多家公司共用一个播出前端、允许使用电信公司的光缆

---

① 国家广播电影电视总局发展研究中心：《国外广播影视体制比较研究》，中国国际广播出版社，2007年版，第106页。

② 国家广播电影电视总局发展研究中心：《国外广播影视体制比较研究》，中国国际广播出版社，2007年版，第113页。

③ 日本《有线电视广播法》第3条（1）任何人意图安装有线电视广播设施并通过该设施提供有线电视广播服务，应当获得邮政省关于安装设施的准许。然而，这一要求不适用于其规模不超过邮政省可适用法令中所规定标准的有线电视广播设施。

网、允许使用无线通信系统播出节目,并简化了公司合并、分割等方面的审批程序。①

就地面和卫星广播电视而言(提供广播设施除外),对申请用于广播电视的无线电台营业执照或者申请准许从事广播电视节目的人员,在下述情况下,不应授予执照或批准其申请:①该人员系非日本国民;②该人员是由非日本国民担任经营主管的法人或团体;③该人员是其五分之一以上表决权由非日本国民直接持有的法人或团体。

此外,发现已经获得营业执照或批准的人员属于这些规定中的任一项时,邮政省应当吊销营业执照或撤销批准。②

此外,日本法律禁止媒体垄断。其《电波法》第7条第2款规定,申请开办电台、电视台必须满足以下多项条件:工程技术设备必须符合标准,根据《广播电视频率使用计划》的要求可以申请到频率,有足够的财力,符合总务省规定的建台"根本基准"。其中,非常重要的一项条件是"禁止媒体集中原则",即禁止由一家大众媒体支配多家媒体的行为,以确保尽可能多的人有机会享受广播电视服务,使尽可能多的人享有通过广播电视媒体发表言论的自由。日本法律认定以下三种情况均构成"支配行为":①在服务区域不重叠的多家媒体中,拥有五分之一以上的表决权;在服务区域重叠的多家媒体中,拥有十分之一的表决权;②占有另外一家公司五分之一以上的董事席位;③兼任另外一家公司的董事长、社长或常务董事。③ 上述规定不仅对其国内资本适用,对外国资本亦适用。

通过分析上述五个国家对境外媒体的准入政策,我们可以发现其主要采取如下措施:限制外国资本额、广电节目配额制度、外国人任职标准、执照制度、事前审批制度等,就是在播出渠道和播出内容方面对境外广电节目予以限制。当然,其他国家还有比较特殊的规定,比如,韩国法律即有广电媒体关于接受外国捐助的限制性规定。韩国法律规定:从事地面广播电视事业、从事综合编播和报道的电视视频使用事业、从事有线电视事业的运营者,不能从外国人、外国政府或团体、外资比例超过总统令规定的上限的公司法人那里,接受资产上的投入或捐赠。但是,广播电视经营者及有线电视经营者在获得广播电视委员会认可的情况下,可以接受以出于教育、体育、宗教、慈善及其他国际友谊目的的外国团体的财产捐助;卫星广播电视公司的外资比例不能超过其总资本的33%;有线电视公司、电视频道使用事业的运营者

---

① 国家广播电影电视总局发展研究中心:《国外广播影视体制比较研究》,中国国际广播出版社,2007年版,第125页。
② 马庆平主编:《中外广播电视法规比较》,经济管理出版社,2005年1月,第271页。
③ 国家广播电影电视总局发展研究中心:《国外广播影视体制比较研究》,中国国际广播出版社,2007年版,第114页。

以及网络运营公司的外资比例,不能超过其总资本的49%。原则上禁止地面广播电视事业、转播型有线电视事业接受外资[①]。

当前,经济全球化和信息全球化加速发展,跨国信息流动日益方便,信息和文化产品越来越商业化。美国作为信息资源大国和信息输出大国,出于自身的政治、经济和文化利益,力图把信息自由贸易作为21世纪世界贸易的一项重要游戏规则,以利于实施自身的信息霸权。在这种形势下,各国政府为了本国的利益,对新闻信息的入境大多采取了相应的法律措施,并通过法律、行政、经济、改造入境信息、教育、语言、信息评论、技术、外交活动等全方位、多层次、立体化手段,对入境信息进行宏观调控,把文化产品作为一种特殊商品,排除在"商品"和"服务"之外,建立起全国统一的对入境信息和文化产品的管理体系。[②] 这客观上使我国广播电视"走出去"面临重重困难。我国的广播电视要加快"走出去"步伐,必须充分知悉境外的相关规定,在遵守其规定,并努力寻找商机的同时,亦可借鉴其经验,对我国的相关制度规定予以完善,为更好地维护国家文化安全做出贡献。

第二节 "西强我弱"舆论格局短期内难以改变

国际话语权与一个国家的综合国力的强弱以及在世界格局中的地位息息相关。工业革命以后,西方发达国家依靠资本积累和对殖民地肆意掠夺,经济迅猛发展,科技水平不断提高,综合国力在世界格局中始终处于强势地位。长期以来,西方国家凭借其强大的综合实力,在国际舆论格局中占据主导甚至垄断地位,对世界各地、各国发生的事情指手画脚,影响和控制国际舆论。改革开放以来,中国经济逐步与世界接轨,综合国力日益提高,中国在国际事务中的发言权得到重视,国际影响力也逐步增强。在当今经济全球化和社会信息化的时代,国际传播可以为一个国家树立良好的国家形象,创造良好的国际舆论环境,扩大国家的政治、经济和文化影响。但是,与我国日益提高的国际地位、国际影响和经济地位相比,我国国际传播的力量仍然与西方存在较大差距。目前,以美国为首的西方媒体在世界国际传播领域居传统强势地位,全球国家和地区的语言、生活、文化、思维都有明显西方国家印记,尽管中国不断增强国际传播能力建设,积极争取国际舆论话语权,但面对西

---

① 国家广播电影电视总局发展研究中心:《国外广播影视体制比较研究》,中国国际广播出版社,2007年版,第274页。

② 关世杰:《国际传播学》,北京大学出版社,2004年版,第544页。

方长期以来形成的霸权地位,打破"西强我弱"舆论格局不是一夕之功。这也使我国广播电视"走出去"面临很大的困难和风险。

当前国际舆论呈现出"中心—外围"的发展态势。在全球舆论格局中,舆论中心是指欧美日等一超多强的传媒发达国家,这些国家通常是市场经济发达、民主政治成熟的资本主义国家;外围国家是指传媒格局中新兴及弱小的国家,通常是亚非拉等欠发达国家。舆论中心意味着处于当今国际舆论的高地,是国际舆论生产与消费的集中地,是某种国际舆论形成、发酵、共振的中心区域,并控制了当今国际舆论的发展流向;舆论外围意味着这些国家对于国际舆论的形成鲜有贡献,更谈不上主宰国际舆论,通常是作为国际舆论的采集地与倾销地而存在[1]。处于舆论中心的西方发达国家基本垄断了当今的国际传播体系,具体体现在:第一,它们控制了当今国际信息源,拥有一张遍布全球的信息采集网;第二,它们控制了当今信息的传输管道,拥有一大批现代化的、技术先进、快速运转的信息生产车间和信息生产线;第三,它们控制了当今国际信息受众服务终端,建立了一张遍布全球的、快捷迅速的信息销售网络。依靠这种巨大优势,西方发达国家处于国际舆论制高点,掌握了对发展中国家的舆论操控权与塑造权[2]。

一、西方国家媒体传播规模占绝对优势地位

(一)西方媒体垄断全球信息发布

在当今全球一体化和信息技术进一步发展普及的时代,传统单一媒体已不能满足全球受众的信息需求,建设综合媒体,打造媒体集团旗舰成为必然趋势。近年来,随着经济全球化的发展,媒体行业也在进行大规模兼并扩张,一些有实力的媒体经过整合并购,逐步发展为跨国媒体垄断集团,通过控制广播影视、报纸杂志、出版发行和新媒体等传播手段,引领全球信息的发布,主导全球传媒市场。这些跨国媒体垄断集团包括迪士尼、时代华纳、新闻集团、维旺迪、索尼、贝塔斯曼、维亚康姆、康卡斯特等。它们均属全球媒体的"超级舰队",业务范围包括电视节目的制作、电影、音乐、印刷物、电视网络、电视台、有线网络、卫星系统、宽带互联网等。比如,默多克的新闻集团拥有遍及美洲、欧洲、大洋洲、亚洲等地区的包括广播电视网络、报纸、杂志、书籍出版、电影制作发行和网络在内的几十家媒体,覆盖全球三分之二的人口。规模大、手段全、媒介丰富、可迅速实现全方位立体式传播联动

---

[1] 吴立斌:《中国媒体的国际传播及影响力研究》,中共中央党校博士学位论文,第124页。

[2] 吴立斌:《中国媒体的国际传播及影响力研究》,中共中央党校博士学位论文,第139页。

是这些跨国媒体集团的共同特点。这些跨国媒体集团全部控制在西方国家的垄断企业手中，它们决定着国际舆论的报道议程，控制着解释新闻的权力[①]。在新闻事件中，这些传媒集团利用全媒体的手段、依靠遍布全球的信息网点，多管齐下，多措并举，抢占舆论制高点，营造舆论氛围，控制舆论导向。

西方老牌通讯社每天通过遍布世界各地的记者站和通讯员，以其时效快、信息全的优势，在新闻信息传播方面长期占据统治地位，根据需要选择发布新闻信息，控制国际舆论。如美联社每天用 6 种文字播发新闻和经济信息约 300 万字，每年发图片 15 万张，同时还提供视频新闻素材。美联社不仅为美国 1500 多家报纸、6000 家电台、电视台服务，还为世界 115 个国家和地区的 1 万多家新闻媒介供稿。法新社在全世界 160 多个国家和地区有新闻稿订户约 3500 家。据统计，全世界每天传播的国际新闻中，有 80% 以上来源于美联社、路透社、法新社等西方三大通讯社，而其中仅有 10% 至 30% 的新闻用来报道发展中国家，且多数都是负面新闻。据调查，西方 50 多家媒体跨国公司占领了世界 95% 的传媒市场，其中，美国控制了全球 75% 电视节目和 60% 以上广播节目的生产和制作，第三世界国家的电视节目中有 60%—80% 的内容来自美国。也就是说，西方国家垄断着一些主要国际传媒，垄断着大部分信息传播内容与流向。西方发达国家的传播业无论在数量、覆盖面、信息量，还是社会影响等方面，均居主导地位[②]。

（二）西方媒体通过全媒体手段实现全球覆盖

在当今国际传播领域，英国广播公司（BBC）、美国之音（VOA）、日本广播协会（NHK）、法国国际广播电台（RFI）等都在实现着全媒体化传播战略，以多种媒体传播的方式实现全球覆盖。英国广播公司（BBC）是英国最大的新闻广播机构，也是世界最大的新闻广播机构之一，2001 年就完成了全球覆盖。BBC 不仅经营着 8 个电视频道，10 个广播频道和 33 种语言的全球广播和电视业务，还同时提供其他各种服务，包括书籍出版、报刊、英语教学、交响乐团和互联网、移动通讯等新媒体载体的新闻服务。美国之音（VOA）以 44 种语言，每周向世界各地广播 1300 多个小时的广播和电视节目。内容包括新闻、专题特写、音乐文化、教育和评论，听众一亿多人。近年来，VOA 也在调整全球战略，减少短波广播，将重点放在发展新媒体和数字音视频领域。根据美国广播理事会 2012 年的预算案，理事会正努力推动美国之音成为一个数字广播平台。根据新的计划，美国广播理事会将继续制作音频和

[①] 孟彦、樊剑英：《怎样看待当今的国际舆论格局》，《军事记者》2010 年 11 月。
[②] 田智辉：《新媒体环境下的国际传播》，中国传媒大学出版社，2010 年版，第 71 页。

视频内容，以通过互联网和手机（包括智能手机）平台发送。日本广播协会（NHK）和法国国际广播电台（RFI）等发达国家国际传播主体也纷纷利用自身优势发展全媒体业务，强化媒体竞争力。如 NHK 的业务与服务范围已经涵盖电视、无线电广播等广泛的领域，并为海外的观众和听众提供电视、无线电广播，以及收费娱乐电视等多项服务。"NHK 世界台"整合 NHK 在日本国内的五个电视频道的精选节目，向全球五大洲的 170 多个国家及地区同步提供节目讯号。法国在增强法国国际广播电台新媒体化的同时开办了 24 小时新闻频道，该频道节目不仅在互联网上直播，还通过有线网络和卫星网络在欧洲、中东、非洲以及美国纽约、华盛顿等地同步播出。

随着移动通讯技术的发展，智能手机越来越普及，逐渐成为大众生活的一部分，其不仅是与人沟通交流的工具，也是人们掌握信息、了解世界的最便利平台。谁掌握了新媒体手段，谁就掌握了国际传播的未来。近几年，西方媒体充分利用新媒体手段扩大传播覆盖面。美联社推出了专为苹果 iPhone 手机开发的程序，用于 iPhone 用户随时查看其最新推出的新闻、图片和视频服务。新软件不仅加快了下载速度，甚至在手机离线的时候也可以浏览新闻。路透社推出了针对 iPhone、iPod touch 和黑莓手机的应用 News Pro，可以让用户便捷、实时的访问路透社的新闻。VOA 的慢速英语、双语新闻在平板电脑和智能手机平台上都能免费下载，CNN 也通过平板电脑和智能手机向用户推送更多节目。

多年来，中国的媒体也在不断扩大自身的力量和规模，加快"走出去"步伐，致力于将中国的声音传播到海外，争取更多的话语权，增强对国际舆论的影响力。新华社如今已发展为融通讯社业务、报刊业务、电视业务、网络业务、金融信息业务、新媒体业务和多媒体数据库业务等为一体的全媒体机构，每天用中文、英、法、西班牙、俄、阿拉伯、葡萄牙和日文 8 种文字 24 小时不间断的向世界各地提供各类新闻信息。在保持原有的文字和图片报道的发布优势之外，新华社还加强了视频新闻的采集和制作，以及新媒体的应用，开办了中国新华新闻电视网（CNC），电视新闻采集量日均 800 分钟，居国际电视新闻行业首位。开通的中文台、英语台 24 小时不间断播出新闻节目，节目卫星信号实现全球覆盖，并进入美国、欧洲、亚洲等国家和地区有线电视家庭终端，建成亚太卫星台、北美卫星台、非洲卫星台等 11 个直属台和合作台，覆盖面和影响力不断扩大。创办手机电视台、网络电视台，并与中文台、英语台一同在苹果产品终端上线。中央电视台从 20 世纪 90 年代就开始推进节目的海外落地播出，相继开办了中文国际频道、英文国际频道、法语、西班牙语、俄语、阿拉伯语频道，通过卫星传送基本覆盖全球，并在北美、欧洲、非洲、亚洲、大洋洲和中南美洲的 120 多个国家和地区实现了落地入户。中国国际广播电台除拥有 61 种语言的广播和网站以外，还以购买、租时、合作办台等方式在世界各地开办了90多家整频率调频台或中波台，每天以当地语言向受众传递中国的声音以及本土化节目，引导受众认识中国、了解中国、感知中国。2011年1月18日，中国国际广播电视网络台（CIBN）正式成立，实现了国际传播全媒体化发展。它以多语种、多类型、多终端为特色，涵盖多语种网站集群、多语种网络电台集群、多语种网络电视频道和多语种移动服务终端等新媒体业态，致力于向全球受众提供更好的时事、政治、经济、文化、体育、旅游、社会和汉语教学等综合信息服务。

尽管中国媒体在海外并购、全媒体发展方面取得了可喜的成就，但目前仍处于起步阶段，"走出去"的目标主要是向海外传播本土的广播电视节目和信息。如中央电视台国际中文频道和外语频道的海外落地模式，中国国际广播电台向海外落地频率传送播出节目等。现阶段我们的媒体在"走出去"的过程中主要是以逐步渗透的方式突破各国的准入限制，处于孤军奋战的状态，还没有形成与世界主流媒体或对象国主流媒体"强强联手"的局面，没有形成具有一定规模、足以与西方媒体集团抗衡的实体，与西方相比在传播规模上仍然存在着较大的差距。在国际新闻的报道中，中国媒体的信息超80%都来自于西方媒体的报道，承担着"二传手"角色，即使有少量独家报道，也基本是内部消化，很难实现二次传播和多次传播，其观点也淹没在了众多的信息中。虽然我国新闻媒体的整体实力得到很大增强，但尚未出现能在国际范围内产生重大影响的媒体或媒体集团，"西强我弱"的国际舆论格局还没有根本改变。例如，新闻报道与信息传播的设备、技术以及手段、方式与国际一流媒体相比尚存较大差距；新闻报道的原创率、首发率、落地率还有待进一步增强；我国新闻媒体对国际舆论的影响力仍然较弱[①]。

二、西方国家依靠先进技术手段控制国际舆论

传媒业的发展与技术革命息息相关。每一次通讯技术的创新与发展都带动新闻传播事业迈上新台阶。美联社能保持世界最具影响力的通讯社地位，除了良好的产品质量外，还应归功于其技术革新在世界范围内的"先走一步"，包括1875年第一个租借永久性的新闻电报线路，1980年第一个卫星发送新闻，1994年第一个使用数码相机摄影以及1995年建立互联网服务部，通过网络发布新闻等。

中国虽然是最早出现新闻传播、最早发明印刷术的国家，却并没能奠定其在传播领域的国际地位。早在2000多年前的西汉时期，中国就有了世界上第一份报纸《邸报》，经由驿递"传之四方"，这实际上就是最早的一种新闻

---

① 张国祚主编：《中国文化软实力研究报告（2010）》，社会科学文献出版社，2011年1月版，第185页。

发布方式。宋朝以来发明的活字印刷术，以及在世界上的传承与发展，使报纸和书籍出版业得到空前发展。1440年左右，约翰内斯·古登堡在中国的活字印刷术的启发下，将当时欧洲已有的多项技术整合在一起，发明了铅字的活字印刷，很快在欧洲传播开来，实质上推进了印刷形成工业化，也为西方新闻传播业的发展提供了有效的技术手段。西方工业革命之后，信息技术得到空前的发展，而同一时期清朝政府统治下的中国由于长期的闭关锁国，在工业化方面已远远落后于西方，这种落后是长期的，造成的影响极其深远。1837年，美国人塞缪尔·莫尔斯发明了磁针发报机，解决了通过电线远距离传送信号的技术，同时解决了新闻信息远距离及时传输的问题，使得西方新闻通讯社进入发展的快车道，路透社的起家就是利用了这一新技术，建立起传播网络。1876年，英国人亚历山大·贝尔发明了电话解决了声音进行远距离有线传播的技术，这一发明对广播、电视的产生及发展有着重大的意义。随着1896年意大利著名发明家古格里摩·马可尼发明了天线和新型发报机，解决了信号无线远距离传送的难题，新闻事业进入电子传播时代。早在1837年，英国科学家麦克斯韦尔从理论上论证了在电磁波频谱上存在着一个介于声波与光波之间的无线电波波段，可以传向远方。1888年，德国科学家赫兹通过实验证实了麦克斯韦尔的论断，他还证明了应用共振原理，可以通过电路接收无线电波。至此，无线广播的技术问题基本解决。此后，无线电广播在西方国家广泛兴起，英国广播公司（BBC）、美国全国广播公司（NBC）、哥伦比亚广播公司（CBS）、美国广播公司（ABC）相继成立，并形成了鼎足并立的局面，其影响力一直延续至今。美国之音、德国之声、法国国际广播电台等西方国际广播媒体充分利用这种无线广播无国界、传播广的优势，加强了对全球的覆盖，将西方的价值观和意识形态强加于别国，抢夺国际舆论话语权。

电视技术发明的意义不亚于印刷术的发明，印刷术奠定了传播业的基础，电视技术则让传播业得到更迅速的发展。从1873年英国科学家约瑟夫·梅发现了硒元素具有光电的特性，到1936年BBC创建了全球第一座电视台，电视技术的开发历经了半个多世纪。电视技术的发展不仅让新闻传播能够听到声音，更能看到现场画面，更具真实感，也更加容易利用受众"眼见为实"的心态掌控舆论。电视技术的发展也促使西方传播业进入媒介融合的时代。一些传统媒体如BBC、NBC、NHK、路透社、美联社、法新社等都在保持原有传播手段的基础上融合了电视业务，发展多媒体视频产品并基本垄断国际新闻的视频发布。无线电广播和电视频率对世界各国来说都是十分重要的稀缺资源。为了达到控制资源、掌控舆论传播主导权的目的，西方国家长期以来利用在该领域的技术领先优势，通过制定使用标准等手段，将自己的理念、原则和利益诉求纳入到分配原则中。例如，专管分配稀缺资源短波频率和地球同步轨道卫星的国际电讯联盟就起源于美英德法等签订的《国际电报公约》，虽然该联盟目前已成为联合国主导下的国际机构，但西方发达国家制定的于己有利的游戏规则仍在操控一切，其"注重效率"、"先来后到"的核心配额原则一直沿用至今①。

自20世纪90年代以来，传媒技术迅猛发展，数字化革命席卷整个行业，这种技术的革命性变化不仅意味着传媒技术设备、运作方式的改变，更是资源格局的改变。在新媒体传播时代，传播媒介就是新的电信技术、人造卫星技术和计算机技术的有机结合，信息的处理、存储和传送手段都变得更加简便、直接，一些新兴媒介也就应运而生。除传统的报刊、杂志、广播、电视纷纷实现数字化发布与传播之外，网络、手机、平板电脑、车载电视等新媒介手段逐渐成为传播主体，新媒体在传播领域发挥着越来越重要的作用。技术的变革给发展中国家带来了机遇，中国等新兴国家在利用新媒体技术方面与西方的差距正在逐步缩小，影响力也得到了有效提升。为了加强国际舆论的控制，西方发达国家，如美国，利用引领新媒体技术的优势，通过构筑信息高速公路，将信息的传播渗透到全球。美国政府把"网络信息高速公路"视为国家基础结构的新基石，"美国正是靠这条无形的'公路'，无声无息地穿越了国界，很快裹起了整个'地球村'。把自己的'网络疆域'扩展到许多国家，对别国的'网络主权'构成了威胁。等到他国醒来时，发现美国人那条'公路'已经成了美国的新领土。"② 在全球传播体系中，美国在互联网上的霸权表现得尤其突出。根服务器是互联网运行的"中枢神经"，谁控制了根服务器，谁就控制了互联网世界的生杀大权。目前，全球只有13台根服务器，一台主根服务器在美国，其他副根服务器9台在美国，3台分别在日本、英国和挪威。在当前的国际舆论格局中，美国占领导地位。信息高速公路建立起来之后，美国更进一步地在公路上设置了检查收费站，通过掌控"互联网名称与数字地址分配机构（ICANN）"来加强控制。ICANN自1998年成立以来，一直负责互联网IP地址的分配、顶级域名系统的管理等互联网国际事务管理，以确定接入互联网的计算机、智能手机和其他上网设备的地址。尽管ICANN的董事会成员来自全球各地，但该机构总部却位于洛杉矶，而且长期以来仅对美国政府负责。换句话说，美国政府通过这家公司掌握域名系统最终控制权，在任何时候都可以通过ICANN使某国或某地区的互联网从国际主干网上断开。如伊拉克战争期间，在美国政府授意下，".iq"（伊拉克顶级域名）的申请和解析工作被终止，所有网址以".iq"为后缀的网站全部从互联网蒸发，在互联网的地图中无法找到伊拉克的影子。2004年4月，由于在

---

① 张辉：《国际太空机制及其面临的挑战》，《现代国际关系》2010年第2期。
② 王建华等：《神秘莫测网络战》，河北科学技术出版社，2001年版，第112页。

顶级域名管理权问题上与美国发生分歧,利比亚顶级域名". ly"也处于全面瘫痪之中,利比亚因此在互联网上消失了3天。① 在技术方面,由于互联网发源自美国,很多大容量的地址段都被美国的机构或公司占用,能分配给其他国家的大容量地址段就很少,尤其对那些经济尚不发达、信息产业处于起步阶段的国家来说,更是往往只能分到资源很有限的地址段,造成域名地址分配不均等问题。尽管世界各国强烈呼吁美国将互联网的管理权移交联合国相关机构,但美国一直持坚决反对的态度,一方面通过掌握互联网地址的分配权和管理权可以获得巨大经济利益,另一方面政治上也能随时掌控互联网动态,控制信息高速公路的运行,从而主宰其他国家在国际互联网上发布信息的权力,主导国际舆论。

三、西方国家在国际传播领域占有语言优势

(一) 西方殖民影响根深蒂固

在开辟了新航路和发现新大陆不久,葡萄牙和西班牙、英国、法国等西欧国家,就开始了对非欧世界的海外殖民扩张。作为第一个完成工业革命的国家,英国的扩张在19世纪开始加速,法、俄、德、意、美、日等国也不甘落后。"经过一个多世纪的疯狂扩张,西方工业化国家开始把整个世界纳入了自己的殖民体系。1914年,欧洲人或前欧洲殖民地(北美和南美)控制了全球陆地面积的84%。英国拥有55处殖民地,其殖民地面积是母国面积的近百倍,即使是后起的意大利,殖民地面积也是本国面积的5倍多。这是人类历史上从未有过的现象,世界上一小部分地区统治了其余地区。"② 西方列强在对殖民地进行资源掠夺的同时,也开始逐步对殖民地进行文化侵蚀,通过强制推行宗主国语言教育,达到同化当地居民为己服务的目的。

众所周知,语言不仅是交流信息和观点的手段,也是表达感情、发泄情绪或者指令别人做事的工具。每种语言都是一种观察世界以及解释经验的特殊方式,每种不同的语言里所包含的其实是一整套对世界和对人生的集体无意识的解释。因此,在掌握母语的过程中,本民族的思维方式、风俗习惯、生活方式等都潜移默化地渗透到个体的心理结构中,从而形成符合本民族价值观念的个性、品格。③ 欧洲语言不仅是欧洲人的交往工具和信息载体,也是欧洲文化的重要组成部分,接受欧洲语言也就在很大程度上接受了欧洲文化。

---

① 赵海建:《以网络自由名义 美国巩固网络霸权》,人民网军事频道,2010年1月,http://military.people.com.cn/GB/1077/52985/10888688.html

② 刘笑盈:《中外新闻传播史》第2版,中国传媒大学出版社,2007年1月版,第215页。

③ 王尚文:《走进语文教学之门》,上海教育出版社,2007年5月第1版。

西方殖民者正是认识到这一点,从殖民侵占开始就推行语言文化的扩张。他们在殖民地兴办教育,将宗主国语言设定为通用语或官方语言,作为商业贸易、学校教育和文化交往中的共同语言,并在殖民地培养一批知识精英,让他们接受西式教育,接受西方语言内在的思维方式、语言逻辑结构,接受这一语言特定的文化蕴含、价值体系和行为模式,从而能够更好地控制他们的思想,去影响更多的人。目前,虽然前西方殖民地的亚非拉国家已纷纷独立,但由于殖民期间受西方语言文化教育的影响根深蒂固,且使用前宗主国语言在民众生活和对外交往中已形成为习惯,因此大多数国家仍保持以原殖民宗主国的语言为本国的官方语或通用语。据统计,全世界说英语的国家和地区有170多个,以英语作为官方语言的有80个左右,以法语为官方语言或通用语的国家和地区有40多个,以西班牙语或葡萄牙语为官方语言或通用语的国家将近30个。这些语言覆盖了全球将近一半的人口,由于语言的互通,使得这些国家的民众在理解西方意图上没有障碍,更容易受西方意识形态和文化的影响,愿意接收和相信西方媒体传达的信息。

(二) 英语的国际地位日益加强

一种语言在国际上的地位与它被使用的程度有关,也与该语言母语国家的经济实力和科技实力有关。确切地讲,英语全球化地位的确立不仅得益于大英帝国的殖民扩张,更主要原因是第二次世界大战以美、英为首的同盟国取得胜利之后,美英主导国际事务的权力增大,美英等国在经济、科技和文化领域取得了巨大成就,成为世界的领跑者。

首先,二战之后诸多国际组织的建立,进一步加强了英语在国际交流中的地位。目前,英语是联合国和几乎所有国际机构的工作语言之一,也是使用最广泛的语言。如"东南亚联盟"、"非洲联盟"、"欧洲联盟"这类区域性组织,尽管以英语为母语的成员国不占多数,但为便于各成员国之间的交流,英语以它的普及性理所当然地成为不可替代的语言。"东南亚联盟"就将英语作为官方语言写进了"东盟宪章"。其次,"经济全球化"是促使英语发展的强有力因素。随着"全球化"的不断加强,"经济全球化"已经与我们的生活密切相关,在国际贸易中,人们迫切需要一种语言来进行交流,美国经济长期占据世界第一的领先地位保证了英语的绝对优势,电子商务的发展也使英语在全球范围内得到了更广泛的普及。另外,科技的发展、文化的传播促进了英语的快速普及。二战后,美国的强大将"文化帝国主义"发展到无以复加的地步。科技的发展为美国文化跨国界传播起到了推波助澜作用。以美国文化背景为主的广播、报纸、杂志、电影、广告、流行音乐、体育、电视节目在全球范围内的传播,为英语国际化提供了充分的文化土壤。随着信息化时代的到来,英语更是以汽车文化、手机文化、网络文化、快餐文化等诸多新形式被人们所接受。① 当前，世界上大部分的知识信息都是以英文为载体，尤其是全球化浪潮与互联网的普及，英语在语言和文化方面的霸权不断增强。据统计，90%以上的互联网资源都是英文资源；50%以上的科技书刊、译著和电影发行都使用英语；世界各国的外语教学中英语占据主要地位，总是被列为必修语言或者选修语言，全球正在学习英语的人口大约为十亿，另有15亿—20亿人口每天使用或接触英语。到2050年，全球一半人口会较熟练地使用英语②。

据英国文化委员会估计，随着英语的广泛使用，借助广播、电视、报刊、网络等各种媒介形态的有力传播，英语成为"世界通用语"的进程正在加快。因此，在国际传播语言方面，随着英语的国际地位日益增强，英语主流媒体也无可争议地成为世界性媒体。汉语虽然是世界上作为母语使用人口最多的语言，但它的普及性远不如英语，使用人口主要集中在中国大陆、台、港、澳地区，新加坡等华人较多的国家以及分散在世界各国的华人群体中。随着中国经济的发展，综合国力进一步增强，汉语的国际地位也在日益提高，越来越多的国家将汉语教学纳入到大学和中学课程中，世界各国掌握汉语的人数也越来越多，但想要达到英语那样的国际影响力，汉语推广将有很长的路要走，汉语媒体也很难在短时间内发展成为世界性媒体。

四、西方国家涉华舆论宣传形成攻守同盟

东西方争夺国际话语权的最终目的，是为意识形态服务。长期以来，西方国家以其强势的国际舆论主导权和国际传播的优势地位，向社会主义国家受众宣传西方的政治观、价值观和生活方式，企图以"和平演变"的方式打压或颠覆社会主义国家和发展中国家的政权。

中国是世界上最大的社会主义国家和发展中国家。由于体制的不同、意识形态的不同，西方国家一直将中国视为重点演变的国家之一，不仅在国际贸易领域对中国经济发展制造种种障碍，还利用各种传媒手段对中国形成全方位的舆论包围之势，在涉华宣传上形成话语同盟，主导国际舆论。

"信息是一种战略资源，谁掌握了信息传播源和信息传播载体，谁控制了国际广播、卫星电视和互联网络，谁就有能力影响整个社会，谁就能在意识形态的斗争中，抢夺并占领住制高点，掌握主动权。"③ 近年来，美国和西方

---

① 郑香义：《从英语国际化成因看汉语国际化发展之路》，百度文库，http://wenku.baidu.com/view/e24e614c852458fb770b5698.html

② 付京香：《跨文化交际视域下的外语教学与母文化传播》，《现代传播》2011年第10期。

③ 夏林：《传媒全球化时代的国家安全——从国际战略的视角看媒体的跨国境传播》，《中国传媒报告》2003年第1期。

主要国家为了抢占制高点,利用广播、卫星电视、互联网等媒体,建立了对我国全方位、立体式的包围网。美国之音、自由亚洲电台、英国 BBC、德国之声、法国国际广播电台和日本 NHK,在我国周边地区设立几十座转播台用上百个频率向我国播出。此外,西方国家还凭借卫星传播覆盖广、信号接收方便的特性,利用游弋在亚洲上空的十几颗地球同步卫星,向中国播放近百套卫视节目,覆盖了中国的辽阔版图。随着信息技术发展和互联网的普及,欧美等国将新媒体的手段作为对中国进行舆论渗透的主要渠道,雇佣网络"水军"潜入中国,在互联网上全面抹黑中国并传播"自由化"思潮,大肆制造舆论,宣扬所谓的西式民主自由的优越性,抨击中国的现行政治制度,以达到搞乱中国社会、颠覆社会主义制度的目的。

西方国家一方面以多种传播手段包围中国,对中国国内形成舆论攻势,企图在思想上分化中国民众,瓦解中国政权,另一方面利用传媒垄断优势,以各种手段歪曲中国形象,在国际上造成对中国不利的舆论氛围,损毁中国利益。其攻守同盟的战略特点主要表现在以下几个方面:

(一) 以负面报道为主,设置议题诋毁中国

国际舆论,就是国际上大多数媒体对一国形成的具有国际影响力的评论。西方大国媒体最善于利用手中的媒体资源优势,对发展中国家的重大事件大做文章,通过选择话题来影响受众。目前,国际舆论话语权存在明显的"西强我弱"态势,西方媒体对中国的报道带有其意识形态的倾向性,负面报道、选择性报道甚至歪曲性报道充斥在他们的版面和节目中,成为报道中国问题的主流。2008 年是中国的"奥运年",也是国际社会对中国非常关注的一年。国务院新闻办公室对当年西方媒体涉华报道的舆情分析显示,西方媒体在对中国新闻报道上呈现两大特点:一是报道总量偏少;二是在其所报新闻中,负面报道比例大。西方媒体对有关中国的新闻报道总带有偏见,"张冠李戴、移花接木"是他们惯用的伎俩。

新闻媒体传送给受众的不仅是信息,更重要的是对观点、导向的输入。西方媒体长久以来对中国的报道以负面居多,这导致西方民众对中国形成一个先入为主的负面刻板印象,并且这种印象已从认知上升到态度层面,若想改变十分困难。①

(二) 强化概念宣传,遏制中国发展

西方的涉华宣传具有明显的阶段性特征,通过强化"中国落后论"、"中

---

① 姜靖:《西方媒体涉华报道倾向性研究》,人民网传媒频道,http://media.people.com.cn/GB/22114/44110/142321/10027610.html

国威胁论"、"中国责任论"等概念宣传,给中国贴上标签,在国际上形成对中国不利的舆论,遏制中国的发展。改革开放之前,西方媒体对中国的报道定位为"贫穷、落后、独裁、专制",利用传播优势在国际上大唱"中国落后论",有关中国的报道基本上涉及的是"中国经济落后","老百姓生活贫苦"、"没有人身自由"等。受西方舆论的影响,中国人在海外没有地位、常常被人瞧不起。改革开放之后,中国经济取得了突飞猛进的发展,成为世界上具有影响力的大国,为了遏制中国的发展壮大,西方媒体的普遍论调又一致转向"中国威胁论",宣称中国的发展会对其他国家的利益和国际秩序提出挑战,从而对亚太地区乃至全世界的稳定形成威胁。此论调一出,西方媒体纷纷紧跟,有关"中国威胁论"的报道铺天盖地,把中国与"侵略者"、"独裁者"等概念联系起来,借助所谓的"实例",炒作"区域强权"、"地区威胁"、"中国经济威胁"、"中国军事威胁"等观点,将中国的和平崛起看作是对世界的威胁,让国际社会对中国感到害怕,纷纷抵制中国的发展。金融危机爆发以来,西方国家又宣扬"中国责任论",甚至把金融危机爆发的原因归咎为中国,指责中国的汇率政策以及中国的外汇储备政策,更有甚者,认为是中国老百姓把钱都存起来从而引发了全球的经济危机。这种报道具有很强的煽动性和影响力,让一些对中国不了解的人感到害怕,从而反对中国的发展。

(三)结合敌对势力,制造事端炒作中国热点问题

西方媒体之所以戴着有色眼镜对中国进行报道,是因为其带有明显的政治性。他们总是抱着先入为主的政治立场进行媒体策划,达到别有用心的目的。2001年,法轮功分子在天安门广场上自焚,广场上的民众面对突发事件都自发地进行抢救,而西方一些媒体记者似乎早已知道会有这样的事件发生,守候在现场第一时间发出了报道,其基调不是揭露法轮功邪教的本质,也不是体现现场民众自发的救助,而是直指中国政府对"法轮功练习者"的"镇压",对中国人权状况进行抨击。西藏"3·14"事件和新疆乌鲁木齐"7·5"事件,西方媒体一味引用境外藏独势力和疆独势力提供的信息,指责"中共当局对和平请愿的藏民和维吾尔族人进行镇压",全然不顾藏独和疆独分子制造的"打、砸、抢、烧"造成汉族同胞伤亡的事实,颠倒黑白,为敌对势力摇旗呐喊。借助所谓的人权事件制造国际舆论,向中国施压。西方媒体在涉华问题的国际报道上已拥有十分成熟的技术和手段,媒体与媒体之间也形成了相互呼应的策略。俗话说,"世上本无路,走的人多了,便成了路"。同样的道理,中国的正常发展本无可厚非,但在西方媒体大规模、大范围、大批量的负面报道、歪曲报道影响下,不明真相的人也就对"妖魔化的中国"信以为真了。

此外，为了阻止中国媒体在国际上扩大影响力，维持自身对中国舆论环境的操控权，西方媒体的一项重要策略，就是在国际上打着"新闻自由"、"媒体公信力"的旗帜，大力挤压中国媒体的发展空间。西方国家把自己奉行的"新闻自由"标准升格为全球媒体新闻报道必须采用的标准，然后以此标准审视中国媒体，要求中国政府和媒体也实行它们的"新闻自由"，并要求中国媒体"私有化"、"独立化"，否则就攻击中国政府压迫言论自由，进而在国际上大肆诋毁中国媒体的公信力，以树立西方媒体在国际上的权威性与公信力，保持西方媒体对中国舆论的操控权。

总之，由于"西强我弱"舆论格局的影响，当代中国所面对的，仍然是一个不稳定、不健康、不安全的国际舆论环境，中国的国际形象，依然由西方主流媒体掌控。面对这种局面，我国媒体要确立长期的战略发展目标，采取灵活多变的模式在重点地区、重点国家以当地语言实现节目海外落地，以合作共赢的方式掌握有效的传播手段，让中国的声音能够越来越多地落到实处，积极抢占国际舆论高地。

第三节 中国广播电视"走出去"仍处起步阶段

自2001年我国广播电视实施"走出去工程"以来，各级广电机构合理布局、整体推进，初步形成广播、电视全方位在境外落地、交流的格局，广播电视传播力和影响力明显增强。但应该清醒地认识到，与我国日益提升的国际地位和综合实力相比，与我国文化产业的发展要求相比，与发达国家传媒实力和影响力相比，与增强中华文化国际竞争力的战略要求相比，我国广播电视"走出去"还存在着较大差距。突出表现在：中国广播电视"走出去"起步晚、时间短，缺少具有较强国际影响和竞争力的市场主体和品牌，广播电视国际传播能力和总体实力仍然较弱。总体上看，中国广播电视"走出去"仍处于起步阶段。

一、中国广播电视"走出去"起步晚、时间短

（一）"走出去"战略的形成和提出

"走出去"战略是党中央、国务院根据经济全球化新形势和国民经济发展的内在需要做出的重大决策，是发展开放型经济、全面提高对外开放水平的重大举措，是实现我国经济与社会长远发展、促进与世界各国共同发展的有效途径。"走出去"战略源于实践、指导实践，有一个形成和提出的

过程。

"走出去"战略源于中国经济社会发展的现实基础和理论探索。根据中国特色社会主义理论体系的创新脉络,"走出去"战略是经过三个时期逐步发展过来的。

第一个时期是孕育时期。邓小平同志的对外开放思想孕育了"走出去"战略。邓小平同志深刻总结了我国建设社会主义的历史经验教训,把对外开放提高到社会主义事业兴衰规律的高度,明确指出对外开放是我国的长期国策,并科学阐述了对外开放的内涵,提出了对外开放的步骤和发展格局,开创了中国改革开放的全新局面。邓小平同志曾明确指出:"不坚持社会主义,不坚持改革开放,只能是死路一条","经验证明,关起门来搞建设是不能成功的,中国的发展离不开世界"。党的十一届三中全会明确提出:"在自力更生基础上,积极发展同世界各国平等互利的经济合作"。在这一重要方针指引下,我国企业开始勇敢地迈向世界。综合起来看,我国较早时期的对外开放,侧重点是"引进来",即引进国外资金、设备、科技和管理等。当时设立了经济特区,既作为对外开放的基地,又展示、推销我国对外开放的成果。

第二个时期是形成时期。江泽民同志承前启后,在总结了我国对外开放的历史后,正式提出把"走出去"作为国家战略。1992年,江泽民在十四大报告中提出:"积极开拓国际市场,促进对外贸易多元化,发展外向型经济","积极扩大我国企业的对外投资和跨国经营","更多地利用国外资源和引进先进技术"[①]。十四大报告中提出的"对外贸易多元化"、"跨国经营"、"开拓国际市场"、"利用国外资源"等,都是"走出去"战略的核心概念。1997年,党的十五大报告提出:"更好地利用国内国外两个市场、两种资源,积极参与区域经济合作和全球多边贸易体系,鼓励能够发挥我国比较优势的对外投资"[②]。2000年年初,江泽民同志在向中央政治局通报"三讲"情况的讲话中,在全面总结我国对外开放经验的基础上,首次把"走出去"战略上升到"关系我国发展全局和前途的重大战略之举"的高度[③]。2000年10月,党的十五届五中全会《中共中央关于制定国民经济和社会发展第十个五年计划的建议》中,首次把"走出去"战略上升为党的意志,作为四大新战略(西部

---

① 《加快改革开放和现代化建设步伐 夺取有中国特色社会主义事业的更大胜利——在中国共产党第十四次全国代表大会上的报告》。人民网,http://cpc.people.com.cn/GB/64162/64168/64568/65445/4526285.html

② 《高举邓小平理论伟大旗帜 把建设有中国特色社会主义事业全面推向二十一世纪——在中国共产党第十五次全国代表大会上的报告》。人民网,http://cpc.people.com.cn/GB/64162/64168/64568/65445/4526285.html

③ 百度百科"走出去战略"条目,http://baike.baidu.com/view/1268669.htm

大开发战略、城镇化战略、人才战略和"走出去"战略)之一,在党的全会文件中明确提出。2001年3月,九届全国人大四次会议根据十五届五中全会的建议,把"走出去"战略写入《国民经济和社会发展第十个五年计划纲要》,把"走出去"提升到国家战略层面。

第三个时期是发展期。科学发展观推动"走出去"战略。这个时期的特点就是加快实施"走出去"战略。2003年10月,党的十六届三中全会通过的《关于完善社会主义市场经济体制的若干重大问题的决定》指出:"继续实施'走出去'战略……有助于进一步解放和发展生产力,为经济发展和社会全面进步注入强大动力。"2005年,时任温家宝总理在政府工作报告中提出:"要进一步实施'走出去'战略。鼓励有条件的企业对外投资和跨国经营,加大信贷、保险外汇等支持力度,加强对'走出去'企业的引导和协调。建立健全境外国有资产监管制度。"① 在加快实施经济领域"走出去"战略的基础上,党中央全面深刻阐述了文化"走出去"战略,丰富了"走出去"战略的内涵。2004年9月,党的十六届四中全会通过的《关于加强党的执政能力建设的决定》指出:"推动中华文化更好地走向世界,提高国际影响力。"② 2005年5月,胡锦涛在党的十六届五中全会上指出:"加快实施文化产品'走出去',推动中华文化走向世界。"③ 党的十七大明确提出要推动社会主义文化大发展大繁荣,提升国家文化软实力,提高中华文化国际影响力。胡锦涛在建党90周年"七一"重要讲话中指出,要着眼于推动中华文化走向世界,形成与我国国际地位相称的文化软实力,提高中华文化国际影响力④。2012年,《国家"十二五"时期文化改革发展规划纲要》中明确要求"实施文化'走出去工程'",并对"加强对外文化交流"、"推动文化产品和服务出口"、"扩大文化企业对外投资和跨国经营"等战略,提出了系列重要举措。⑤

总体上讲,我国"走出去"战略的实施,统筹了国内发展和对外开放两个大局,统筹了利用国内国际两个市场、两种资源,实现了经济"走出去"和文化"走出去"的两轮驱动、"走出去"和"引进来"的良性循环。

---

① 《2005年政府工作报告》,参见新华网,http://news.xinhuanet.com/newscenter/2005-03/14/content_ 2695463.htm
② 《十六大以来重要文献选编》,中央文献出版社,2006年版,第284页。
③ 《十六大以来重要文献选编》,中央文献出版社,2006年版,第284页。
④ 《胡锦涛:在庆祝中国共产党成立90周年大会上的讲话》,参见新华网,http://news.xinhuanet.com/politics/2011-07/01/c_ 121612030_ 8.htm
⑤ 《国家"十二五"时期文化改革发展规划纲要》,参见中国经济网,http://www.ce.cn/culture/gd/201202/16/t20120216_ 23076264.shtml

（二）经济领域"走出去"的特征

在经济领域，"走出去"战略的实施主要体现为企业"走出去"，其探索实践的过程大致走过了萌芽、起步、调整、发展四个阶段。1949—1978年为萌芽阶段。此阶段以对外经济技术援助为主、对外工程承包和劳务输出为辅，国际政治和外交斗争意图明显，政府作用突出。1979—1986年为起步阶段。期间，在"引进来"的同时，外贸公司、国际经济技术合作公司开始跨出国门"走出去"，参与企业不多、规模不大，以发展中国家和中国港澳地区为主。1987—1998年为调整阶段。期间，国内外环境风云变幻，"走出去"在与"引进来"的巨大反差中不断调整并找准方向，大批有实力的优势企业跨出国门投资经营，到国外主要是非洲、中亚、中东、东欧、南美等国办厂开店。1999年至今为发展阶段。"走出去"提升为国家战略，从经济领域不断拓展到文化领域，传统文化、新闻出版、广播影视"走出去"成为新热点，"走出去"路径多元、模式多样，不再局限在发展中国家，欧美发达国家成为中国企业"走出去"的重点[①]。

从中国企业"走出去"的时间发展历程中，可以缕析出如下特点：

①先有实践探索、后有理论概括。中国"走出去"的实践起点在新中国成立，"走出去"战略的理论概括在世纪之交，两者相差50年。

②先是政府主导，后是企业主体。初期和起步阶段的"走出去"，政府是主导甚至政府就站在第一线充当主角，随着经验积累和市场适应，逐步让位给企业，企业成为"走出去"的主体。

③先有"引进来"，后有"走出去"。改革开放三十多年，前半段主要是"引进来"，引进外国的资金、技术和管理；后半段在"引进来"的同时更加注重资金、产品、技术管理的"走出去"，充分利用好国外和国内两种资源、两个市场。

④先是经济"走出去"，后是文化"走出去"。"走出去"从改革开放正式起步到世纪之交，主要是集中在经济领域，新世纪才拓展到文化领域，中华文化走出国门、走向世界。

⑤企业走出去的早期形态是工程承包、对外贸易、市场营销等，随着我国经济实力的壮大，大量企业开始通过对外直接投资、在海外开工设厂、企业并购等方式"走出去"。按其对海外机构的控制程度不同，基本可分为贸易式"走出去"、契约式"走出去"和投资式"走出去"三种模式，各类企业"走出去"的进程一般来说先采用贸易模式、契约模式，积累足够的实力和经

---

① 《大国崛起的步伐——中国"走出去"战略》，科学出版社，2008年7月第1版，第74—78页。

验后再采用投资模式。

（三）我国广播电视"走出去"的探索

2001年，我国正式加入世界贸易组织（WTO），国家广播电影电视总局《关于广播影视"走出去工程"的实施细则》颁布实施，标志着我国广播影视"走出去工程"正式启动。10多年来，广播电视"走出去"业已探索出在国外落地覆盖、通过购买国外电台电视台播出资源、销售广播电视节目、到国外举办广播电视节目展、与国外合办晚会或项目等多种形式，形成了由国家唱主角，以政府为主导，中央电视台、中国国际广播电台为主力军，中央和地方广电机构及国有、民营广电文化公司等多种主体共同参与的格局。但与企业"走出去"相比，广电媒体"走出去"起步晚、时间短的特征非常明显：首先，广电"走出去"比企业要晚30年，迄今只有10多年历史，经验有限；其次，广播电视"走出去工程"中的政府主导因素较为浓厚，广电企业的主体作用相对有限；第三，由于意识形态等因素影响，广播电视"走出去"主要选择中低端的贸易模式、契约模式，选择高端投资模式的依然有限；第四，广电媒体"走出去"理论探索不够丰富，可供指导实践的理论总结有限。因此，我国广播电视"走出去"还处在起步探索阶段。

二、中国广播电视"走出去"主体竞争力偏弱

我国广播电视"走出去"的主体，是国有广播电视机构和民营文化企业，但这些在国际媒体和文化市场综合竞争力较弱，与西方发达国家相比，尤为缺乏有较强国际影响力与竞争力的跨国综合传媒集团和知名广播电视品牌，缺乏在传媒产业资本运营、国际营销渠道建设、品牌塑造和宣传等方面的成熟管理运营经验。

（一）在传媒产业资本运营方面

传媒产业的资本运营，是将传媒机构拥有的可经营性资产，包括和传播有关的广告、传输网络、音视频制作等产业视为可经营的价值资本，通过资本的运作，优化资源配置，拓展资本规模，实现最大限度增值目标的经营管理方式。从资本运营的角度，我国媒体对开展经营活动的认识和实践，大致可分为互相补充、融合发展的三个阶段[①]：第一个阶段是多种经营阶段。从广义上讲，我国媒体在20世纪80年代起步的开发三产、多种经营，可视为资本运营的初级阶段。这一阶段，传媒业经营的范围从广告、自办发行、代印、

---

① 关于传媒产业资本运营三个阶段的分析，可参见：《传媒产业化的资本运营与运作》，载于365招商网，http://www.hnsj365.com/news_view/11568.html

彩扩、音像制品等扩展到节目制作、信息咨询、房地产、运输、旅游、饮食服务等。第二个阶段是集团经营阶段。20世纪90年代中期以来，组建媒体集团客观上促进了媒体对子报子刊、频率频道及区域内报刊、广电资源进行重新整合，发挥规模优势，壮大了媒体实力和竞争力。比如，新闻出版署批准成立了一批报业集团、出版集团、发行集团。广电领域加快组建了广播电视集团和广播电视有线网络公司。《人民日报》、新华社、中央电视台、中国国际广播电台等主要中央新闻媒体，都按照传媒集团模式发展，并初具雏形。第三个阶段是资本经营阶段。新闻媒体发挥自身有形资产和无形资产优势，由子公司直接进入资本市场筹资融资，吸纳社会资金，这可以说是新闻媒体资本运营的高级形态。早在1994年年初，上海广电局下属的东方明珠股份有限公司上市；1999年，第一支媒体股——电广实业（后更名为电广传媒）在深圳市挂牌上市。2001年，中视传媒上市，这是中央电视台控股的一家传媒类A股上市公司。2001年，IT业信息媒体赛迪集团更名为"赛迪传媒"，成为全国首家真正意义的传媒上市公司，等等。这些传媒通过上市募集了上亿元的资金，大大提高了自身经济实力，可视为我国传媒利用资本经营的有益探索。

当前，我国传媒产业发展的经济环境越来越好，传媒业正表现出强劲的产业化发展趋势，也为文化创意产业的发展注入了许多活力，带动了许多相关行业的发展。但传媒总体规模小、盈利模式单一、收入来源结构性失调、市场化运作程度较低等问题，仍然制约着传媒产业的发展。西方强势传媒，如新闻集团、迪尼斯集团、维亚康姆、贝塔斯曼等，年收入均在200亿美元以上，可以运营的资本规模都在数以百亿甚至上千亿美元，能够以资本手段大规模地对媒体进行并购、整合，通过多种业务和渠道赢利，收入结构合理，避免了单纯依靠广告所带来的风险。比如，新闻集团是传媒市场中资本运营的骄子。新闻集团的净资产超过400亿美元，在全球五大洲70多个国家和地区运营9种不同类型的业务，包括电影电视节目的制作和发行、无线电视、卫星电视、有线电视广播、报刊书籍，等等。从澳洲到英国，从欧洲大陆到美国，从拉美国家到亚太地区，整个世界都处于新闻集团传媒网络的覆盖之下，其成功的商业运营使集团在世界各地都获得丰厚利润，为事业的发展开拓提供坚实的物质保障和资金支持。其中新闻集团的卫星电视网络、互联网业务、互动电视以及视频游戏业务的抢先开发推广，不仅使集团的产品得以引领时代潮流，占尽先机，也使集团的产业结构不断升级，在国际市场上的资本运作游刃有余。而我国规模最大、经济实力最雄厚的中央电视台，其年收入仅为约200亿元人民币，广告收入约占70%。我国媒体以广告为主体的单一赢利模式，既不利于利用传媒资源，也存在着巨大的风险，难以支撑媒体产业的长足发展。

总之，与国外发达传媒业相比，我国传媒业实力还比较弱。由于我国传媒资本积累和融资脱节，产业资本积累低，投融资能力相对弱，在国际传播市场上的总体竞争力偏弱。面对日渐开放的传媒市场和日益激烈的竞争，通过集团化、资本运作等做大做强，已经成为国内传媒业发展的共识。

（二）在国际市场营销渠道建设方面

美国市场营销学权威菲利普·科特勒认为：营销渠道是指某种货物或劳务从生产者向消费者移动时，取得这种货物或劳务所有权或帮助转移其所有权的所有企业或个人。简单地说，营销渠道就是商品和服务从生产者向消费者转移过程的具体通道或路径。[①] 国际市场营销渠道，是企业国际市场营销整体策略的重要组成部分，指产品由一个国家的生产者流向国外最终消费者和用户所经历的路径，其实质上是执行把产品及其所有权从生产者转移到最终购买者的所有活动（功能）的一套组织机构。它包括两个方面的内容：一方面，通过各种类型的中间商，把商品从生产者转移到消费者或用户那里，实现商品所有权在国际上的转移；另一方面，通过各种运输工具和运输方式，在适当的时间把商品运送到国际市场的适当地点实现产品的实体转移。目前，我国媒体进行国际营销时，通常采用产品出口、合同交易、投资和国际网站建设等四种路径，具体到广播电视，则主要通过频道频率落地、广电节目外销、跨境项目合作、境内举办国际节展、境外办展参展、广播电视网站建设等方式。近年来，我国广播电视国际推广交流力度不断加大，平台和渠道更加丰富广泛。据统计，2011年，我国各级影视机构，先后参加了美国、法国、匈牙利、肯尼亚、日本、韩国、新加坡、中国香港、中国台湾等十余个海内外影视节展。国家广电总局组织国内电视机构，组建"中国联合展台"，参加法国戛纳春秋两季电影节，搭建了国内外影视机构交流与合作的平台[②]。但是，缺乏自主的国际营销渠道和发行网络，构成了我国广播电视信息产品的营销瓶颈。所谓自主营销渠道，指的是绕开国际中间商、进口商，直接进入国外零售商店、连锁店等最终市场，取得在境外市场的销售主动权。企业"走出去"的实践表明，成功的国际品牌，必然拥有自主而健全的营销网络，必然在国际市场上建立自己的销售渠道，控制终端的消费市场。我国广播电视要加快建立和完善国际营销渠道，在重点国家和地区成立分支机构、发展代理商，与境外有实力的媒体公司合作，建立专门的新闻信息产品营销公司，建构符合市场运作规律、立足当地市场的营销体系，提高信息产品的营销能

---

① 参见：百度百科"营销渠道"条目，http://baike.baidu.com/view/941795.htm
② 数据来源：国家广播电影电视总局发展研究中心《中国广播电影电视发展报告（2012）》，社会科学文献出版社，2012年版，第147页。

力。创新营销模式，分阶段、有重点地推进海外营销，有效覆盖海外主流媒体、外国政府部门、重点研究单位，积极拓展非媒体用户和终端受众用户，不断增强广播电视的国际传播能力。

（三）在品牌塑造和市场推广方面

品牌塑造和市场推广都是商业领域用语。品牌塑造，是指给品牌以某种定位、并为此付诸行动的过程或活动。品牌塑造是一个系统长期的工程，品牌知名度、美誉度和忠诚度是品牌塑造的核心内容，大企业可以凭借雄厚的财力物力通过炒作、广告轰炸、大规模的公益和赞助等循序渐进的过程，进行品牌塑造，通过建立品牌优势来刺激和吸引消费者的购买冲动[1]。市场推广是指企业为扩大产品市场份额，提高产品销量和知名度，而将有关产品或服务的信息传递给目标消费者，激发和强化其购买动机，并促使这种购买动机转化为实际购买行为而采取的一系列措施。[2] 近几年，我国媒体的实力有了较快发展，品牌塑造和市场推广有了长足进步，不同媒体都非常重视媒体品牌塑造和维护，媒体品牌知名度对于受众的吸引力、号召力开始在国内竞争激烈的传媒市场发挥越来越重要的作用。但在国际范围内，与西方发达国家相比，我国媒体的品牌知名度仍然较低，在媒体品牌林立的国际传媒市场，中国媒体还没能拥有重要的一席之地。据世界品牌研究室调查，2009年公布的全球500强企业品牌名单中，共有42家媒体单位入围，西方发达国家占据39席，美国独占30个席位，中国只有中央电视台和人民日报社入选。[3] 美国媒体品牌独占鳌头，其原因是多方面的，首先，美国媒体信息产品的全球市场占有率最高，其强势能令国际受众"不见其人，先闻其声"，在首次接触媒体时自然而然地想到他们；其次，美国媒体品牌历史悠久，是百年老店，而媒体成立时间越长，品牌知名度越高；再次，美国媒体在品牌的建设、维护、经营方面，拥有一套完善的战略，使其在各领域都有具有重大国际影响力的媒体品牌。相比较而言，我国媒体，包括广播电视机构，在国际上仍面临着困境。广电品牌来自于那些可以重复使用的高知名度、高满意度、高识别度的品牌元素，如品牌节目、品牌栏目、品牌频道，目前，我国广播电视产业还没有形成中国广电的创意品牌。同时，我国广播电视机构的品牌塑造和市场推广策略相对传统、单一，以节目交易、知识竞赛、受众见面会、活动营销、电视节展、推介会为主。如，近年来，中国国际广播电台配合国家外交大局，策划实施的"中国—东盟合作之旅"、"中俄友谊之旅"、"中巴媒体母亲河之

---

[1] 百度百科"品牌塑造"条目，http：//baike.baidu.com/view/555664.htm
[2] 百度百科"市场推广"条目，http：//baike.baidu.com/view/1078936.htm
[3] 转引自吴立斌：《中国媒体的国际传播及影响力研究》，中共中央党校博士学位论文，第360页。

旅"、"情动俄罗斯——中国人唱俄语歌大型选拔活动"等媒体活动,依托"华影在线"网络平台,举办了针对德国、法国、日本、阿尔巴尼亚等国的"影像中国"网上电影周活动,提升了媒体海外知名度和品牌影响力。但是,总体来看,由于我国广播电视在海外品牌塑造和市场推广上能力不强,其品牌的国际知名度、美誉度、公信力不足,导致广播电视"走出去"仍面临着很大困难。

三、中国广播电视国际传播实效有待提高

在国际传播领域,实力强大的西方媒体,在国际舆论竞争中始终处于强势地位,国外受众还难以全面、真实、客观地获知中国的信息。为了让正面的中国国家形象进入国际社会,增强我国广播电视国际传播实效,现已成为国际传播能力建设的重要战略任务。然而,目前,我国国际传播的海外有效落地区域与受众不平衡、国际舆论话语权不强、本土化节目制播水平不高、国际上适销对路的广电产品短缺,极大地制约着国际传播实效的提升。

(一)海外有效落地区域和受众群体发展不平衡

有效落地区域和受众群体的分布是否广泛、平衡,是检验媒体国际传播实效强弱的重要标准。欧美国家的一流媒体,之所以发展到如今的规模,源于其在扩大入户传播、锁定精英受众方面也下足了工夫。比如,美国有线电视新闻网(CNN)的创始人特纳,就曾采取过一系列激进措施:一是出资在美国参议院安装了卫星天线,并连线到每个议员的办公室,方便其随时收看;二是为世界各国首脑免费提供有线新闻网的电视转播服务,结果有100多位元首接受了CNN的这项服务;三是在世界各地的三星级以上酒店优惠安装CNN的新闻网接收解码器,使入住星级酒店的精英人才日日有CNN新闻陪伴。在这样的努力培养下,各国首脑、政要、精英人士均有很多转为CNN的付费用户。"功到自然成",在技术保障的前提下,发展落地节目的订户数量,特别是争取精英人群的订购还需运用创新意识,提高节目质量,研发服务功能。

我国广播电视已基本覆盖全球,在当地受众中的关注度和认可度日益提高,尤其深受海外华人华侨欢迎,但高覆盖、低入户特征明显,固定收看收听我广电落地节目的当地外国主流人群数量仍然有限。就覆盖落地区域而言,对欧美地区的大范围落地突破仍有相当难度,对周边、非洲、拉美等国家和地区仍需加大力度进行拓展。

从中央电视台的订购用户分布上分析得出:生活在世界各地的海外华人华侨是客户群大户;外国人中的用户,以我周边、非洲、拉美等发展中国家和地区的居多,而发达国家如欧美地区的用户,特别是主流人群中能够固定

收听收看我广播电视节目的外国人数量仍然有限。中国国际广播电台覆盖全球160多个国家和地区,每年收到的受众反馈300多万件,约有70%来自南亚国家和地区。地方广电媒体则由于面向特定区域进行国际传播,其有效受众群体主要集中在特定区域。

广电信号有效落地区域与受众群体分布的不平衡,也是与世界不同的国家对于中国的崛起、对于中国实施"广电媒体走出去工程"抱有不同的态度密切相关:欧美发达国家关注到的是中国崛起对他们的挑战,因而对来自我国官方背景的媒介严控入境;发展中国家关注的是崛起的中国可以给他们提供经验与帮助,尤其是政治上与中国交好的国家,对中国媒体总体上持欢迎态度;而第三世界国家关注的是强大起来的中国带给他们的利益与对世界和平的维护。可见,要有效进入欧美发达国家的主流传播渠道、固定主流收视群体是有很大难度的,而这部分工作正是"走出去工程"的重点。

(二) 在国际舆论格局中的话语权不强

国际舆论的竞争说到底是话语权的争夺。所谓话语权,法国哲学家福柯在《话语的秩序》中写道"话语就是人们斗争的手段和目的"。他认为,话语不仅是思维符号、交际工具,而且既是"手段"也是"目的",并且能够直接体现为"权力"。因此,话语权就是指通过语言来运用和体现权力。

国际舆论格局中的话语权,就是影响和控制国际舆论的能力。掌握了国际舆论话语权,就可以影响和引导国际舆论的走向,影响国际主流社会和主流媒体,让中国的发展有一个良好的国际环境,让中国的声音成为世界和平与发展的重要力量,这就是我国广电媒体走出去争取国际话语权的根本原因所在。

在当前的国际舆论格局中,以美国为首的西方发达国家,在国际话语权上仍占强势和主流地位,中国等非西方国家明显处于劣势。西方发达国家是当代国际政治重大活动的倡议者、审议者和决议者。它们的观点、舆论、思想主导着国际政治的运行过程,支配着国际政治、经济、军事等领域。它们不仅拥有自我命名、自我界定的权力,同时成为非西方国家的话语代言人,掌握着对非西方国家形象的塑造权、命名权和界定权。目前传播于世界各地的新闻,90%以上由西方国家垄断,其中又有70%由跨国大型传媒公司垄断,美国控制了全球75%的电视节目生产和制作。许多第三世界国家电视节目内容的60%—80%来自美国,几乎充当了美国电视节目的转播站。

在当前的全球化时代,中国有意增进与国际社会的了解和沟通,传播中国的真实情况,塑造良好的国际形象。然而,西方媒体对我国的报道和分析常常是带有偏见的、歪曲的和不公正的，在西方敌对势力和媒体有意为之的歪曲和攻击性报道中，在鼓吹"中国威胁论"、"妖魔化"中国的意图下，要树立我国正面积极的国家形象必须勇于突破，打破西方话语霸权，争取在国际舆论格局中的话语权。

2009年7月5日，不法分子在中国新疆乌鲁木齐市猖狂地打砸抢烧，造成上千人死伤，当地公安人员奋不顾身地制止暴行，维持社会秩序。事实表明，这是一起由境外遥控指挥、煽动，有预谋、有组织的暴力犯罪。西方媒体在报道这一事件时，一如既往地歪曲和攻击中国，颠倒是非，甚至犯下许多令人瞠目结舌的错误。

7月7日，美联社在《维吾尔族人在土耳其挪威示威》一文中，对上街的汉族人群使用了带有贬义色彩的"暴徒"称谓，而对一些使用暴力的维吾尔族人则使用中性称谓"信仰穆斯林的维吾尔族人"。

土耳其《时代》（Zaman）日报网站在以视频报道新疆乌鲁木齐"7·5"事件时，夹杂了大量颠倒黑白的照片和影像。报道中不但出现了洪都拉斯局势的视频，还将中国杭州一起车祸的照片大幅刊登在其中。

在面对众多负面报道的关键时刻，中国国际广播电台与在土耳其拥有巨大影响力的伊斯坦布尔"方向"调频电台合作，在7月13日至17日期间，举行了题为"来自乌鲁木齐的声音"的5场网络对话。对话中邀请了来自新疆当地各个阶层的人士，他们用自己的亲身经历和生活展示了新疆当地维吾尔族与汉族关系的真实状况，澄清了暴力事件的本质，使土耳其听众与网民看清了事情的真相。网络对话活动还未结束，土耳其媒体和受众对事件的态度就开始有了明显变化：土耳其国家电视台TRT网站上，7月14日刊登了中国政府特别代表宋爱国就"7·5"事件同土耳其议长会晤，以及7月13日乌鲁木齐公安局在该市制止一起暴力事件中依法击毙2名犯罪嫌疑人的报道。在描述事件时一改过去使用的"屠杀"、"种族灭绝"等言辞，使用了"打死"、"击毙"等客观描述。在新闻结尾还强调了目前新疆局势稳定，生产开始恢复正常。

随着我国国际地位的提升，我国国内的重大突发事件都会在国际上引起关注。西方媒体往往凭借着"话语霸权"，歪曲事实、欺骗、误导受众。此时，我国媒体若能及时提供充分翔实的信息，就能掌握话语的主动权，从而引导受众识别真相，营造于我国有利的国际舆论环境，转变我国在国际舆论竞争中的弱势地位，增强在国际舆论格局中的话语权是当务之急。

（三）本土化制播运营水平不高

本土化的内涵很丰富，包括节目内容采集本土化、节目制作及人员本土化、节目播出本土化、节目运营本土化、服务本土化等。媒体要实现海外本土化发展，亟待突破的难关在于提升本土化制播运营水平。

本土化制播节目可使媒体真正扎根本土、融入当地社会。美国的自由欧洲电台在这方面拥有成功经验。苏联解体后，东欧各国推行媒体私有化改革，媒体开始追求西方"独立、自由、民主"之路。但由于经济不景气，改制后的商业电台不是倒闭就是大幅裁员，许多媒体从业者怀才不遇，找不到施展拳脚的舞台。待政局稳定后，俄罗斯及其他独联体国家又重拾新闻管制，加强对大众传媒，特别是海外媒体的监督和领导，严防媒体操纵社会舆论。在此情势下，许多国际广播纷纷退出俄东市场，而自由欧洲电台反而找到了实施本土化的路径。他们主动联系俄罗斯及东欧各国的1000多名记者，请他们做自由记者或者特约记者或者干脆聘为员工，在当地工作站制作节目，由此建立了庞大的本土化采编制播网络。自由欧洲电台目前是留在俄东地区使用俄语24小时落地播出节目的唯一的西方国际电台，其节目可通过调频、短波、中波、卫星接收器及互联网收听。

完善本土化的推广与营销网络是开展境外业务的便捷、有效通道。西方传媒大多选择同本土经营者进行合作。一方面，有利于自己在最短的时间内熟悉对象国环境，掌握市场供需情况，适应当地经济运行模式；另一方面，有利于化解对象国针对外国资本或经营者而设的限制性法规和市场壁垒，消除与当地同行的隔阂。比如，美国的维亚康姆传媒集团在拓展全球业务的过程中，很好地运用了本土化运营的战略。他在保持旗下MTV频道的整体风格、品牌完整性的基础上，使用当地本土语言、当地音乐人才、融会当地文化，制作出符合当地受众接收习惯的节目。在印度地区的业务运营过程中与当地电视频道合作，根据当地观众的习惯与地方管理规定对节目进行特别处理，使得MTV印度频道在短短的3年运营时间里就实现了盈利。

近年来，我国广电媒体加快本土化制播运营步伐，增强了本土化水平。比如，中国国际广播电台拓展海外业务过程中，积极推行本土化战略。首先是着力建设海外地区总站和节目制作室，实现海外节目本土化采集制播；其次是尝试实施海外本土化运营，目前与芬兰大众明天传媒有限公司采取市场合作方式，在北欧本土制作推出包括芬兰语、瑞典语、丹麦语、荷兰语、挪威语、冰岛语在内的6种外语网站，实施国际广播节目在海外的本土采集、制作、发布、互动和运营。在实行本土化节目制播与运营的过程中，我国媒体应注重发掘和注入中国深层的文化内容，达到不仅节目播出去，还要文化输进去的效果。

（四）国际市场上适销对路的广电产品数量有限

在当前的世界文化产业市场上，西方主流文化一统天下。美国占据世界文化市场43%的份额，欧洲国家占到34%，而整个亚太地区只有19%。在这19%当中，日本占10%，澳大利亚占5%，剩下的4%才属于包括中国在内的其他亚太国家①。

具体到广电产品来说，美国的霸主地位难以撼动。美国控制了世界75%的电视节目和60%以上广播节目的生产和制作，每年向国外发行电视节目总量约为30万小时。美国制作的电视节目经常在全球100多个国家热播；在电影市场上，好莱坞电影在全球150多个国家和地区上映，占全球总放映时间的50%以上，占世界电影市场份额的92%以上，占世界电影票房总价值的60%以上。

我国广播影视节目外销从1990年开始，经过多年的辛勤耕耘和努力，广电产品出口从以前仅限于在海外华人圈热销，进步到如今逐渐走入西方主流社会。目前，我国广电产品出口规模持续扩大，种类越来越丰富，结构日益优化。但由于中外文化、语言的差异，我国广播电视以中国或亚洲视角为主的新闻信息产品，与外国受众接受的文化理念、价值取向和艺术表现形式不适应，缺少适合跨文化交流的文化样式和价值准则，满足不了国外受众的收听收视需求。同时，专门针对国际市场进行策划制作的产品不多，尤为缺乏既反映我国现实题材又符合当地受众收视习惯和收视期待的精品力作，出口节目编排、配音、译制等技术环节还不能很好地与国际标准接轨，国际市场上缺少适销对路的中华文化产品。

2012年，一部讲述中国饮食文化的纪录片《舌尖上的中国》引动了全球收视热潮。在同年4月的戛纳国际电视节上，《舌尖上的中国》引起了国外多家参展机构极大的关注，在一些国家和地区甚至发生了争抢该片的现象，创下我国纪录片海外销售的新纪录，引领中国制作适销国际市场并被国际主流媒体接受的广电产品的方向。剖析其成功的秘诀，可以找到很多：题材与内容适应国际市场需求；技术与质量符合国际市场要求；采用国际通用的叙述表达方式，贴近社会、贴近生活、贴近普通人，以小见大，见微知著，等等。《舌尖上的中国》大大缩短了中国纪录片和世界纪录片的差距，它的成功经验，对于我国逐渐扭转国际广电产品市场"西强我弱"的格局具有重要启发意义。

同时，应该看到，我国国际传播能力建设仍缺乏专业人才，亟须培养既具备专业外语能力，又精通广播电视业务、熟悉国际媒体市场竞争和管理，具备国际传媒和文化运作市场经验的复合型人才。我国现有的扶持政策和资金力度尚不能满足广播电视走出去的实际需要，尤其是随着广播电视"走出

---

① 《中国广播电影电视发展报告（2012）》，社会科学文献出版社，2012年版，第152页。

去"主体的日益丰富,"走出去"扶持政策和资金亟须加大力度、扩大范围、优化结构,如:加强对频道频率海外宣传推广、出口节目配音译制等环节的专门资金投入,为一些在海外经营、收购广电媒体的民营企业提供节目资源、运营经费、国内采访报道权等多方面的政策性支持,国家海关、税收、金融等方面的相关便利和优惠政策结合广电文化产品版权贸易特点,制定针对性强、可操作的细化措施,等等。

第三章　中国广播电视"走出去"的条件

尽管由于美国等西方国家长期占据国际舆论环境的主导地位、中西文化存在意识形态等方面的差异、西方国家对我国媒体在准入政策上的种种限制等影响我国广电媒体"走出去"的挑战因素存在，但随着国际传播新格局的建立以及国际舆论环境发生的深刻改变，我国广电媒体国际传播影响力显著增强，基本形成大外宣格局。同时，我国国际地位明显提高、在重大国际事务中发挥大国作用、逐步取得话语主导权等因素，为我国广电媒体"走出去"创造了有利的国际国内环境。

第一节　国际传播新体系初步建成

传播学家麦克卢汉说："电脑预示了这样一个前景：技术产生普世理解和对宇宙理性的浓厚兴趣。这种状况可以把人类大家庭结为一体，开创永恒的和谐与和平……电子媒介的发展终将使心理上的公共整合成为可能，这种整合开创了但丁预见的意识普世性。"[①] 麦克卢汉这位提出"全球村"的传播学家，将新世纪的传播方式对世界格局的影响概括出来，尤其是在第二次世界大战后，随着新科技革命的突飞猛进，特别是冷战后信息全球化的发展，麦克卢汉关于"地球村"的预言如今成为现实。以跨国媒体为主导的当代国际传媒体系，早已突破国家信息主权的束缚，越来越积极主动地影响着国际政治领域，产生了对国际社会前所未有的整合力量。

曾有学者说，"新秩序的建立源于资讯和传播，是各种领域中国际关系的基本要素，尤其是以平等和独立为原则，以建立一个新的制度为然"。"新的传播秩序，必须被视为新的经济秩序。""新传播秩序是新经济秩序的先决条件，就如同传播是群体之间、种族之间及国家之间所有经济活动的大前提。"[②] 在政治层面上，国际传播以及信息全球化影响的首要领域即是世界政治经济

[①] 转引自李彬：《全球新闻传播史》，清华大学出版社，2005年版，第448页。
[②] 转引自李瞻：《国际传播》，台湾三民书局，1986年，第433页。

秩序，影响到国家之间权利分配、国家主权和内政等诸多方面。改变国家间不平衡的权利分配是国际政治永恒的主题。因此，建立一个公正合理、更加有效的国际传播新秩序，是与建立国际政治经济新秩序密不可分的。

一、国际传播新体系形成的内在动因

（一）国际关系新体系的形成

冷战结束后，美国成为世界上唯一的超级大国。尽管在可预见的时期内，美国的综合实力仍将是全球第一，但是，伊拉克战争和席卷全球的金融危机表明，美国的相对优势大大减小，对国际事务的主导能力大大下降。金融危机爆发之后，西欧和日本都陷入疲软状态，国家战略也越来越趋于保守。与此相反，一些新兴大国开始在国际事务及区域合作方面发挥重要作用，使国际关系体系发生了深刻的变化与转型。这些新的实力对比的趋向，正在为最后的质变进行着量变的积累。总的来说，当代国际关系体系的转型主要包括三个方面：一是体系自身的转型；二是体系结构的转型；三是国际治理体制的转型。其最明显的一个表现就是国际关系主体的多元化，尽管当下民族国家仍然是国际体系中最基本最重要的行为主体，但与此同时，国际组织、地区性组织以及各种合作组织都成为了影响国际事务的重要因素。在风云变幻的形势下，大众传媒伴随着信息技术革命以及全球化的浪潮，越来越显著地影响着国际政治体系，并在国际政治新格局形成的条件下，逐步承担起"外交工具"的功能。

（二）国际传播的政治性因素

美国著名国际传播研究者罗伯特·福特纳认为，国际传播是一连串复杂难解的问题，它有六个显著特点：①目的性。可以是有意的，也可以是无意的。②频道。国际传播既可以是公共的，也可以是私有的，公共传播是指大众可以接收到的传播。③传输技术。在国际传播系统中，信息的传播渠道可以是无线电波、电线电缆或者是影视产品。④内容形式。可采用多种形式，包括娱乐、公共事务和由国际广播机构传播的新闻节目、国际电视机构传送的新闻原始稿、由国际数据处理和数据库公司提供的计算机数据和软件以及使馆之间交换的外交信息等。⑤文化影响。所有传播必然会产生文化上的影响。一些学者认为，强国可以通过国际传播系统将它们的文化价值观念强加给比较落后的国家。⑥政治本质。从某种意义上说，所有国际传播都带有政治色彩。传播可以公开带有政治性质，也可以隐含政治色彩。国际传播的政治因素是其本质固有的，其隐含的政治因素也会对国际关系行为主体产生一定影响。如和平利用外层空间委员会、国际电信联盟、教科文组织等，其工作进程和议题经常会受到各种国际势力的影响。[①]

19世纪中叶,火车、电报加快了国际新闻的流通速度,各国领袖们开始认识到传播的重要性,并开始讨论建立国际传播系统。1964年,19个工业国家组成了"国际通信卫星组织",负责提供全球卫星路线的国际承运,使国际传播更加频繁和深入。也就是从这一时期开始,国际传播的主体逐渐是国家以及各种政府间的国际组织和机构。所有的国际传播活动都是以各主权国家签署的协议为基础而展开的,不同国家之间的双边和多边关系成为其关注的焦点。然而,伴随着经济全球化和信息传播全球化的发展,在商品化、自由化、私有化的过程中,许多国家解除传播管制,国际传播的主体,由国家进而扩展为媒介集团和跨国公司。产业界和国家都成为推动传播发展的主要力量。[②]

同时,国际传播的本质性特点,也使国际关系行为成为媒介关注的重点内容。因为国际传播关注跨文化、跨地区的交流,所以我们不难发现,在各种媒体中有关国际关系或国际事务的报道、有关国际问题的分析均成为关注重点。国际关系是人们超越民族国家界限建立的一种特殊的社会关系,其实质是各种国际行为主体之间的利益关系。如今,国际经济关系政治化成为当代国际关系中的一种现象,各国与国际传播系统息息相关,国家对国际传播可以起促进或阻碍作用,国际关系可以主导、制约国际传播。国际关系行为不仅成为媒介关注的重点,而且国际热点问题,如巴以冲突、国际反恐斗争、亚太经合组织会议及其他区域性组织和领导人会议、中东局势等经常成为媒体关注的焦点,国际关系自然就引导了新闻媒体的报道氛围和走势。

(三) 大众传媒影响国际关系的层次分析

从国际传播的历史事实中看,无论是初始阶段服务于殖民帝国的经济、政治扩张,还是"一战"、"二战"中各国利用国际传播系统开展的"攻心术",或是冷战时期东西方意识形态与传播的较量,又或是冷战后对世界政治经济活动的影响,我们都能看到国际传播对国际关系发挥的重要作用。以传媒和信息为特征的第三次浪潮,把人类文明推向新阶段,酝酿着新的文明冲突和国际关系内涵。对抗和战争成为国际关系的基本形态,国际格局开始在稳定、打破、稳定往复循环中演进。大众传媒作为国际传播媒介,对国际社会、国际行为主体以及外交决策者和参与者,都产生了不同程度

---

① (美) 罗伯特·福特纳:《国际传播》[M],华夏出版社,2000年版,第6—9页。
② (加) 文森特·莫斯可:《传播政治经济学》[M],华夏出版社,2000年版,第198页。

的影响。

其次，信息化、全球化的迅猛发展及国际相互联系的日益密切，成为大众传媒能够影响国际政治领域的社会基础。特别是 20 世纪 90 年代后全球通讯网的建立和日益完善，传播国际信息的大众传媒已经形成一个庞大而复杂的全球体系。新闻的采集和传播形成全球网络，报纸和杂志有了广泛的国际读者，广播和电视经过卫星的传送进入到全球各地的千家万户，互联网更是把世界各个角落的个体和单位连接在一起，技术前提成为大众传媒得以能够影响国际政治生活的最重要的因素。

外交意识的转变，则是大众传媒能够影响国际政治生活的另一个前提。早在第一次世界大战临近结束时，越来越多的公众开始认识到是各国统治者背着民众签订的秘密条约把人们拖进了战争之中。外交变得与每个人的利益休戚相关，"公开外交"的呼声日益高涨。因此，当列宁和美国总统威尔逊分别在 1917 年和 1918 年提出反对"秘密外交"的呼吁时，便迅速得到了公众的广泛支持。特别是在已经进入大众传媒时代的今天，广大民众对国际事务关注程度加深，跨国公司、国际贸易的全球流动又把各国民众联系在一起，人们对于道-琼斯指数、金融危机、地区冲突等国际问题日益关注，成为影响政府决策的强大力量。民主进步的思想深入人心，受众知情权要求不断扩展，公众对自己赖以生存的空间的关心程度越来越高，而且拥有了关心周围一切的依据和物质手段，促使大众媒介把自己的触角延伸到国际关系的各领域中去。

当全球化的进程对国家间行为产生影响的同时，诸如美国 CNN、默多克的新闻集团等跨国公司作为跨国行为主体的一员，进一步推动了国际政治行为主体多元化。一方面，它对政府和公众之间沟通意见起到一种推波助澜的作用，另一方面，它却又仅仅代表新闻主体自身发表言论和看法。此外，许多个人因其自身的行为与国际关系领域中的其他角色构成某种关系同样是源于大众传媒与其的作用关系。外交决策者在参与外交事务中所展示与塑造的形象，是大众传媒改变人类政治行为内容的方式。随着电视这一大众传播媒介的普及，外交决策者在世人面前所展现的形象更大程度地意味着一个国家的形象。越来越多的外事活动出现在直播的镜头前，这种以直观传播手段呈现重大场合的方式，促使决策者不允许犯原则性错误，每句话、每个动作、每项承诺都会因关系国家尊严和国际信誉而至关重要。

从大众传媒对国际政治进程中不同层次的影响，我们可以看出国际传播与国际关系联系密切、相互作用，彼此渗透。只有通过积极的交流与沟通，从国际战略的角度关注国际问题，把握世界局势，才能了解对方的具体状况以及特殊要求，才能进行深层次的国际传播，进而达到相互理解和尊重，促使国家间关系正常发展。

二、国际传播新体系形成的外部条件

随着东欧剧变和苏联解体,国际体系的两极格局宣告终结,阻碍经济全球化的政治力量逐步减弱;信息革命和全球市场的进一步推动,资本、技术、人员在全球范围内自由流动、优化配置,使全球各地区均融入一个相互联系的国际体系。经济全球化成为当今世界不可逆转的潮流,其发展程度不断加深。经济全球化通过国际分工与商业贸易在全球范围内扩展,使得国际体系的组织化程度日益紧密,这改变了国家之间信息传播的方式,深刻影响着国际传播的战略与策略。因此,经济全球化的时代条件,以及新技术传播方式的应用,进一步推动了国际传播新体系逐步形成。

(一)经济全球化与国际传播

经济全球化指的是生产要素的配置超出民族国家的范围,在世界范围内实现优化配置,从而使国家之间在经济上相互依赖的程度加深、世界经济越来越紧密相关的过程。自20世纪80年代以来,全球化以信息技术革命为动力,以跨国公司为主体的生产、流通和消费等现象作为其开端,信息资源在经济全球化进程中的地位越来越高,信息流动带来的价值和效益也越来越大,信息的传递日益引起人们的高度重视。在各种信息传播形态中,大众传媒的作用不容忽视。

纵观国际传播格局的发展历程十分漫长。17世纪,欧洲各国的邮路连成一片,代表着报纸发展走向成熟的德国《莱比锡新闻》在欧洲各国的偶然传播成为其萌芽。随后,欧美国家资产阶级革命爆发,资本主义思想与革命在世界上开始了跨洋跨洲的发展,国际传播随之开始了更大规模的扩散。19世纪20年代,英美等国出现了第一批早期工人组织传播的诸如《联合行业早报》等不完全意义上的无产阶级新闻报纸。1848年6月1日,马克思、恩格斯创办了《新莱茵报》,成为全世界第一张真正的无产阶级报纸。俄国创办的《真理报》是当时的社会主义报刊的典范和核心,在指导中国等国的革命方面功不可没。[①] 二战后,亚非拉国家纷纷独立,但由于殖民主义的历史原因,这些国家的经济发展乏力,故而其国际传播仍处于举步维艰阶段。而这些情况都因为全球化的发展趋势发生了翻天覆地的改变。

经济全球化的重大发展同时得益于冷战的结束以及信息技术革命和全球市场深化的进一步推动。冷战的结束标志着当代国际关系体系转型,这为经济全球化的发展提供了更多有利因素;信息技术革命的发展日新月异,交通和通讯技术的迅速提升,使得信息的传递克服了时间、空间以及成本的多重

---

① Douglas Keller, The Persian Gulf TV War, Westview Press 1992, Introduction Part.

限制,加强了国家之间的密切联系;全球市场为经济全球化提供了基本动力,"世界贸易的增长速度超过了世界生产,对所有的经济体而言,世界贸易更为重要"。①

(二) 传播模式的改变使国际传播逐渐形成全球化趋势

1. 信息技术革命时代的到来

全球化加强了各国的交流与互补,实现了资源的全球优化配置,在总体上促进世界经济的发展和为全人类带来各个领域的改变,推动了各国在政治生活中的对话与合作,为克服民族国家的局限,解决危及人类发展的全球性问题提供了政治机制和可供选择的途径,同时促进了不同民族、不同国家的文化沟通和情感交流,不仅丰富了人们的生活,而且培育着更为博大、更为理性的文化观念。

在国际传播格局的起源与发展过程中,传播技术的发展贯穿其中。早期工业革命为报刊的国际传播创造了条件。1924年短波发射机和接收装置刚刚发明,1927年荷兰就建立了针对其殖民地爪哇等地方的世界上第一座永久性对外广播电台,打破了以报刊为单一媒介的国际传播形式。②此后,随着电视技术、卫星通信技术、有线通信技术、多媒体通信技术的逐渐发展,国际传播也经历了技术由低到高、媒介形式由单一到复杂的发展历程。国际传播格局发展历程和传播技术发展历程是相互交融的,如果割裂开来,把其中任何一条线作为国际传播单一的发展线索,都不足以正确认识其全貌。当传播技术发展到电子媒介出现的时代时,信息的传播速度发生了彻底变化。国际间信息传播的速度不再以天数和小时来计算,而是以分和秒来计算。各大新闻媒体的驻外记者站遍布全球,地方的信息可以通过广播、电视、互联网等大众传媒手段,以最短的时间传送到每一个受众的所在地方。传播方式的改变可见下表。③

时间	传播技术革命
20世纪二三十年代	广播登上历史舞台
20世纪四五十年代	电视作为信息传播媒介出现
20世纪60年代	卫星电视直播技术开创信息传播新纪元

---

① (英)戴维·赫尔德:《全球大变革》[M],社会科学文献出版社,2001年版,第137页。

② (美)约瑟夫·R·多米尼克著,蔡骐译:《大众传播动力学》,中国人民大学出版社,2009年版,第165页。

③ 薛梅:《试析经济全球化与中国传媒的全球化传播》,载《宁波大学学报》,2004年第6期,第72页。

续表

20世纪七八十年代	新技术革命引发全球范围的大众传播革命：卫星—电缆网络、有线电视、卫星直播电视、大型电脑数据库等新技术的出现
20世纪90年代	超级信息交互通信网络迅猛兴起
近年来	盛行多功能媒体等新媒介

由此可见，大众媒介的全球化传播，通过两个主要的传播技术途径得以实现，即：卫星和互联网。毋庸置疑的是，今天我们所处的时代是网络大发展的时代。什么使互联网迅速蔓延至全球？大体说来，第一，它的架构是开放的，不需要任何人批准就能加入，只要技术协议符合即可。它是网中之网，网间之网。第二，所有的网络用户都是网络的创造者，全世界千万人的创造力在互联网这个平台上得以展现。第三，互联网的核心技术发明专利权都被发明者们放弃了。互联网所有的核心技术都是开放的，这是互联网迅速延伸至全球的重要原因。①

中国作为国际政治格局中不可或缺的一个重要力量，不可避免地卷入互联网全球化时代的进程中，同时，在世界范围内发生的新传媒技术变革也深刻影响着中国对外传播道路。

2. 新媒体对中国对外传播的双重影响

互联网时代的飞速发展，为中国对外传播带来了新的机遇与挑战。在Web2.0时代，移动电话和互联网深刻影响着民众、领导者乃至国家力量对新闻，尤其是国际新闻的客观需求。一个新的传播业悄然崛起，并以全新的方式传递着各国新闻。中国作为全球化市场中异军突起的一支力量，已经成为世界各国瞩目的焦点。在国际形势千变万化的今天，无论是国家领导者，还是企业决策者，无论是社会发展理论前沿的缔造者，还是为生计奔波的平民百姓，都将了解身边发生了什么，世界发生了什么作为信息来源的诉求，特别是作为不可忽视的国际重要力量——中国。如今，世界各国人民更多地想知道关于中国的新闻。中国人民发生了哪些事、中国领导者的决策发生了哪些改变、中国与世界其他国家间的关系如何，这些都因为新媒体的发展与全球化的深入，以迅雷之势嵌入到世界的各个角落。因此，新媒体时代，中国的传播事业面临着无限的机遇与挑战。

2008年6月20日，胡锦涛同志视察人民日报社时明确提出："互联网已成为思想文化信息的集散地和社会舆论的放大器，我们要充分认识以互联网

---

① 胡启恒：《迎接网络传播时代》，载《"全国第一届对外传播理论研讨会"论文选》，外文出版社，2011年版，第5页。

为代表的新兴媒体的社会影响力,高度重视互联网的建设、运用、管理,努力使互联网成为传播社会主义先进文化的前沿阵地、提供公共文化服务的有效平台,促进人们精神生活健康发展的广阔空间"。① 2009年12月,李长春同志出席中国网络电视台开播仪式时说,在信息传播技术高度发达的当今社会,主流媒体向互联网等新兴传播领域延伸是大势所趋。主流媒体在加强传播能力建设中,一定要增强向互联网延伸的紧迫感和主动性,积极开拓新兴媒体领域,不断扩大覆盖面、增强影响力②。

互联网在我国发展的特点:一是发展迅速,CNNIC发布《第33次中国互联网络发展状况调查统计报告》显示,截至2013年12月底,我国网民数量达到6.18亿,互联网普及率为45.8%,超过世界平均普及率。我国的宽带网民迅速增加,社交网络飞速发展,微博等新媒体应用开始兴起。二是农村互联网发展速度持续超过全国平均水平。互联网正在向边远和农业地区延伸。三是手机上网迅速崛起。2013年12月,手机上网用户达到5亿。四是网民年龄结构有所变化。总体上不断呈现成熟趋势,但青少年网民仍占多数。五是网民的收入重心仍在低收入人群。网民学历结构仍在继续向低学历人群倾斜,小学生以下程度和高中程度比率有所上升。③

新媒体日益迅速的发展和应用,为提升我国对外传播能力,开拓对外传播新局面提供了广阔空间。当前,我国进入了全面建设小康社会的关键时期和深化改革开放,加快转变经济发展方式的攻坚时期,中国开始在世界舞台上发挥独有的作用,与世界各国的互动日益深刻,渴望认识中国的外国友人越来越多,世界了解中国的愿望也更加强烈,国际社会更希望在诸多国际事务中看到中国的身影、倾听中国的声音。在国家文化软实力竞争日益激烈的今天,国际传播的作用愈加显著。利用好当前难得的发展机遇,进一步提高对外传播能力,向世界传播中国文化传统的和平理念,传播中国和平发展的声音,把一个客观真实、和平发展的中国介绍给世界,努力营造客观友善的国际舆论环境,是中国媒体做好对外传播的必选方式,是打造良好国家形象的有效途径。

三、中国媒体做好国际传播的必然性

(一)新时代的国际环境造就新的国际舆论格局

在世界各国参与经济全球化的进程中,受到最大影响的是各国的国家利

---

① 《胡锦涛在人民日报社考察工作时的讲话》,人民网,2008年6月20日,见:http://politics.people.com.cn/GB/1024/7408514.html

② 《李长春在出席中国网络电视台开播仪式时发表讲话》,人民网,2009年12月28日,见:http://tv.people.com.cn/GB/166419/10668046.html

③ 数据均载《2011年中国新媒体发展报告》。

益。全球化作为一把双刃剑，在让世界变成"地球村"的同时，也重新支配着国家间的利益分配。国际关系特别是大国关系，主要是围绕国家经济和安全利益展开的。利益的交汇推动合作与协调，利益的矛盾引发竞争与牵制，在国家力量制衡方面表现出既合作又斗争，相互借力又相互牵制的局面，大国间的关系以互利合作与和平竞争为主，呈现出以多边交叉、相互制约制衡、互利互动为基本特征的态势。在这一国际政治格局环境的影响下，各国家间抢占舆论阵地成为国家实力较量中的重要选择。随着世界格局进入到"多极世界"，美国渐渐失去绝对霸主的国际地位，其奉行的"全球反恐主义"也逐渐遭到其他各国尤其是伊斯兰国家的强烈抵制。尽管美国媒体在相当长的一段时期内仍占据着国际话语主导地位，但它运用跨国传媒集团垄断世界舆论格局的局面已被打破。其原因在于，一方面，以美国为首的西方国家受到全球经济危机的重创，一时难以走出经济疲软的泥沼，大经济环境的衰退导致了部分曾经撼动世界的传媒巨头开始瓦解；另一方面，以第三世界国家为主的新兴大国，如中国、印度、巴西，开始逐步参与国际事务的决策，区域国家间的合作组织逐步在全球政治、经济、文化领域发挥不可或缺的作用，同时，牵制美国的重要力量——俄罗斯强势回归。发生在国际政治格局中的重要变化，决定了国家间在加强经济联系的同时，也势必要加强文化之间的联系。各国间的文化产品成了公共财富，相互交融便促进了各国间文化的发展，使得考察和审视文化的世界视角变得日益突出和重要。但是，由于经济全球化和多元文化的地方性及差异性，各国在交往中首先遭遇的即是冲突和紧张，而非想象中的共生和融合。从文化层面上看，这种冲突和紧张首先是由各文化传统自身的根源性差异决定的。不同的信仰和不同的文化生成来源，决定了不同文化之间的原始差异。而达成某种普遍性社会观念的合理方式需要超越文化的差异性，在差异性文化传统之间寻求某种"重叠共识"，这就需要各国沟通、对话，增强相互理解和相互认识。这种对对方国家认知的需要，决定了国际舆论格局的改变，更进一步促成了国际传播新体系的形成。

（二）中国的国际地位显著提高

从历史发展的角度观察，我们正处在新中国成立以来的战略机遇期，中国现代化建设生机勃勃，经济实力快速发展；中国始终坚定不移地奉行独立自主的和平外交政策，致力于同所有国家建立友好关系；中国在处理各种国际事务中所表现的负责任大国的形象，提出的稳定世界格局的建设性意见得到了越来越多国家的肯定和认同，大多数国家也普遍看好中国的发展前景，重视加强与中国的关系，"倾听中国的声音"逐渐成为其他国家处理国际事务及地区间争议的行为准则。在此背景下，中国媒体在国际事务中的话语分量水涨船高。当国际社会一些重大事件，尤其是敏感性争议事件发生时，国际社会往往热衷于了解中国政府的立场和态度。而对于外国政府与公众而言，了解中国政府与民众声音的最好途径，就是中国媒体。一方面，中国媒体在传播中国事务方面，具有不可替代的优势，是世界了解中国的必备窗口。尽管中国与世界的关系越来越密切，但目前存在着外部世界对中国的信息需求的不对称，为中国媒体介绍自己，展示自己提供了难得机会。另一方面，中国媒体在国际传播中，表现出有别于西方媒体的立场和声音，可以更好地满足国际受众对信息多样性的需求，也为我国媒体"走出去"提供了更广阔的空间。

(三) 新的国际传播新秩序需要中华文化的补给力量

伴随经济发展和政治的和平崛起，中国正在经历"文化自觉"过程。[①] 对内重拾文化的民族意识，对外抵制"文化殖民"。中国该如何展现、建构在国际上的文化地位问题被提上重要日程。尤其是在我们面对海外传媒不断向中国输入西方意识形态文化，面对中国文化"走出去"所遇到的障碍，思考应对海外传媒的战略，思考中国传媒"走出去"的战略战术，变得更加紧迫。

从国际发展历史看，经济发展到一定程度，制约进一步发展的瓶颈往往是文化问题。换句话说，确保经济和政治上的可持续发展，需要与之匹配的文化战略。当西方发达国家以其现代文化强势，把文化之网撒向其他国家时，这些国家应该采取何种战略，能够敏感地察觉到自己的文化生存状况，使自己既不闭关锁国，又能在对外开放的环境中保护自己的文化和经济利益，提高文化竞争力？[②] 在此背景下，中国应顺应世界文化发展的潮流，在各国文化差异间寻求传播中华文化的一席之地。2009年7月，国务院讨论并原则通过了《文化产业振兴规划》，在"重点任务"的第八条，专门提出了"扩大对外文化贸易"，落实国家鼓励和支持文化产品和服务出口的优惠政策，在市场开拓、技术创新、海关通关等方面给予支持。同时还制定了《2009—2010年度国家文化出口重点企业和项目目录》，形成鼓励、支持文化产品和服务出口的长效机制。这也意味着从国家的高度表明了对中国文化产业"走出去"的政策支持，更进一步明确了中国传媒业"走出去"的大方针，凸显其现实意义和战略意义。这样的"走出去"，不仅仅是跨越国界与疆界的传播，更应该是跨文化传播——跨越文化差异的传播。

(四) 我国广电媒体国际传播新体系初步形成

广播影视"走出去工程"实施以来，我国已初步形成多语种、多媒体、

---

① 史安斌主编：《国际传播研究前沿》，清华大学出版社，2012年版，第34页。
② 李书文：《跨文化传播中的文化抗体研究》，载《新闻与传播研究》2008年第6期。

跨平台、广覆盖的国际传播新体系。中国国际广播电台、中央电视台、中央人民广播电台是我国广电媒体"走出去工程"的主力军，其频道、频率的海外落地实现了规模化发展，在重点国家和地区取得重大突破。中国国际广播电台在全球拥有97家整频率调频和中波电台，每天播出落地节目2100多小时。中央电视台在170多个国家和地区整频道落地用户数2.71亿户，落地酒店594家。中央人民广播电台建成由全球40多家华语广播机构参加的全球华语广播联盟和广播网。地方广电则利用地缘和语言优势，扩大对周边国家的覆盖落地，开展广播电视对外宣传和交流合作。比如，西藏藏语卫视在尼泊尔有线网落地，新疆哈萨克语、维吾尔语和柯尔克孜语广播电视节目在哈萨克斯坦、乌兹别克斯坦和吉尔吉斯斯坦落地，内蒙古蒙古语广播电视节目进入蒙古国有线网和调频台播出。广西人民广播电台联手中国国际广播电台，开办"北部湾之声"，开创国家级外宣媒体与地方媒体合作的全新模式。北京、广东、山东、山西、浙江、重庆等省市广电部门，协调其广播电台、电视台，通过节目交流和内容、渠道对等置换等方式实现海外落地。

在这种体系格局中，国家唱主角，政府为主导，中央电视台、中国国际广播电台为主力军，中央和地方广电机构及国有、民营广电文化公司等多种主体共同参与，频道、频率落地与影视节目外销、技术设备标准和服务出口相互促进。各级广播电视因地制宜、因国制宜，形成了在国外落地覆盖、通过购买国外电台电视台播出资源、销售广播电视节目、到国外举办广播电视节目展、与国外合办晚会或项目等多种形式。

综上，全球化带来了新的技术革命，也带来了新的国际政治格局发展态势。在新形势下形成的国际传播新体系，打破了以往的西方发达国家长期独霸的局势，使我国及其他第三世界国家等新兴力量开始走上国际舞台并逐步发挥重要作用。国家间力量的均衡使经济与文化两大内在开始并肩行走在各国度的交往中，民族与民族、国家与国家之间的不同文化碰撞需要联合及融合。我国在面对多极化一波三折的国际局势以及世界范围内多种文化的相互激荡，要积极以经济实力为基础，建设和增强与我国国际地位相匹配的国际传播力量，抓紧战略机遇，在日益增多的对外交往中努力做好对外传播，坚持"走出去"战略方针，在多元文化融合的国际环境下，选择适合我国"文化走出去"的方式和路径，积极参与建立更为健康、有序的国际传播新秩序。同时，我们也应该看到，"走出去"战略的有效实施，不仅需要国际传播新秩序这一有利的外部环境，更需要我国媒体从自身出发，改变以前国际地位与国际舆论影响力不相匹配的状况，为中华文化"走出去"营造良好内在动力。

第二节 广播电视国际影响力增强

长期以来，西方资本主义国家占据着世界主要的资本市场，使得宣传阵地呈现一片倒的现象，占世界总人口20%的发达国家，拥有世界信息总量的80%，而占世界总人口80%的发展中国家，却只拥有信息总量的20%。在互联网传播时代，世界上65%以上的国际传播从美国开始。全球每周有将近25万小时的电视节目播出时段，而美国在其中占据了9万多小时，为最大的电视节目出口国。随着中国逐渐成为国际舆论中一支不可或缺的力量，代表一股新兴力量的中国开始成为世界关注的焦点。互联网等新媒体及新传播技术的蓬勃发展，促进了我国传播渠道的变革，在构建新的国际话语权的过程中，我国广播电视不仅向世界展示五千年历史文明的精髓，也开始逐渐在一些重大国际问题中吟唱"主旋律"，开始逐步进行"软实力"输出，国际影响力显著增强，为"走出去"战略奠定了坚实基础。

一、媒体国际影响力的内涵与外延

国际传播的活动包括五个相互连接、周而复始的环节：信息的采集、信息的制作、信息的发布、信息的接受、信息的反馈。前三个环节是以传播者为中心的信息的投入和产出阶段，或者可以统称为信息的生产阶段，属于国际传播力范畴。后两个环节，表明信息已传递到受众这一边，并在受众这边引起各种反应的过程，属于传媒的国际影响力的范畴。在信息反馈环节，"信息"不再是传播者传递出来的信息，而是受众在接受传播者的信息后，对这一信息的感知、反应和各种评价，是一种新的属于受众的"信息"。受众反馈的信息是否符合传播者的传播预期，关系到传播的效益和成败，关系到传媒是否有影响力以及影响力的大小。因此，传媒的国际影响力，指的是信息的传播进入到受众接收阶段，它以受众的关注和接触传媒内容为前提，并最终导致受众在知识、观念、情绪、行为方面改变的过程[1]。

有学者中肯地分析了传播力与影响力两者的关系，有助于我们更全面认识国际影响力的内涵。

所谓传播力，是指大众传媒通过各种传播方式的组合，将信息向外扩散，导致产生尽可能好的传播效果的能力。它包括传播的信息量、传播速度与精

---

[1] 吴立斌：《中国媒体的国际传播及影响力研究》，中共中央党校博士学位论文，2011年，第335页。

度、信息的覆盖面以及影响效果。传播科技发展带来的媒体规模的扩大和水平的提高,为一国信息的广泛传播提供了现实可能性。但是,传播力显示的,仅仅是一国媒体信号或信息可以抵达的范围,并不表明信号所及范围内受众接收或接受信息的情况。

所谓影响力,指的是媒体作为资讯传播渠道,对受众的社会认知、社会判断、社会决策和社会行为等打上属于自己的"渠道烙印"。这种"渠道烙印"大致可以分为两个基本的方面:一是传媒的物质技术属性,如广播、电视、报纸、杂志作为不同类型的传播渠道在传播资讯时打上的各自的物质技术烙印,并由此产生的对于人们认知、社会判断和社会行为的影响;二是传媒的社会能动属性,如传媒通过其对于资讯的选择、处理、解读及整合分析等,在传播资讯时打上的各自的社会能动性的烙印,并由此产生的对于人们认知、社会判断和社会行为的影响[1]。对国际社会而言,一个国家媒体的影响力,是指一个国家所传播信息(内容)被人们接收并接受,进而改变或扭转其态度和行为,产生对传播主体国有利的舆论氛围的力量,并在他国的行为上打上自己的"价值烙印"。

在传播力与影响力两者的关系上,传播力是影响力产生的基础,良好的传播力决定了信息传播到达受众的渠道和数量的丰富,传播也能产生更大的影响力。当一国具备了发达的信息采集发布体系时,它就容易快速、方便地将信息传播给受众;一国发布的信息越快、越高,它就越容易第一时间满足受众的信息需求。传媒影响力的产生,首先依赖于一定的技术条件,将信息传递给受众;其次,通过信息的公信力、权威性等作用,在吸引受众注意力的基础上,对受众的行为、认知、判断、决策等产生影响。传媒影响力的实现,需要建立在传媒产业雄厚的实力基础上,传媒业必须具备快速把握和整合信息的手段,能够树立信息的权威性,善于将信息向其他商业机会转换,有能力实现传媒价值链的延伸,通过传媒资源的优化配置,实现利益最大化。

媒体的国际影响力由三方面内容构成,即受众接触率、国际公信力、媒体国际化程度。

首先,受众的接触是传媒获取影响力的第一步。受众的接触率对于媒体来说是有形的,接触率越高表明媒体的影响力越广。二级传播认为,传媒的思想经影响意见领袖再去影响一般受众。因此,一个传媒的传播对象,如果拥有大批精英人士、意见领袖,其影响力无疑更大。"对于传媒来说,只有影

---

[1] 喻国明、焦中栋:《中国传媒软实力发展报告》,同心出版社,2009年7月第一版,第37—38页。

响社会行动能力最强的那部分人比例越大,其影响力也将越大。"①

其次,传媒公信力是衡量、评判其舆论影响力最重要、最根本的标准之一。传媒公信力的形成以及对传媒公信力的判断与评估,需要考虑以下一些要素和条件:一是真实准确。判断一家媒体是否具有公信力,首要标准和条件就是看其报道是否真实准确。二是客观公正。"客观"和"公正"是传媒必须遵循的重要原则,是新闻传播取得良好效果的有效方式,也是新闻工作者所追求的职业境界和道德理想。三是全面深刻。新闻传播一定要注意讲究信息内容的全面性和完整性,以及思想上的针对性和深刻性,努力提高新闻报道的质量。四是及时有效。要想提升公信力,新闻传媒就要在报道的及时和有效上下大工夫,这样才能增强受众对媒体的信任度、依赖度和忠诚度。五是有益有用。人们都希望媒体提供的新闻信息对自己的劳动、学习和生活能够产生直接的效用,简言之,就是希望新闻信息能够对自己"有用处"。六是可信可亲。新闻传播只有可信才可能得到受众的品格认同和思想信任,而信任的体验和不断累积才能使受众对其产生情感的依赖,这样才能最终赢得受众的信赖。公信力可以通过媒体的品牌知名度、受众的满意度、传媒角色认可度三个指标进行反映。媒体的品牌知名度表明了媒体是一个品牌,包含了受众对媒体的情感因素。满意度反映受众对媒体传播内容的评价。角色认可度则表明了受众对传媒社会角色、社会功能的评价。

第三,媒体国际化程度。媒体作为一种信息传播单位,不但传播信息,从事宣传活动,还以组织的名义直接参与各种活动,扮演会议组织人、联络员及论坛的角色。一国的媒体,其走出国门的数量越多、举办的活动次数越频繁,表明其在国外越有影响力。媒体只有参与各种活动,才能使媒体获得知名度,并被受众所了解,才能发挥其在受众中的影响力。

二、中国广播电视国际影响力增强的表现

改革开放 30 多年来,我国广播电视在传媒产业化发展和传播技术革命的推动下,经历了由传统媒体向新旧交融的多媒体过渡、由低成本制作向高科技编排手段发展、由粗放式经营向集约式经营转变的过程,信息传播的能力有了大幅度的提高。同时,通过实行对外开放政策,建立相应的国际传播机制,采取"让世界了解中国"的传播策略,实现了广播电视信号的全球覆盖,还明显增强了广播电视国际影响力。

(一) 我国广播电视品牌知名度提升

当代国际传媒业的竞争已由早期的传播产品的竞争,发展到现在传媒产

---

① 郭庆光:《传播学教程》,中国人民大学出版社,1999 年版。

品品牌竞争。传媒的品牌知名度关乎传媒的社会公信力。一般地讲,知名度越大的媒体,其社会公信力也越大,社会竞争力越强。

近年来,中国媒体的实力有了较快发展,媒体品牌建设有了长足进步,在国际范围内也开始产生影响。

据 2009 年公布的全球 500 强企业品牌名单,共有 42 家媒体单位入围,我国的中央电视台位列全球媒体品牌知名度排行榜第 13 位。在亚洲范围内,中国媒体的品牌知名度效应更明显,世界品牌研究室的资料表明,中央电视台在亚洲媒体品牌知名度排名中位列第一[①]。

中国国际广播电台的品牌栏目和节目的国际影响力增强。2004 年,世界国际广播电台的权威机构——国际广播联盟,将英语环球广播的《专家论坛》评为当年世界十大最佳短波节目。2009 年,英语环球广播的一档文化交流类访谈节目《海外嘉宾》(Voices from Other Lands)和专题节目《社会前沿》(Frontline),入选 2009 年国际广播联盟世界年度十大最佳短波节目。2010 年,世界短波节目的权威杂志——短波监听综合月刊《收听时报》(Monitoring Times),在 2010 年 7 月号上,推出特别文章高度评价中国国际广播电台的《新闻纵贯线》节目。文章称,《新闻纵贯线》是一档出色的、让人兴奋的新闻节目,与世界主要国际电台如英国广播公司(BBC)的节目风格类似,无论是报道中国新闻,还是报道国际新闻,都有中国的独特视角。2010 年,巴西圣利达短波听众俱乐部揭晓 2009 年国际电台评选活动结果,中国国际广播电台首次位列"世界最佳电台"榜首,其中葡萄牙语广播的《听众园地》节目获得听众类或信箱类节目第三名[②]。

各省级国际频道尝试根据海外受众需求制作播出节目,不断打造自己的品牌。湖南卫视国际频道"快乐全球华人"的频道定位已经初见成效,"快乐、活力、时尚"的品牌形象深入人心,在长城平台的收视排名一直比较靠前。澳大利亚翡翠互动中文电视平台在悉尼的问卷调查显示,湖南卫视国际频道被评为"最受欢迎的澳洲中文普通话频道",《快乐大本营》被授予"最喜爱的普通话电视娱乐栏目"。[③] 2011 年,浙江电视台国际频道的《黄金时间》栏目被法国华侨华人会等七家欧洲华人协会共同授予 2009—2010 年度欧洲"最受华人喜爱的电视栏目"荣誉称号。《黄金时间》以贴近、快速和丰富的节目特色,成为当地华人观众的首选节目。在法国有近 70 万的华侨华

[①] 数据来源:世界品牌研究室。转引自:吴立斌《中国媒体的国际传播及影响力研究》,中共中央党校博士学位论文,2011 年,第 360、363 页。

[②] 参见:《中国国际广播电台发展史(2001—2011)》,中国国际广播出版社,2011 年版。

[③] 百度百科"湖南卫视国际频道"条目,见:http://baike.baidu.com/view/2453193.htm

人，许多华侨华人把收看《黄金时间》作为一天之中和吃饭、睡觉一样重要的事情。《黄金时间》通过每日的记者连线，迅速播发浙江省、全国以及世界各华人主要旅居地的各类新闻，成为首个真正做到全球华人新闻当天采制、当天播发的省级广播电视栏目。中国驻法国大使孔泉说，他本人和使馆其他的同志一样，是浙江电视节目的忠实观众；他认为浙江的电视新闻节目做到了为华侨华人观众所思所想，受到大家的欢迎是理所当然的。欧洲时报社长张晓贝认为，《黄金时间》栏目经过四年多的精心耕耘，成绩斐然，成为欧洲华人观众最喜爱的节目当之无愧[①]。为了吸引当地观众关注，一些省级国际频道还在海外开展各种推介活动，如观众见面或有奖收视等。浙江国际频道在法国设立记者站，采集华人华埠一线新闻，让法国观众参与热线互动，开设了《好好帮忙》等栏目，节目深受法国侨胞喜爱，形成了浙江国际频道的特色，该频道已跻身中国海外落地强势频道之列。

2010年7月1日，新华社主办的中国新华新闻电视网英语电视台（CNC-WORLD）正式开播，引起了国际舆论的高度关注。法新社认为，新华社启动24小时的全球英语电视新闻服务的举措在一定程度上旨在平衡外国对中国的看法。中国新华新闻电视网（CNC）英语电视台的开播，标志着在外国新闻媒体行业处境艰难的同时，中国政府有意扩大其宣传机构影响范围的最新努力[②]。美国《华尔街日报》网站报道：新华社一直在加强其在海外的影响力，并且最近开办了一个全球性的英文电视台。这些举措是中国政府采取的更大努力的一部分，目的是通过挑战西方媒体的主宰地位和表达中国对不同事件的看法来提升自身的"软实力"[③]。

（二）我国广播电视在全球性重大事件中的话语权增强

我国广电媒体在影响方式上开始有所改变，从被动式议程设置走向主动性议程设置，积极应对国际热点问题，善于围绕中国国内的重大新闻进行新闻策划与议程设置；在重大题材的国际报道上，涉及我国问题的报道主题开始不断增加。主要体现在两种渠道的变化，一种是中央级主流媒体驻外记者在国际重大事件中，自主报道量不断上升，从而使西方媒体在报道中国新闻时不得不引用中国媒体的画面、声音和内容，在国际舆论格局中的话语权明显增强。2010年海地地震时，我国主要媒体均派出特派记者前往海地进行报

[①] 《黄金时间》荣获 2009—2010 年度欧洲华人"最受华人喜爱的电视栏目"称号，见：http://www.cztvworld.com/scrollnews/2011/01/2011-01-13518709.html

[②] 《外媒：新华社英文电视台"瞄准"世界》，见：http://www.022net.com/2010/7-4/436070142812923.html

[③] 《外媒：新华社英文电视台"瞄准"世界》，见：http://www.022net.com/2010/7-4/436070142812923.html

道，一手信息比例大幅提高。对比2005年印度洋海啸时，我国媒体大量的信息来源主要依靠当地媒体和西方主流媒体，有了明显的变化。《环球时报》的记者前往阿富汗进入美军中进行"嵌入式报道"，并且为读者大量报道当地的美军与塔利班武装力量的冲突新闻，这在以往我国媒体的国际新闻报道中并不多见。另一种是在涉及我国国家利益的外交活动中，我国专门性的国际新闻媒体报道的强度和深度也在不断增加。2009年至2010年，围绕中国海洋权益的新闻不断出现，从美军侦察船"无畏号"进入南海，到日本船舰在钓鱼岛附近与我国渔船相撞，中央电视台的记者曾多次前往现场，或是跟随我国外交官员或是独立报道，基本还原了这一新闻的事实真相。

国际新闻报道的现场化和直播化的不断加强，也有效提升了我国媒体在国际话语权方面地位。在2003年伊拉克战争报道中，中央电视台国际频道显露实力。CCTV-4采用现场直播、卫星连线、专家访谈、新闻综述等方式直播408小时，创中国电视史上对单一事件的报道规模之最，收视率比平时提高28倍，一跃成为具有国际影响力的中文媒体。CCTV-9对战争进行全景式直播，收视率比平时提高6倍，国际知名度大幅提高。在2008年金融危机前，我国主要媒体对国际会议的报道内容相对有限，也没有意识到国际组织在全球金融秩序中的重要新闻价值。自2008年的G20峰会开始，在金融危机的背景下，我国媒体对G20峰会、APEC会议、中美、中英、中日韩等国领导人会面的新闻报道力度在不断增强。从另一侧面也可以看出受众对国际新闻现场报道的需求在日益增加。从2001年的"9·11"事件开始，中国媒体逐渐意识到第一手资料和现场画面对于国际新闻报道的重要性。在从前，现场往往是我国国际新闻报道的盲区，但是在近年来的国际新闻报道中，除了大量派遣记者前往现场之外，依托于新闻有关联的人物进行采访已经成为一种趋势。在2009年哥本哈根和2010年的坎昆峰会期间，都能看到不少地方媒体派遣记者前往会议现场。①

（三）影响精英受众与主流媒体的范围扩大

随着我国广播电视内容建设的不断加强，近年来，开始在巩固华语受众的基础上，逐步将媒体影响力扩展到周边国家与西方发达国家受众，同时，从国际普通受众逐步影响到国际精英受众。中央电视台的新闻报道经常成为美国国会议员阅读收看的媒体。瓦努阿图总统、前总理等政要等多次向我驻瓦使馆人员表示，喜欢收听收看中国的广播电视节目。伊拉克总统表示，他是中央电视台阿拉伯语频道的忠实观众。老挝国家主席朱马利接受国际台记者专访时表示，中国国际广播电台万象调频台的开播，开启了中老两国新闻

---

① 数据来源于中央电视台及新华网发展报告。

媒体的新纪元。他和家人都是国际台的忠实听众,他说:"每天只要坐上车,我女儿就喜欢打开收音机,锁定 CRI 万象调频台的节目"。"我们把中国国际广播电台也当作了老挝新闻媒体的一部分,作为文化交流的桥梁,国际台为老中两国之间的加强友好、互信做出了重要贡献。"塞尔维亚总统托米斯拉夫·尼科利奇在接受国际台驻贝尔格莱德记者专访中高度评价国际台在增进塞中两国人民相互了解,促进彼此信息交流方面做出的贡献,并表示,他经常收听国际台在塞尔维亚落地调频节目,希望国际台塞尔维亚语广播可以成为更加紧密地连接塞尔维亚和中国的纽带,在促进两国交流和合作中发挥更大作用。在马来西亚、印度尼西亚、老挝、柬埔寨、肯尼亚等许多国家,国际台的整频率电台已成为当地主流媒体。2008 年北京奥运会期间,国际台利用国外政要云集北京、境外受众高度关注北京奥运会的有利契机,通过专访国外政要、将境外主流媒体请进来、组织境外受众共享奥运等方式,积极引导主流社会、主流媒体和主流受众,初步实现了"影响有影响力的人"和"影响有影响力的媒体"的目标。在北京奥运开幕前后,共有 50 多位国外政要和高端人士,接受国际台采访,其中包括老挝、越南等 2 个国家的国家主席,白俄罗斯、克罗地亚、波黑、黑山、塞尔维亚、拉脱维亚、罗马尼亚、保加利亚、斯洛伐克、瓦努阿图等 10 个国家的总统,肯尼亚、伊朗等 2 个国家的副总统,阿尔巴尼亚总理、乌克兰副总理,以及西班牙外交大臣,埃及青年体育部长,美国前国务卿基辛格,一些重要国家的驻华使节等。世界各国政要具有很强的信息传播和舆论影响力,还可以通过"控制传播"影响更广泛的受众群体,是极为理想的外宣对象。以专访国外政要为手段,优先影响了掌握话语权的社会精英,增强了对外宣传影响力。同时,国际主流媒体日渐对我国广播电视"走出去"表示关注。美国《华盛顿邮报》2010 年 4 月曾在头版评述我国广播电视媒体的海外拓展。著名的软实力专家约瑟夫·奈曾发表专文,关注我国广播电视在美影响力不断提升的情况。

(四)广播电视产品与服务出口规模扩大、结构优化

做好影视文化产品和服务出口工作,是提高广播影视国际传播力的必然要求。影视文化企业是影视文化产品和服务出口的市场主体。是否拥有具有国际影响力的大型文化产业实体是衡量一个国家作为文化产业强国的重要指标之一。

广播影视"走出去工程"实施以来,国家进一步完善相关配套政策,积极推动广播电视文化产品与服务出口平台建设,加大对重点出口企业、项目的培育,发挥其出口带动作用,推动广播电视文化产品和服务出口持续发展。据不完全统计,2001 至 2010 年,全国影视文化产品和服务出口共约 4.3 亿美元,出口市场覆盖全球 100 多个国家和地区。北京四达时代公司、俏佳人公司、西京集团等一批实力较强的影视文化企业,在海外成功并购运营广播电视媒体，开创了广电服务贸易的新模式。各级广电根据政府推动、企业运作相结合的原则，培育了一批影视文化产品和服务出口企业。仅2009年，就有59家广播影视企业列入"2009—2010年度国家文化出口重点企业"。2011年，这些企业出口额达1.35亿美元[①]，成为我国影视文化产品和服务出口的主力军，一批引领产业发展的国有和民营骨干型出口主体初步形成。

2011年，中国国际电视总公司节目外销国家达到105个，比2001年的39个增加了66个，外销金额由720万美元增长到1200万美元，通过建立音像连锁店、在大型超市建立专柜等措施，一举打入欧美主流市场。《故宫》被译成6种语言，销往全球100多个国家和地区。2011年，中国国际电视总公司还完成大批服务出口项目，带动中国广播影视节目在吉尔吉斯斯坦、斯里兰卡、老挝、古巴和南太平洋国家落地[②]。

民营企业浙江华策影视股份有限公司积极开拓海外市场，近年来共有6000多小时的影视产品销往70多个国家和地区，2011年海外销售收入接近270万美元。在目标市场开拓上，华策公司既致力于欧美等非华语市场开拓，又不断加大对华语文化圈的传播力度，积极探索具有特色的海外拓展之路。民营企业北京四达时代集团公司已经在非洲的卢旺达、坦桑尼亚、肯尼亚、中非、莫桑比克等9个国家开通地面数字电视业务，2011年，新开辟塞内加尔、刚果（金）、贝宁、加纳等4个国家的市场，海外项目达到13个，覆盖人口超过4.5亿[③]。

一些主流媒体则创新营销方式，加大广播电视产品出口范围。比如，2011年，中国国际广播电台开展了斯瓦希里语版电视剧《媳妇的美好时代》译制推广项目，承办36集电视剧的全部翻译、配音、制作工作。该项目译制剧组由专程来华的3名肯尼亚籍演员、国际台斯瓦希里语广播部十余名中外员工及译制导演等组成，采用适合影视作品特性的母语配音方式，首创"走出去"优秀电视剧母语配音模式。作为国家广电总局"中国优秀电视剧走进东非"项目的开局之作，该项目是首部被翻译成非洲本土语言，并进行配音后在非洲的国家电视台播出的中国电视剧，2011年11月在坦桑尼亚开播后，受到当地观众热捧，开创了中国影视国际传播和影视产品"走出去"的新途径。

[①] 数据来源：《中国广播电影电视发展报告（2012）》，国家广播电影电视总局发展研究中心，社会科学文献出版社，2012年版，第143页。

[②] 数据来源：《中国广播电影电视发展报告（2012）》，国家广播电影电视总局发展研究中心，社会科学文献出版社，2012年版，第143页。

[③] 数据来源：《中国广播电影电视发展报告（2012）》，国家广播电影电视总局发展研究中心，社会科学文献出版社，2012年版，第143页。

（五）新媒体国际传播影响力开始逐渐超越传统媒体

电视、报纸、广播是传统的国际传播媒体。在网络媒体逐步兴起的背景下，除了电视媒体还能够维持现有的局面，广播、报纸都在走下坡路的趋势。网络媒体具有其他媒体难以比拟的传播优势：海量的信息、及时性、多媒体性、互动性、开放性、社会性、方便性。这些特点使得网络媒体成为国际传播受众首选的媒体，吸引了一大批希望了解中国的国际受众。根据调查，国外受众了解中国新闻通过网络媒体占了绝大多数。① 在奥运火炬传递事件中，中国的网络媒体已经让西方媒体领教到中国民间社会舆论的威力。在汶川大地震中，有36%的国外受众是通过网络来收看新闻的。② 随着网络的发展，中国受众对网络新闻的依赖度也逐渐增高，发达国家受众对网络新闻的依赖度是20%左右，而中国则是78.5%，发达国家网络新闻更新度是一天上千条，我国网络新闻更新度则达上万条，发达国家有30%的网民经常参与新闻跟帖和论坛讨论，我国是66%。

此外，以互联网电视为主要载体的视听媒体在中国的发展，成为我国媒体在新媒体时代的发展力量，为我国媒体进一步增强国际传播影响力注入新的活力。2008年北京奥运会，央视网成为国际奥委会授权转播商，这是视听新媒体成为主流媒体的重要标志。这一阶段，中国网络电视台和首家省级网络电视台——安徽网络电视台先后开播；中国国际广播电台移动国际在线上线，同时广泛应用播客、博客、网络视频、手机广播电视等新媒体，形成网络外宣新格局。经过近几年开拓与布局，国际台已形成以国际在线为基础，以网络广播电视、环球网络电台、手机广播电视为依托的新媒体业务格局。此外，人民日报网络电视"人民电视"相继上线，民营视频网站和公共视听载体运营机构纷纷在国内或美国股市上市，受到资本市场的热捧。CMMB（手持电视）传输覆盖网络建设在全国推开，全国性市场运营主体和各省级运营主体相继成立。基于电视机终端的互联网电视开始出现，基于移动互联网的手机视频业务逐渐兴起，以iPad为代表的平台化终端进入市场并广受追捧。这些事件成为视听新媒体快速发展的重要标志，留下了中国视听新媒体成长的闪光足迹。③

2008年以后，视听新媒体的管理体系与政策体系进一步健全。国家广电

---

① 陈美玲：《我国英文网站在对外传播中的技巧研究》，大连理工大学硕士学位论文，2007年。
② 杜骏飞、周海燕等：《公开时刻：汶川地震的传播学遗产》，浙江大学出版社，2009年版，第147页。
③ 数据来源：《中国视听新媒体发展报告（2011）》，国家广播电影电视总局发展研究中心，社会科学文献出版社，2011年版，第19页。

总局、信息产业部联合发布《互联网视听节目服务管理规定》，实现了视听新媒体的两个相关行政部门的管理对接，对网络视听业务进行全程管理，并明确了新的准入条件。此后，国家广电总局发布《关于加强互联网视听节目内容管理的通知》，对网络低俗视听节目标准进行了具体界定，对有低俗有害节目的网站实行全行业禁入。这是政府管理的重拳出击，取得了明显成效。另一方面，中央提出了促进视听新媒体发展的政策意见。国务院《文化产业振兴规划》颁布实施，把发展移动多媒体广播电视、网络广播影视、手机广播电视等新兴文化业态作为推动文化产业创新与升级的重要选择。2010年国务院出台三网融合总体方案和试点方案，视听新媒体进入了融合发展的新时期。目前，我国视听新媒体正处于快速发展期。这个阶段的主要特征有：一是视听新媒体发展得到全社会的重视，并被纳入国家文化产业和信息产业发展战略中，在国家媒介格局中的重要地位得到进一步提升；二是视听新媒体已成为广电与电信、互联网融合发展以及媒介融合的主导业务，预示了下一阶段的发展方向与趋势；三是一批运营企业相继上市，视听新媒体体系基本形成，行业发展前景日趋明朗，呈现出难以估量的发展空间；四是一批网络电视台上线，成为传统媒体与新媒体融合发展的里程碑，意味着视听新媒体正式进入主流媒体行列。[①]

三、中国媒体国际传播影响力增强的原因

任何事物的发展都需要机遇，机遇期也是跨越式发展、追赶式发展时期。对发展中国家而言，战略机遇期是实现跨越式发展、追赶发达国家的最佳发展时期。进入新世纪，中国媒体的国际传播力的发展将迎来难得的战略机遇期。首先，中国传媒经过20多年的改革、发展，先后经历了"以事业性结构调整为主"、"以规制市场主体的经营活动为主"、"以资源重新整合与资本化"三个发展阶段。[②] 中国已成为国际上的传媒大国。传媒的基本生产要素——传媒技术、传媒人才、传媒资源等都处于比较好的发展时期。在国际传播力的发展方面，具备了赶超西方发达国家的物质、技术、资本基础。未来5—10年，中国提出打造具有国际竞争力的跨地区、跨行业、跨所有制的传媒集团。这一目标的建设将会导致传媒资源的积聚效应和规模效应，使更多的资本、技术、人员向传媒业集中，从而将进一步激活与提升中国现有的国际传播力，赶超发达国家国际传播发展水平。

其次，发展传媒文化产业已成为新世纪中国国家发展战略的重要组成部

---

① 数据来源：《中国视听新媒体发展报告（2011）》，国家广播电影电视总局发展研究中心，社会科学文献出版社，2011年版，第20页。

② 胡正荣：《媒介寻租、产业整合与媒介资本化过程》，《媒介研究》2004年1月号。

分。党的十六大报告明确提出，要大力发展文化产业，表明中国政府已经清醒地认识到发展文化产业的必要性和急迫性。党的十七大进一步提出增强中国软实力的发展战略，强调提高中国媒体的国际传播力。2009年发生金融危机以来，中国政府在一系列的政策安排中，都把发展文化产业作为经济发展方式调整的一个重点。在这种情况下，中国的新闻出版、传媒文化体制改革的步伐将进一步加快，势必推动传媒新闻生产力的进一步释放。

再次，当前我国的经济综合实力已跃居世界前二，人均GDP已经达到中等发达国家水平。在这种情况下，中国媒体的国际传播将面临两方面的利好消息。一方面，中国政府将有更多的经济资源投资国际传播力建设，中国政府在经济实力提高之后，将会腾出更多资源以发展国际传播。另一方面，人均GDP接近中等发达国家水平，这一阶段通常意味着人民群众的消费结构发生改变，城乡居民的恩格尔系数降至50%以下，而居民的文化娱乐消费将迅速增长。中国庞大的传媒文化消费市场将为中国传媒业的发展提供重要的动力引擎。

第四，当前西方传媒业由于金融危机所导致的发展颓势，为中国媒体国际传播力的提升提供了外部有利时机。比如，当"美国之音"的华语广播时间从每天的19个小时削减为14个小时之时，中国国际广播电台英语广播时间则增加为每天24个小时。① 同时，金融危机所引发的西方传媒资源再洗牌，也为中国媒体"走出去"，通过海外收购的方式发展自己的国际传播力提供了最佳的时机。

最后，我国媒体的舆论影响力明显增强也得益于我国近几年开始重视对外传播策略。近几年来，中国媒体也开始注重对国际受众信息需求、媒体消费习惯的研究和调查，新闻传播的针对性、时效性都大有长进。这方面要归功于中国媒体对2008年发生的汶川大地震进行了迅速及时全面的报道。BBC在评价中国媒体2008年汶川大地震的报道时说，中央电视台等主要新闻网络都在第一时间推出了四川地震专题，24小时滚动报道，报道速度之外引起海外媒体注目。有助于提升中国传媒在国际上的影响力。② 同时，中国媒体也吸收了西方媒体的一些惯用操作手法，如更加讲究新闻传播平衡性、公正性。在新闻传播的规律性、艺术性、时机把握方面也有了很大提高，开始改变传统的报道手法，学会如何通过新闻策划、主动议程设置来引导国内国际舆论。有学者中肯地指出，"中国外宣在理念上实现了从宣传向传播的转变、在立足点上实现了从'以我为主'向'以人为本'的转变、在载体上实现了从传统媒体向新兴媒体的转变、在信息上实现了从严密控制向及时公开的转变、在

---

① 何国平：《中国对外报道思想研究》，中国传媒大学出版社，2009年版，第285页。
② 蒋晓丽、胡登全：《从汶川大地震报道看中国传媒的国际公信力》，载《探索与争鸣》2008年第8期。

话语上实现了从官方语言向受众语言的转变、在方法上实现了从讲道理向讲故事的转变。"①

在国家政策大力扶持下,在全行业共同付出努力的前提下,在朝阳产业快速发展的背景下,我国媒体以传统传播方式与新媒体传播方式齐头并进的趋势,逐步掌握了国际舆论的话语权,传播影响力显著增强,为"走出去"战略的实施开辟疆土、注入生机与活力,促使大外宣格局基本形成,使我国在国际舞台上唱响"主旋律"的声音及时发声,为提升我国国家形象占据了有利的舆论阵地。

第三节 广播电视大外宣格局形成

对外传播战略格局是配合国家外交战略格局,并服务于国家发展的总体战略。2000年10月,党的十五届五中全会第一次明确提出:"实施'走出去'战略,努力在利用国内外两种资源,两个市场方面有新的突破。"2011年,党的十七届六中全会提出:加强国际传播能力建设,打造国际一流媒体,提高新闻信息原创率、首发率、落地率。十余年来,随着我国"走出去"战略的实施,广播电视"走出去工程"通过各种途径,以把中国的声音和形象传向世界各地,提升我国的软实力,树立良好的国际形象为目的,加强对外传播的总体布局和结构调整,逐步形成了我国大外宣战略格局。

我国大外宣战略格局分为:大外宣整体结构——各类外宣传播机构及各机构间的战略联盟;整体布局——海外落地覆盖。大外宣整体构成分为中央媒体和地方媒体,以中央媒体为主,地方媒体为辅。大外宣传播布局的主战场在国外,分海外对象国家和地区的落地覆盖及周边国家的覆盖;其次,为对内外宣网络的建成。传播机构和覆盖结构的点与面,构成大外宣的整体格局。

大外宣格局中,主体架构为国家级电台、电视台,包括其在对象国家和地区的落地机构,地方外宣作为总架构中的各支撑点,以战略联盟为基础的资源整合,形成分支和网点。对外传播的结构还包括:海外报道员、监听员、听众俱乐部组织、广播电视产品等延伸性传播。

海外落地覆盖和周边国家覆盖包括:广播电视节目通过租机或购买频率和时段、借船出海、合作办台、本土化制播节目等不同手段在对象国家和地

---

① 叶皓:《从宣传到传播——试论新时期宣传工作创新趋势》,载《软实力与政府传播国际研讨会论文集》2009年第1期。

区落地播出,文化产品通过重要节展在海外推介,与对象国家的节目交换、交流;周边国家覆盖还包括:充分利用地缘和语言优势,对周边国家相邻省市的边界广播电视台频率和时段的利用等,以及与相邻国家或地区广播电视台网合作建台和播出。同时,大外宣格局还包括覆盖与市场、覆盖与辐射、覆盖与地域、覆盖与影响力、覆盖与技术水平、覆盖与经济实力等诸多因素。

一、中国广播电视国际传播现状

(一)国际广播

我国对外广播始建于 1941 年,到 20 世纪初的几十年中,基本上为短波播出。20 世纪 80 年代初,开始增加与对象国家电台传送、寄送的节目,以及少量的租机互转节目。短波播出的节目收听效果及达到率都非常有限。进入 21 世纪后,我国在欧洲国家建立了中波发射台,在对象地区直接发射我广播节目,以增进收听效果;同时,加大了与对象国家的互转节目及传送节目的量。中国国际广播电台海外落地工作进展加速,每年都有一些语言广播在对象国家和地区的调频台或中波台时段中播出,尤其是在欧洲和北美地区的落地播出时间有所增加。近五六年来,我国的对外广播显现出革命化的转变。

2006 年 2 月,中国国际广播电台境外第一座整频率电台肯尼亚内罗毕调频台建立。此后,境外落地电台建设的步伐逐年加快,截至 2014 年 3 月,国际台已建成 97 家海外整频率(中波或调频)电台,每天播出落地节目 2100 多小时。海外听众俱乐部达 4112 家,成为联系海外受众的重要基地。2007 年国际台广播孔子学院建立以来,共有 3 万多人次海外学生和各界人士,参加了国际台 13 家广播孔子课堂组织的 100 多场汉语推广和中华文化推介活动。

中央人民广播电台已建成由全球 40 多家华语广播机构参加的全球华语广播联盟和广播网。

(二)国际电视

中央电视台中文国际频道开播于 1992 年 10 月 1 日,截至 2012 年年底,汉语、英语、西班牙语、法语、阿拉伯语、俄语等 6 个语种,7 个国际频道在全球 171 个国家和地区落地,海外落地用户超过 3 亿户,整频道覆盖用户数累计增加 3112 万。其中,纪录频道开播仅一年已实现在全球 60 多个国家和地区落地,用户超过 2500 万。英语新闻频道重点面向西方国家及其主流媒体,成功落地美国核心城市,并进入英国、德国等欧洲国家主流播出平台,取得了过去一直想进而未能进入地区的重大突破。

2011 年,央视节目在澳大利亚进入 Austar 直播平台播出,覆盖 74 万户,在匈牙利、罗马尼亚分别进入 UPC 直播平台和有线网络播出，覆盖 93 万用户。在美国休斯敦进入 55.6 台数字地面频率播出，覆盖 210 万用户。[①]

（三）中国电视长城平台

由中央电视台、地方电视台和相关境外电视台频道集成的海外播出平台——中国电视长城平台，目前已建成 8 个系列平台，包括近三十余个中文和外语频道，全球付费用户突破 10 万，成为全球最大的付费华语电视平台，并带动中央电视台外语国际频道进入海外平台的基本层播出。

中国国际电视总公司所属的中视国际传媒有限公司负责长城平台海外落地项目的运营。目前长城平台已经在美国、亚洲、欧洲、加拿大和拉丁美洲落地，并向大洋洲和世界其他地区扩展。根据世界不同地区观众的需求，长城平台的频道组合分别由来自中央电视台、地方电视台、香港和美国的十多个汉语、英语、西班牙语和法语等综合和专业类频道组成，节目内容集各家所长、服务方式因地而异。

长城（美国）平台于 2004 年 10 月 1 日开播。22 个中国卫星电视频道在美国落地。2007 年 1 月 1 日，长城（美国）平台与麒麟电视合作，以 IPTV 模式在美国境内播出 20 余个中国电视频道。长城（美国）平台—麒麟电视网包括央视中文国际等 7 个频道，以及中国电影频道、北京电视台、上海东方卫视、广东南方电视、江苏国际、福建海峡卫视、天津电视台、湖南卫视国际频道、中国黄河电视台、浙江国际、厦门卫视、凤凰卫视美洲台、凤凰卫视资讯台、亚洲电视本港台、华夏电视台、深圳电视台国际频道、重庆电视台国际频道和安徽电视台国际频道。

长城（亚洲）平台于 2005 年 2 月 1 日开播。11 个中国卫星电视频道通过亚太 5 号卫星 Ku 波段播出，覆盖香港、澳门、台湾地区和韩国、越南、缅甸、泰国等亚洲国家。频道包括：CCTV-4（中文国际）、CCTV-NEWS、CCTV-戏曲、北京电视台、上海东方卫视、广东南方电视、江苏国际、福建海峡卫视、湖南电视台国际频道、深圳电视台国际频道和厦门卫视。

长城（欧洲）平台于 2006 年 8 月 28 日在法国巴黎通过 IP 电视正式开播。14 个中国电视频道采用包括 IP 电视、有线电视和卫星直播等多种传播方式，覆盖全欧洲。长城（欧洲）平台频道（法国）包括：CCTV-4（中文国际）、CCTV-NEWS、CCTV-F、CCTV-娱乐、中国电影频道、北京电视台、上海东方卫视、广东南方电视、江苏国际、湖南电视台国际频道、厦门卫视、浙江国际、凤凰卫视欧洲台、凤凰卫视资讯台。长城（欧洲）平台频道（法国以外地区）包括：央视 8 个频道，以及中国电影频道、北京电视台、上海东方卫

---

① 参见：《中国广播电视年鉴》2012 年版"概况"。

视、广东南方电视、江苏国际、福建海峡卫视、湖南电视台国际频道、中国黄河电视台、厦门卫视、浙江国际、重庆电视台国际频道、安徽电视台国际频道、四川电视台国际频道、广西电视台国际频道、深圳电视台国际频道、泰山电视台、凤凰卫视欧洲台。

长城（加拿大）平台包括央视中文国际频道和娱乐频道，以及北京电视台、上海东方卫视、广东南方电视、江苏国际、福建海峡电视台、湖南卫视和中国黄河电视台。2007年1月1日，长城（加拿大）平台与麒麟电视合作，以IPTV模式在加拿大境内播出20余个中国电视频道。其中包括：央视7个频道，以及中国电影频道、厦门卫视、北京电视台、上海东方卫视、江苏国际、浙江国际、广东南方电视、中国黄河电视台、湖南电视台国际频道、福建海峡卫视、天津电视台、华夏电视台、亚洲电视本港台、凤凰卫视美洲台、凤凰卫视资讯台、深圳电视台国际频道、重庆电视台国际频道和安徽电视台国际频道。

2008年1月1日，长城（拉美）平台以卫星直播的方式在拉美地区落地播出。长城（拉美）平台不仅为华侨华人观众服务，还为英语和西班牙语观众打开了一扇了解中国的窗口。频道包括：央视5个频道，以及中国电影频道、北京电视台、上海东方卫视、广东南方电视、江苏国际、福建海峡卫视、湖南电视台国际频道、中国黄河电视台、厦门卫视、浙江国际。

长城（东南亚）平台于2009年9月20日开播，以IPTV模式在东南亚地区播出。长城（东南亚）平台频道（马来西亚）包括：央视8个频道，以及中国电影频道、北京电视台、上海东方卫视、广东南方电视、湖南电视台国际频道、江苏国际、福建海峡卫视、浙江国际、厦门卫视、中国黄河电视台、天津电视台、重庆电视台国际频道、广西电视台国际频道、四川电视台国际频道、泰山电视台、安徽电视台国际频道、深圳电视台国际频道。长城（东南亚）平台频道（新加坡）包括：央视4个频道，以及中国电影频道、北京电视台、上海东方卫视、江苏国际、湖南电视台国际频道、中国黄河电视台、浙江国际、重庆电视台国际频道、安徽电视台国际频道、四川电视台国际频道、天津电视台、广西电视台国际频道、深圳电视台国际频道、泰山电视台。

长城（澳大利亚）平台于2010年11月正式开播。频道包括：央视4个频道及中国电影频道、北京电视台、上海东方卫视、广东南方电视、江苏国际、福建海峡卫视、湖南电视台国际频道、中国黄河电视台、浙江国际、重庆电视台国际频道、安徽电视台国际频道和凤凰卫视资讯台。[①]

[①] 关于"长城平台"的介绍，参见："长城平台网"http：//www.gw-tv.cn/ptjs_index.asp

(四) 新媒体传播平台

中国国际广播电台于 2011 年开办中国国际广播电视网络台 (CIBN)，以及互联网电视和天地视频网站，新媒体国际传播业务全面发展。国际在线语种达 65 种，可使用受众母语覆盖全球 98% 以上的网民，访问者来自 180 多个国家和地区，国际在线绝大部分语种实现音频直播，大部分语种实现视频直播，并已推出英语、西班牙语、法语、日语、朝鲜语等 5 种语言的移动国际在线业务。

中央电视台开办的中国网络电视台 (CNTV)，已建成 10 个海外镜像站点，同步在线发布 6 个国际频道，实现全球内容分发的广度覆盖。CNTV 已搭建 20 多个专业频道和 5 个外语台，建成非洲和俄罗斯两个海外本土化网站，打造了亚洲最大、以网络视频为核心的多媒体数据库和"央视搜索引擎"，CNTV 宽带支撑能力达 200G，能支撑 1200 万的网络视频直播并发，海外访问速度提升至 2.7 秒。全网月度独立访问用户达 1.3 亿，每天有 50 万海外用户[①]。

新华网络电视（中文 www.xhstv.com，英文 www.cncworld.tv）作为新华社 CNC 旗下的网络互动媒体，基于视频流媒体及云端内容服务技术，以 7×24 小时滚动视频新闻、重大突发事件报道、权威深度的专题报道为三类主打产品。面向国内外高端受众，以全球视角及时、准确、权威的报道国内外时政、财经等领域的重要新闻[②]。

凤凰新媒体是全球领先的跨平台网络新媒体公司，整合旗下综合门户凤凰网 (www.ifeng.com)、手机凤凰网 (3g.ifeng.com) 和凤凰视频 (v.ifeng.com) 三大平台，为主流华人提供互联网、无线通信、电视网三网融合无缝衔接的新媒体优质内容与服务。凤凰新媒体不仅是控股的凤凰卫视传媒集团优质电视内容的网络传播渠道，更整合了众多专业媒体机构生产的内容、用户生成的内容以及自身生产的专业内容，提供含文图音视频的全方位综合新闻资讯、深度报道、观点评论、财经产品、互动应用、分享社区等服务，满足主流人群浏览、表达、交流、分享、娱乐、理财等多元化与个性化的诉求，并反向传输给凤凰卫视的电视平台，形成创新的网台联动组合传播模式，为互联网、手机及电视用户提供丰富的内容与随时随地随身的服务。据 iResearch2010 年的一份报告显示，凤凰网用户的月均收入约为中国互联网网民月均收入的四倍，网民的教育程度、管理层和专业人员的比例、每个访

---

① 数据来源：《中国广播电影电视发展报告 (2012)》，社会科学文献出版社，2012 年版，第 139 页。
② 新华网，http://www.xhstv.com/about/about.html

问者浏览的页面 PV/UV 比、日均有效游览时间等指标在中国互联网门户网站中处于领先水平。凤凰新媒体引领着互联网、手机、电视的联动组合传播与 3G 时代的手机媒体化创新。据 Alexa2011 年 3 月的数据，凤凰网的浏览量（PV）在全球电视与纸质媒体的网站中排名第一，领先于 CNN、BBC、纽约时报、华尔街日报、CCTV 等①。

（五）地方广电外宣

在国家改革开放向纵深发展的大背景下，乘着国家全力打造文化软实力和加强国际传播能力建设的东风，地方广电机构积极配合各地国际经济文化交流。结合本地实际和特点，精心组织频率频道、广电节目产品走出去，成为广播电视加强国际传播能力建设的重要力量。

北京电视台频道在长城美国平台、长城亚洲平台、长城欧洲平台、长城加拿大平台、长城拉美平台、长城东南亚平台和长城澳大利亚平台播出。此外，还制作英语节目在美国联邦公共广播公司 MHZ 电视台等境外电视机构播出；与俏佳人传播公司合作，将《天下收藏》栏目发行给美国 ICN 电视联播网；将《四海漫游》发行到马来西亚、文莱等国的电视机构播出。与海外 IPTV 运营商麒麟电视、ITV、汉雅星空合作，把 33 档节目传播到北美地区，《环球春晚》也进入欧洲部分国家主流媒体。

上海文广集团开辟非洲、中南美洲等发展中国家合作新领域，推动文广品牌"走出去"。上海广播电视台、上海东方传媒集团于 2011 年 10 月分别在巴西和古巴举办了上海电视周活动。巴西利亚传播公司和古巴多元视角频道展映上海纪实频道近年来的精品。集团所属东方卫视已与卢旺达驻华大使签署了协助东方卫视落地卢旺达的合作备忘录。7 月，集团旗下五岸传播公司还与在非洲 13 个国家拥有通信网络的北京四达实业通信公司签订了节目授权合同，标志着上海文广节目内容首次进入非洲市场。在海外发行供片方面，集团主要外宣平台上海外语频道（ICS）制作的外宣栏目《中国通 1》在美国公共电视台 PBS 加州台播出，进入北美主流市场；频道各品牌栏目如《城市节拍》、《说东道西》等在星空国际频道（Star World）、美国国际卫视（ICN）和蓝海电视（BON）取得了带状播出时段。上海东方卫视海外版第一财经频道向海外输出节目，星尚频道《乐活好正点》节目在日本、新加坡和中国香港等周边国家和地区播出。

广东电视台制作完成的大型系列片《相约多瑙河》在加拿大开播，标志着集团自制节目正式登陆北美市场。2011 年 5 月，广东电视台国际频道正式播出，并已进入中国长城平台和美国麒麟电视向全球覆盖播出。

---

① 见凤凰网之"凤凰新媒体介绍"，http://www.ifeng.com/corp/about/intro/

广西电视台国际频道加强与中国电视长城平台合作，于2011年加盟麒麟电视并落地北美，扩大了境外落地入户范围。广西卫视继续保持在东盟国家的一些城市有线电视网入网播出。

江苏总台2011年先后在香港国际影视展、法国戛纳电视节、台北电视节、新加坡亚洲电视节、韩国BCWW影视内容展、匈牙利电视节设展，充分利用国际展会的交流平台，扩大总台内容产品在国际市场的品牌影响力。其中，江苏国际频道通过新西兰TV China公司在新西兰全境落地进入大洋洲。

四川卫视国际频道在东南亚地区开播近两年，在包含央视在内的全国省级电视台26个中文国际频道中收视排名第三。2011年2月，正式加入中国电视长城（欧洲）平台，实现在英国、德国、奥地利等数十个欧洲国家落地播出。四川康巴卫视2011年9月通过中星6B增加亚太地区覆盖。

内蒙古蒙古语广播电视节目已通过卫星覆盖我国全境及亚太53个国家和地区。其中，蒙古语广播在蒙古国首都乌兰巴托落地转播，每天播出18小时15分钟。内蒙古电视台蒙古语卫视频道在蒙古国首都乌兰巴托和俄罗斯布里亚特共和国首府乌兰乌德市整体落地入户，每天播出24小时。内蒙古电台蒙古语广播每天向蒙古国播出新闻200多条，涉及政治、经济、文化教育、体育等各个领域，形成了全方位、多角度的外宣阵势。

重庆电视台国际频道开播4年来，已在美国、加拿大、澳大利亚、欧洲41个国家、日本、东南亚（马来西亚、印尼）以及中国香港等地落地播出，境外观众超过60万户。

西藏人民广播电台开设有对外英语频道；西藏藏语卫视实现对尼泊尔、印度等周边国家，以及对四川、甘肃、云南等地藏区的有效覆盖。

厦门卫视在长城平台的支持下，继在台湾地区和北美、拉美、欧洲、东南亚成功落地之后，有望于2012年内实现在澳大利亚的落地。

2011年，安徽国际频道通过与IPTV运营商合作，将触角延伸到澳大利亚、日本和英国等长城平台尚未落地的国家和地区，扩大了频道的覆盖面，广播音频信号也首次以直播形式在美国落地，并推出越洋直播节目《大洋两岸》[①]。

2011年，湖南卫视国际频道重点打造在香港地区的覆盖，与香港电讯盈科旗下的香港NOWTV合作，推出香港"NOW芒果"电视频道[②]。

其他地方电台电视台除与中央电台合作节目外，还办有地方特色的外宣

[①] 《中国广播电影电视发展报告（2012）》，社会科学文献出版社，2012年版，第141页。

[②] 《中国广播电影电视发展报告（2012）》，社会科学文献出版社，2012年版，第141页。

频道和节目。如：山西省广播电视播出机构国外播出 4 个外宣频道；陕西全省对外广播节目每年播出时间 27.5 小时等。①

二、中国广电国际传播战略特点

（一）广播电视境外覆盖手段丰富

目前，我国广播电视海外落地覆盖主要包括在对象国家主要城市购买整频率、租时段或频率，与当地合作伙伴合作建立中波或调频台等形式。

以国际台海外战略为例。国际台从 2000 年起，在西欧、北美、周边国家和发展中非洲国家的调频台和中波台购买播出时段，定期和不定期播出英语、汉语普通话及对象国语言的节目。2006 年开始境外整频率电台建设。从 2009 年开始，加快了整频率落地步伐，以每年十几个项目的速度迅速扩大海外分台规模。目前，国际台在全球已经拥有 95 个整频率调频和中波电台，其中 60 多个为 2009 年以来开播，每天播出落地节目时数共达 2100 多小时。在地区分布上，国际台整频率电台已经覆盖了世界五个大洲，其中美洲 23 个、非洲 23 个、亚洲 20 个、欧洲 17 个、大洋洲 12 个。欧洲和南美洲将是下一步重点和难点地区。在国家分布上，国际台整频率电台已经直接覆盖了 50 个国家，其中接近半数分布在西方发达国家，特别是在美国建设了 17 个整频率电台，取得了重要突破。在语种分布上，国际台通过整频率和租时等方式在海外落地直接播出的语种已经达到 50 个，其中参与整频率落地的语种达到 38 个，约为国际台全部 61 个语种的一半。尤其是在周边一些国家的海外落地节目，已经进入主流社会。如柬埔寨、泰国、尼泊尔，以及蒙古国等，整频率对象语言节目已在当地具有较高知名度和收听率。

中央电视台实施海外落地工程后，整频道海外用户数由 2008 年年底的 9600 万增长到 2012 年年底的 3 亿；落地国家数由 139 个增长到 171 个。特别是 2011 年进入欧美主流社会取得突破。进入了华盛顿、纽约等美国核心城市播出，并落地旧金山、洛杉矶的数字地面平台，同时进入德国、比利时、荷兰、瑞士、奥地利五国主流平台，取得了过去一直想进而未能进入地区的突破。在非洲地区取得突破。纪录频道通过南非一家主流公司落地撒哈拉沙漠以南的 40 多个非洲国家。与日本大富公司合作，将 CCTV-4 整频道译制成日语在当地播出，覆盖日本主流用户 300 万。同时，重新规划调整全球覆盖系统，建立了以北京中央电视台本部为中心，以美洲洛杉矶、欧洲伦敦和亚太香港为信号分发集散地的全球主干光缆传输网络，变单纯的卫星覆盖为"卫星 + 光缆"覆盖，实现了宽带成倍扩容和技术双备份，并具有接收信号质量

---

① 关于地方广播电视外宣的情况介绍，参见：《中国广播电视年鉴》2012 年版"概况"。

高、不受电磁波干扰等优点。同时因地制宜,做到了覆盖和落地有机结合,覆盖和传输有机结合,基本能够支撑全球70个记者站和海外分台的多业务传输,确保国际传播的高效、安全、便捷。①

大外宣格局中还有一个重要方面,就是加强与海外华文媒体的合作。目前,国际台与30多家海外华文媒体有合作关系;中央电视台中文国际频道经常与海外媒体合作举办各类活动,吸引众多当地受众,有效扩展了我对外传播的影响力。一些地方媒体则利用本地区与海外华人华侨的地缘血缘关系而建立的密切联系,制作对象性专题节目或联合举办活动。

一些周边省份的城市电台,也将对象国家城市覆盖纳入大外宣工作范畴,利用地缘和语言的优势,分别办有专门对接壤国家和地区的广播电视频率和节目。比如,广西地处中国东南沿海地区,与正在崛起的东南亚经济区隔海相望,因此首选目标市场是东南亚。东南亚与广西不但有地域上的联系,还有着民族内在联系性和文化内在认同性。广西结合本土优势、地缘优势,找准一级目标市场。此外,每个省、市、自治区都至少有一套上星的广播电视节目。

(二) 海外采编制播网络建设加快

我国广播电视媒体海外采编网络覆盖全球重要国家和主要城市,国际新闻信息采集能力和首发率、转引率等指标大幅提升。

中央电视台初步形成遍布全球的新闻采编报道网络,实现国际传播战线前移。2011年,中央电视台新建20个海外记者站,站点总数达70个,基本完成对全球主要国家和热点地区的覆盖。建成欧洲、美洲、亚太、俄罗斯、中东、拉美、非洲7大区域中心站。海外特约报道员在全球布局31个点,达到45人的规模。2012年1月和2月,中央电视台非洲和北美2个海外分台相继开播,标志着其已建成辐射并覆盖非洲大陆和北美地区的电视编导网络。目前,中央电视台已形成覆盖全球主要国家的电视新闻采编网。央视"国际视通"视频发稿平台向全球73个国家和地区的1000多家媒体提供视频发稿服务。同时具备了英语、法语、阿拉伯语、俄语、西班牙语五种语言发稿能力,发布的新闻素材被75个国家的1000多家媒体和机构使用。②

近年来,中央电视台的本土化制播能力进一步提升。非洲分台和北美分台节目制播能力每天2小时至4小时。依托这两个分台,中央电视台国际新闻的首发率、自采率实现跨越式提升。英语新闻频道加快本土化运作,先后

---

① 《中国广播电影电视发展报告 (2012)》,社会科学文献出版社,2012年版,第137—138页。

② 参见:《中央电视台概况》,2011—2012年卷。

在美国华盛顿、肯尼亚内罗毕建立北美、非洲英语新闻区域制作中心，制作"当地观众为主、面向全球观众"的英语新闻节目；纪录频道在实现中、英文两版 24 小时播出的同时，在肯尼亚建立了非洲纪录片制作基地。中央电视台还将在其他区域建立分台，英语频道全台 24 小时播出的节目中，有 20 小时节目将由海外分台轮流提供，此举将大幅度提升本土节目制播量，有效改变地区舆论传播格局。①

中国国际广播电台已建和在建 40 个海外记者站，其中包括 32 个驻外记者站，完成非洲、西欧、北美、中东、亚洲、拉美、东欧、大洋洲等 8 个地区总站建设。通过委托建设、租用和委托制作节目等方式，在有关国家的首都或大城市，已经和规划建设 24 家海外节目制作室。国际台海外节目制作室的布局为三级业务格局，第一级为欧洲、澳洲、北美三家海外公司所在地建设的海外节目制作基地；第二级为海外地区总站所在地的节目制作室；第三级为其他单一语种、分散建设的节目制作室。同时，国际台积极推进沿海节目制作室建设。依托侨乡组建了潮州、温州、梅州、厦门等方言节目制作室，实现了方言节目制播前移。推进普通话、广州话、客家话、闽南话、潮州话等 5 种语言广播全面发展，初步建立综合性华语环球节目制播平台。国际台还积极推进边境地区节目制作室建设，与边境省市广电机构合作，共同建设边境节目制作室。2011 年 5 月，与广西电台联合建设了"北部湾之声"节目制作室，目前运行良好，与黑河、延边、二连浩特、拉萨和乌鲁木齐等地广电机构达成的节目制作室建设正在积极运作之中。国际台还在世界各地发展了 4112 个听众组织，成为联系海外受众的重要基地。分布于全球各地的记者站、节目制作室、听众组织与 90 多个海外整频率电台、200 多名外籍采编人员，正在整合成一个强大的国际新闻采编制播网络，增强了国际新闻和落地节目的针对性、贴近性和吸引力、影响力②。

（三）传统媒体与新媒体融合传播加深

广播电视充分发挥新媒体在国际传播中的优势，瞄准服务国际受众和增强国际传播能力，强化新媒体平台建设，使各类新平台、新技术、新业务、新终端成为国际传播的重要渠道和载体。

2010 年，随着互联网电视集成牌照和内容服务牌照的发放，中国互联网电视逐步走上正轨的产业化发展道路。中央电视台、上海广播电视台、湖南广播电视台等 5 家广播电视机构建成了互联网电视集成平台。

---

① 参见：《中央电视台概况》，2011—2012 年卷。
② 《中国广播电影电视发展报告（2012）》，社会科学文献出版社，2012 年版，第 138 页。

中国网络电视台2009年正式开通以来,搭建了20多个专业频道和5个外语台,建成了非洲和俄罗斯两个海外本土化网站,打造了亚洲最大、以网络视频为核心的多媒体数据库,拥有了网络电视、IPTV、手机电视、移动及户外视频、互联网电视等5个集成播控平台。中国网络电视台月度独立访问用户达到1.3亿,其中,每天有50万来自海外的访问用户。中央电视台将在完成全球十大海外镜像站点扩容的同时,相继建成非洲、俄罗斯本土化网站。其中,在非洲尼日利亚建立的首个本土化网站,已开通中文、英语、法语、阿拉伯语4个语种的移动互联网直播频道和一个24小时滚动播出频道。手机电视实现非洲落地,移动互联网客户端"中国网络电视台我爱非洲"正式上线,目前整体用户数达到37万,主要覆盖非洲高端用户。[①]

中国国际广播电视网络台(CIBN)于2011年年初成立,平台包括国际在线、特色网站、网络视频、环球网络电台等板块,终端覆盖无线广播、电视、电脑、移动设备等,媒体业态有无线广播、卫星广播、网络视听节目、手机广播电视、互联网电视、IP电视、多媒体移动广播等。目前,CIBN已实现互联网电视正式商用、天地视频网上线。此外,国际台的新媒体手段不断丰富,应用水平逐步提升,各语言部统一开设微博,陆续开设Facebook、Twitter等社交网络账户,利用新媒体平台增强传播效果。3G手机电视集成播控平台通过广电总局验收,富媒体广播在北京地区24小时滚动播出。西班牙语、法语移动国际在线上线,国际在线英文网iPad客户端登陆苹果商店,国际流行音乐频率iPhone客户端上线等,丰富了CIBN移动业务。"中土文化旅游网"中文版和"中国名城网"启动,推进了国际在线特色内容建设。国际流行音乐频率全频节目落户新浪微电台,弥补了国际台社会化网络应用空白。"2011中国城市榜"、"友城之约"网络对话等,搭建了新媒体文化外宣新平台。藏文网改建以及维吾尔文、哈萨克文、柯尔克孜文网改版,实现对周边国家有效覆盖。

三、中国广电大外宣格局的问题与对策

西方国家的广播电视机构,在重点国家和地区播出频率多,播出时间长,传播格局都是根据其国家战略和全球战略而确定的。这些国际主流媒体分布在西方发达国家,并基本垄断着全球新闻资讯和国际舆论话语权。中国作为崛起与发展的大国,要充分体现我国在国际社会中的责任和地位,表达我国在重大国际事务中的观点和立场,必须适时调整我国大外宣格局,切实提高我国的传播影响力以及在国际事务中的话语权。

2008年,中央提出外宣新课题,要求"抢占先机,赢得话语权,掌握主

---

① 参见:《中国广播电视年鉴》2011年版"概况"。

动权,抓住提高舆论引导能力和国际传播能力"。从目前我国大外宣格局来看,主要包括海外落地对象的战略布局,以及我外宣媒体的战略总体结构和目标。前者是根据我国外交与发展战略的需要适时设计和调整布局,并采用先进的科学的发展理念,利用灵活务实的手段加以实施。后者是充分利用我国大外宣体系的各种优势,在国家整体外宣的布局下,研究国际传播形势与对策,找到传播内容的表达与受众关注的契合点,达到最佳传播效果。改进我国广电大外宣格局,需要重点从三个方面着手。

(一) 突破西方舆论传播重点地区

近几年来,我国的国际传播加快了海外覆盖,尤其是在周边国家和重点区域的传播覆盖。但从覆盖效果来看,并不十分理想,与世界发达国家相比,力量相对分散。就国际台与中央电视台海外落地覆盖点和覆盖面而言,大部分在对象国家和地区,还不具备影响力。

提升有效覆盖,就要研究覆盖的战略突破点。我们把海外传播划分为覆盖的地域和覆盖的阶层。地域包括国际战略层面的对象国家和地区的占领;阶层包括传播有效到达主导社会流和舆论流的人群。这两者是相辅相成的。就信息传播的影响力及掌控世界舆论走向而言,西方主要国家以及世界政治、经济、社会等问题的热点地区,是我国际传播的重点地区。主导和掌控舆论传播的,是具有话语权的主流媒体。应加快建立以西方主流国家主要城市为核心的国际传播网络,加强与西方主流媒体的竞合。以增强国际传播能力建设工程为契机,设计大外宣整体战略及阶段性战略,确定传播主攻方向,制定可行的指标,有目的、有规划、有措施地建设境外传播平台。同时,加强渠道拓展战略研究,积极寻找境外合作伙伴,利用其资本、技术、市场等,促进海外覆盖范围的扩大。

(二) 提高我覆盖区域传播影响力

我国国际传播的影响力主要表现为中国在国际事务中的影响,中国媒体在国际舆论界的地位和影响,中国形象及中国传播媒介在对象国家和地区的认知程度,以及中国报道在对象国受众中的说服力。

我国综合实力的加强和对外传播战略的实施,对提高影响力起到了重要的作用。虽然国际台目前开办语种和播出时数名列世界前列,中央电视台也有近10个频道节目在海外播出,但影响力的提高,尚需在具体操作层面上加大力度。

一是在重大国际事务中及时发声。在国际重大和突发事件中,要明确显示中国媒体的存在,尽量能够引起西方主流社会的关注,尤其是要影响有影响力的人,并得到事件发生地媒体及受众的关注。我国对外传播应以世界关注的热点和信息取向确定传播战略，在研究国际形势的同时，研究传播对策与方略。同时，考虑不同传播手段带来的不同传播效果。随时分析战略对手的策略和方式，对决策时的疏漏及时地进行变化调整，以充分显示我在重大国际问题报道的话语权和舆论的引导能力。

二是增强报道的客观性和权威性。国际传播是在国际大背景下开展的，必须充分考虑国际背景下各国受众意识形态的因素。我国广播电视在国际传播中，会经常邀请事件所在国有关官员、专家及事件当事者做访谈，其主要是因为其社会影响力较大，权威性和可信度高。国际传媒在报道国际重大和突发事件时，要深度了解目标受众的新闻需求、文化心理和思维方式。同时，有意识地培养对象国问题研究专家，从整体对外传播战略的高度，调查和分析对象受众的个性，了解由个性化受众组成的受众群体的整体需求，寻求大众媒体如何面对个性化受众的突破点。

三是加强国际传播市场的研究和分析。应该看到，由于国际传播格局的变化，除西方国家主流媒体不断向外扩张和渗透外，一些中小国家的媒体，也在国际舆论市场上占据了一定份额，他们在地区性的舆论方面，更具竞争性、挑战性和影响力。因此，要及时研究和分析国际局势及对象国家和地区的局势，研究国际传播在世界范围和地区范围的传播走向，做出正确的判断和战略决策，调整大外宣战略格局。

（三）加强我国海外传播资源整合

推进国际传播基地建设，整合国际传播渠道，并与具有地区代表性的传媒集团结为战略联盟，是构建大外宣格局的发展之路。

一是建立国际传播国家公共服务平台。西方主要传媒集团都以跨媒体、跨地域发展为基本特征，业务多元、实力雄厚。而我国由于历史形成的行业壁垒和行政部门区划原因，广电媒体依然存在着条块分割、重复建设、实力分散、竞争无序等体制问题。必须建立能够统筹国内与海外机构资源的广播电视国际传播国家公共服务平台，形成强大高效有序的大外宣格局管理系统，推动我广播电视全面增强综合实力和核心竞争力，实现海外传播信息资源的合理整合和利用。

二是海外媒体信息资源采集制作的整合。目前，国际台与央视在海外分别建有几十家记者站、地区总站和节目制作室、工作室等；其他媒体和地方媒体，也在国外建有办事机构。从数量和地区分布上来看，已形成网状结构，但在媒体信息资源的采集上，基本上还是单兵作战。因此，在对外传播的格局中，应根据外宣战略需要，在信息采集及权威发布方面形成合力。在境外，尤其是在世界重点国家和地区建立中国对外传播基地，使之成为中国在不同国家、不同语言的国际传播制播中心。同时，在信息采集方面，充分利用好新华通讯社驻世界各地记者站的采集能力和发稿系统，在国家层面上体现权威发布和重拳出击。

　　三是国际传播战略实施的整合。目前，我国已逐步形成的对外传播媒体大外宣格局，在对外传播的过程中，发挥着重要的作用。在重大报道时期，整合媒体力量，引领舆论导向，形成报道强势，是对外传播战略的具体体现，也是大外宣格局的重要作用。目前，中央媒体之间，中央重点媒体与各地方媒体的合作，大多限于节目内容的采集制作，活动和会展的对外报道。真正意义上的国际传播战略结构，以及大型对外宣传报道活动的整体策划机制还不够完善。要在外宣大格局管理系统的统一策划协调下，实施对外报道战略。大到配合国家整体战略的实施，小到某一重大或突发事件报道的整体合力。进一步合理开发和利用对外传播资源，加强对外传播媒体的有机联系，重点发挥中央主流媒体的资源优势，使资源得以共享，配置得以优化，最大程度地发挥规模化效应，不断增强我国国际传播的整体实力和实效。

第四章 中国广播电视"走出去"战略布局

第一节 在国家海外经济建设需要的
地区进行战略布局

党的十八大报告指出,要扎实推进社会主义文化强国建设,构建和发展现代传播体系,提高传播能力。近年来,中国主流媒体加快国际传播能力建设步伐,围绕建设国际一流媒体集团战略目标,加快实施媒体"走出去",整体实力不断增强。中国媒体"走出去"的重要目标之一是服务国家经济建设大局。因此,中国媒体的海外战略布局应与中国在海外的经济利益存在相协调、相一致,在中国企业、资本、产品"走出去"比较密集的重点国家、重点地区开展国际传播,积极营造对我国企业海外业务拓展有利的舆论氛围。

一、我国企业海外发展现状

自20世纪70年代末起,中国的对外开放战略一直处于不断深化和拓展的过程中。三十多年来,从"引进来"到"走出去",国家对外经济政策的开放程度越来越高,对国际经济环境的适应能力也越来越强。特别是2000年10月,随着国家"走出去"战略的明确提出,中国对外开放水平进入到一个新阶段,中国政府以一种更为广泛的方式参与全球市场,外资政策也开始逐渐向放松对外投资管制和鼓励对外投资转变。

"十一五"期间,我国深入实施"走出去"战略,对外投资合作取得跨越式发展。

一是"走出去"的规模逐步扩大。中国国际贸易促进委员会发布的《2010中国企业对外投资现状及意向调查报告》指出,受金融危机影响,在全球外国直接投资较2008年下降30%—40%的背景下,2009年我国非金融类对外直接投资433亿美元,同比增长6.5%,虽然结束了从2002—2008年年均60%的高增长,但依然保持了较好的增长势头。2010年,我国非金融类对外直接投资590亿美元，累计非金融类对外直接投资已达到2588亿美元，位列世界第五，境外企业近1.5万家，资产总额超过1万亿美元。联合国贸易和发展会议（UNCTAD）2010年9月发布的《2010—2012年世界投资前景调查报告》预计，中国在2010—2012年对外直接投资的规模将超过德、法、英等发达国家而仅次于美国。[①]

二是"走出去"的领域不断拓宽。目前，已由初期简单从事进出口贸易、航运和餐饮等少数领域，逐步拓展到生产加工、资源开发、工程承包、农业合作和研究开发等领域。

三是"走出去"的层次不断提升。我国对外投资已由早期的建点开办"窗口"，发展到投资办厂带动国产设备材料出口，跨国并购、股权置换、境外上市、设立研发中心、创办工业园区、建立国际营销网络和战略合作关系等多种形式。

"走出去"是我国外向型经济发展的必由之路，也是我国参与经济全球化的重要条件。实施"走出去"战略，有利于弥补国内资源和市场的不足，增强我国经济发展的动力和后劲，促进我国经济持续健康发展；有利于在国际竞争中掌握主动权，确保现代化目标的实现和可持续发展；有利于经济结构调整和产业优化，确保经济的长远发展；有利于绕过贸易壁垒，开拓国际市场，突破国外反倾销等形式的新贸易保护主义。因此，"走出去"战略的实质是促进有条件的国内企业的国际化运营，以完善其资源配置效率和提升企业的国际竞争力。可以说，现在"走出去"的拓荒者是有胆略的，但同时他们也不免会感到彷徨。由于市场复杂、语言障碍、思路不同、法律差异等，"走出去"企业面临许多外部挑战。

一是西方政治偏见影响。某些团体对中国的政治制度有不同看法，导致不少国家的政府、企业和民众对中国政府和企业存在偏见和抵制。由于制度转型尚未完成，我国在国外投资往往以国有企业为主，它们在当地的直接投资常常容易使人怀疑其背后有国家政治意图，从而遭到这些政府某些团体的政治干预，人为地给中国企业海外并购制造一些障碍。有些国家出于经济和安全利益考虑，实施投资保护主义，甚至散布"中国威胁论"，虽然口头上表示欢迎中国企业投资，但实际上安全审查政策非常不透明，一些机构、媒体对中国企业遭遇的社会责任问题往往会大肆渲染。比如，澳大利亚制定了一项法律，凡是带有国有股份背景的公司，到该国收购企业超过15%的股份，必须经该国政府批准。这个规则看似对所有外国投资者都一样，实际上只有中国公司才有国企背景。哪怕占有1%的股份，也被定义为国有。因此，这个

---

① UNCTAD, The World Investment Prospects Survey 2010—2012, New York and Geneva: United Nations. 2010.

规则对中国企业的限制很大。

二是企业跨文化的冲突。世界各国都有独特的文化，文化渗透到政治、经济和人民生活的方方面面。国家之间在语言、文化、风俗等方面存在多样性，我国企业海外投资，适应当地社会难度大，融入当地社会难度更大。从许多失败的"走出去"案例中，我们可以看出中国一些企业进入欧洲市场时，忽视跨文化融合，由此导致国内管理团队与国外管理团队的人力资源整合不成功，人员间难以融合，从而造成管理困难。

三是对投资环境的了解不够深入。经济危机加剧了某些国家的社会和政治动荡。我国企业自身能力有所欠缺，无论是在理解和适应东道国文化、与利益相关各方良好交流沟通、对市场的理解和把握方面，还是在人员管理和公司管理方面，与国际行业领先者相比都存在较大的差距。这种差距使得企业在"走出去"的过程中需要付出更大的努力，也需要承担更大的风险。在信息咨询服务方面，我国尚未建立或完善海外投资企业服务网络，境外信息渠道少，公共信息服务体系欠缺，最先"走出去"的企业必定要缴纳惨痛的学费。

二、我国海外经济发展需要外宣媒体的支持

"走出去"是双赢和多赢的世界观战略。在资金、技术、人才和产品输出过程中，世界资源的流动得以梳理和顺导，利益分配也更加合理、公平。中国人在世界的赞扬和怀疑声中，冷静地面对现实，清醒地认知世界，在最恰当的时机提出了"走出去"发展战略。然而，我国企业在"走出去"拓展经济利益的时候，常常会遇到跨文化交流的种种障碍，会遭受境外舆论的明枪暗箭。要避免这一现象，中国的海外经济建设主体需要搭载外宣媒体平台，主动面向对象国政府、舆论、公众进行展示沟通，积极寻求、利用媒体在对象国当地的丰富资源。

首先，借力媒体开展海外传播，打响产品本土化品牌。许多在国内知名的公司在走出国门时容易遭遇失败，韩国三星与我国的海尔等都面临过同样的问题。比如，韩国企业三星用了不到十年的时间，在国内成长为巨人，获得空前成功，在韩国成为家喻户晓的民族品牌。携国内市场巨大成功的威力，三星兴致勃勃地走出了国门，不曾想在刚开始即在国际市场上接连受挫。三星老板亲自带领公司高层到欧美市场去实地调研。结果发现，在欧美许多大商场里，在最显眼也最能吸引消费者注意力的地方，摆放的大都是日本及欧美的名牌产品，在商场中根本找不到三星产品的影子。好奇的三星老板只好向导购人员询问，结果三星的老板被导购带到一个黑暗的角落里，三星的产品被陈列在偏僻的低价区里，上面布满了灰尘。三星高层对这一次的国外调查触动很大：国内的知名企业品牌，进入国际市场不一定能成为知名

品牌。

一个企业要走出国门到海外谋求更好的发展前途，必须按照经济规律办事，否则的话就不可能取得成功。北京大学学者张维迎认为，在国际市场上，一个企业的竞争优势表现在三个方面：成本优势、产品优势、品牌优势，至少三者居其一，更多的跨国公司更是兼而有之。中国企业能尽快获得的优势是成本优势，最大劣势是品牌优势。没有品牌的企业本土化，企业很难在东道国获得成功。在中国企业"走出去"的过程中，可以借助于中国的海外媒体，发挥其在对象国母语传播的优势，使产品品牌在跨国经营过程中实现本土化，通过在当地"融人"、"融资"和"融文化"，逐步使得企业的品牌成为本土化品牌。

其次，做好释疑增信工作，营造良好舆论氛围。随着中国经济持续高速增长，对各种资源的需求强烈，保证各项能源的长期稳定供应已成为关乎中国国家利益和战略安全的重大问题，这也成为中央大型国有企业所肩负的政策任务。但这种由中央企业出面的境外投资往往受国家间复杂地缘政治关系的影响，尤其是大型国企在发展中国家的资源类投资很容易被扣上"经济殖民主义"的帽子，因为无论是出于历史还是文化的原因，资源类投资较之其他领域更容易引发民族主义情绪。中国媒体"走出去"，通过"本土化"在对象国以独立媒体身份开展传播，以润物无声、细水长流的方式，"客观、中立"的姿态，有效引导当地舆论，缓解对抗抵触情绪，做好释疑增信工作，为我国企业海外发展营造有利的舆论氛围。

第三，利用媒体优质资源，加强公共外交领域支持。中国海外媒体在与东道国政府、机构、媒体及我驻外使领馆长期交往过程中形成了良好的合作关系，中国海外媒体可以发挥媒体公关方面的优势，帮助和引导中国企业加强与东道国政府的交流沟通，增进彼此互信，使其加大对中国企业的政策支持力度，以便扩大在东道国的投资规模，取得双赢结果。

第四，获取信息支持，规避跨国经营风险。中国海外媒体作为对象国前沿信息的重要集散地，及时收集和发布重要信息，有助于中国企业充分了解东道国法律法规、政局、民族文化、宗教习惯、风土人情、市场环境、劳动力成本等情况，认真评估投资风险。同时，及时跟踪东道国和相关国家形势变化，尽早发现风险前兆，采取相应措施，最大限度地避免不必要的损失。另外，中国企业以何种方式进入东道国市场，没有固定的标准，往往要综合企业自身条件、行业特点和东道国风险等来考虑。企业在进入一国市场之前，可以通过已本土化的中国媒体对当地投资环境进行全面调查和实地评估。包括社会、政治、经济、文化、人口、劳动力、就业率、习俗等不同角度。当然最重要的是经济环境的分析，如总产出、通货膨胀、资源与资金、消费习惯与偏好，此外包括竞争对手分析、市场环境分析、法律法规分析、行业竞争力分析等。通过详细的分析，确定公司发展目标，拟定全球发展战略，这些将直接影响着企业的未来发展潜力。

第五，开展针对性培训，推进人力资源本土化。一个企业的国际化水平，不仅取决于海外业务的数量，更取决于员工的国际化水平。由于文化背景、商业做法、商业政策等方面因素的存在，特别是语言人才的缺乏往往成为企业开拓新兴市场的重要障碍，构建语言人才库将会帮助企业降低成本，提高效率。中国的海外媒体机构可以帮助中国海外企业员工提升职业能力，着重加强外语能力、东道国历史文化及法律法规、国际经贸规则等方面的培训，逐步建立起适合本土化运营的人力资源管理体系。如，2012年中国国际广播电台巴基斯坦广播孔子课堂开始启动社会培训项目，为中国移动等海外公司培训员工，推进人力资源本土化。此外，中国海外媒体机构可以帮助中国海外企业树立起长远的文化融合观念，客观认识本土化经营本质上是一个冲突、理解到融合的发展过程，帮助企业管理层改进并不断丰富已有的企业文化体系。

三、围绕国家海外经济利益进行媒体"走出去"战略布局

服务国家经济建设大局是媒体自身建设的目标之一。我国媒体"走出去"战略应服务于我国海外经济利益发展大局，以此为依托进行谋划和布局。

我国对外投资地区分布广泛，从境外投资地域构成看，中国企业境外投资规模较大的投资地，大多是与中国经济合作紧密的区域和国家，特别是那些与中国政府签订了双边投资协议或其他类似合作协议的东亚、中亚和中东欧国家。根据中国官方统计，亚洲是中国设立境外企业家数最为集中的地区，占境外投资企业总数的一半，占境外投资存量的2/3。若按投资存量对国家进行排名，在前20位国家（地区）中，亚洲国家和地区占据将近一半。[①] 据商务部统计，截至2009年年底，我国1.2万家境内投资者在境外设立对外直接投资企业1.3万家，分布在全球177个国家和地区，境外企业资产总额超过1万亿美元，对外直接投资累计净额2457.5亿美元。[②] 无论是从流量还是从存量上看，亚太地区都是我国对外直接投资最集中的地区。中国国际贸易促进会的调查报告显示，中国企业"走出去"，其主要目的地是亚洲，特别是文化传统、经济结构与中国相近的东南亚地区，成为中国企业"走出去"发展的最佳选择。2010年1月1日，中国—东盟自由贸易区全面启动，自贸区内90%多的产品关税降为零，联系愈加紧密。所以，中国在周边国家"走出去"的步伐会进一步加快。

---

① 中国商务部：《2010年度中国对外直接投资统计公报》。
② http://money.163.com/10/1101/10/6KD85M9U00253B0H.html

近年来，欧洲也成为中国企业对外投资的热土。欧债危机的持续蔓延引发了全球经济及资本市场的低迷，流动性短缺、企业市值缩水，大量欧洲企业和金融机构面临破产重组的困境，这也为中国企业在欧洲开展投资提供了机遇。根据商务部的数据，2010年，中国对欧盟直接投资为59.63亿美元，这一数字和欧盟对华投资65.89亿元相当接近，占中国对外投资总额的8.7%，成为中国对外投资的重要目的地。中国企业"走出去"的战略目标通常包括：获取资源、扩大品牌影响力、扩大市场份额、获得先进技术和实现业务多元化等。欧盟市场无疑是中国企业实现"走出去"战略目标的最佳目的地之一。①

从企业问卷调查结果看，未来五年，东南亚新兴经济体、日本、韩国和非洲仍然是我国企业对外投资的主要目的地。此外，我国企业也有意愿增加对俄罗斯、东欧等地区的投资。总体看，企业对新型经济体的投资意愿强于对发达经济体的投资。

国家对资源能源类投资的优先支持是出于国家利益和战略安全的考虑。随着中国经济持续高速增长，对各种资源的需求强烈，保证各项能源的长期稳定供应已经成为关乎中国国家利益和战略安全的重大问题，也成为大型国有企业所肩负的任务。在中国对外投资总额中，能源、资源类投资占很大比重。截至2010年年底，以中石油、中石化和中海油为代表的我国石油企业在全球45个国家运作着173个海外油气投资项目（目前，各石油企业海外投资项目的统计标准不尽相同），逐步形成了以非洲、中亚、南美、亚太和中东为主的五大油气生产区，海外扩张进一步加快，业务地区分布进一步优化。能源、资源类行业的大量境外投资，固然与当前中国企业对延伸价值链的内在需求有关，②但国家一贯优先支持对该领域的境外投资可能是更为重要的促进因素。

简而言之，在非洲、拉美、中亚及其他友好国家，我国海外企业开发资源型项目，重点是投资国家建设急需的能源、矿产等战略资源和人民生活必需的农牧渔业资源。在东南亚、南非、北非、拉美和欧美等经济环境较好的国家，我国海外企业主要投资于生产型项目，兴办投资少、见效快的境外加工贸易项目。因此，我国媒体的海外建设应以此作为重点地区，为企业提供制定行业发展战略和市场开发战略所需要的信息以及当地吸引外资的优惠政策，帮助其产品进行本土化推广，通过多种形式拉近与消费者的心理距离。

---

① 魏澄荣：《欧债危机与中国企业"走出去"的策略选择》，载《亚太经济》2012年第4期。

② 姚枝仲、李众敏：《中国对外直接投资的发展趋势与政策展望》，载《国际经济评论》2011年第2期。

第二节　在国家外交重点地区进行战略布局

当人们回顾起20世纪50年代以来，发生在国际关系领域中诸如越南战争、两伊战争、古巴导弹危机、中美建交等一系列重大事件时，不难发现媒体在其中活跃的身影。诚然，媒体所具有的信息收集、筛选、发布、反馈等功能，本就注定了它与外交之间天然的联系。然而，与人们理所当然的想象不同，在近现代外交关系运作中，媒体已不仅仅作为传声筒的角色出现——为外交政策的出台做铺垫，为外交活动造声势，为外交行动争得舆论支持，为国家树立和维护积极正面的形象，帮助国家完成既定的战略意图——媒体无所不及的触角和它所搭建的舞台，已经被越来越多的人重视、研究、理解及运用，以期实现本国的国家利益。

一、媒体与外交

虽然媒体与外交之间存在着千丝万缕的联系，其表现形式也千差万别，但追本溯源，两者间的关系无外乎两种：

一是媒体作为参与者，影响外交政策的制定。与单纯的"工具说"不同，一些学者认为，信息化条件下，媒体不仅被政府影响和控制，甚至可以反作用于政府的外交决策并发挥相当程度的作用。如，美国学者杰里尔·罗赛蒂就认为："政府官员和社会集团都企图左右和控制媒介对国际国内事务的报道。因为他们懂得传播媒介的作用，知道通过媒介能影响政治议程和舆论导向，能影响国内政治和决策过程。"[①] 而美国一项调查发现，大众传播媒介的新闻报道与公众的观念及政府的政策之间有较强的相关性。大约60%接受调查的资深联邦官员认为，大众传播媒介对联邦政策有实质行动影响。其中超过10%的人甚至认为报纸具有决定性的影响。[②] 在中国，媒体在政策制定过程中扮演的角色通常被称为"麦克风"和"安全阀"，是公众表达意愿和情绪的重要平台。

二是媒体作为协力者，影响外交政策的实施。美国传播学家李普曼曾就媒体对公众舆论的影响作用做过这样的比喻：媒介就像是受众身后的火光，将其背后的事物投射到前面的洞壁上，形成影像，人们借助这些影像去感知

[①] 杰里尔·A·罗赛蒂著，周启明译：《美国对外政策的政治学》，世界知识出版社，2005年版，第482页。

[②] 刘丽云、张惟英、李庆四：《美国政治经济与外交概论》，中国人民大学出版社，2004年版，第83页。

实际的存在，理解现实的社会，并据此做出反应①。简而言之，媒体可以影响我们头脑中的图像。历史上，媒体自身的特殊性使其往往被当作宣传和执行本国外交政策的工具，用来对他国的政府和民众进行说明和说服，以期获得理解和认同。在信息全球化时代，媒体的这一作用愈加被放大。经历了从平面媒体到电子媒体，从传统媒体到新媒体的飞跃后，媒体在政治传播中所呈现的模式和发挥的效能，也随着传媒工具的演变而不断得到强化。各国政府都发现，在当今的外交领域中，媒体甚至比传统的政治、经济、军事手段都更能发挥推波助澜或是力挽狂澜的作用。以至于人们常常认为，媒体的发展拓展了外交的概念和空间，这种"由政府幕后操纵、运用大众传媒的力量，在特定的领域向其他国家的民众释放信息、影响舆论、塑造行为，希望在其他国家的民众中间建立信任、获得支持以及增强联系，进而间接影响他国政府行为的活动，就是媒体外交"②，既与传统外交平行运作，两者又相得益彰。媒体依靠报刊、广播、电视、网络以及迅速崛起的新媒体手段，在帮助政府发布信息，表达意愿，影响舆论，减少误解，从而更好地参与国际竞争方面，发挥了不可替代的作用。

无论是作为外交政策制定的参与者还是外交政策实施的协力者，媒体与外交互相作用的实质，是政府、媒体和受众间的三角关系。它展现了两个不同学科交汇的领域，对当前国际政治局势的深远影响。本节将选取媒体在服务于国家外交战略中所扮演的角色以及发挥的作用为着眼点，探讨两者的关系。

二、媒体服务于外交的形式

既然媒体可以影响国家外交政策的实施效果，那么，影响作用的积极或者消极就取决于媒体的立场。大多数情况下，媒体总是站在本国政府的一边，即便是在所谓的"自由新闻环境"下，媒体也都是为国家利益服务的，即，媒体有为国家说话的现象。需要指出的是，作为一项工具，媒体为参与其中的行为主体提供了交流的平台，其本身并不存在好坏之分，它"是一种可以为善服务，也可以为恶服务的强大工具"③。

媒体服务于外交的形式，大致可分为三种：

第一，营造舆论。发布社会信息，营造舆论环境是大众传媒的基本功能。作用于外交领域，媒体的这一基本功能可以使其成为世界上最大的传声筒和最好的洗脑机器。一方面，国家可以通过媒体来向世界展现自己的外交活动

---

① 李良荣：《西方新闻事业概论》，复旦大学出版社，1997年版，第97页。
② 赵可金：《媒体外交及其运作机制》转载于《世界经济与政治》，2004年第4期。
③ 吕杰、张波、袁浩川主编：《传播学导论》，科学出版社，2007年版，第316页。

和重大外交信息，先期试探国际舆论，对他国制定相应举措施加影响，从而构建有利于本国的外交环境。纵观国际社会，美国是最早利用大众传媒来为国家利益服务的。例如，本杰明·富兰克林曾利用英国报纸为殖民地斗争进行宣传，获得了英国人民的广泛同情；而林肯也指出，自我保护的重任只能依靠美国人民，但外国的好恶会对战争是否扩大或延长产生重要影响①。媒体是传递外交信息的关键，特别是在危机事件的处理中或是在扮演国家关系破冰者的角色中，媒体的这一功能表现得尤为突出。

另一方面，国家依赖媒体协调重大外交行动，通过议程设置来有选择地突出或淡化某些信息，通过新闻框架赋予某些信息以特殊意义，通过建立战略性传播来形成和引导国际舆论，并通过舆论来减少反对，赢得支持，从而影响外交事件的合法性。在国际政治斗争中，利用媒体可以最大限度地争取盟友，孤立敌人，实现传统的政治、经济、军事外交领域所不能实现的国家战略意图。1990年，伊拉克入侵科威特后，美国政府通过媒体，将伊拉克领导人萨达姆·侯赛因刻画成一个如希特勒一般邪恶的人物，并向世界公众灌输美国的"战略利益"在海湾地区受到严重威胁的"事实"。尽管并没有证据证明萨达姆与恐怖主义或是基地组织有联系，但美国所有涉及伊拉克的报道中，恐怖主义、基地组织以及本·拉登的名字都高居榜首。1999年，当北约战机向塞尔维亚发动第一轮袭击后，美国之音电台、自由欧洲电台随即配合政府行动，用巴尔干地区的5种语言，开始每周7天，每天24小时地播出信息，将美国对迅速发展的北约与南斯拉夫的这场战争的观点告之听众。

第二，观念认同。价值观念、意识形态是一个国家所承载的历史印记，反映出内部群体所共有的心理特质，是区别于其他国家而独立存在的特征之一，其重要性不言而喻。某种程度上来看，意识形态甚至是国家利益的一部分。在国与国的交往中，通过影响对方的价值观念来达到维护自己利益的论述，古已有之。早在两千年前，中国著名兵法家孙子就提出"不战而屈人之兵"的观点。拿破仑也曾说过：世界上只有两大力量，剑和心，从长远来看，剑总是被心所击败。当前，大众传媒作为文化传播的重要载体，便更多地承担了向他国传播意识形态和寻求观念认同的有效工具。对此，美国之音一位前负责人曾公开表示：全世界都明白，我们是政府的一个宣传机构，我们必须破坏苏联和其卫星国政府和人民之间的关系，竭尽全力动摇这些国家国内的稳定，我们应该在苏联控制的傀儡国内煽动民族主义情绪，我们应该大力宣扬我们代表民主和自由经济的体制的优越性②。

---

① 张骥等：《国际政治文化学导论》，世界知识出版社，2005年版，第252页。
② 杨伯华、明轩：《资本主义国家政治制度》，世界知识出版社，1984年版，第384页。

多年来，西方国家，尤其是美国，一直通过"国际化"的文化策略获取观念认同。如，美国前总统尼克松就强调，"美国不能赤手空拳地进入这一思想战场"，"美国从事最有效的对外政策计划之一，就是支持自由欧洲电台和自由亚洲电台"。1990年3月27日，美国针对古巴的马蒂电视台开始试播。哥伦比亚广播公司电视台对此评论道："美国现在对古巴发动了一场入侵，不过不是使用军事力量，而是通过广播。"[①] 的确，大众媒体通过媒体产品所负载的文化价值观念，可以潜移默化地影响不同国家的人民，为创造于本国有利的外交环境铺平道路。

第三，塑造形象。作为国家软实力的重要组成部分，国家形象既是综合国力的集中表现，也是国家最重要的无形资产。良好的形象所蕴含的高质量可信度和公信力，可以帮助一个国家更有力地赢得世界人民的支持，更好地争取国际舆论的同情，更顺利地实现国家战略目标，是各国外交追求的目标之一。《孙子兵法势篇》中有这样一段论述："故善战者，求之于势，不责于人，故能择人而任势。"这句话的意思是说，善于指挥打仗的将帅，他的主导思想应放在依靠、运用、把握和创造有利于自己取胜的形势上，而不是去苛求手下的将吏，因此他就能从全局态势的发展变化出发，使自己取得决定全局胜利的主动权。所谓"任势"，就是运用力量，借势成事。在国际关系领域，由于媒体天然具有"扩音"功能，再加上媒体国际化所奠定的丰厚传播资源，使其在构建、传播和维护国家形象方面有着得天独厚的优势。因而，妥善发挥媒体的作用，就成为在国际事务中制胜的有效策略，是各国政府需要借助的"势"。

"9·11"事件发生后，时任美国总统布什在一次新闻发布会上谈及该问题时说：我们在向外传递自己声音时做得不是很好。有鉴于此，美国政府开始采用形象修复的办法，着力调整在阿拉伯世界中的定位。一方面，美国之音加强对中东地区的广播：1991年至1999年之间，阿拉伯语各频道广播时间平均最多达23个小时，而在2002年后的两年间，这个数字上升到30小时[②]；另一方面，美国在中东地区开设阿拉伯电视台，围绕对美国政府政见持批评态度的半岛电视台的言论予以回击。同时，美国外交官还经常使用阿拉伯语接受半岛电视台的采访，阐释美国的外交政策，试图借助其在阿拉伯世界的影响力修复形象。

利用全球媒介事件来塑造国家形象，也是各国常用的外交手段之一。全球媒介事件制造的国际影响可以吸引国际媒体参与其中，发挥媒体的议程设置功能，综合运用媒体策划手段，在短时期内，以强大的凝聚力扫除空间阻

---

① 赵英：《新的国家安全观》，云南人民出版社，1992年版，第190页。
② 陈卫星：《国际关系与全球传播》，北京广播学院出版社，2003年，第24页。

隔从而获得国际目光的关注。这些赢得全球受众注意力的媒介事件，一般是通过体育比赛、王室婚典、历史纪念活动、高级别会议等形式来实现的。例如，20世纪60年代，日本通过举办东京奥运会，向全球展示了一个从战后废墟上重新站起来的国家形象，极大地促进了日本经济的腾飞；朝核六方会谈期间，媒体报道中国在其中的积极斡旋，帮助中国树立了负责任的大国形象；除此之外，世博会、APEC……数不胜数的媒体事件为国家搭建了展示良好形象的舞台，而媒体在外交领域的"用武之地"也愈加广阔。

三、媒体"走出去"可以更好地服务外交

媒体是为国家利益说话的。当大众传媒卷入外交过程，媒体施展技能的空间自然也被搁置于国际舞台之上。当倾听者变成跨国界、跨文化的全球受众，媒体的国家传播力对于国家利益的实现就有着超乎寻常的意义。

通过媒体来实现外交意图无外乎有两种渠道：其一是有效运作本国媒体，构建与国家意志相统一的传播机制，以我为主地开展宣传报道、组织宣传活动，代表国家对外发声；其二是积极运用他国媒体，通过合作、交流、交换等方式，于我有利地影响他国媒体的报道倾向和议程设置。相比较而言，第一种办法更具有主动性和可控性。而无论选择哪种途径，都需要承担着对外传播功能的媒体提升国际化程度，努力培植和拓展其在海外的传播能力和舆论空间。在此方面，推动媒体"走出去"无疑是最直接也是最容易取得成效的办法：从时间上看，地理位置上的接近可以帮助媒体尽快获得国家外交所需的信息；从效果上看，心理距离的缩短可以使媒体减少传播目的和传播行为之间的误差，更好地传达国家的战略意图。因此，"走出去"既是当前国际传播媒体自身发展的需求，也是其所代表的国家参与国际合作与斗争的现实需要。

从当前世界主要国际传播媒体的发展轨迹来看，依照国家外交需求进行媒体"走出去"战略布局，是很多国家多年来建设本国媒体全球采编网络的重要原则之一。一方面，世界知名国际传媒均在中国、美国、俄罗斯、西欧大国以及中东热点地区设有分支机构，这显然是基于新闻重要性的原则。而在一个关联度强、依存度高的国际社会中，任何两个国家之间的外交行为都可能引发一系列的连锁反应。因此，对主要国家、主要城市以及新闻高发地区的关注，不能不说也是国家利益的需要。另一方面，围绕本国境外利益的轻重缓急进行海外站点的建设布局[①]。例如，基于法国在非洲的传统利益，法国国际广播电台将一半数量的记者站设在非洲地区；澳大利亚广播公司的驻外机构主要在环太平洋沿岸分布，除设在美国的记者站外，设在印度尼西亚的记者站一直是澳广最为重视的驻外机构；日本广播协会的22个驻外机构

---

① 王庚年：《国际传播发展战略研究》，中国国际广播出版社，2006年版，第131页。

中,有5个是设在我国大陆及港台地区;韩国KBS在境外仅有12个记者站,但其中一半设在美国和中国。此外,媒体"走出去"的战略布局也处在一个动态发展的过程中,不同的历史时期会基于国家外交政策的调整,相应地调整关注对象,从而使传播行为更加有的放矢,更具有现实意义。例如,冷战结束后,美国的外交战略重点东移,美国媒体随之加强了对中东伊斯兰地区、亚太地区国家的舆论传播力量。"9·11"事件后,美国媒体开始在全球塑造一种有利于美国实施反恐行动的国际舆论,重点打击伊拉克、伊朗、朝鲜等国家,不断强调恐怖主义的危害以及反恐的重要性。

四、围绕国家外交战略推进媒体"走出去"布局

战略是行动的前提和目标。要规划我国外宣媒体"走出去"的整体格局,必须要清楚地认识我国在当前国际社会中的基本定位,必须要区分一般利益和核心利益、整体利益和局部利益、短期利益和长期利益的关系,必须要与我国的外交需求乃至国家的未来发展方向相适应。

2012年,时任外交部长杨洁篪在《伟大的创新 丰硕的成果——十年来我国外交工作的回顾与展望》一文中指出:新形势下,中国外交"要进一步走好我国的和平发展道路。始终不渝奉行独立自主的和平外交政策。与各大国共同探索新型大国相处之道,积极构筑相互尊重、合作共赢的新型大国关系框架。把周边地区作为践行和谐世界理念的首要地区,维护和营造睦邻友好、稳定繁荣的周边环境。加强同新兴大国和发展中国家团结协作。"[①] 由此可以看出,在当前和今后一个时期,大国、周边国家和发展中国家仍然是我国外交的着力点。围绕这一战略布局,我国的媒体"走出去"工作也需要进行与之相适应的规划部署。

第一,将大国作为"走出去"的目的地,就是着眼于要"影响有影响力的人"。大国关系之所以受到外交上的重视,主要因为它是构成世界格局的重要基础,大国的特殊地位和作用,使得其一举一动都会对整个国际形势产生连带影响。目前来看,大国因素也是影响中国外交最大的外部力量。近年来,随着我国国力的不断增强,针对我国国家形象的质疑和攻击也随之而来。尤以欧美大国为主,抛出了"中国崩溃论"以及形形色色的"中国威胁论",包括军事威胁、人口威胁、商品威胁、环境威胁,等等,严重干扰了我国构筑和平稳定国际环境的外交努力。外宣媒体走到大国去,就是要协助外交一道在国际上争取更多的支持和朋友。此外,在政治、经济、军事等方面占有先机的大国,同样也垄断着大量国际传播资源:美联社、合众国际、路透社、

---

① 资料来源:外交部网站,http://www.fmprc.gov.cn/chn/pds/ziliao/zt/dnzt/xysbd/t979451.htm

法新社等四大西方主流通讯社，占据世界新闻发稿量的4/5；西方50家媒体跨国公司占据全球95%的传媒市场；美国控制着全世界75%的电视节目的生产和制作，占领全球50%以上的电影市场。由此，"走出去"的另一项重要任务就是要建立与这些具有影响力的媒体的合作关系，改善其对我国"审视"、"抹黑"的态度，为提升国家形象起到事半功倍的作用。

第二，将周边国家作为媒体"走出去"的目的地，是因为周边外交始终是我国外交工作的优先课题。"从政治上看，周边是我国维护主权权益、发挥国际作用的首要依托。从经济上看，周边是我国对外开放、开展互利合作的重要伙伴。从安全上看，周边是我国维护社会稳定、民族和睦的直接外部屏障。"① 基于地缘接近性和利害相关性的考量，周边外交对我国争取稳定的外部发展环境十分重要，而现实情况是，我国的周边外交形势十分复杂，从西方国家抛出的"中国威胁论"在该地区颇受重视这一点上就可见端倪。与此同时，我国的国际传播在这一地区还面临着来自发达国家强势媒体的竞争压力，媒体"走出去"工作可谓情势紧迫而又任重道远。

2012年10月，柬埔寨太皇西哈努克在北京逝世后，中国国际广播电台柬埔寨分台——中柬友谊台立即调整节目形态，制定详尽的报道计划，通过调频广播、国际在线柬文网和官方微博三个媒体平台，从国内国外两个角度向听众全面报道悼念西哈努克的相关活动，重点回顾了中国政府和人民与柬埔寨太皇西哈努克的深情厚谊，并在随后的柬埔寨政府宣布的七天哀悼日期间制作了大量感动柬埔寨受众的节目，取得了很好的传播效果。柬埔寨王家研究院学者谢瓦尼女士说："中柬友谊台播放西哈努克太皇逝世的特别节目，表明中柬友谊台把自己当做柬埔寨媒体的一分子加入到悼念活动中来。中柬友谊台担当起了我们国家媒体的社会责任，还在节目中播出了中国国际广播电台致柬埔寨民众的哀悼函，这一点尤其让我感动。"柬埔寨国家电视台副台长肯伍蒂在听了中柬友谊台的节目后表示："与其他国家相比，中国对柬埔寨的帮助是体现在各个方面的，中国对柬埔寨的投资最多，对柬埔寨的帮助也最大，我们两国的友好关系由来已久，我希望这样的关系能够继续发展下去。"

中柬友谊台能在西哈努克太皇逝世的报道上赢得当地听众和同行的赞誉和尊重，说明我国媒体在开展对周边国家的外宣工作方面虽然面临不小的障碍，却也大有文章可做。外宣媒体要坚持走到周边国家去，同时要坚持本土化建设，确立在周边国家的主流媒体地位。周边外交是中国外交的优先课题，而中国媒体在这一地区的舆论影响力，将成为其树立全球影响力的基础。

第三，将发展中国家作为媒体"走出去"的目的地，是因为巩固同发展

---

① 傅莹：《与邻为善 以邻为伴——中国周边外交关系》，新华网，2003年12月18日，http://news.xinhuanet.com/newscenter/2003-12/18/content_1237720.htm

中国家的关系是我国外交的根基。我国与发展中国家长期以来建立的亲密团结、友好合作的关系基础，也是我国在国际政治格局中的优势之一。然而，在国际体系不断变革的背景下，我国虽然为增进与发展中国家的关系做出了相当的努力，却难免在现实环境下遇到新情况、新问题：政治上，首脑外交日趋活跃，"中非合作论坛"、"东亚—拉美论坛高官会议"等机制搭建了合作交流的平台，但中国的现实能力与发展中国家的期望存在差距，导致在某些问题上，中国无法像外界期待的那样履行国际责任从而引来质疑；经济上，经贸关系日趋紧密，区域经济合作取得了丰硕成果，并由此进一步增强了政治互信，但世界市场竞争难免波及双方利益，甚至一些中国对非投资行为被挂上"新殖民主义"的牌子；安全上，作为发展中国家的一员，中国与大部分发展中国家一样，有过共同的历史遭遇，承担着维护和平、谋求发展的共同任务，但在具体问题上却面临着一系列不同观点的考验。坦白地说，虽然我国与广大发展中国家有着广泛的利益关系，但是从媒体"走出去"的角度来看，由于国际传播能力的局限，近些年，我们对发展发达国家的派出机构更为重视，而对发展中国家派驻的新闻传播力量则相对薄弱。我们亟待重新审视对发展中国家的外宣工作，加大"走出去"力度，维护同这些国家的传统友谊，消除西方国家在这一地区的舆论误导，将其作为维护国家外交战略的重要支点。

第三节 在西方媒体活跃的地区进行战略布局

西方媒体的传播阵地是我国布局海外媒体资源的重要参考依据。要利用有限的资源最大化地参与引导国际舆论，就必须深入西方媒体活跃的重点地区。随着国际局势的变化和国家战略的需要，西方媒体对海外传播网络进行着相应的调整，形成了以东南亚、中东和非洲地区为舆论斗争前沿的传播格局。美国之音、英国广播公司、中东广播电视网、自由亚洲电台、法国国际广播电台、德国之声等几乎大多数西方国际广播机构的主要受众或者收听收视率增长点都集中在这三个地区，一些机构还在加大对这些区域的资金投入，并将此作为战略规划的重点。

要制定科学的"走出去"发展战略，就要立足于国际舆论的发源地，合理调整全球布局。对我国媒体来说，在新闻热点地区和重点城市要投入重金和人力，建设先进的海外实体分支机构；在非热点国家和地区则需大力发展报道员、临时雇员等松散的外围组织。借鉴西方媒体"有关闭、有保留、有重点、有补充"的布局模式，实现以较低的成本完成较为全面合理的国际传播网络覆盖。我们应对西方媒体在热点地区的活动进行全面的了解和分析，只有这样才能摆脱"空转"状态，集中力量攻坚重点地区，掌握国际舆论主动权。

一、西方国际传播的热点地区分析

（一）东南亚

美国广播理事会2011年年度报告显示，东南亚是美国国际广播最为活跃的地区，尤其是印度尼西亚和缅甸两国，听众人数在各国当中分列第一和第五位，其总和高达全球听众总数的26%。不仅如此，两国听众相比2010年增幅显著，分别增长了1300万和173万。美国国际广播2011年每周听众总数比前一年增长2200万，涨幅创下7年内的新高，而仅此二国便占据了听众增长的67%，这一数字相当惊人。

东南亚庞大的受众人数同美国媒体在该地区的战略发展紧密相关。从2003年起，美国的印尼关系全国委员会就开始建议加强对印尼的公共外交，包括扩大英语教学项目、扩大印尼媒体访问美国计划、向雅加达等地图书馆提供在线资源支持等。① 其中，重视出版和电视广播是美国最为突出的公共外交手段之一。印度尼西亚是世界上穆斯林人口最多的国家，又具有与其他伊斯兰国家不同的特点，加之在东南亚的特殊地位，使得它成为美国对伊斯兰世界公共外交的重点关注地。"9·11"事件后，美国针对恐怖主义和伊斯兰世界的反美主义加强了广播电视等的宣传活动。2002年，美国国会通过的《自由促进法》授权拨款1.35亿美元给广播理事会，用于扩大对穆斯林人口占多数国家的电视和无线电广播宣传，其中4300万美元拨款用于扩大对印尼的广播活动。2002年增加印尼语节目之后，美国之音的印尼受众人数达到每周780万人，到2011年不到十年时间便增至3800万。在印尼，美国之音有超过200个附属电台，有17个地方和国家电视机构转播美国之音的节目。尽管印尼对外国媒体进入本国十分谨慎，但美国之音成功地同印尼大多数主流媒体建立了良好的合作关系，这为美国之音的节目推广提供了便利渠道。总的来看，美国之音的目的是通过直接向印尼民众宣传穆斯林在美国的生活、工作和学习情况，改变印尼人对美国的负面印象。② 直到如今，这依然是美国之音的传播重点。2011年，美国之音将自己在印尼的角色进行定位，其中就包括"提供客观信息和观点，驳斥有关美国和极端意识形态的错误导向"。

显然，美国媒体多年来在印尼的经营收到了显著成效。近几年来，印尼一直是美国之音听众人数最庞大的国家之一，且逐年增长迅速，到2010年跃

---

① 仇朝兵：《九一一事件后美国对印度尼西亚的公共外交》，《美国研究》2007年第2期。

② 仇朝兵：《九一一事件后美国对印度尼西亚的公共外交》，《美国研究》2007年第2期。

居首位，比2009年增加900万人，而2010年到2011年更是增加了1300万人，占到全球听众人数增长量的近60%。美国广播理事会将其归结于在该地区节目的创新和海外机构的增加。2012年，美国之音进军印尼的地铁电视市场，为全国53个地铁信号传输点提供节目。可以断定的是，美国之音将继续巩固在该国的受众优势。

缅甸是美国近两年在亚洲的另一个舆论重地。2011年年底，缅甸全国民主联盟领袖昂山素季重返缅甸政治舞台，使缅甸的民主改革成为世界焦点。在这一时期，美国之音、亚洲自由电台在缅甸动作频频，借机推广媒体、宣扬美国价值观。2011年，缅甸政府解除了对几个境外新闻网站的长期封锁，其中包括美国之音、英国广播公司网站以及视频网站YouTube。这是缅甸政府放松政治控制的最新举措，缅甸三家官方报纸也停止了多年来刊登的批评西方媒体的标语和口号。2012年，在一系列缓和对西方态度的信号下，美国之音同缅甸国营电台及电视台签署备忘录，美国之音台长亲自出席签约仪式，并同缅甸咨询及文化部长会面，探讨加强合作并共同制作节目。缅甸政府开放传媒，不少外国传媒都争取进入缅甸。美国政府也在对缅广播上给予财力支持，在奥巴马政府2011年的政府预算中，增加了在亚洲广播节目的支出，其中就包括资助自由亚洲电台开播缅甸语的视频节目。

缅甸政坛的变动无疑给美国国际广播在该地区发展提供了契机。美国广播理事会受众统计报告显示，2009年收听人数排名前十的国家中并没有缅甸，当年排名第十的国家坦桑尼亚收听人数为550万。而仅过一年，缅甸就跃居至第六位，听众人数达到850万人。到2011年，缅甸听众人数再次攀升，位次上升至第五位，人数也增加到1000万，这一数据相当可观。这些都足见缅甸媒体环境的变化和美国在其重返亚洲的战略中对缅甸的重视。

（二）中东①

2011年，美国广播理事会受众人数排名前十位的国家中有四个中东国家——伊拉克、埃及、叙利亚、摩洛哥，听众总数约为3000万。需要注意的是，另一个中东大国伊朗在2010年和2009年分别居于第四位和第三位，受众人数均在1000万以上，而随着美伊关系的紧张，伊朗当局不断干扰美国之音、英国广播公司、德国之声等西方媒体的卫星信号，导致听众数量急剧下滑。但美国广播理事会依然不放弃对伊朗的传播，通过免费提供反屏蔽软件，鼓吹更多的伊朗民众通过网络收听收看美国之音、自由欧洲电台及中东广播网的节目。

---

① 此处采用广义上的中东概念，包括利比亚、突尼斯、阿尔及利亚、摩洛哥、苏丹等国，这些国家也都是中东广播电视网的目标受众。

尽管中东地区受众人数不及东南亚,但其受众比例却远高于其他地区。2011年伊拉克受众人数占全国总人口的66.9%,阿联酋占48.4%,科威特占45.3%,摩洛哥占42.2%。同中东关系密切的阿富汗占74.5%。由此可见,中东广播电视网、美国之音,甚至是对阿富汗广播的欧洲自由之声等媒体已然成为相关地区的主流媒体,是受众获取信息的重要渠道。

美国政府对中东地区的重视从财力人力投入上也可见一斑。由图1、图2可见,美国政府针对欧洲、亚洲、古巴、中东四个特定地区广播机构的投入呈现出显著的差别,中东广播电视网无论是资金还是雇员规模都远超其他三家机构。而从广播时数上来分析,中东广播电视网也遥遥领先于其他三家机构。自由欧洲电台以28种语言每周播出1163小时节目,平均每种语言每周播出41小时;自由亚洲电台以9种语言每周播出287小时节目,平均每种语言每周播出31小时。而包括自由之音电视台(Alhurra)和萨瓦电台(Sawa)在内的中东广播电视网仅以阿拉伯语一种语言,每周要播出515小时节目,节目密度远远领先,这足以显示美国对在中东地区开展舆论战的重视程度。

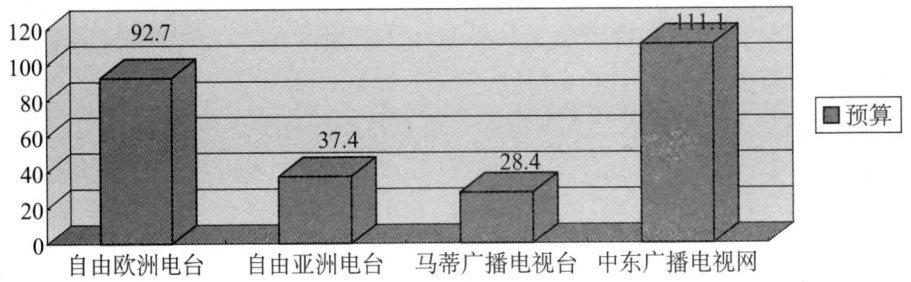

图1　各广播机构预算投入比较(百万)

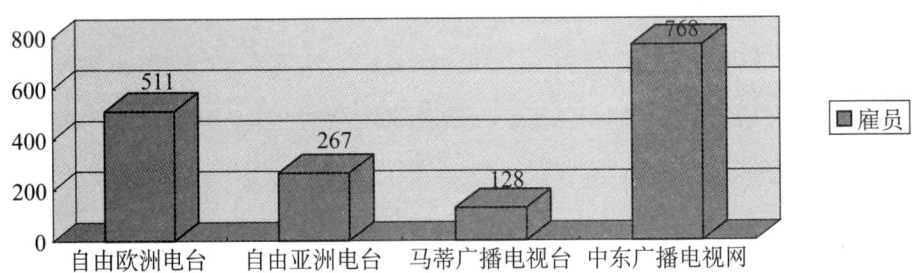

图2　各广播机构雇员数量比较

美国媒体全力打造中东广播电视网最直接的原因就是2011年在该地区爆发的"阿拉伯之春"。美国广播理事会在其报告中直截了当地表示,中东和北非的"民主革命"成果与美国强大的新闻报道不无关系。其后,利比亚的动荡局势再次为中东广播电视网在中东的舆论战中抢占制高点提供了契机。在埃及,中东广播电视网的自由之音电视台直播报道了开罗和亚历山大港的群众抗议活动,全球首发了埃及总统穆巴拉克下台的消息。一项电话调查显示,开罗和亚历山大港25%的埃及受众通过自由之音收看了相关新闻。2011年,埃及受众数量相比上一年增长了一倍,达到每周770万人次。自由之音还提供利比亚暴动的全景式报道,每天直播达20小时。2011年,萨瓦广播在班加西实现调频落地,首次实现通过调频广播向班加西播报利比亚局势最新消息。

为了抢占中东的舆论阵地,美国在对中东的传播策略上做足了文章。"9·11"以后,阿拉伯语广播从美国之音剥离出来,组建成了中东广播电视网。两家面向中东受众的阿拉伯语媒体自由之音电视台和萨瓦电台弃用美国之音"包罗万象"的传统模式,推行"娱乐为主,新闻为辅"的窄播模式,进行本土化和软信息传播,这种模式被广播理事会认为是"发展美国国际广播事业新路线的楷模"。这种模式旨在改善美国在中东地区的形象,化解敌意和积怨,扭转该地区的反美声浪。长期以来,尽管中东的年轻人不喜欢甚至憎恨美国的中东政策,但却向往美国的生活方式。中东广播网抓住了美国文化比其政治更具有吸引力的切入点,不断向中东地区输入美国文化,增强节目的感染力和亲和力。在节目编排上,中东广播电视网以青少年为目标受众,大量播放最前沿的西方和中东流行音乐。新闻类节目聘用当地100多位讲阿拉伯语的记者、撰稿人、制作人和广播员构成采编队伍,让播音员使用当地的语音、语调、节奏和速度播报。鉴于中东贫富差别严重,底层人民生活苦难,中东广播电视网对收听率较高的医疗健康类节目加大了投入和研究,让受众潜移默化地接受美国的人权和价值观念。如今,中东广播电视网在中东地区35岁以下的受众中取得了显著成效。

美国之音也在加大对伊朗的传播力度。2009年由两位年轻的伊朗籍员工主持播出一档嘲讽性喜剧新闻节目《Parazit》,在伊朗迅速走红,被比作是伊朗版的乔恩·斯图尔特"每日秀"[①]。由于伊朗禁止接受卫星电视台,大部分伊朗民众通过在线代理服务器观看,或购买非法DVD。仅在Facebook上,《Parazit》就拥有将近75万热心观众,每个上传的视频点击量都超过一百万。[②]

中东向来是西方大国在地缘政治和意识形态上的必争之地,包括BBC、CNN在内的其他媒体的战略目标也纷纷向此地转移。2011年,BBC在中东地区的受众人数增长创下历史新高。调查显示,"阿拉伯之春"事件期间,BBC阿拉伯语频道的听众总人数增长率超过了50%。观众人数由"阿拉伯之春"之前的每周2160万人,增长到每周3340万人。BBC阿拉伯语频道在伊拉克、

---

① 乔恩·斯图尔特,美国著名电视主持人,他主持的新闻讽刺节目"每日秀"在美国年轻人中广受欢迎,连续十次获得艾美奖。

② *Satire in Iran: Mocing the mullahs*, *The Economist*, Nov 5th, 2011, http://www.economist.com/node/21536654

沙特阿拉伯、约旦、黎巴嫩及摩洛哥等国家的周收视率几乎翻了一番,由之前的9.8%上升到目前的18.4%。在埃及,BBC阿拉伯语频道的观众数量增长幅度最大,每周观众人数已达930万,比之前翻了两番。①《纽约时报》分析指出,"阿拉伯之春"之后,英国天空广播公司和彭博电视台都争相挺进中东,同半岛电视台、自由之音电视台、BBC阿拉伯频道及德国之声抢占受众市场。

(三) 非洲

长期受到西方殖民统治的非洲,几乎是全球信息单向流动态势最为显著的地区,加上非洲国家对西方的文化和思维方式非常熟悉,使得西方国际广播不断地在非洲开拓市场。

2011年,非洲地区受众人数占到美国国际广播全球受众总数的26%,其中,非洲人口大国尼日利亚的听众人数仅次于印度尼西亚,达到2300万人。美国之音为非洲受众开发了手机平台,其使用率已经超过了家用互联网。在美国之音的手机应用中,一项名为"VOA 60"的视频服务广受欢迎。仅在2011年11月份期间,视频的豪萨语版就获得了20万受众。在刚果,美国之音培训了100多名市民记者收集视频、图片及信息,构成一张动态的"草根"信息网,成为美国之音在对象国实现本土化的成功之举。针对非洲干旱及自然灾害频发的情况,美国之音向索马里和阿姆哈拉地区的难民播报救生信息,并首次开发相关网络地图,精确定位受灾地区以争取援助。据统计,2011年索马里全国的收听率增至73%,成为美国之音收听率最高的国家之一。

同年,BBC在非洲市场上更是取得了7810万受众,到2012年这个数字上升到了8140万,使BBC成为非洲最大的国际广播电视播出机构。仅BBC的国际广播机构BBC World Service中,每周播出专门针对非洲的英语节目就超过27小时。除全球播出的节目之外,BBC也使用阿拉伯语、法语、豪萨语、卢旺达语、基隆迪语、葡萄牙语等多种语言向不同非洲国家受众播出节目。如在遭受干旱灾难的非洲角开通"生命线"(Lifeline)特别节目,使用索马里语播报新闻公告、实用信息、心理辅导等,同时也给听众一个分享经验和问题的平台,以更有效地对付旱灾。该节目是当地人了解自己生存环境的主要渠道。同时,BBC也针对艾滋病在非洲大疫情严重的现实问题制作相关节目,讨论艾滋病的传播防治等相关方面话题,提高人们对艾滋病的认识,效果非常明显。根据BBC的受众调查,在尼日利亚、肯尼亚和坦桑尼亚等国家,83%的听众收听过BBC关于艾滋病的广播节目。此外,针对非洲教育资源匮乏的情况,BBC开办不同语言的教育节目"电台老师"(The Radio Teacher),为

---

① 《BBC阿拉伯语频道听众数量创历史新高》,新浪新闻中心,2011年12月9日18:32,http://news.sina.com.cn/m/2011-12-9/183223607034.shtml

受众提供基础文学、数学和生活技巧教育。2012年6月7日，BBC宣布将播出一档专门针对非洲受众的英语电视新闻节目"聚焦非洲"，这是BBC新创办的面向非洲的系列节目之一，标志着BBC对非洲市场的开发力度进一步加强。[①]

对于法国媒体来说，非洲更是"法语世界"里的重中之重。非洲受众占法国国际广播电台总受众的85%，是电台最重要的传播区域。为了守住非洲这块"根据地"，法国国际广播电台做出了不懈的努力。在栏目内容上，法国国际广播电台是制作和播出非洲专栏节目最多的国际电台。在电台每周播放的6个专栏节目中，专门针对非洲的有4个，占据三分之二。专栏内容主要涉及"非洲时事"、"非洲音乐"和"非洲足球"，非常符合非洲受众的需求特点。在该类节目的输出过程中，编辑注意根据非洲受众习惯选用合适的语言表达和播放时段。在语言政策上，电台的多语言发展目标是：巩固在非洲影响力的同时，努力发掘在世界范围内的新的受众群体。可见，电台语言政策的制定，是以不削弱非洲的传播力为基础的。[②]

德国之声也将未来规划的重点放在了非洲，明确表示将继续扩大非洲的调频广播网，优化豪萨语、斯瓦希里语、法语和葡萄牙语落地调频，并将制作英语的区域广播杂志，供非洲合作伙伴复播。同时，推广手机广播将是德国之声未来在非洲的重点项目。据全球移动通信系统协会2011年调查显示，非洲是世界手机用户增长最迅速的地区，是仅次于亚洲的第二大手机市场。由此，德国之声制定了"Learning by Ear"手机教学广播，使用阿姆哈拉语、英语、法语、豪萨语、斯瓦希里语和葡萄牙语播出，并以此项目作为扩大对非传播的突破口。

二、我国媒体在相关地区的发展现状反思

从以上分析可以看出，我国媒体在这些区域的传播实效并不乐观。

第一，东南亚的大部分国家都是我国的周边邻国，中华文化在历史上对东亚、东南亚、南亚等国家和地区都产生了深远的影响，形成了与欧美文化截然不同的亚洲文化圈。中国媒体要走向世界，首先要完善在亚洲国家分支机构的建立和维护。从目前来看，日本、韩国作为国际文化贸易市场的生力军，成为强势文化产品输出国，成功实现了"文化走出去"，在亚洲和世界传播领域的话语权都要强于中国。

从政治和军事上来看，不少国家对我国近年来的快速崛起表现出不安和焦虑。而美国在2011年的军事战略部署上高调宣布重返亚洲，使中国同周边

---

① 王春枝：《BBC的非洲传媒市场开发策略探析》，《中国记者》2012年9月。
② 雷霏：《法国对外广播的改革与发展——以法国国际广播电台为例》，《传媒》2011年8月。

国家的关系面临更加严峻的考验，不少国家要求美国及时介入，或明或暗地遏制中国。这对我国的周边安全构成了严重威胁，也说明我们前些年与周边邻国经贸合作很多，经济援助很多，政治互动不足。因此，要下大力气推动双边互信。在这方面，由于国际台拥有的对东亚、东南亚、南亚等地区的语种资源十分丰富，并具备一定的媒体影响力，可以此作为化解周边矛盾的舆论阵地。

第二，中东地区无论从政治、经济、军事角度还是从国际新闻的专业角度来看，都在世界格局中举足轻重，被认为是当今世界上冲突最集中的地方，热点多，情况杂，一直是全球关注的焦点和世界媒体角力的主战场之一。2011年至2012年，中东经历的大变局不亚于20世纪60年代阿拉伯国家民族独立运动。如果放在世界坐标系来看，其影响和意义不亚于东欧剧变和苏联解体。其一，中国对中东的关注随着其在该地区的能源利益而逐渐增强。1992年或1993年之前，中国的石油自给自足，如今则逐渐变成一个石油进口大国，每年进口的石油一半以上来自中东。其二，"阿拉伯之春"事件发生后，西方媒体将中国与阿拉伯国家作类比，认为中国将成为下一波民主化浪潮的中心，亟须我国媒体进行解疑释惑。其三，中东地区是中国在伊斯兰世界推进外宣工作的重要窗口，有助于向阿拉伯世界展示我国宽松、自由的民族和宗教政策，消除外界对中国的猜疑与误解，对稳定中国新疆西部周边地区和为中国赢得未来的生存空间具有重要意义。

阿拉伯文最早的典籍《古兰经》中有一句名言："为了求知，哪怕远到中国。"早在两千年前，丝绸之路就将中华民族与阿拉伯民族联系在一起，虽然目前中国与阿拉伯国家之间的政治、经济关系发展良好，但新闻合作还较为薄弱。在中东局势报道上，中国媒体仍然依附于西方媒体的报道框架，中国报道中的中国立场、中国态度难以表达，报道的自觉性和自主意识依然不足。在2009年的世界媒体峰会上，包括卡塔尔半岛电视台、埃及中东社、叙利亚通讯社、沙特通讯社等在内的近10家阿拉伯主流媒体参加了峰会，他们对加强中阿媒体合作、实现互利共赢表示出了浓厚的兴趣。由于西方媒体通过长期的实践和经营，已经形成了一整套较为成熟的运作模式，因此中国媒体如果想要打破中东地区新闻市场长期被西方主要媒体垄断的局面，就必须不断对自身的报道方式、发展战略进行改进、加强和调整。

第三，长期以来，非洲丰富的资源和显要的战略位置吸引欧洲国家在非洲进行殖民统治，通过在非洲的不断扩张加速了欧洲自身力量的壮大和崛起。虽然第二次世界大战瓦解了西方在非洲的殖民体系，但欧洲在非洲的势力和影响却仍然存在。此外，美国介入非洲，与欧洲相互呼应，造成非洲事务整体上为西方把持。美国等西方国家通过援助与其"信仰相似"的非洲国家，试图把其改造成类似的"民主国家"。

尽管美国在能源和反恐需求上需要同非洲合作，但其在联合国这个国际论坛中对非洲的呼声和要求基本采取忽视态度。相反，中国一直把对非外交置于优先地位，尤其是中非论坛创新了一国对一洲的外交模式，实现跨洲际、跨文明自愿融合的新型国际关系，同西方与发展中国家的关系形成了鲜明的反差。但是，随着中非关系的深入发展，中国对非经济超出了无偿援助的范围，更多遵循市场规则，使非洲人民原本对中国的高期待产生落差，部分中国企业销售伪劣产品、拖欠工资等行为又加重了对中国形象的不良影响。在西方媒体推动下，"中国威胁论"、"中国资源掠夺论"、"新殖民主义论"等各种论调被炒得火热。中国在非洲的传播"软实力"并未实现与政治经贸关系等"硬实力"同步发展。加上非洲国家对西方的文化和思维方式更为熟悉，无疑加大了我国媒体对非传播的难度。

三、我国媒体在相关地区的传播建议

（一）扩大覆盖广建平台

中国媒体要加强在东南亚、中东、非洲的国际传播水平，提升有效落地、扩大海外用户是首要条件。只有先通过硬件建设进入舆论阵地，我们才有平台和机会同西方媒体竞争。以美国国际广播为例，包括美国之音、自由欧洲电台/自由电台、马蒂广播电视台、自由亚洲电台和中东广播网在内的美国对外广播系统，覆盖了全球除北美、西欧、澳大利亚和部分南美洲以外的几乎所有国家。其中，东南亚只有马来西亚属于非目标听众国，而非洲和中东则是全境覆盖。

相比之下，中国媒体的海外覆盖才刚刚起步，在重点地区增加海外分台、制作室、记者站等海外机构是大势所趋。尽管中国国际广播电台在短短6年间已建成90多家海外分台，但只覆盖了有限的50个国家，这还远远达不到英国广播公司、美国之音的覆盖水平。CCTV-4和CCTV-NEWS虽然也在非洲30多个国家落地，但收看范围多局限于华人圈，覆盖高、入户低的特征明显，传播效果也不理想。而在中东地区，中国更是缺乏有效的媒体覆盖，从美国国际广播在中东高达半数以上的收听比例就可看出，中国媒体在该地还远未形成同西方国际广播整体竞争的优势。

（二）选择媒体因地制宜

东南亚、中东和非洲地域特征鲜明，尤其是中东和非洲，由于经济发展和政局变化等因素，需要考虑以不同的媒体手段进行分类传播。

东南亚国家的新媒体使用率呈现出显著增长趋势。以印度尼西亚为例，2012年8月盖勒普调查显示，电视依然领军媒体市场，广播呈现下滑趋势，

移动媒体则增长迅速，手机上网率也随之攀升。① 2012年7月，牛津互联网研究院发布数据显示，全球使用Twitter发布信息量最大的国家中，印尼仅位列美国和巴西之后，全球排名第三；另一个东南亚国家马来西亚位居第六。②这更印证了新媒体在东南亚地区的发展势头。需要注意的一点是，在印尼手机使用的调查中，有31%的30岁以下受众和15%的30岁以上受众将"收听广播"作为常用服务，这为我国媒体在对象国发展移动在线广播提供了空间。社交网站、在线广播、移动服务可开发成为我国媒体进军东南亚的有效平台。

在中东，电视市场竞争十分激烈。其中，CNN曾因报道海湾战争而声名鹊起，对中东地区的新闻采集格外看重，并在阿联酋阿布扎比设立了中东总部。近年来，CNN还在中东推出了全新的新闻收集和编辑中心，成为首家在中东地区推出日间现场新闻节目的全球性电视网络。而中东本土的半岛电视台更是在阿富汗、伊拉克战争的报道中独领风骚，在阿拉伯地区的影响力已经远远超过了所有的美国新闻网，是全球收视率最高的阿拉伯语新闻电视台，在中东的媒体地位首屈一指，难以撼动。除了这两家主流电视机构，美国自由之音电视台、彭博电视台、英国天空广播公司、英国广播公司阿拉伯频道及德国之声纷纷抢占中东，电视媒体市场几乎完全饱和。可以预见的是，我国要在中东发展电视媒体几乎难以收效。但由于中东局势动荡，战乱频仍，调查显示，有20%到40%的受访者称广播依然是他们日常获取信息的重要媒介手段。我国在中东地区的调频落地目前尚属空白，有很大的发展空间，可在广播媒体上有所作为。

非洲与欧美等发达国家的传播市场相比，就好比一块尚待开垦的土地，百业待兴，需求旺盛。对于正在积极"走出去"的中国媒体而言，这里充满了发展的机遇，无论是电视、广播、还是移动媒体，都有极大的发展空间。电视方面，尽管非洲本土电视媒体在报道本地新闻上占据一定优势，个别国家的私营全媒体集团市场化程度较高，但新闻节目的直播能力普遍较低。在非洲23个法语国家中，很多国家只能收看本国的一个频道和法国电视5台，如果我国媒体进入这些国家，就能快速提高收视率。③ 广播方面，由于贫困和电力缺乏等原因，非洲许多国家都以广播作为主要信息来源。英国广播公司、

---

① BBG Research Series: *Indonesia - TV Still King, Mobile and Internet Up, Radio Slides*, October 18, 2012, http://www.bbgstrategy.com/2012/10/bbg-research-series-indonesia-tv-still-king-mobile-and-internet-up-radio-slides/

② Oxford Analysis Depicts "The Geography of Twitter", July 17, 2012, http://www.bbgstrategy.com/2012/07/oxford-analysis-depicts-the-geography-of-twitter/

③ 刘滢、周瑜：《非洲：中国媒体国际传播的重要突破口》，《中国记者》2012年10月。

美国之音、法国国际广播电台在非洲都有很高的收听率。2006年，中国国际广播电台的海外第一家调频电台——肯尼亚内罗毕调频台落户非洲，英国广播公司等西方媒体惊呼，国际台内罗毕分台的开播，在非洲爆炸了一颗"精神原子弹"。这表明，中国的广播媒体在非洲具有一定的竞争实力，需要大力发展。移动媒体方面，近年来非洲的手机普及率迅速上升。在肯尼亚，至少87%的受众用手机打电话，67%的受众用手机发短信，手机上网越来越普遍。美国之音、德国之声都在非洲开通了移动平台服务，移动媒体市场潜力巨大。

（三）优化内容精准传播

用对象国受众的思维方式来进行国际传播一直是中国媒体的弱项。如果不能做到"外外有别"，从实质上优化传播内容，就不能在这些欧美媒体势力集中的区域立足，更难以推出根据不同国家和地区市场进行细分的、真正迎合不同国家胃口的栏目和频道。

亚洲是中国最容易塑造领导力和感召力的地区，是我国国际传播拉近文化、心理、情感距离的优势所在。一些有着明显中华文化特色的媒体产品，如国家形象宣传片、国产电视剧、音乐等应首先培育和发展东亚、东南亚、南亚地区市场，锁定日本、韩国、越南、泰国、新加坡、马来西亚这一地理圈，从亚洲文化圈中立足，再逐步进入欧美、非洲等全球市场。需要注意的是，中国媒体对东南亚的传播内容单一，过分宣扬华人热爱祖籍国的情怀，忽视了华人政治效忠对象的变化，致使新闻报道政治意识形态色彩较为浓厚。另外，考虑到文化同化和排华事件之后，东南亚各国华文水平急剧下降，实施语言本土化传播变得十分必要。在这方面，国际台东南亚地区语种齐全，如能改进传播策略和技巧，比单纯地使用汉语和英语传播更能提高对东南亚各国的亲和力和感召力。

中东地区政治、经济、文化局势最为复杂，宗教、语言背景千差万别，传播市场也复杂多样，远不像欧美地区有相对一致的价值观念和政治利益。历史上，中东各国之间矛盾较大，积怨较深，一直处于国际政治斗争的前沿，国际局势长期动荡不安。经济上，各经济类型和发展水平存在较大差异，成员国几乎囊括了经济发展的各个层次。文化上，伊斯兰教、天主教、犹太教等不同的信仰和文化理念形成各自独立的发展空间。中东国家众多，众口难调，既有相对开放的黎巴嫩、土耳其，又有宗教政策严格的叙利亚、沙特阿拉伯；既有遭受外部侵略的伊拉克、巴勒斯坦，又有国内动荡不安的利比亚、苏丹。一档土耳其观众十分喜爱的电影，很可能会引来叙利亚的抗议。因此，粗放式的、无差别的传播是我国媒体进入中东的大忌，极易顾此失彼，引发文化冲突，甚至为外交带来麻烦。这就需要媒体"看人下菜碟"，将受众国细分到最优单位，实现对传媒市场的深度发掘。

非洲与中国在政治和商业精英层建立了很好的关系，但在吸引普通非洲民众，说服他们接受中国影响力方面还远远不够，基本沿袭对内传播传统。2006年，在赞比亚竞选中，反对派领袖萨塔在指责中国令赞比亚成为"他们的倾销地"后获得近三分之一选票。如何引导非洲民间力量全面看待中非关系，是中国对非传播的严峻挑战。① 目前，中国媒体以回应发达国家舆论指责的反驳和辩解为主，没有形成主动出击的态势。媒体大多在忙着解释"我们不是什么"，而忽视了主动传播"我们是什么，我们有什么"。② 因此，对非传播应从向精英传播转为向"草根"传播，从惠及普通非洲民众的角度出发来处理对中非经贸关系的报道。另外，教育、医疗、国际救援等节目在非洲潜力巨大，美国之音、英国广播公司、德国之声等的此类节目均收效良好。我国媒体可以此借鉴，拓展传统的经贸新闻报道这一狭窄领域，大力开发与普通民众利益直接相关的实用性节目。

第四节　在华人华侨聚集的地区进行战略布局

海外华人华侨是中华文化的承载者和传播者，在积极融入住在国主流社会的同时，更加注重保持自身的民族特性，更加主动、自觉地学习华文、传承中华文化。同时，身在海外的华侨华人还吸收了多元文化的因素，是文化交流的重要载体，更是文化交流的有力推动者，在国家软实力建设中发挥着独特优势。国务院印发的《国家侨务工作发展纲要（2011年—2015年）》，首次把"拓展侨务公共外交"列为我国侨务工作重要任务之一，预示着侨务公共外交将成为我国公共外交的重要组成部分，在提升中国文化软实力、改善国家形象方面大有作为。这也为我国媒体以拓展侨务外交为契机加快"走出去"步伐提供了良好机遇。

一、海外华人华侨的分布现状与特点

（一）海外华人华侨的概念界定

要了解海外华人华侨的分布现状和特点，需先了解华人、华侨、海外华人华侨等概念的内涵和外延。

---

① 龙小农：《超越"非洲范式"：重构中国对非外交传播战略》，《现代传播》2011年第4期。
② 卢茹彩：《告诉非洲："我们是什么，我们有什么"——浅析加强对非洲传播能力建设》，《对外传播》2012年3月。

关于华人、华侨的概念，理论界和学术界尚未有统一定义。《辞海》对"华人"的注释是：中国人的简称。亦指已加入或取得了所在国国籍的中国血统的外国公民。《辞海》对"华侨"的注释是：侨居国外的具有中国国籍的人。不包括出国旅行访问人员，政府派在他国协助建设的工人和技术人员，国家派往外国的公务人员和在国外学习的留学生。已经加入或取得外国国籍的中国血统的人是外国公民（亦称中国血统外籍人），不是华侨。

《中华人民共和国归侨侨眷权益保护法》规定，"华侨是指定居在国外的中国公民"，"所谓定居，是指在外国已经获得该国政府的永久定居权，但尚未加入居住国国籍者；它既包括外国政府批准的合法定居，也包括外国政府认可的事实上的定居，不包括非法居留者。"[①]

有学者则从多个角度对"华人"概念进行了考察，认为"华人"通常可以被用来指代不同的含义：第一，指已入籍居住国的中国血统人，以与"华侨"概念相区别，突出政治法律身份的当地化。第二，泛称已入籍或未入籍的所有居住海外的中国血统人，着重其人种学上的意义。第三，指已入籍居住国，但在心理情感和文化价值方面较多地倾向于中国的海外中国血统人，所谓"政治上认同当地，文化上认同中国"，心理特征处于"中国取向"和"当地取向"的过渡之中或兼具有"双重取向"者。[②] 可见，海外华人的概念可从不同角度来界定：从国籍来看，华人是外国人，非中国公民；从血统来看，华人是中华民族后裔；从文化角度来看，华人是指具有纯"中国"认同，或部分认同的人（涵义相当广泛）。

海外华人华侨是一个通称，是一种综合概念，主要指具有中国血统的，在中国大陆、香港、澳门、台湾以外长久居留或暂时逗留的所有华人的总称。基于"华人"概念的不确定性，学者们习惯用"华人华侨"、"海外华人"、"海外华人华侨"等来进行综合指称，目的在于使概念不至于含糊不清，也有利于行文的连贯。从注重政治性的角度，我们可以用华侨或侨胞来强调国籍。从注重人种的角度，我们可以用海外华人、外籍华人或华裔来强调中国血统。本文使用的"海外华人华侨"，指广泛意义上的海外华人群体。

（二）海外华人华侨的分布状况

海外华人华侨分布广泛，无论走到哪个洲，都可以觅到华人踪迹，以至于有"哪里有海水，哪里就有华人"的说法。

---

① 周南京：《华人华侨问题概论》，载《华人华侨百科全书·总论卷》，中国华侨出版社，2002年版，第1页。

② 吴前进：《国家关系中的华人华侨和华族》，新华出版社，2003年版，第7页。

世界历史上，中国人大规模向海外移民始于16世纪末。至17世纪初，世界华人数量约10余万人，基本集中在东南亚。随着中国与东南亚商贸关系的发展，至19世纪中期，世界华人数量约150万人，仍高度集中于东南亚。19世纪中叶以后，大规模华工出国，从根本上改变了世界华人华侨分布的状况，北美、拉丁美洲、大洋洲和欧洲都出现数量不等的以华工为主的华人社区。由于19世纪后期东南亚以外的国家和地区均排斥华工，20世纪初华人的数量仍高度集中于东南亚。到20世纪50年代初，世界华人数量约在1200万—1300万人之间，东南亚华人所占比例超过九成。20世纪70年代以来，大规模的中国新移民决定性地改变了世界华人华侨高度集中于东南亚的格局。到2008年，世界华人华侨总数超过4500万人，而东南亚的比例降为73%。发达国家的华人华侨数量激增，日本和韩国的华人华侨数量增长最快。北美华人华侨多达530万人，从20世纪80年代以前占世界华人华侨总数的4%增至2007年的近12%。欧洲华人华侨从1980年以前占华人华侨总数不足1%增至2007年的近5%。华人华侨聚居区几乎遍及全球各大洲的各个国家，尤其近百年来中国移民鲜至的拉丁美洲、非洲和中东各地，现在也出现多个数以万计的华人华侨聚居区[①]。

海外华侨华人的构成主要包括老一代华侨华人、新华侨华人、华裔新生代。其中，新华侨华人（也称为新移民）指1978年改革开放以后通过国际迁移途径取得华侨华人身份的人员，主要由留居海外的出国人员组成，另有一部分以其他多种方式定居海外，如投资移民、技术移民、亲属团聚、个人出国发展成为新一代华侨华人等；"华裔新生代"则有广义和狭义之分，广义的华裔新生代是指在中国大陆、台湾和回归祖国后的香港、澳门以外出生的华侨华人，狭义的华裔新生代是指在中国大陆、台湾和回归祖国后的香港、澳门以外出生并正处于少年儿童和中青年的华侨华人。

据最新权威统计，目前全球海外华人共5000多万人[②]。其中，亚洲地区的华人华侨主要分布在东南亚国家，如泰国、印度尼西亚、马来西亚、新加坡、菲律宾等国。美洲地区的华人华侨主要分布在美国和加拿大。非洲地区的华人华侨主要集中在南非。欧洲地区华人华侨主要由老华侨华人、70年代中后期以难民身份由越南、老挝、柬埔寨三国移入的华人再移民以及新华侨华人三大群体构成；大洋洲地区华人社会主要由老华侨华人、大陆和港台新华侨华人、越南、老挝、柬埔寨和东南亚其他国家华人再移民构成。新华人华侨是大洋洲华人社会的主体，来自中国大陆和来自港台者

---

① 庄国土：《世界华人华侨数量和分布的历史变化》，载《世界历史》2011年第5期，第14页。

② 《侨情综览》（2011），暨南大学图书馆华侨华人文献信息中心编，暨南大学出版社，2012年版，第1页。

大致数量相当，两者合计占该地区华人社会总人口的三分之二强，构成华人社会的主体。

世界各地遍布华人华侨的足迹，整体上呈现出"大分散，小集中"的特点。① 这主要体现在两个方面：在全球范围内表现为，"大分散"主要是分散在全球170多个国家和地区，可以说，全球各个角落都有华人足迹；"小集中"主要集中于东南亚，这是海外华人聚居最多的地区，其次，美国是仅次于东南亚地区的第二大华人移民区。近年来，随着大陆新移民数量的急剧增加，东南亚移民的再移民，以及大陆、港、澳、台等地区往发达国家移民，使这种情况发生了一些变化，但是总体格局没有改变。在占有比例上，由于更多的人移民北美、澳洲、欧洲等发达国家和地区，导致了东南亚华人人数占海外总华人华侨人口的比例下降，而欧美等国的比例稳步提升。但是，这仍然改变不了华人移民集中的地区的规模比例，即仍然是亚洲居首，美洲、欧洲、大洋洲次之，非洲最后。在一国内表现同样如此，由于早期华人在海外受到很多歧视和不公正待遇，为了少受居住国的排华、反华、种族歧视和隔离政策的打击，大多数华人华侨集中居住在一个地区以求得生存和保护，守望相助。同时，以"五缘"为纽带的海外华人社会进一步团结起来，凝聚力进一步增强，必然增强这种集中居住的生活模式。他们大部分居住在城镇，形成了华人华侨聚居区，如"唐人街"、"华埠"、"中国城"等，这就是"小集中"，但是，总体上来说，在一个国家内，并不是所有华人都能够加入当地华人社团，参与华人活动，聚居在一起，成为"华埠"的一分子，呈现出一种"大分散"的格局，如美国华人。

从全球各地分布情况来看，尽管世界华人华侨高度集中于东南亚的格局已被大规模的新移民所改变，但东南亚和东亚仍是海外华人华侨的主要分布地区（约占海外华人华侨总数的60%左右），旅居欧洲（以西欧地区为主）、北美（以美国和加拿大为主）和南美（以秘鲁、巴西和阿根廷为主）地区的华人华侨也各有数百万人；旅居大洋洲（以澳大利亚为主）的华人华侨数量呈快速上升趋势，目前已超过百万人；旅居中亚和西亚地区的少数民族侨胞也接近百万人。旅居东南亚、东亚、欧洲、北美、南美和大洋洲等地的华人华侨群体中，最近20多年来由内地和港澳前往这些地区定居的新移民的数量增加较快，其比例在上述一些地区已经占到20%—30%。

从总体上讲，旅居海外的5000多万华人华侨虽然已经不同程度地融入当地社会，但是，他们当中的大多数人仍然对自己的祖国（或祖籍国）怀有相当深厚的感情，将中国媒体作为获取"祖国声音"的主要渠道。

---

① 茅根红：《海外华人华侨世界的新变化及其对中国未来发展的影响》，暨南大学硕士学位论文，2006年，第9—10页。

二、海外华人华侨对国家软实力建设的独特优势

经自秦汉以来的数千年历史演进，华人华侨已广布全球各地。他们历经艰辛、艰苦创业，创造了无数令世人惊叹的业绩，优秀人才几乎遍及各行各业。尤其是改革开放以来，海外华人华侨数量剧增，群体不断壮大，涌现出一大批知识层次高、奋发有为、开拓进取的人才，为华人华侨群体注入了朝气蓬勃的力量。海外华人华侨也以崭新的面貌呈现于世界舞台，其社会地位不断提高，经济实力大大增强。他们有力地推动了所在国经济社会的发展，也为中国加快发展带来了有利条件，对推动中国软实力建设发挥了独特作用。

"软实力"一词最早由美国哈佛大学教授约瑟夫·奈提出。他认为，国家的综合实力，既包括由经济、科技和军事实力等体现的"硬实力"，还包括在本国文化、社会制度、生活方式和意识形态等价值观念层面所体现出来的"软实力"。人们可以将"软实力"主要理解为"一个国家的文化、核心价值、社会制度、民族特性等要素蕴含的力量资源及其外化为国家行为、国家政策战略所产生的影响力、同化力与规制力"，其内涵十分丰富。鉴于软实力内涵的丰富性，海外华人华侨对推动国家软实力形成和发展所起的作用，并非表现在软实力发展的所有方面，而是有所侧重。

（一）海外华人华侨是中外文明交流沟通的重要桥梁

海外华人华侨尽管受各种因素影响，对所在国文化有不同程度的认同，但中华文化的内核却被绵延不断地传承下来。这种精神支撑着他们在当地的生存和发展，同时常常转化为一种绵延不绝的文化情结。正是由于这一种文化情结，使得他们虽然身处异国他乡，却无法忘却自己的祖籍文化渊源，由此成为中华传统文化的自觉传承者，中华文化也因此在全世界得到传播弘扬。当前，"中国模式"受热评，世界各地华文教育蓬勃发展，"汉语热"全球兴起，孔子学院遍布五大洲，"唐人街"成为世界各地多元文化的重要标志，海外华文媒体对中国宣传力度不断加大，这些都体现了中华文化在海外的传播力和影响力，都有利于世界更好地认识中国、了解中国，也有利于中外文化的交流与融合。随着海外华人逐渐融入当地主流社会、华文教育融入主流教育、华文媒体进军主流文化产业等，中华文化在与当地主流文化的交融中，不断扩大了自身影响力。中国"春节热"在国外的升温，说明了中华文化的影响力随着中国经济实力增强及国际地位提高而得到所在国的重视，并逐渐在与所在国文化的交流与融合中，显示出强劲的生命力，但这其中不能忽视海外华人华侨文化的作用，正是通过海外华人这个载体，"中国年"才呈现在世界的面前，也是通过海外华人华侨，这种文化的交流才得以实现。可见，在中外文明交流过程中，海外华人华侨的桥梁作用是无法替代的，正是由于

这种作用的存在，中华文化在"连接"的过程中也促进了自身文化的传播，其感召力、凝聚力和吸引力也得到进一步增强①。

（二）海外华人华侨是中国形象的传播塑造者

海外华人华侨既了解中国，又易于为所在国人民接受，也较为客观公正。这决定了他们在传递、诠释中国形象过程中具有得天独厚的优势。他们是所在国人民了解中国人民和中国形象的主要窗口。随着中国快速发展和国际地位的提高，"中国因素"在国际关系中的作用明显增强，也为华人华侨在世界舞台发挥聪明才智提供了更广阔的空间。中国的快速发展，既给世界各国带来巨大发展机会，也影响到国际利益格局，分布在世界各地的几千万华人华侨表现如何，对中国形象的影响不可忽视。因此，努力展示出传承中华传统美德、和睦相融、合作共赢、团结友爱、充满活力的海外华人华侨社会群体形象，对于传播和塑造良好的中国国际形象，具有重要意义。

（三）海外华人华侨是促进和维护国家统一的重要力量

广大华人华侨虽身居海外，却怀着一颗中国心，对祖国有着深厚的情感、文化认同和思乡恋土情怀，一心希望祖国统一、兴旺发达，充分说明"中华民族"概念在海外华人华侨心目中的根深蒂固。海外华人华侨反对"台独"的主流民意是始终一致的，促进中国和平统一的使命感大增。针对台湾岛内的"台独"妖风，他们纷纷行动，成立了100多个"反独促统"组织，在全球范围内掀起了一场场声势浩大的"反独促统"运动，有力地削弱了"台独"在海外的势力和影响，促进了中国和平统一大业进程。海外华人华侨通过不同渠道和方式，面向当地政府、主流社会和民众，宣介台湾问题的历史和中国政府的对台政策，对所在国对华涉台政策施加积极影响，促进了国际社会对中国统一大业的理解和支持。部分爱国侨胞充分利用自身影响力，在改善中国与未建交国关系中发挥了积极作用。许多海外华人华侨还借与台湾岛内的广泛联系，向岛内积极宣讲海峡两岸和平统一的好处，表达海外炎黄子孙对祖国统一的强烈意愿。自国民党2008年在岛内重新执政以来，台海局势发生了重大积极的变化，两岸关系出现难得的发展机遇，广大海外侨胞发挥的作用功不可没。目前，两岸交流合作正处在一个新的历史起点上，海外华人华侨一定会在促进两岸关系发展中发挥更大的作用。

（四）海外华人华侨是拓展民间外交的重要载体

一般来讲，海外华人华侨与当地人民和睦相处，有力地推动了所在国经

---

① 茅根红：《海外华人华侨世界的新变化及其对中国未来发展的影响》，暨南大学硕士学位论文，2006年，第26页。

济繁荣、社会进步，也为中外人民国际友好事业发挥了重要的桥梁和纽带作用。冷战时期，东南亚国家曾由于担心中国利用"华人因素"推动"东南亚殖民"，也由于华人华侨政治认同的不清晰（认同祖籍国还是认同居住国），曾一度导致对华人华侨的怀疑，并升级到国与国之间的矛盾、冲突。但随着华人华侨本着"主人翁"姿态关心所在国经济繁荣和政治稳定、社会发展，为所在国发展和强大做贡献，他们逐渐被当地主流社会接受和认可，并成为促进国际理解最好的"民间大使"。长期以来，他们积极从事促进双边关系发展的各项活动，为所在国政府发展对华关系建言献策，增信释疑，促进世界更加全面客观地了解中国，增进了中国与所在国之间的政治互信。他们的做法，大大丰富了中国开展民间外交的手段。

（五）海外华人华侨是连接中国与全球经济网络的"渡船"

中国实行改革开放以来，海外资本与技术经由华人华侨这一媒介，与中国庞大的市场相结合，从而在全球范围内形成了一个以华人华侨为主体的巨大商业网络和商业循环。这种"以侨搭桥"、"穿针引线"，实际上起到了"渡船"的作用，使中国经济与全球经济之间的联系紧密，合作互促加强。中国经济也经由这一网络通达全球，不仅对世界市场保持了很高的敏感性，在学习先进理念，开拓全球化视野方面也有了长足的进步。同时，海外华资企业是中国大陆经济软实力提升的主要推手。海外华资企业引导中国大陆融入国际产业链和国际价值分工体系，通过"竞争效应"和"国际规则意识"促进国内改革，推动中国产业管理逐步国际化，从而引领中国经济融入全球化。此外，海外华人经济作为一种具有网络特征的居住国国民经济的重要组成部分，对居住国经济的发展和贡献也是有目共睹的。特别是在东南亚，华人经济已经与所在国的社会、政治环境融为一体。一些实力雄厚的华人财团为了更好地生存发展，甚至主动与当地有权势的军政高级官员合作。这种"政商关系"从某种程度上讲，是华人经济在不利的政治、社会环境下，转危为安的重要举措。这种"合作"形式在泰国、菲律宾等被称作"稻草人"，在印尼、马来西亚通称"公主集团"或"阿里巴巴"[①]。

（六）海外华人华侨是增强民族凝聚力的精神动力

在人类历史进程中，同一民族通常具有共同的思想意识、价值系统、心理特征和行为方式，人们正是在这种共同民族文化背景中获得了归属感和认同感，它是任何物质力量都无法替代的"软实力"。中华民族是一个具有强大凝聚力和向心力的民族。中华儿女无论生活在本土，还是移居海外，

---

① 谢康俊：《海外华人经济发展轨迹》，载《苏南科技开发》2003年第4期。

同宗同文，对中华文化的认同始终不渝，基于文化认同而产生的精神动力生生不息。正因如此，长期以来，海外华人华侨心怀祖（籍）国，情系桑梓，在中国历史车轮滚滚向前的各个阶段都做出了独特而重要的贡献。近些年来，在我国抗震救灾和举办奥运会的过程中，广大海外华人华侨更是倾注了极大的关注和热情，自发举办了各种形式的募捐和支持活动。许多海外华人华侨在为祖（籍）国经济、社会发展做贡献的同时，自身的事业也得到了发展，从而与祖（籍）国的关系得到了一种良性互动。当前，海外华人华侨总体上已经有90%获得了居住国的国籍，成为该国公民，在政治上认同该国，忠于该国的政治，从该国公民的角度定位自身。但是，文化作为一种认同，是民族差异最本质的体现，是内在的，难以变更的，其文化的特质始终难以丢掉。因此，无论是在东南亚还是北美或者其他地方，海外华人华侨的文化认同仍然归属于华人文化，祖国强大与繁荣，中华文化发扬光大，能够增强海外华人华侨的自信心和自豪感。

（七）海外华人华侨是促进中国社会健康发展的重要推动力

海外华人华侨对祖（籍）国的发展的独特作用，还体现在他们通过各种途径为祖（籍）国的发展建言献策、贡献心力上。许多海外华人智库机构和媒体，或通过直接的交流沟通，或通过发表文章、开辟中国新闻专栏、时事评论等方式（其中也包括了许多尖锐的批评），紧扣中国发展的脉搏，与中国的"头脑"一起思考。他们虽然对于中国决策一般不会有决定性的影响，但可以为促进诸多问题的解决，拓展新的思路，提供许多新的参考见解。他们是促进中国社会健康发展的重要的建言、诤言的提供者，已成为中华民族伟大复兴进程中不可或缺的重要推动力量。

三、以侨务公共外交为契机加快媒体"走出去"

公共外交是一种面对外国公众，以文化传播为主要方式，说明本国国情和本国政策为主要内容的国际活动。海外华人华侨分布在世界各国的各个行业，区域分布和行业分布都十分广泛，他们既懂中国文化、了解中国发展实情，又融入当地社会、了解住在国的政治、文化和社会环境。通过华侨华人开展公共外交，可以发挥其"贯通中外"的巨大优势，直接向住在国国民传递真实的中国形象。我国媒体要以拓展侨务公共外交为契机，适应海外华人华侨的多层次、多样化信息需求，加快媒体"走出去"步伐。

（一）推动侨务公共外交需要媒体更大作为

我国的侨务公共外交，是指海外华人华侨在侨务部门引导下，以多种方式向住在国政府和主流社会介绍中国的基本国情、发展道路和内外政策，帮助他们客观看待和认识中国的发展进步的活动。比如，2009年以来，国务院侨办为了适应华侨华人过春节的文化需要，连续四年举办了"文化中国·四海同春"活动，一共走访了20多个国家和地区50多个城市，观众达170多万，这些大型文艺演出把中国文化精粹带出了国门，向世界展现了中国的软实力，高水平的表演慰藉了侨胞思乡恋祖之情，被誉为"海外春晚"。又比如，2011年，是中意建交40周年，中意两国政府在意大利成功举办了中国文化年。历时一年多的文化年，打造了多项吸引世界目光的标志性活动，交流项目涵盖了文化、经济、教育、科技、环境保护、文学创作、妇女儿童保护等各个领域，全方位展示了中国区域文化精髓、人文历史和突飞猛进的经济发展。而文化年的成功举办，意大利华侨华人、华人社团、华文媒体发挥了十分重要的作用，为扩大中意民间交流、推进中国的公共外交做出了积极的贡献[①]。侨务公共外交活动的蓬勃发展，为媒体开展侨务外宣提供了广阔空间。媒体要与侨务部门形成工作联动机制，互相促进，合作共赢，打造品牌栏目，共同策划实施侨务活动，更好地凝聚侨心、汇聚侨智、发挥侨力，扩大中国的国际影响力。

（二）全球华文媒体与我国媒体交流合作增强

进入后金融危机时代，随着世界经济的缓慢复苏，世界各地华文媒体发展态势总体趋稳向好。当前，在全球性人口迁移大潮中，因商务、求学和技术等因素的中国移民持续增加。不断升温的全球"汉语热"为华文媒体培育新读者，不断涌现的华文读者又促生着华文媒体的勃兴。从海外华文媒体发展的历程中可以发现，在华文传媒发展比较完善、产生一定或很大影响力的地方，华文媒体基本走向了与当地媒体融合的过程，在本土化的过程中，与当地传媒进行合作，谋求发展。同时，海外华文媒体的融合还逐渐向祖国大陆靠拢，与祖国大陆媒体的交流合作不断增强，趋于融合。近年来，特别是进入新世纪以来，海外华文媒体与祖国大陆方面的交流与合作不断增加。2001年9月，首届"世界华文传媒论坛"在南京举办，参会的海外华文媒体达130余家。此后"世界华文传媒论坛"每两年主办一届，迄今为止，已先后在南京、长沙、武汉、成都、上海、重庆举办过六届。"世界华文传媒论坛"已成为海外华文媒体的"首脑峰会"，以其开放性、国际性、高层次，为世界各地的各类华文媒体探讨自身在海外的生存发展，促进海外华文媒体之间及它们与中国大陆传媒界的沟通和交流，提升海外华文媒体的整体素质和

---

① 见：《侨胞推进侨务公共外交事业发展》，中国新闻网，2012年3月5日，http://www.chinanews.com/hr/2012/03-05/3718126.shtml

水平，表达海外华文媒体的心声搭建了平台①。进入新世纪，中国媒体产业化的进程加快，中国传媒正实行跨地区和多媒体经营，通过竞争兼并，将形成一批有实力的传媒集团。中国加入世贸组织之后，国外媒体以及外资对进入中国市场跃跃欲试，中国媒体在应对世界传媒集团巨大挑战的同时，也将走出国门寻求发展。在全球性媒体大交汇大融合的互动背景下，全球华文媒体不断走向融合。中国传媒向外发展为了在当地扎根，实现本土化，必然要同各地区的华文媒体相结合，共同发展，走向融合。

（三）新移民的多样化文化需求为媒体"走出去"提供契机

通常，改革开放以后的出国移民被称为"新移民"。从改革开放初期到20世纪90年代中期，发达国家是中国新移民的主要目标。随着20世纪90年代中期以后发达国家对外国移民日趋严厉的限制和中国与发展中国家经贸关系的飞速发展，越来越多的中国商人前往发展中国家寻求商机，并定居于当地。这些新移民，其出国动机、教育程度、经济能力、职业结构和定居状况和老移民有较大不同，他们具有学历高、有一定经济能力、流动性大和来自全国各地等特点。大陆新移民中有相当大比例是高学历者，本身就是社会精英或潜在精英。来自港台的新移民大部分也具有高学历。他们移民的动机并非谋生存，而是求发展。

近20年来，中国的海外移民正呈加速度递增，中国制造的商品潮水般涌向海外市场，中国企业与资本也迅速"走出去"，这都改变了过去单一的华人移民影响。尤其是近10年间，新移民持续剧增，极大地改变了全球特别是欧美、澳洲等地华人社会格局。最近五六年来，中国正步入对外移民高潮的周期，留学移民、技术移民、商业移民、投资移民、家庭移民等人数都迅速增加。受此影响，华人社会以老侨与港台、东南亚华人移民为主体的格局正逐渐转变为以中国大陆移民占多数。此外，华人素质提高，经济条件改善，其构成也更趋多元化。新移民在数量上成为华人主体，导致新兴信息技术成为华人与祖（籍）国沟通联络的新途径。此外，互联网络的兴起，也从根本上颠覆了海外华人以往联络感情的模式。新移民更倾向于通过网络获取信息、寻求帮助，社团网络化联系也较以往模式发生了变化。这种联系更快捷、更直接，一些海外华人甚至比国内亲属更快地了解到国内的信息与事件②。新移民为华人社会注入了新鲜血液，海外华人与中国的联系及国际间的交流更加畅达便捷，丰富多样，信息技术改变了海外华人与祖（籍）国的空间观。此

---

① 参见：百度百科"世界华文传媒论坛"条目，http://baike.baidu.com/view/6495046.htm

② 见：《新移民高潮影响海外侨情　华人转型应找准定位》，中国新闻网，2012年7月22日，http://www.chinanews.com/hr/2012/07-22/4049646.shtml

外,新移民求学经商的目的十分明确,对国内实时信息非常渴求,海外华文媒体有关祖国大陆的报道因此逐渐多了起来。与此同时,随着来华投资成为热点,中国大陆的政经情况更为新一代海外华人所关注,特别是中国的经济发展状况、市场运行情况、投资环境等成为人们普遍关心的问题。为此,许多海外华文媒体开辟了中国要闻栏目,一些以经济报道为主的报刊应运而生。针对海外侨情的新变化,中国媒体理应加快"走出去"步伐,与海外华文媒体拓展合作领域,提升合作层次,深化合作内涵,提供更多来自中国的信息,更好地适应海外华人华侨多层次、多样化的文化与信息需求。

(四)针对海外华人华侨差异性采用分众化策略

由于历史原因,华侨华人形成了不同的群体,构成非常复杂,差异性明显。我国媒体应采取分众化传播策略,增强对海外华人华侨的有效传播。

国务院侨办最近的专项研究表明,仅改革开放后从中国大陆和港澳台等地区出去的新华侨华人就接近1000万人。随着时间的推移,新华侨华人已成为海外华侨华人的重要组成部分,但由于时代的烙印、地域文化的不同,以及受教育程度的高低等因素影响,他们与老一代华侨华人在思维方法、价值观念、行为方式等方面存在较为明显的差异。比如,新移民和老移民一般从事不同的行业。大多数新移民选择做生意,或者是没有选择而做生意,而老移民则多数从事技术性行业,如医生、律师、工程师、会计师等。再比如,新移民做事求快,找捷径,找人脉,用关系;老移民做事会稍慢,按部就班,喜欢挑大梁,很少求人帮忙。[①] 同时,分布在世界各地的华侨华人差异性明显。比如,在东南亚,华人华侨对中国普遍怀有深厚的感情,保留更多的中华文化特色,尤其是家乡文化的特色。东南亚华文传媒不仅在当地华人社会有重大的影响,而且在当地的主流社会也有相当的影响力,像泰国的《世界日报》、马来西亚的《星洲日报》、新加坡的《联合早报》等,都在当地拥有相当大的影响力。在北美地区,华人移民的时间久远,跨度较大,进入20世纪七八十年代后,移民主要以留学、经商、技术移民等形式者居多,由于新移民受过良好教育,职业取向多元,从事的领域宽泛,多散居于主流人群社区,参政议政意识强。在非洲地区,华人华侨进入时间较短,并没有很深地扎根于当地社会,候鸟现象很多,流动性强,造成许多非洲侨胞对当地社会政治活动、文化活动的参与程度较低。在欧洲地区,华人社会人口持续增长,地位不断提高,民族认同感增强,华人社会看好中国经济,华文媒体在中东欧国家显得比较活跃。但也面临一些问题,诸如:欧洲华人经济转型升级的

---

① 《海外华人新老移民存"代沟"专家开出"药方"》,载《人民日报》海外版2012年4月9日。

问题，华人在欧洲社会遭到不公问题，欧洲华文教育发展面临的困难和问题。在大洋洲，由于华人华侨求学比例大，经济状况相对较差，所从事的行业主要有贸易杂货业、餐饮业、房地产和观光旅馆等，绝大多数为中小企业。华人华侨是传承中华文化的重要力量，也是我国外宣的重点目标群体。我国媒体应针对侨情新变化，确定目标受众和重点市场，采取分众化策略，增强"走出去"实效。比如，加强与东南亚和中东欧海外华文媒体的合作，通过优势互补与借力传播，借助海外华文媒体平台与渠道，大力传播和塑造良好的中国形象。大力拓展广播电视落地，网络和新媒体传播渠道，扩大对北美和欧洲发达国家华人华侨的覆盖范围。加大与中国模式、中国经济、中国社会发展、中国文化等相关的传播内容，以影响更多的非洲华人华侨。

第五章 "走出去"的路径选择：本土化战略

第一节 本土化是世界主要媒体"走出去"的根本战略

本土化概念源于现代营销学，原本指跨国公司的海外子公司在从事生产和经营活动过程中，结合对象国或对象地区的经济、文化、政治环境等综合因素，而摆脱固有的自身喜好、习惯，在生产、销售、人事等方面进行积极的适应性变化。事实上，本土化就是当事双方所寻求到的一种战略协调模式，其实质是跨国公司将生产、营销、管理、人事等经营诸方面全方位融入东道国经济中的过程，也是着实承担在东道国公民责任，并将企业文化融入和植根于当地文化模式的过程[①]。因此，可以说，本土化是一种能力，一种因地制宜的能力；本土化是一个过程，一个随行就市的过程。

本土化概念与国际化、全球化概念紧密相关，是一个硬币的两个方面。它是在经济全球化一体化、时代品牌国际化的全球扩张战略下出现的。"全球化"一词最早由哈佛大学教授李维特（Theodore Levitt）提出。1983年5月，李维特在《哈佛商业评论》发表的文章中写道："全球化已近在眼前。"他认为，随着新科技的发展，全球通讯成本的大幅降低，全球各地消费者的品味趋向一致化，为标准化产品创造了一个前所未有的、规模巨大的全球市场。20世纪90年代，全球化的观念进入了全盛时期，全球化企业也一路高歌猛进，业绩喜人。然而好景不长，到了90年代末期，许多全球化企业业务成长缓慢，利润迅速下滑，执行官频频更换。2003年3月，达夫特（Douglas Daft）临危受命为可口可乐公司的新一任执行官。他发现，公司从经营理念到经营行为已高度一体化，缺乏应对世界各国不同商业环境的能力，陷入了过度全球化的困境中。为此，达夫特提出了"行为本土化"原则，倡导在本土

---

① 参见：百度百科"本土化"条目，http://baike.baidu.com/view/175042.htm

化基础上实现全球化而不是相反。在这一理念指导下,可口可乐公司推出了针对全球不同区域的市场计划,经营状况随之不断好转。达夫特的上述思想,被后来的战略管理学者概括为"全球化思维,本土化运作"。

目前,本土化这一概念已广泛地应用于不同的行业。就传媒业而言,无论是发达国家,还是发展中国家,都清醒地意识到,随着信息技术的迅速发展和经济的全球化浪潮,传播的国际化乃大势所趋。要阻止、改变这一趋势的可能性微乎其微。闭关自守、故步自封,不利于本国文化与世界文化的交流,不利于本国文化在地球村中占有一席之地。因此,各国媒体都正在采取相应的本土化战略,积极面对全球化的传播文化语境。比如,作为欧洲文化大国,法国坚决反对美国文化"过分渗入法国的荧屏"。1997年,在关贸总协定的谈判中,美国提出要开放包括广播电视在内的全部通信市场,遭到了以法国为首的许多国家的反对。

但本土化并非狭隘的地域观念,更不是族群的对立。正如美国学者阿尔温·托夫勒所观察到的那样:"全球化不等同于同一化。我们可能看到的不是已故加拿大传播学家马歇尔·麦克卢汉所预言的单个的地球村落,而是大量不同的地球村——它们都被纳入新的传播系统,同时又努力保持或加强各自的文化、种族、国家或政治个性。"[1] 由此可见,本土化战略,已成为全球化发展有益而必要的补充与延伸。在传播领域,具有普遍性和趣味性的本土化素材,可以最大化地丰富全球信息资源,真正实现跨行业、跨地区、跨媒体的全球化传播。

一、本土化的现实意义

国际传播本土化,是指各媒体以受众所在国家或地区的特定语言和受众喜闻乐见的特色方式为指导,来生产制造的特别内容的产品。世界主要媒体之所以选择本土化战略为"走出去"的必由之路,是因为此举可以有效解决跨国界、跨文化传播中的两大难题:

其一,突破跨国界传播中外国媒体入门难的政策法规瓶颈。

各国、各地区都会通过政策和技术手段确保广播电视节目的安排和内容以"我"为主。比如:欧盟在《无国界电视指导原则》中提出了著名的"定额制",即:所有欧盟成员国播出的欧洲节目比例必须达到50%。亚洲则出台了《亚太地区卫星电视机构准则》来保护亚太地区的多种文化和价值观。而美国《通信法》曾规定,广播电视执照或电信业务执照不得颁发给外国公司以及有25%以上外国股份的任何公司。1994年,因为违反法国和欧洲的规

---

[1] (美)阿尔温·托夫勒著,周敦仁等译:《权力的变移》,四川人民出版社,1991年版,第319页。

定,未能提供足够的欧洲制作的节目,美国有线电视新闻网(CNN)卡通儿童频道在法国被禁播。此外,印度从电视节目"提供端"和"用户端"两头控制外国电视的进入,使外国电视节目必须通过印度有关当局的审查和通过印度有线电视设施传输,并对收看有所限制;新加坡由国营有线电视公司对境外电视节目统一管理、传输;许多阿拉伯国家成立了地区性有线电视传播网,西方广播电视公司只有同意接受节目审查方可加入这些传播网。另外,许多发展中国家对卫星接收天线的设置都有所限制。① 可见,进行国际传播的各媒体,倘若采取和当地相关机构组织合作,从策划、生产、包装等环节改头换面,形成本土化态势,就能在很大程度上绕开有关"门槛",另辟蹊径。

其二,消除跨文化传播中影响受众有效接收的非技术性屏障。

跨文化传播一般会因三方面非技术因素,造成传播主观意愿与传播客观效果的偏差。

首先,是语言沟通。作为传播的工具,语言产生、流通、变迁于一个特定环境中。比利时语言学家耶夫·维索尔伦(Verschueren Jef)在其研究的语言顺应论中指出,语言具有变异性、商讨性和顺应性。语言使用过程就是语言选择的过程。一种语言不能脱离它的社会文化环境。在不同文化中,相同的词语和概念可以有不同的内涵、外延和比喻意义。而语言符号的使用者在进行跨文化传播时即使熟练掌握对象国语言,也难免会受到母语语言体系的干扰,而造成与其他语言体系一一对应的错位乃至背离②。

其次,是语境理解。跨文化传播的开创者、美国学者爱德华·霍尔(Edward Hall)提出了高语境(high context)传播与低语境(low context)传播两个概念③。在高语境文化中,人们往往使用间接地、隐含的语言来沟通,只有明确说话时的情景,并借助肢体语言、空间语言以及上下文联系后,接受者才能弄清对方所要传达的信息、观点或意见。相反,在低语境文化中,人们通常会直接、明确地陈述自己的观点。高语境文化强调"意会",低语境文化侧重"言传"。也就是说,处于高语境文化中的语言意义是相对模糊的,而低语境文化则是语言本身就能够指明其意义。一旦忽略了上述语境差异,就难免会出现这样的情况:一方确实"听懂"了另一方的话,但并不总能"理解"另一方的意思。更有甚者还可能在完全"听懂"的情况下,"误解"、

---

① 温飚:《开放与抗衡——国外如何处理传播的国际化与本土化》,载《新闻战线》2000年第8期。

② 赵淑华:《析维索尔伦的"顺应论"在文学作品评析中的价值》,载《理论月刊》2006年第5期。

③ 黄晓钟、杨效宏、冯钢主编:《传播学关键术语释读》,四川大学出版社,2005年版。另可参见:百度百科"高语境"条目,http://baike.baidu.com/view/933352.htm "低语境文化"条目,http://baike.baidu.com/view/3654365.htm

"曲解"另一方的意思。因为意义不仅由语言符号来承载,也由语境来传递。

再次,是自我文化的保护意识。大量事实证明,无论外来强势文化是否对本国、本民族文化构成了威胁,大部分当地民众都会积极承担起保护民族文化独立性的任务,自觉抵制外来文化的扩张。而本土化战略通过对本地元素的强化和对外来元素的弱化,通过"你中有我,我中有你"的优化配置和无缝拼装,不仅可以避免不同语言和语境可能造成的歧义,还可淡化国际受众对自我文化的保护意识,进而消除跨文化传播的屏障。

此外,本土化战略还可以充分发挥多媒体、全媒体的集团作战优势,有效降低运营成本,提高收益。一般来说,对于本土化内容产品的开发、生产与传播,大多由当地分支机构全权负责,总部可在内容的制作、采编原则等方面给予指导性建议意见,但并不横加干涉,为分支机构开发新产品在技术、管理和资金层面提供强有力的保障。这样的本土化产品开发策略,不仅符合媒介产品地方性要求高的特点和需求,也充分调动了分支机构的工作积极性和主动性,从而可以迅速利用全球化、集团化的巨大优势,在短时间内取得所覆盖区域内的传播效果最大化。[①]

二、世界主要媒体的本土化实践

世界主要媒体的本土化战略,主要体现在内容本土化、人才本土化、管理本土化和运营本土化等四个方面。

(一) 内容本土化是首要载体

内容本土化涵盖了两个层面:一个层面,是呈现本土化元素的内容,就是本土元素在整个频率/频道播出内容中所占的数量、分量和权重;另一个层面,是非本土化元素内容的本土化改造、顺应和展现。

在一定程度上呈现本土化元素内容,是适应当地法律法规的需求,更是吸引受众,打造媒体、品牌知名度和影响力的需求。一般说来,构成新闻价值的要素包括新鲜性、重要性、接近性、显著性和趣味性。所谓"接近"指的是事件发生的地点离受众近,报道事件的内容和受众的关注点相吻合。受众心理学研究表明,人们总是更关注发生在身边或附近地区的事,因为这可能直接关涉到自己的切身利益。因此,即便是实力雄厚的跨国传媒集团,在从事传播活动时也遵循这样的原则:受众最关注的新闻,是最具价值的新闻;能提供高价值的新闻媒介,是最受欢迎的媒介。这种研究结果,无疑是国际传播中实行内容本土化的重要依据。

CNN向来注重在节目的内容、语言、传播风格等方面贴近当地需求,尤

---

① 王庚年:《国际传播发展战略》,中国传媒大学出版社,2011年版,第74页。

其着力于通过充实本土化元素来实施本土化战略。CNN 国际频道非常明确地指出:"不仅仅关注世界大多数人共同关心的国际新闻,而且通过提供当地的新闻来争取该地区听众和观众的支持。"① 正是基于这样的传播理念和原则,CNN 国际频道根据服务地区的不同,提供不同的节目版本,即:欧洲版、拉丁美洲版、美国版和亚太版。其中,亚太版又按照中国香港、中国台湾、澳大利亚、日本、朝鲜、印度尼西亚、马来西亚、泰国等 13 个地区或国家,分别进行编排。

全世界著名的娱乐与体育节目电视网——美国 ESPN 在其扩张过程中,始终坚持让各个国家的分支机构选择、保留有价值的本地体育节目进行播出。比如,在中国台湾播出的节目即使对节目本身不作大的改动,也会根据台湾观众的喜好从全球节目库中精挑细选,量身打造,并确保节目的评论都使用台湾话,力求带给观众亲近感。②

多年前,全球最大音乐电视网 MTV(Music Television)总裁比尔·罗迪,就非常精明地意识到当年轻人说"我要我的 MTV"时,他们真正的意思是,"我要我们自己的 MTV"。于是,MTV 尽可能地去支持挖掘、制作强有力的本土化节目。在俄罗斯,16 岁的娜卡·提娜和 15 岁的尤拉·伏科娃的组合——Tatu 成为最火的流行组合。一曲《我快发狂》几乎让整个俄罗斯为之疯狂,在 MTV 俄罗斯单曲排行榜上逗留了 15 个月之久。当地 MTV 电视台制作的《Twelve Angre》则被评为俄罗斯最好的三个脱口秀节目之一。1996 年进入印度伊始,MTV 是一个 24 小时播放欧美音乐的频道,在当地知名度、盈利以及其他各方面都岌岌可危。两年后,公司意识到了至关重要的本土化问题,并敏锐地发现,浪漫多姿的宝莱坞电影音乐是这个国家人民最普遍的娱乐,但多数当地电视台却不屑于播放。这给了 MTV 可乘之机。他们开始大量播放宝莱坞电影音乐,并取得了立竿见影的效果:印度本土观众随之增加了 70%。不仅如此,MTV 还推出了印地语频道,启用印度的主持人和音乐,关注本地歌星。这样一来,MTV 成为印度知名度最高的音乐品牌。2003 年,该国的用户占亚洲 MTV 用户的 1/3。公司业绩也因此得到了大幅提升。如今,印度已成为 MTV 在亚洲最有利可图的付费电视市场之一。③

相较之本土化元素内容的体现,非本土化元素内容的本土化改造和包装更为不易。传播学实践证明,受众在接受信息之前已经具有一定的意向。"他

---

① (美)汉克·惠特莫尔:《CNN:内幕故事》(英文版),李特—布朗出版社,1990年版,第163页。

② 赵捷:《ESPN 的品牌成长之路及亚洲"本土化"策略分析》,《贵州体育科技》2010 年第 1 期。

③ 周鸿铎:《世界五大媒介集团的经营之道》,经济管理出版社,2005 年版,第 163 页、第 179 页。

们一般都倾向于接受与自己原有认知结构相符合的信息，而对于与自己原有认知结构不符合的信息，则往往会表示怀疑或者拒绝。"[1] 非本土化元素如何让当地受众接受是很复杂的过程，需要耐心和长期潜移默化的影响。

世界主要媒体进行国际传播时，往往对非本土化内容的选择有着通盘考量。MTV中文频道董事长在向中国中央音乐学院捐赠奖学金时曾表示："音乐是世界通行的语言，听到它，回应它，可以使文化差异冰消雪释。"这一策略大获成功。MTV在中国内地通过各地有线电视台深入千家万户，成为中国内地最大的外国音乐节目提供者。无独有偶，音乐也成为美国之音在中东地区广播的主要节目内容。美国之音节目收听调查显示，中东地区73%的听众是35岁以下的年轻人。为此，美国之音对节目进行相应调整，用在美国和阿拉伯地区都流行的音乐和娱乐新闻去影响年轻一代。[2]

英国广播公司（BBC）的本土化战略实施中，不乏嫁接本土化因子来实现本土化转化的例子：

2009年1月20日，奥巴马宣誓就任新一届美国总统。这是美国的热点，也算世界的热点，但不一定是所有越南民众的关注点。当天BBC的越南语广播制作的特别直播节目却很大程度上将该事件进行了巧妙地本土化转化。该节目时长仅10分35秒，但内容相当丰富，除了连线BBC在美国华盛顿的特派记者，了解当地总统就职典礼进行前的气氛，美国人对奥巴马当选总统的反应等内容外，还特别采访了在美越侨，并连线了BBC在越南河内的特派记者，了解越南人是否关注美国总统就职典礼，等等，使得"美国内容"以"越南角度"博得了受众更加广泛的兴趣和关注。

除了上述显而易见、简单易行的本土化转化外，BBC还擅长将自有品牌节目加工制作成当地本土化的版式，在确保本土化节目版本保有其原有品牌价值的同时，赢得社会效益和经济效益双丰收。如：进行全球化推广的《天线宝宝》、《科幻博士》和《疯狂汽车秀》等视频节目。2008年，《科幻博士》成为韩国KBS2频道进口节目的收视冠军。2009年，BBC出口节目量超过了英国节目出口总量的一半。2008—2009年度，BBC上述品牌类营销收入占到了总体收入的17%。[3]

新闻集团（News Corporation）也非常强调内容的本土化。他们聘请当地的创作人才写当地的素材，由当地的演员、制作人为当地观众表演和制作。比如，新闻集团在中国国内各地落地的星空卫视，在开播的第一年里就制作

---

[1] 郑兴东：《受众心理与传媒引导》，新华出版社，1999年4月，第169页。
[2] 胡正荣、关娟娟：《世界主要媒体的国际传播战略》，中国传媒大学出版社，2011年版，第76页。
[3] 胡正荣、关娟娟：《世界主要媒体的国际传播战略》，中国传媒大学出版社，2011年版，第21—22页。

出了700—750个小时的本土化原创节目。星空卫视也会采纳一些国际上比较好的创意和策划,但不是把这些东西照搬过来,而是运用当地的人才、当地的制作力量,把这些创意和策划变成一个本土化节目。

(二) 人才本土化是主要方法

人才本土化是最根本、最深刻的本土化,可以更好实现国际传播的"入乡随俗"。人才本土化主要体现在两个方面,一方面是非本土人才的本土化培训,另一方面是本土人才的招募任用。两者相得益彰。因为分支机构并不是单兵作战的个体,他们往往既是国际传播中的输出终端,也是向全球资源库注入当地元素的生产源头。从总部派出的非本土人员往往更加了解整个机构的传播理念和原则,更加注意子品牌与母品牌的协调统一,通过对其的本土化培训,可以使分支机构的"走出去"既融于当地媒体,又有别于当地媒体。而本土化人才熟知当地的政治、经济、语言、文化、法律、风土人情,他们的加入,有利于精准、迅速地开拓市场,有助于获得所在国政府和受众的信任,有益于分支机构人才队伍的相对稳定。世界主要媒体实施本土化战略时上述两方面的人才本土化方式方法均有所采用,同时,又根据各自的传播重点有所侧重。

经过多年的发展,BBC、CNN驻外记者站点数量都在40个左右,均已形成了驻外中心站、驻外记者站、国内记者站等多层次的全球新闻采编网络。但有所不同的是在选拔驻外记者方面,BBC既选派本国的记者驻外,也选拔所驻国的人员作为本台记者,同时,积极依靠当地资源获得国际新闻,即在当地雇记者,请他们以本土视角对所在地新闻事件进行报道,既能实现更透彻的解析,又能节约费用。现在驻外记者站的当地人数量已经超过BBC派出的专业记者。

而CNN人员的派遣原则上仍以英语系国家人才为主,虽然也尝试采取本土化做法遴选当地人才,但数量有限。为了提升驻外记者的本土化水平,CNN在考察外派记者时,不仅要经过严格、正规的专业化培训,而且还有一个重要标准,就是对驻在国及驻在国媒体的了解,能否像对本国及本国媒体的了解那样多。CNN依靠自身记者的专业化、本土化水平,提升在全球各地的新闻采编水平。[①]

尽管CNN聘用的本土记者不像BBC那样众多,但它通过在全球的几十个国家的150多个合作电视机构,最大程度实现了"把关人"的本土化。CNN在全球的委托把关有着严格的程序:受CNN委托把关的电视机构一般是与美

---

① 任永雷:《BBC与CNN的驻外记者站发展特色及趋势分析》,《电视研究》2011年第12期。

国政府有合作关系的国家电视台或享有盛誉的、严肃的私营电视台。每年，CNN 还举办为期 7 天的各国发稿编辑培训班，由 CNN 新闻网各区域部门如欧洲部、亚太部等进行对口讲授。此外，CNN 还设有专职部门与全球各供片机构联络，以指导新闻选题和委托把关，不合 CNN 规格的稿件也会退回或不予播出，但一经采用则不予删节。CNN 系统地将委托把关者的范围扩大到不同价值观、不同国度、不同民族的传媒，在传播史上是独树一帜的。①

作为冷战的产物，自由欧洲电台在苏联解体、东欧剧变之后，并没有随着冷战的结束而消亡，却凭借着人才本土化来提升内容本土化，及时、迅速地完成转型，实现了自身的发展和壮大。自由欧洲电台和东欧及前苏联地区国家的 1000 多名记者建立了联系，聘请他们做自由记者或特约记者，由此建立了庞大的本土化采编人才队伍和网络，吸引了较之前更多的受众。统计数据显示，早在 1999 年，自由欧洲电台的受众就达到了 2000 万，每周广播时数达 700 多小时。②

贝塔斯曼则将培养具有跨国企业管理经验的本地媒体人才作为自身最迫切的任务。其制定的"中国实习生制度"别具匠心，为本土化人才的培养和使用提供了后备力量。通常，贝塔斯曼会通过网站发布招募实习生的信息，感兴趣的学生可以报名。经过面试，贝塔斯曼向他们提供日常性事务和具体参与项目两种实习岗位。实习结束后，公司会认真填写评估表，指出实习生工作中的优点和不足。③

作为世界第一大传媒娱乐公司，美国维亚康姆集团十分重视选用本土人才，尤其看重全球市场上的本土人才。维亚康姆 99% 的员工不是美国人。维亚康姆董事长兼首席执行官萨默·雷石东这样评价这些本土人才的作用："如果没有他们，我根本不知道现在该干什么。"维亚康姆旗下 MTV 全球音乐电视台的中国区董事总经理李亦菲，是维亚康姆集团本土人才中的代表人物。李亦菲出生在中国，曾获中国全国武术项目冠军，分别在中国和美国高校获得学士和硕士学位，先后在联合国和美国公司供职。这样具有全球视野的本土人才，对维亚康姆而言，无疑是拓展中国业务的绝佳选择。李亦菲也不负众望，开创了 MTV 在中国的辉煌战绩：1999 年起成功与中央电视台举办"CCTV-MTV 音乐盛典"，受众过亿；推出"MTV 天籁村"和"丽丽点唱机"两档节目，受到大学时尚女生的青睐；在中国举行巡回活动，并在悉尼奥运会期间和新浪网联手举办夏日演唱会，抓住一切机会把 MTV 品牌渗透到青少年人群之中。MTV 进入中国后，收入以平均每年 50% 的速度增长。《财富》

---

① 唐颖：《CNN 国际新闻的传播策略》，《新闻前哨》2004 年第 4 期。
② 王庚年：《国际传播发展战略》，中国传媒大学出版社，2011 年版，第 78 页。
③ 《贝塔斯曼：在实习中学习》，http://edu.sina.com.cn/l/2005-02-28/102775.html

杂志如是评价李亦菲的作用："在她的带领下，通过 MTV 的节目为中西方年轻人的文化交流提供了另一个轻松的平台，促进了中西方年轻一代的相互理解和沟通，这甚至比她为 MTV 中国带来的利润更加具有影响力。"可以说，对本土人才的求贤若渴，成就了维亚康姆在海外市场的巨大成功。[①]

新闻集团同样注重本土人才的发掘。1985 年，新闻集团掌握了 20 世纪福克斯的控股权后，以每年 300 万的高薪延聘该公司原董事长巴西·迪勒担任要职，并凭借其良好的人际关系和卓越的管理才能成功打入美国市场。为了取得合法资历，同年 9 月，急于在美扩张的新闻集团总裁默多克加入了美国国籍，索性将自己也本土化了。

（三）管理本土化是必要机制

通常情况下，跨国传媒集团在世界各地均拥有规模大小不等的分支机构，这些分支机构承担总体发展规划的一部分，并相互协同配合来保证集团的良性运转。如此一来，能否构建"点面结合"的组织结构和管理理念，以全球市场为导向实施管理本土化至关重要。其中，组织结构的设置是管理本土化的物理条件，可以从体系和制度上确保本土化管理的执行；管理理念的应用，则是管理本土化的化学条件，可以通过团队文化、新技术手段等来增强本土化管理的实效。

CNN 的内容管理组织结构颇具特色，呈多头网状扁平化，其核心枢纽是国际国内总任务台。总任务台一端连接着记者站从世界各地提供的新闻素材，另一端连接着栏目的各种需求。CNN 分布在各地的记者站，不隶属于任何一个频道、任何一个部门、任何一个栏目，而是属于整个组织。相当于指挥部的总任务台，可以直接将其采编的内容提供给需求方。[②] 这意味着任何本土化内容都可以及时、全面地呈现，也就是说，尽管形式上负责内容管理的总任务台并没有实现本土化，但实质上，它的管理触角已深入到每一个本土化内容生产的分支机构。这种打破传统集权、奉行放权的管理方式和企业文化，实现了经营管理的本土化和自动化，极大地提高了受众的满意度和企业经营效益。

法国国际广播电台（RFI）非常注重对受众信息和反馈的收集分析，已形成全局统筹、区域细化的长效受众管理机制。该管理机制的本土化体现在调研方式，也体现在调研频率。每年，RFI 都会在各大洲进行 25—30 次的收听率调研。在亚洲和拉丁美洲，RFI 直接购买当地调查公司制作的收视（听）率调查，然后自行分析数据；在欧美则根据实际需要或者购买，或者定制，

[①] 周鸿铎：《世界五大媒介集团的经营之道》，经济管理出版社，2005 年版，第 185 页。

[②] 胡正荣、关娟娟：《世界主要媒体的国际传播战略》，中国传媒大学出版社，2011 年版，第 85 页。

即提出需求或直接向调查公司提供问卷，然后由其具体操作。其中，RFI 在非洲进行的调研次数最多，光在非洲法语国家每年就要进行 5—6 次调研。RFI 会考虑不同地区受众的收听需求，及时调整播出语种、节目内容和形态等。除委托调查公司外，RFI 充分利用新技术手段开展受众工作。比如：对网民展开在线调查，为受众开设电子邮件等，拉近与受众的距离，进行类本土化管理，收效良好。RFI 还设立作为编辑部与受众沟通桥梁的中间人。受众通过向中间人发电子邮件、传真进行节目反馈，由中间人将这些反馈传达到编辑部。RFI 的受众关系部门每周发表内部公报，汇总受众的反馈、评价和建议。[①]

被誉为"世界第一 CEO"的原 GE 总裁杰克·韦尔奇曾说："确保创新组织未来成功的关键，在于有合适的人去解决最重要的业务问题。"将选拔出的本土化人才放到怎样的组织机构位置，赋予其怎样的决策权力就是管理，就是全球布局下的本土化管理。

新闻集团在全球多个国家和地区建立了复杂的企业网络，其成功之道在于准确把握了"全球化"与"本土化"之间的关系，并使之巧妙结合。新闻集团建立了独特的全球性地区结构模式，在主要的业务国（地区）设立一个控股公司或全资公司，由这些公司负责新闻集团相应区域内的业务，具有一定的管理权和控制权。在购买新公司的时候，不断吸收新企业文化，让其迅速转化为新闻集团自己的企业文化。同时，新闻集团还非常注重具体管理中的本土化策略。默多克本人就身体力行。1998 年，默多克将担任多年的香港卫视行政主席一职交给中国人刘长乐执掌，从而实现了"把亚洲的天空还给亚洲人"的目标。[②]

国际传媒新贵——半岛电视台目前在全球的观众人数已经超过 5000 万，成为国际传媒领域一支不可忽视的重要力量。从 1996 年诞生之初的名不见经传，到 2001 年的声名鹊起至今，务实的、向本土化倾斜的资金管理和人员管理，在很大程度上成为半岛电视台异军突起的加速器。半岛电视台将多哈本部的运营成本控制在较低水平，而将大量资金用于海外机构建设、资深人才聘用等本土化投入中。该台目前拥有 2 个新闻频道、15 个体育频道、1 个纪录片频道以及 1 个研究中心和 1 个培训中心，其多哈总部依然在一幢 2 层的楼房内办公。除多哈总部外，目前，半岛电视台已在华盛顿、伦敦和吉隆坡拥有 3 家演播室，在全球 60 多个国家地区有记者站。同时，半岛电视台聘用阿拉伯国家和西方资深媒体人士到该台工作所支付的工资也占到全台预算的很大一部分。半岛电视台的 3000 多名工作人员来自世界上 60 多个国家，分属

---

① 胡正荣、关娟娟：《世界主要媒体的国际传播战略》，中国传媒大学出版社，2011 年版，第 33 页。

② 胡正荣、关娟娟：《世界主要媒体的国际传播战略》，中国传媒大学出版社，2011 年版，第 109 页。

40多个种族,很多编辑、记者都有在阿拉伯国家和西方主流媒体工作的经历,一些主持人在到半岛电视台之前已在西方国家成名多年。[①]

国际传媒巨擘杯斯塔集团则是实行管理本土化的典范。尽管拥有庞大的跨媒体组织结构,贝塔斯曼依然制定了"分别取得市场领导权"的策略。该集团六大业务部门各自拥有独立的利润中心,实行最大限度的分权管理。贝塔斯曼公司第五代接班人——莱恩哈德·摩恩所倡导的"分权管理,权责分明,自由创新,遵守公司规章制度"的"贝塔斯曼模式"理念一直沿用至今。在这种企业文化的指导下,贝塔斯曼在各大业务部门或地区采取了不同的经营模式,分别取得了市场领导权。[②]

(四)运营本土化是重要渠道

在经济学中,运营本土化涵盖了产品、研发、生产本土化等诸多方面,是企业根据东道国的法律法规、政治制度、文化氛围等人文因素和经营环境,对自身的经营战略、经营模式等进行优化调整。我们围绕渠道本土化、品牌本土化和合作伙伴本土化三要素举例说明。

1993年,默多克花费9.5亿美元从李嘉诚二儿子李泽楷的手中,买下了1991年开播的STAR TV,奏响了进军中国市场乃至整个亚太市场的号角。2002年,新闻集团以中文普通话播出的星空卫视在广东有线网落地播出。这是中国政府第一次允许境外电视频道通过国内有线网播送。从此,新闻集团以本土化的渠道洞开了在中国发展的大门,具有里程碑意义。新的电视频道着眼打造本土化品牌,将原来的STAR TV冠以中国人一目了然,容易识别、记忆的中文名称——"星空卫视",集团中文名称也同时改为"星空传媒集团",并将70%以上的本土化节目交由当地有丰富经验的人员和机构来完成。

2002年,星空传媒在中国完成了另一个重大突破——与湖南广播电视集团结成战略联盟,实现了合作伙伴的本土化。双方签署的框架性协议包括在政策允许范围内共同制作电视节目、联合播出、交换节目、交流人员以及共同开拓节目市场等。这是一次双赢的运营本土化成果:新闻集团可以利用湖南广电的节目制作经验,更好地实现本土化,提升品牌影响力;湖南广电则可借助新闻集团的国际化经验,迈向国际市场。《亚洲华尔街日报》评价说:"这是中国政府第一次允许外资机构与中国影视机构进行全面合作。"[③] 凭借本土化渠道、本土化品牌、本土化合作伙伴,新闻集团一步步在中国市场站

---

① 胡正荣、关娟娟:《世界主要媒体的国际传播战略》,中国传媒大学出版社,2011年版,第151页。

② 王庚年:《国际传播发展战略》,中国传媒大学出版社,2011年版,第72页。

③ 周鸿铎:《世界五大媒介集团的经营之道》,2005年版,第197页、第198页。

稳了脚跟。

美国前总统艾森豪威尔曾感言:"在宣传上花1美元,等于在国防上花5美元。"作为世界上最大的国际广播电台之一,长期以来,美国之音(VOA)高度重视传播渠道的本土化构建。20世纪80年代中期,时任总统的里根提出"加快美国之音的现代化,就像肯尼迪政府为航天业所作的部署一样",美国政府由此出台了"美国之音现代化项目(VOA Modernizationg Programme)"。该项目也被称为"广播星球大战"计划。① 该项目通过增设大功率发射机,使用新型天线,在对象国和地区或最靠近对象国和地区建立转播台,确保广播信号的有效落地。"现代化项目"完成时,美国之音国内外发射台和转播台的数量激增,地点分布在世界各大洲,填补了美国之音旧有发射转播网络的空白,形成了对中国、东南亚和苏联部分地区更好的覆盖。

近年来,根据国际形势的变化,美国之音对其海外转播台(点)进行了新的调整,撤销了4座转播台(新加坡、英国、葡萄牙和博茨瓦纳),增加了在罗马尼亚、阿尔巴尼亚、中亚若干国家和俄罗斯发射机的租用。苏联解体后,美国是西方国家中租用独联体发射机最多的国家。仅美国之音一家电台就租用了17部中、短波发射机,组成了10个转播点。其中,有4个转播点指向中国和朝鲜,位于乌兹别克斯坦的转播点则指向南亚各国。巨额的投资和强大的技术保障使得美国之音在全球播出渠道的本土化布局日趋完善。

作为全球第二大媒体集团,迪士尼(The Walt Disney Company)和美国之音一样,不惜重金投入来构造更加贴近受众的本土化传播渠道。早在1983年,迪士尼就推出了自己的"迪士尼频道"。1994年,中国台湾博新公司成了"迪士尼频道"的代理,通过亚洲一号卫星向亚洲地区传输播放迪士尼的电视节目。迪士尼公司还与英国"天空"电视台达成协议,播出"迪士尼频道"。这个把电影和电视巧妙捆绑的创意进一步把迪士尼推向了世界。

另外,先后两次大手笔的并购,使得迪士尼在全球拥有了更加广阔的舞台。

20世纪90年代,新闻集团已将它的卫星电视频道打到亚洲、欧洲和拉美;美国第二大有线电视系统的时代华纳公司正在谋求和美国在线的合并事宜;福克斯电视网和派拉蒙公司新组建的电视网都在积极谋求电视传媒的霸主地位。其时,迪士尼虽然已有自己的有线电视电台,但规模很小,根本无法与其他公司竞争,导致迪士尼生产的电视节目价格和是否能在黄金时间播出都被大的电视台所操纵。因此,同时拥有节目和播送节目的发行资产愈发重要。1995年,迪士尼终于以190亿美元购得跻身美国三大传统广播电视公

---

① (美)詹姆斯·伍德:《美国之音》,《国际广播史》第二卷,电机工程学会2000年版,第15页。

司之一的美国广播公司（ABC）。ABC 不但拥有覆盖全美 25% 的地区广播电视网，而且已在欧洲、亚洲的媒体公司实现了投资。与 ABC 合并之后，迪士尼不但坐收前者带来的大笔现金，更重要的是获得了更多的海外宣传和发行机会。

2001 年 7 月，迪士尼公司继收购 ABC 后又以 30 亿美元现金外加 23 亿美元的债务继承，将美国福克斯家庭娱乐频道收至麾下。该频道此前已经营了 20 年，在美国有 8100 万用户，在拉美也有 1000 万用户。它不但为迪士尼增加了 1 亿以上的新观众，还给迪士尼提供了收藏约 3100 小时左右的儿童节目库。时任迪士尼首席执行官的迈克尔·艾斯纳十分看好这项交易，认为此举将把迪士尼推向有线电视的第一把交椅，并为之提供在国际上发展的机会①。

日本是一个大众传播媒介十分发达的国家，其个性指标不仅在亚洲处于遥遥领先的地位，在国际上也名列前茅。日本广播协会 NHK 在其中发挥着举足轻重的作用。20 世纪 90 年代，NHK 成立专门的子公司，在国际市场积极推销自己的节目，成效显著。其动漫、料理等电视节目先后在北美和欧洲实现了本土化播出，广受好评。与此同时，NHK 还通过"文化无偿援助"和国际交流基金途径，以免费提供节目的方式解决了其节目在发展中国家的本土化播出。迄今为止，NHK 已经向 139 个国家和地区提供了近 7 万个节目。

NHK 还注重广泛发展合作伙伴，推进本土化战略。为了使海外播出的各类节目更好地与当地文化背景相融合，NHK 与很多海外广播电视机构和制作公司保持着合作关系。近 30 年来，已共同制作了 800 个节目。仅 2009 年，NHK 共播出了 54 部国际共同制作的作品，节目数量达到 165 个②。

第二节　本土化的主要表现形式

本土化是现代营销观念的反映，它的核心是：企业一切经营活动以消费者为核心，而不是以商家的喜好、习惯为准绳，企业规范必须随地区性变化引起的顾客变化而改变。本土化强调的是企业经营活动在生产、销售、人事等方面做积极的适应性转变，以此缩减地区性差异带来的经营障碍。因此，本土化并非目的，而是一个持续的过程，是一件事物为了"入乡随俗"而做出的努力。

由于广播电视产品为传递文化的产品，而各国消费者的文化背景差异大，决定了对广播电视内容的品味和偏好差异很大，因此，本土化战略是广播电

---

① 周鸿铎：《世界五大媒介集团的经营之道》，经济管理出版社，2005 年版，第 68—69 页。

② 胡正荣、关娟娟：《世界主要媒体的国际传播战略》，中国传媒大学出版社，2011 年版，第 74 页、第 129 页。

视产业国际化经营中的一个重要战略。

关于广播电视产业本土化战略的定义，较有代表的是 Essehnk 研究给出的本土化定义。该定义强调了广播电视产业本土化特点在于产品从语言、技术和文化三方面对使用和销售该产品的目标市场服务。广播电视产品从语言适应意味着内容上翻译或标题的使用，从文化适应意味着节目内容的适应和节目编排格式的适应，从技术适应意味着节目的技术格式和播放标准、播放平台符合东道国规定①。

目前，国内和国外学者关于本土化策略的分类类型观点有所不同。Jean K. Chalaby 的分类标准认为，全球竞争的本土化战略的划分，应该按照产业链中的制作和播放活动的两大环节的本土化程度来划分，而将人力资源本土化归为辅助环节本土化，将战略联盟作为产业本土化战略的具体实施途径。谢毅（2009）② 在研究中将国外电视频道本土化策略分为三部分：节目研发本土化、人才本土化（管理人才和制作人才）、合作伙伴本土化。

结合国内外学者的观点，我们将本土化战略划分为内容本土化、人员本土化、管理本土化和运营本土化四个部分，将国内外学者的两种分类观点进行了丰富和拓展。

一、内容本土化

根据 Jean K. Chalaby 的研究，内容本土化程度从低到高，依次为当地广告时间段引入、当地语言字幕标题或配音、本土化节目创作。我们认为，伴随着媒体时代的更新、调整和发展，内容本土化所涵盖的范围也同样发生了变化。

内容本土化是跨国媒体根据对象国的宗教信仰、文化习俗、政治理念，向海外受众提供有针对性地制作或举办的、受众能够接受或喜爱，符合对象国地区国情的节目内容或传播活动。与以往研究有所不同的是，本文将受众调研、受众活动和受众产品本土化这三个方面划分到内容本土化里面，这较之以往研究更加具有全面性和创新性。因此，节目制作本土化、受众调研本土化、受众活动本土化和受众产品本土化，组成了内容本土化的四个方面。

（一）节目制作本土化

节目制作本土化，是指将音、视、图、文等集成的广播、视频、网络等形式的节目在对象国进行制作、包装和播出。节目制作本土化分为三个主要

---

① 参见杨文延：《中国广播电视产业海外本土化战略研究——以美国为例》，武汉理工大学博士论文，2011 年，第 15—16 页。

② 其研究收教育部人文社科规划项目"境外电视的传播与影响研究"。

的阶段，即节目境外落地、节目境外制作、节目内容本土化。

1. 节目境外落地

节目境外落地也可被称为节目分销渠道的本土化。这是先于节目境外制作和节目内容本土化两个阶段之前首先解决的媒体节目的传播渠道问题。只有具备有效的平台和渠道，优质的内容才可以展示和传递。由于广播电视产品和服务的公共产品性质，世界各国都会对广播电视节目交易市场和广播电视网（台）制定关于技术和竞争政策等相关管制，这也决定了广播电视节目要在国外市场实现价值最大化，必须在分销渠道上进行本土化强制性适应，适应目标国市场的行业管制和技术标准。按照节目信号覆盖、落地和传送环节的一体化或分离，节目境外本土化可分成三种适应类型：企业独立在国外建立覆盖区并落地和传送节目（简称"国内企业播送一体化"）；企业独立承担在外国市场的覆盖，但落地和传送由国外广播电视网承担（简称"播送分离"）；企业广播电视节目的覆盖、落地和传送均由国外广播电视网承担（简称"外国企业播送一体化"）[①]。

①国内企业播送一体化

这种类型战略是节目信号覆盖、落地和传送环节的垂直一体化，这是从分销层次看本土化程度最高的一种策略。这种策略的优点体现为编排自主性和东道国观众经验积累的有效性两个属性上，广播电视企业可以独立在外国市场传送节目，在节目内容提供、栏目设置、受众时间编排上，均具有自主独立性，同时有利于企业对目标国受众的观看节目习惯有更密切的了解和把握，为其进一步提高在目标国节目质量提供有效信息，所以，该类型策略有利于企业在该国长期回报的最大化。

这种策略的缺陷体现为资源承诺和受管制可能性高低两方面：一方面发行资源投入大，风险高；另一方面，由于这种模式是企业信号完全独立地发射到国外市场、落地和传送到各家各户，是企业电视信号技术传递全过程的完全控制，因此受到东道国管制可能性的程度最高。所以面对同一东道国市场，这种战略进入时间最长，会影响企业先行优势的进入。

②播送分离

这是一种分销层次本土化程度居中的策略，表现为自己独立在国外建立覆盖区，但由当地频道落地传送。这种策略的优点主要体现为节目编排自主性，广播电视企业独立承担其节目在外国市场的覆盖任务，在节目内容提供、栏目设置、受众时间编排上，均具有自主独立性。这种策略的缺陷体现为另外三方面：其一，传送分销资源投入要求较大，与之相伴是较高的风险；其

---

① 以下关于节目境外本土化三种适应性类型的分析，参见杨文延：《中国广播电视产业海外本土化战略研究——以美国为例》，武汉理工大学博士论文，2011年，第22—23页。

二，尽管信号落地和当地传送均由国外广播电视网承担，但由于企业必须负责电视节目在国外的覆盖，所以必然受到国外政府的一定管制，所受的管制程度略松于上一种类型，因此进入时间也较长；同时，由于频道落地是由外国广播电视网负责，所以，相对于前一种垂直一体化，企业对目标国受众的观看节目习惯了解和把握程度不够密切，因此为客户提供的价值增值能力差。

③外国企业播送一体化

这种分销模式可以表现为本国广播电视企业制作的节目完全由国外广播电视网（台）负责覆盖和落地到目标国消费者受众。如果选择卫星电视进入方式，那么直接利用目标国卫星播送平台也属于这种模式。因此对本国广播电视企业而言，这是一种本土化投入要求最低的战略。这种战略的优点体现为资源承诺和所受管制程度，资源承诺投入少，落地和技术风险较少，因此所需投入成本不大，极端情况下，企业可以不拥有覆盖、传递和落地资源能力。同时，由于借助的是国外广播电视网（台），所以该战略受东道国政府管制的可能性非常小，因此进入速度快，但其缺陷也非常明显，这表现在：第一，由外国企业承担其节目在外国市场的覆盖任务，因此本国企业在节目内容提供、栏目设置、受众时间编排上自主独立性差；第二，由于频道播送由外国广播电视网负责，所以，相对于两种分销方式，企业对目标国受众的观看节目习惯了解和把握程度低，无法获得足够的信息以提高在目标国节目收视质量，因此为客户提供的价值增值能力差。

以法国国际广播电台和今日俄罗斯两大国际媒体为例，可以了解一下他们在节目境外落地实施本土化策略的情况。

法国国际广播电台（RFI）截至目前在全球设有170个调频中继站[1]；在其他国家或地区，通过与合作电台签署转播协议实现节目落地；RFI还在对象国或地区直接开办子电台，如蒙特卡洛Doualiya电台、保加利亚电台、罗马尼亚电台等，实现节目本土化的制作和播出；RFI还有2个与BBC合作开办的电台——德语电台和匈牙利阿赫利尔电台，用于转播RFI的德语、法语、匈牙利语的节目；另外，还租用纽约市电台部分周末时段播出节目，从而实现节目在对象国落地。

"今日俄罗斯"是俄罗斯第一家英语国际新闻频道，也是第一家全数字化的俄罗斯电视频道，由国有的俄罗斯新闻社所拥有，被媒体称为"俄罗斯的CNN"。目前，今日俄罗斯通过卫星、有线付费电视及互联网等多种方式成功实现了在一百多个国家的落地，在短时间内取得了良好的国际传播效果。此

---

[1] 胡正荣、关娟娟：《世界主要媒体的国际传播战略》，中国传媒大学出版社，2011年版，第37页。

外，今日俄罗斯是俄罗斯第一家在 YouTube 上拥有自己的网页，进行连续网上直播的电视频道，并在 Facebook、MySpace 和 Blogger 等上提供博客服务[①]。"今日俄罗斯"网站已经成为俄罗斯最受欢迎的英语互联网新闻服务网站，其点击量已经超过几家知名的俄罗斯网站资源的总和。

2. 节目境外制作

媒体在境外有了内容传送的渠道，即播出平台以后，媒体节目境外制作就应当紧随其后了。节目境外制作包括独立制作节目和合作制作节目两种形式。

独立制作节目是指媒体的海外机构在当地独立进行采访、编辑和制作节目。这就要求媒体机构在海外设有记者站、节目制作室等相关机构，拥有人力及硬件设施的支持。以今日俄罗斯为例，从 2010 年 1 月 15 日起，美国东部时间每天下午 16：00—22：00，"今日俄罗斯"在华盛顿特区新大楼的演播室对美国观众进行直播。美国 CNN 国际频道在伦敦和香港也分别设立了具有节目制作和发送能力的"制作中心"，把它们作为欧洲和亚洲的辐射源。

或者，媒体可以通过与落地对象国有实力的媒体公司合作，由媒体提供或由双方联合采访节目素材，再经合作方根据当地受众的需求和习惯，进行内容和形式上的本土化包装，在媒体自己或合作媒体当地的主流中波、调频电台或网站播出。

3. 节目内容本土化

有了节目播出平台和节目制作方式的基础，节目内容本土化是水到渠成的事。这是一种最高程度本土化，它要求一国广播电视企业按照当地消费者的需求偏好，制作专门为当地市场适用的节目。因此，它不仅节目内容和编排格式根据当地需求特殊性专门制作，甚至会专门设立当地频道，并配有完全根植于当地的运营和制作设施。本土化节目创作需要特定市场营销投入，因为它将作为一个当地频道重新打造品牌。从产品适应性改进程度看，其适应性改进努力最高，因为它将节目进行了完全东道国市场的本土化全新制作，实现了完全的文化改进。正因为改进大，所以，该类型战略对企业各方面资源能力要求高，要求广播电视企业在满足国内需求的同时，能够拥有一套专门的能够调研挖掘外国市场需求、研发制作符合外国市场需求的节目的人力资源、财力资源和物质资源，同时，由于国外节目需要单独打造，因此，在一定程度抑制了企业基于国内节目制作的规模经济和范围经济。

节目内容的本土化是指节目的语言、风格及主题应当根据海外受众的喜好及当地惯用的节目形式进行"入乡随俗"的策划与编排。跨国媒体节目内容本土化的优势在于，可运用全球化的视角、针对性的素材、双边互动的话

---

① RT, Corporate profile, http：//rt.com/Abouts/Corporate_Profile, 2010 年 12 月 25 日。

题制作节目。具体可通过以下几种方式表现①：

（1）本地语言字幕或配音

这种本土化战略指一国将其广播电视台或广播电视节目几乎原封不同地移植到国外市场，不考虑国外市场技术差异，在文化差异中也仅考虑语言差异，将节目配上当地语言字幕标题或进行配音。因此，从产品适应性改进程度看，该类型仍旧较低，广播电视节目本质内容不需要进行本地化改进，仅在语言上作些改进；资源投入要求低，对企业各方面资源能力要求低，仅要求广播电视企业在满足国内需求的同时，能够拥有专门的外语人才或有经济实力聘请到外语人才；同时，成本降低可行性也较高，利于企业发挥学习效应、规模经济和区位经济，唯一增加的成本可能是配音或添加外语字幕的成本。

这种本土化战略的优点是，企业成本竞争所处地位比较有利，缺点在于，即使语言上实现了本土化适应，企业所提供节目可能由于不符合当地消费者的文化规范、价值体系、生活方式而丧失对当地消费者的吸引力，从而战略很难获得成功，同时，外国消费者对该种节目给予的价值认可度低。因此，这种本土化策略仅适应于存在语言差异，但在文化规范、价值体系、生活方式等方面相似的市场，例如中、日、韩三国之间的电视节目可以采取该种类型本土化策略；印度教国家之间的电视节目，也可以采取该种类型本土化策略。

（2）本土化广告时间段引入

这是一种本土化程度较低的策略，指的是一国将其电视台或电视节目原封不同地移植到外国市场，不考虑外国市场技术、文化差异，唯一的本土化适应为吸引目标国市场厂家购买其广告时间段。因此，从产品适应性改进程度看，该类型适应性改进程度低，电视节目不做任何语言或文化上的适应性改进；也正因为适应性改进程度低，所以企业无需进行额外的新资源投入，资源投入要求最低，对企业各方面资源能力要求最低；同时，由于国内制作的节目可以原封不动地投放到国外电视市场，所以成本降低可行性高，有利于企业发挥学习效应、规模经济和区位经济。

（3）本土化主题的编排及嘉宾的参与

以上两种本土化方式，都属于节目制作本体化的初级阶段。除了语言和广告，节目制作应更加注重目标国家民众所关注的社会热点问题，以及涉及中国和对象国之间双边问题的话题。在节目中引入这些目标国受众熟悉并关注的话题，使得受众有亲近感。此外，可在节目中邀请当地有一定知名度的

---

① 以下关于节目内容本土化几种形式的分析，参见杨文延：《中国广播电视产业海外本土化战略研究——以美国为例》，武汉理工大学博士论文，2011年，第19—21页。

人士作为节目嘉宾参与其中,增强节目的互动性。融入他国信息的本国热点话题以及熟悉的嘉宾的节目对于当地受众来说绝对有卖点。

以 RFI 为例,其法语广播覆盖整个非洲大陆,在 RFI 的 4600 万固定听众中有 2750 万来自非洲。RFI 在非洲法语国家的知名度非常高,其收听率可以和当地电台相媲美。RFI 的法语广播有两套节目,分别面对非洲和巴黎,两套节目都是每天 24 小时播出。两套节目中有大量的共同节目,如文化节目、健康节目。不同之处在于新闻节目,对非广播的新闻节目会向非洲地区倾斜。从播出时间来看,两套节目都尊重了当地人的生活习惯和收听习惯。

(二)受众调研本土化

目前,媒体受众调研主要有两种方式:纸质问卷和网上的电子调查。

纸质问卷是将调查表打印并邮寄给海外受众。该方式虽然能够定向地选择受众做调研,但其缺点是成本高、周期长、回收率低,而且,并不是每个受调查者都愿意填写问卷并邮寄。相对而言,网上的电子调查就要方便快捷许多,但是调查的样本量取决于网页的点击率。还有一种是通过视频或音频节目征集调查问卷。这种方式的不确定因素太多,首先,根据视频或音频的线性传播特性,很多人可能会漏听该调查;其次,获知调查信息的受众会有多少人对该调查感兴趣也不确定。

媒体还可通过三种方式,直接在海外受众当中开展调查。

第一种方式,借助媒体海外分支机构开展受众调查。一是通过记者站、海外制作室、国外子电台或电视台,直接在当地给受众寄发问卷和回收问卷。这样的好处是缩短纸质问卷寄发和回收的周期,降低邮寄成本。二是通过记者站和海外工作室,委托国外专业的调查机构进行受众调查。通过这种方式,能够将调查的范围从该媒体的受众扩大到普通受众,了解他们作为媒体的"非亲近"受众的相对客观意见或想法。比如,BBC 国际电台强化了自身受众工作的机构与机制,除在管理委员会中设置一名专门负责受众、市场和推广宣传事务的成员,还在世界七大城市设立监听站,成立国际电台研究小组,并于 2007 年重组"市场营销、传播与受众部"[1]。

第二种方式,借助合作媒体在海外开展受众调查。通常,跨国媒体与海外的对象国媒体都建立了长期友好合作关系。双方都在积极开展互换链接、共同举办活动,记者互访、专家互换等项目。在这些海外媒体中,有平面媒体、网络媒体、电视媒体等多媒体平台,媒体可借助这些海外受众熟知和容

---

[1] http://www.bbc.co.uk/worldservice/trust/research/services

http://www.bbc.co.uk/atwgnd/message0307...shtml

http://downloads.bbc.co.uk/worldservice/trust/pdf/research_and_learning_group/aboutrandlgroup.pdf

易接触的平台,发布受众调查。

以中国国际广播电台为例。目前,国际台通过61种语言向世界传播,在海外有40个海外地区总站和记者站,15家境外广播孔子课堂,以及4112个海外听众俱乐部。可以说,国际台在每种语言对象国地区,都拥有数个高端合作媒体,这些合作媒体就好像国际台覆盖全球的资源脉络,通过这些脉络获取大量第一手的受众反馈信息。

第三种方式,设立受众调研项目基金,派专人前往海外进行实地调研。这种方式类似公派留学,只是主题设定在受众调研。受众工作者提报相关的研究课题,然后前往对象国的学校、机构等进行实地调研,并撰写有参考价值的调研报告。

(三) 受众活动本土化

受众活动是指媒体与海外受众之间积极有效互动的一种形式。通常,知识竞赛是最常见的受众活动。问题和奖品的刺激,可以大大提升受众的参与度,扩大活动的影响力,从而增强媒体自身的品牌效应。除了借助媒体本身的传播形式开展活动,还可考虑将活动直接开展到海外受众中去。受众活动本土化,主要通过两种方式实现。

第一,借助合作媒体在海外举办活动。比如,2011年,国际在线俄文网、乌克兰文网、白俄罗斯文网联合云南省西双版纳州政府共同举办,《俄罗斯报》、乌克兰嘎乐媒体以及白俄罗斯《人民报》等境外媒体协办"我要去西双版纳"才艺大赛。才艺大赛历时两个半月,近500名国际台俄语广播的听众与俄文网、乌克兰文网、白俄罗斯文网的网友,通过在线答题、主题写作、绘画摄影、手工作品等方式参与大赛。通过层层选拔,最后,来自俄罗斯的媒体工作者拉宾、来自乌克兰的地质工程师皮沃瓦罗夫和来自白俄罗斯的专栏作家科尔马科获得特等奖。4月16日,"我要去西双版纳"才艺大赛颁奖典礼在西双版纳成功举行。这次活动的一大特点就是与对象国媒体合作,活动体现出多媒体、多语种、多形式的特点。通过合办活动,中外媒体联合产生了 1 + 1 > 2 的影响力。

第二,借助海外机构直接在当地举行受众活动。以中国国际广播电台马来西亚"城市榜"推广活动为例,2011年7月9日、10日两天,马来西亚地面推广活动在吉隆坡最大型商场之一——Sunway Pyramid 成功举办。为了让更多的马来西亚民众了解 CRI 和"城市榜"活动,活动承办方在现场设立了20座候选城市的展板以及在线投票设备,制作了带有"2011中国城市榜"字样的兵马俑摄影板,吸引受众拍照留念,并设计了有趣的互动环节和有奖参与活动。身着专门为"城市榜"活动定制、印有 CRI online 标识红色T恤的工作人员热情、耐心地为过往民众进行讲解,并散发印有 CRI Logo 和本次活动规则的精美宣传品和礼品。活动期间,合作方也邀请当地媒体记者前往报道,为活动造势。通过 7 月 9 日和 10 日的两场地面活动,共收集近 1140 条对候选城市的感言。统计数据显示,在"2011 中国城市榜"推广活动的带动下,国际在线马来文网"2011 中国城市榜"专题共收到网民投票 107048 张,有效留言 1520 多条,98% 以上的留言来自马来西亚。而国际在线马来文网 7 月份的页面浏览量(PV)比前 12 个月均值增长了 80.37%;独立用户数(UV)则比前 12 个月均值增加了 68.98%。

(四) 受众产品本土化

媒体的视频、音频等传播形式属于线性传播,无法实现向受众多次反复传播。而将优秀的媒体节目集结成媒体受众产品,就能够克服这个缺点。比如发行 DVD、出版图书、出售改编权等,都是媒体受众产品的体现。

特莱维萨公司是墨西哥乃至西班牙语世界最大的传媒集团。进入 21 世纪之后,特莱维萨非常重视其在海外市场的本土化战略。特莱维萨不仅在北京、拉美、欧洲和亚洲的多个国家设立办事处或营销代表,负责销售节目,而且与各国本土公司开展多元化合作。1999 年开播的哥伦比亚都市喜剧《丑女贝蒂》被译成多种语言,受到了世界各国观众的好评。特莱维萨集团随后购买了《丑女贝蒂》的版权,包括美国、巴西在内的一些国家的影视公司则通过向特莱维萨购买改编权,重新翻拍。2006 年,美国广播公司改编版本在美热播,并获得 2007 年美国金球奖喜剧类最佳女主角奖和喜剧类最佳系列剧奖[①]。2008 年,湖南卫视对《丑女贝蒂》进行了本土化改造,制作了该片的中文版《丑女无敌》[②]。这些翻拍和改编因为更加符合当地观众的审美情趣,使得该翻拍剧都取得了不错的收视率。同时,特莱维萨还与巴西纪录电视网合作制作并拍摄了巴西版的《丑女贝蒂》。

对于广播电视企业海外本土化的实践,除了内容本土化这一重要的本土化程度最高的形式,该战略还需要辅助活动环节的本土化予以配合,体现为组织机构的本土化适应和扩大消费者认知。组织结构指企业组织总体,包括正式组织机构、控制系统、激励机制、组织文化、工作流程和人员。其本土化可以意味着企业要准确把握目标国消费者需求,必须配备具有当地经验和知识的人员,同时在当地需要设置合适的组织结构,从管理人员选材、培训、考核评价、绩效、领导方式、文化、工作流程等各方面适应当地的差异。其他各种辅助活动环节同样是本土化战略的体现。比如,人员结构本土化、管

---

① 见:《巴西将翻拍哥伦比亚热门电视剧〈丑女贝蒂〉》,新华网,2009 年 2 月 7 日,http://news.xinhuanet.com/newscenter/2009-02/07/content_ 10776933.htm

② 《湖南卫视翻拍〈丑女贝蒂〉》,金鹰网,2008 年 4 月 3 日,见:http://www.hunantv.com/hifly/zt/cnwd/1190/200804/t20080403_ 28341.html

理模式本土化和市场运营的本土化。

二、人员本土化

传媒人员本土化的目的，是要达到全球经营利润最大化。它在实践中也表现出很多优于其他人事策略的优点，具体表现为以下几个方面：第一，提高国际化形象，增强子公司所在国的信任感。如果大量的所在国人员进入跨国传媒的当地子公司担任管理工作，他们一般会带着本民族的感情，必将使跨国传媒执行任何损害所在国利益的行为受到遏制。第二，避免因文化差异造成的经营管理上的损失。由本国人担任要职的管理团队更具有亲和力，能消除文化差异的影响，更可能地获得所在国政府和人民的信任，本土的专业人才也更了解本土市场运作，有利于尽快开拓市场。第三，实行人员本土化战略能降低经营成本，使跨国传媒明显获利。在通常情况下，派往国外的管理人员，公司必须投入大量经费，进行较长时间的全面深入的有关知识的培训。同时，这些外派人员还要享受高额的津贴和补贴、母国与驻在国之间的往返差旅费用等。直接聘用子公司所在国人员，一方面，免除了上述支出，另一方面，可以充分利用部分所在国低工资的优点，以远远低于母国公司工资标准却明显高于所在国水准的工资，吸引高质量的人才。再者，由于采用人才本土化战略，最大限度地消除了文化上的隔阂，增强了公司与所在国政府打交道的能力。第四，人员本土化战略在一定程度上保证了传媒管理人员的相对稳定。母国人员进入异国工作，由于文化差异、家属不适应等造成思想上的不稳定，有时会造成管理人员在所在国履行管理职责半途而废；母国管理人员也经常会遇到跨国提升的机会，这些都会影响管理人员的稳定。在东道国当地招聘当地管理人员则会减少这种负面影响[①]。

国际传媒的驻外机构，一般是以记者站或节目制作室的形式存在，其主要任务是记者站和节目制作室所在国家或地区的新闻采编、制作、播出及开展其他媒体活动。这些海外机构是国际传媒的触手，也是国际传媒的海外根据地。国际传媒机构往往通过驻外机构，实现人员本土化。

（一）派遣员工到海外工作

派遣员工到海外是目前媒体选择的惯常做法，表现为在海外开设记者站、制作室、中心站等，由国内媒体派出记者前往驻站。随着媒体本土化的需求越来越强烈，媒体在海外的人员需求种类也日益细分化，不仅需要记者，同样需要管理人员，甚至是调研人员。所以媒体在派出人员方面也逐步开始转变思维从做媒体向办媒体转变。

---

① 王庚年：《国际传播发展战略》，中国传媒大学出版社，2011年版。

NHK 在海外拥有 4 个海外总局和 27 个记者站，70 余名驻站记者承担着电视图像、图片、广播、文字等各项发稿任务。此外，NHK 与亚洲、大洋洲、非洲等发展中国家广播电视机构联系密切，向这些机构提供各种支援，包括广播电视设备的维修保养、节目制作技术、广播电视和电视台经营运作等。NHK 通过 JICA（独立行政法人国际协力机构）派遣的专家和接收的研修人员人数已经达到 4333 人[①]。

（二）在海外招聘工作人员

除了媒体从国内派遣员工外，越来越多的媒体也需要在当地聘用本地员工。比如编辑记者、法律事务顾问、推广宣传的公关人员等。因为，当地的员工本身具备语言的天然优势，再加上熟悉当地风俗习惯、文化背景，甚至是当地的法律政策或者民众所能接受的公关营销宣传方式等。这些天时地利人和的条件，有利于跨国媒体在对象国地区开展媒体活动。

1996 年成立的半岛电视台目前共有 3000 名左右的员工，除了位于卡塔尔多哈的总部外，在全球还有 69 个驻外机构和 4 个演播室。[②] 半岛电视台以国际新闻报道为主，因此驻外记者和驻外记者站是该台新闻报道来源的主要支柱，是半岛电视台新闻的生命线，驻外记者在半岛全部工作人员当中占很大的比例。而半岛电视台海外记者站主要采用的是本地化运作模式。在招聘驻外记者方面，半岛电视台主要选择在当地生活时间较长、通晓当地语言、在当地有一定社会关系的阿拉伯新闻记者或者有一定新闻业务基础的阿拉伯侨民。

三、管理本土化

人员本土化以后，媒体首先遭遇的一个问题就是管理问题。像以往只是一两名驻外记者自己管理自己或者是国内机构管理海外记者的旧有模式，已经无法满足国际媒体海外扩张本土化发展的需求了。所以，管理也需要本土化。管理本土化有两种形式可供参考：

（一）在当地聘用管理人员，以外管外

由于国家驻外人员数量限制的问题，在海外机构人员配置中，本国员工的数量可能会小于外国员工。所以，这一种方式可以考虑从当地招聘管理人员，以外管外。这样做的优点在于：

第一，外国人与外国人方便沟通交流；外国人与中国人的思维模式存在

---

① 胡正荣、关娟娟：《世界主要媒体的国际传播战略》，中国传媒大学出版社，2011 年版。

② Media Pack 2009，Al Jazeera Network，2009.

差异，中外的社会背景、文化习俗也存在差异。选择外国人管理外国人，以他们的方式沟通交流更便于解决一些员工关系问题，使得工作顺畅进行。

第二，可以选择专业的管理人才提升管理的水平；媒体人才多半是语言或者新闻专业出身，少有学管理的专业人才。所以，在海外的媒体机构可以聘用专业的管理人才对员工进行系统的管理，提升海外机构的管理水平，弥补半专业的媒体管理人在这方面的不足。

第三，中外的管理模式可以从碰撞交流中探讨本土化改良以后的模式。中方有中方的一套管理模式，外方有外方的一套管理模式，哪一套模式更适合中国媒体的海外机构？这很难说。可能需要根据具体情况具体分析，也要根据对象国地区的情况适当地进行调整，从而找出一套适合的模式。

新闻集团的掌舵人默多克就是一位本土化战略的积极实践者。1985年，默多克买下20世纪福克斯公司50%的股权以后，以年薪300万美元延聘原董事长巴西·迪勒担任要职。巴西·迪勒在好莱坞的良好人际关系和卓越的管理才能，帮助默多克很快打入美国市场。1998年，默多克将担任多年的香港卫士行政主席一职交给中国人刘长乐，从而实现了"把亚洲的天空还给亚洲人"的目标[①]。

（二）派遣中方管理人员到当地，以中管外

以中管外与以外管外是相辅相成的。作为中方媒体的海外分支机构，应当相对熟悉和了解我国对外宣传的政策方针。海外分支机构实际承担的就是国际传媒在对象国地区传播的"把关人"角色。选择哪些主题，通过怎样的议程，建设怎样的媒体品牌，塑造怎样的国家形象，这都是媒体海外"把关人"的第一要务。掌握好"把关人"的定位，才能说如何从节目落地、节目制作、内容语言等方面"入乡随俗"进行本土化的改良。所以，除了以外管外，一定要派遣中方的管理人员在当地进行员工的管理工作，这其中包括员工的招聘任用、工作职务、薪酬安排等。而且，以中管外的级别应该要高于以外管外。外方管理人员是从属于中方管理人员的。这才能保障媒体的海外分支机构能够正确传达媒体的意思，担当好海外"把关人"的角色。

四、运营本土化

所谓运营，就是指对企业所生产的产品和提供的服务进行设计、运行、评价和改进。对媒体集团来说，运营涉及品牌建设与管理、媒体产品营销、受众市场整合等方面。

---

① 施谱越编著：《传媒大亨默多克传》，中国图书出版社，2011年版。

随着国际媒体的海外扩张,本土化运营也成了媒体发展的趋势。跨国媒体可以借助合作媒体、海外分支机构尝试运营本土化。

(一) 与国际合作伙伴进行运营活动

国际传媒在进行跨国传播和经营时,不可能靠单打独斗获得成功。在这种情况下,与国际合作伙伴的紧密合作就成为国际传媒赢得竞争优势的必要手段。国际合作伙伴除了可以为国际传媒提供内容和渠道,还可以为国际传媒提供营销服务。

营销服务机构包括市场调研公司、财务公司、广告公司、各种广告媒体公司和营销咨询公司等,他们提供的专业服务是国际传媒营销活动不可缺少的重要部分。尽管有些国际传媒机构设有相关部门或配备了专业人员,但大部分国际传媒还是与专业的营销服务机构以合同委托的方式获得这些服务。国际传媒往往通过比较各服务机构的服务特色、质量和价格,来选择最合适自己的服务商。

更为重要的是,国外的广告公司、公关公司和其他营销传播机构更了解当地的政治、经济、法律、社会文化等环境,以及国际传媒受众的需求和国际传媒在本地竞争对手的经营状况和竞争战略,这样有利于国际传媒本土化运营的开展。

Discovery 探索频道于 1985 年开播,是世界上发行最广的电视品牌,目前到达全球 160 多个国家和地区的 3.06 亿家庭,以 35 种不同语言播出节目。1994 年 1 月,Discovery 亚洲探索频道开播,其通过泛美 8 号人造卫星播放节目,订户遍及澳洲、文莱、印尼、马来西亚、日本等国家和地区。1994 年 4 月,落地台湾,节目附以繁体中文字幕;1995 年 5 月,落地新加坡,节目也附以中文字幕;1995 年 11 月,落地香港,节目开始尝试以粤语播出[①]。

尽管较为容易地进入了一些亚洲国家和地区,但由于中国大陆地区的政策限制,Discovery 探索频道很难落地。为此,Dicovery 调整节目定位,强调节目的科普娱乐性。1997 年,Discovery 首先与北京电视台合作,北京电视台财经频道引进并开播强档节目《探索》。而后,Disovery 同中央人民广播电台合作,播出《自然英语 Discovery 听读系列》,一举两得,受到众多科技爱好者和外语爱好者的喜爱。

现在,上海电视台、旅游卫视、广东南方电视台、四川电视台、武汉电视台、天津电视台、呼和浩特电视台等纷纷与 Discovey 合作,引进探索节目。与当地媒体合作,Discovery 频道从节目落地开始推广 Discovery 这个

---

① 初广志、王天铮:《国际传媒整合营销传播的策略》,中国传媒大学出版社,2011 年版,第 157 页。

品牌，更有通过各类地面活动加深受众对品牌的认知度和忠诚度。2000年6月，Discovery正式授权京文公司独家代理Discovery探索频道内容产品的发行权。

（二）通过媒体在海外的分支机构开展运营活动

目前，很多传媒公司都在进行跨国运营。跨国运营的第一步就是构建内容产品传播平台，如在国外租台或者建台等。而无论是租台还是建台，都必须符合当地的法律法规，得到当地行政机构的批准。当地法律法规对国际传媒建台、租台一般都有明确的规定，必须达到规定中设立的条件。就一些成功的跨国传播与跨文化传播媒介集团的运营活动来看，其实现的路径包括以下两方面：

一是与当地政府建立良好关系，取得他们的信任与支持。构建国际内容传播平台的第一步是符合当地法律法规，但即便符合当地的法律法规，往往需要当地政府的批准以后，国外媒体才能够正式落地。这就需要国际传媒进行大量的政府公关活动。这些公关活动包括向政府的相关职能部门阐述该媒体的发展历史、品牌价值、进入他国后对其经济文化的促进作用等。

二是结合当地环境，利用广告、公关等方式传播自身的品牌形象。初到一地，媒体首先应当做的就是打开渠道，树立品牌。广告和公关的方式是短时间内最有效的营销传播方式，可以使得海外受众认识、理解和记住品牌，进而才会去更多地了解媒体的节目内容、传播理念等，并逐渐发展成一个对媒体有好感，甚至有忠诚度的黏性受众。而在建立了稳定的受众群以后，媒体才可以有针对性地开展运营。

2007年5月，新闻集团向道琼斯公司发出总价超过50亿美元的收购要约。12月13日，美国道琼斯公司宣布批准了新闻集团对该公司的收购计划。收购道琼斯公司是新闻集团业务由大众市场向专业市场拓展的重要步骤。新的媒介技术为人们提供了更多快捷便利的"免费信息"，同时，人们也需要更多有价值的有针对性的付费信息。财经信息就是其中的一种。2007年10月15日，新闻集团推出福克斯财经频道（Fox Business Channel）。道琼斯公司和新闻集团的强强联盟，使得福克斯财经频道成为通用电气公司旗下财经频道CNBC的强劲对手[1]。此外，收购道琼斯公司为新闻集团提供了数字化时代传统业务转型的突破口。互联网的发展导致了全球范围内传统报业的普遍衰落。报纸起家的新闻集团迫切需要寻找新的生存方式和盈利途径。默多克表示，

---

[1] 新浪财经，http://finance.sina.com.cn/focus/dqszg/index.shtml

将来会投资道琼斯的数字运营部门,包括 Market Watch 和 WSJ.com 网站①。新闻集团可能会利用这些网站和 Newswires 的资源,打造一个财经新闻门户。

第三节 中国媒体本土化战略的初步实践

党的十六大以来,我国做出了深化文化体制改革、发展文化产业的战略部署。中国媒体逐步开始向市场化、集团化和产业化变革,中国的国际传播媒体,纷纷开始了本土化战略、跨文化传播的探索。从中央级、地方媒体和民营企业的本土化创新中,我们可以认识到我国媒体本土化战略的初步实践。

一、新华社的本土化战略

作为一家世界性的通讯社,海外机构的建设是新华社本土化战略的重要方面。2008 年 9 月,新华社在《2008—2015 工作设想》中提出大力提升国际影响力,在 2015 年之前初步建成覆盖全球的新闻信息采集网络。从 1948 年香港和伦敦分社建立至 2011 年,新华社的驻外机构已经达到 162 个,24 小时不间断地以文字、图片、视频、音频等多媒体手段及时准确向全球发布新闻信息。其中,截至 2011 年,驻外分社增加 60 个,分布的国家增加 37 个。在国际资讯高度密集的北美地区,新华社于 2009 年在纽约设立北美总分社,并于 2011 年搬入美国纽约时报广场办公,北美地区的分支机构数量从 4 个增加到 10 个;在与我国相邻的亚欧地区,在莫斯科组建亚欧总分社,整个地区分支机构数量从 4 个增加到 17 个;在欧洲、中东、亚太、非洲、拉美地区 39 个重要城市先后增设分社②。

目前,根据用户的特别需求,新华社向 130 多个国家提供多种文字的专稿和特稿。新华社的新闻信息产品覆盖 195 个国家③。此外,新华社努力建设全球通信技术系统、卫星通讯传输网络,形成了以北京为中心,中国香港地区、纽约、巴黎、伦敦为转发中心,覆盖世界 100 多个国家和地区的新闻通讯体系。

海外机构的全球化拓展,有效提升了新华社的国际传播能力,增强了国际传播效果。

---

① 参见:《默多克收购道琼斯幕后动机》,http://tech.sina.com.cn/i/2007-07-24/07271632302.shtml,2010 年 10 月 21 日。
② 闫涛、陈峰:《加快构建国际一流现代新闻信息采集网络——新华社海外分社建设实现跨越式发展》,《中国记者》2011 年第 11 期。
③ 贾品荣:《世界性通讯社经营管理研究》,华中科技大学博士学位论文,2009 年,第 59 页。

首先，随着大量新分社的建成，新华社的布点密度增大，信息来源更广，为进行更客观、更有效、多现场、更深入、多形式的报道，创造了有利条件，国际新闻信息报道能力持续增强[①]。比如，新华社在亚欧地区新建了总分社和12个分社后，实现了对该地区所有国家主要城市的覆盖，彻底改变了原来仅有的4个分社无法顾及整个地区报道的客观问题，地区新闻信息报道能力有显著提升。总分社建立后，担当起地区指挥中心角色，同时，各新建分社对促进地区报道工作的作用也快速显现。又比如，在非洲的新分社建立后，分别组建起较高水准的当地报道员团队，报道员遍布当地主要媒体、各政府机构和大型企业，在短时间内实现了新闻报道的数量激增和报道质量的明显提高。

其次，随着新建分社推广和营销工作的开展，越来越多的外国人成为新华社新闻信息产品的直接受众，落地工作得到有效推进。[②] 比如，在老挝，万象分社成立后，新华社提供的新闻在当地第二大英文报纸《KPL NEWS》的国际新闻版上平均占到70%以上，其评论版或特写版几乎成了新华社稿件的专版。又比如，2010年以来，"新华影廊"逐渐成为新华社产品海外落地工作的一个亮点[③]。新建分社结合影廊的推出，让新华社图片在当地崭露头角，提升了新华社的知名度，在当地引起热烈反响。2011年8月23日，"新华影廊：中泰一家亲"图片展在泰国曼谷开幕，泰国诗琳通公主为图片展剪彩，并亲笔题词"传播中国，报道世界"。影廊展出了中泰建交以来两国高层交往的300幅珍贵照片，其中包括100多幅诗琳通公主访华的珍贵历史照片。对此，泰中经济文化协会会长、泰国前副总理披尼说，中国记者用镜头记录下泰中友好交往的足迹，有助于增进泰国人民对中国的了解，对加强泰中两国民间互访起到重要促进作用[④]。

再次，海外阵地的不断发展壮大，促进了报道力持续提升和新闻信息产品成功落地，使新华社国际影响力与日俱增[⑤]。

---

① 闫涛、陈峰：《加快构建国际一流现代新闻信息采集网络——新华社海外分社建设实现跨越式发展》，《中国记者》2011年第11期。

② 闫涛、陈峰：《加快构建国际一流现代新闻信息采集网络——新华社海外分社建设实现跨越式发展》，《中国记者》2011年第11期。

③ 新华影廊，新华社历史上第一座专业影廊，是新华社2010年推出的一个进行中外文化交流的重要窗口，其主题和内容定期更换，力求通过新华社图片报道精品的展示，促进中外民众的相互了解。新华影廊实行国际化策展人制度，展出内容既浓缩新华社影像精品，也囊括国内外知名摄影师拍摄佳作。从2010年5月首展至2011年年底，依托新华社独一无二的全球网络及资源，已在国内各省市自治区，海外100多个国家和地区实现超千处的"廊群"效应。

④ 见：《泰国诗琳通公主为"新华影廊"图片展剪彩并题词》，新华网，2011年8月23日，http://news.xinhuanet.com/world/2011-08/23/c_131069401.htm

⑤ 闫涛、陈峰：《加快构建国际一流现代新闻信息采集网络——新华社海外分社建设实现跨越式发展》，《中国记者》2011年第11期。

驻外分社的大幅增加，引起了所驻国的密切关注。一些新建分社抢先占领了包括西方媒体在内的世界其他媒体尚未进入的阵地。同时，不少新建分社通过各种创新方式，有效扩大了新华社在当地的影响。比如，挪威的奥斯陆分社采访拍摄的《环球掠影》栏目电视专题片《挪威：农业技校注重动手和动脑相结合》在当地引起强烈反响。被采访的学校、农校网站、电视台以及农业部网站等众多当地媒体，纷纷就该热点进行报道。巴马科分社在当地举办的"新华社新闻摄影培训班"共为马里、刚果（布）两国培训新闻官员及媒体记者100多人次，两国主流媒体分别给予大篇幅报道，得到马里总统杜尔和刚果（布）新闻部长奥凯米等政界要员的赞赏。

在人员本土化方面，新华社除了从国内选派优秀的人才，也在世界各国首都、重要城市、战乱和新闻热点地区拥有雇员或通讯员、报道员、线人等。至2010年年底，内派人员和海外雇员总量达到4000余人[1]。对外派人员，新华社要求其积极融入当地社会。这样不仅能够减少信息盲点和空白点，形成更加健全、覆盖全球的新闻信息采集网络，而且有利于新华社新闻信息产品的落地，全面提升新华社新闻信息的采集传播能力和影响力。

除了海外机构设置和人员本土化，新华社还通过战略联盟合作的方式，拓展海外本土化之路。

首先，新华社主要通过三种形式与其他通讯社合作：第一，通过策略结盟，西方通讯社转发新华社消息，使新华社的消息落地而转化为英文、法文、阿拉伯文的报纸、图像和声音；第二，与西方三大通讯社相互代销产品，与外国信息公司合作销售、委托外国信息销售公司代理销售等，让其成为新华社的客户；第三，通过与国外媒体和东道国通讯社捆绑发展的策略，建立亲密合作关系，按受众需求的个性化、多样化和细分化的趋势，多品种、小批量地供稿，满足不同企业和群体、用户的需求。例如，新华社与路透社早在20世纪50年代就签证了互相交换新闻的协定，其他通讯社也有过如"三社四边协定[2]"这样的经典战略合作。

此外，2010年7月，新华社旗下中经社控股有限公司与芝加哥商业交易所集团（CME）指数服务公司（道琼斯）强强联手拓展中国及海外指数

---

[1] 李从军：《共同谱写中国特色社会主义世界性现代国家通讯社建设的崭新篇章》，《中国记者》2010年2月。

[2] 三社四边协定：1870年1月17日，路透社、哈瓦斯社和沃尔夫社三家通讯社在巴黎举行和解会谈，并签署了垄断世界新闻市场的协定，1875年，路透社又代表哈瓦斯和沃尔夫社同美联社签订了交换新闻的协定，据此协定，这四家通讯社对世界新闻市场的垄断体系最终确认。依此协定，路透社垄断了英国、荷兰和远东地区；哈瓦斯社垄断领域为法国、意大利、西班牙、葡萄牙；沃尔夫社垄断了德国、奥地利及俄国；美联社只在美国采集和发布新闻，并以美国新闻与三大社交换国际新闻。

业务市场,在综合竞争指数、股票指数、金融衍生品及其他资产类别指数领域,开展多种形式的合作。这种合作的优势在于金融机构提供专业的财经分析人员和权威的财经报告,而新华社提供全方位的信息发布平台及客户端资源。

二、中央电视台的本土化战略

中央电视台的本土化战略主要包括海外阵地前移和节目内容本土化。

目前,中央电视台正逐步实现海外阵地前移。截至2012年2月,已经建成视频发稿平台和包括全球七大中心记者站、70个海外记者站点的新闻采编网络,建成了北美和非洲两个海外分台,其国际电视频道数量、海外采编站点已居于世界前列,初步形成以英语新闻频道、英语纪录频道为龙头,以中文国际频道为纽带,6个语种、7个国际频道、1个国际视频发稿平台、2家海外分台和多语种网络电视外语台的国际传播新格局。海外特约报道员在全球布局31个点,达到45人的规模。全球快速反应能力大大增强,国际新闻的原创率、首发率大幅提升。以近三年为例,2009年,中央电视台海外记者日均发稿仅8条,2010年上升为17条,2011年则达到35条,连续两年实现翻番。海外记者发稿量占中央电视台国际新闻的比例,由2009年的12%增长到2011年的40%。特别是对利比亚战争、日本大地震的报道,被其他国际一流媒体广泛转载。[①]

根据海外受众的收视习惯和收视需求,中央电视台的海外节目实现了语言本土化。1992年中文国际频道、2000年英语国际频道、2004年西班牙语、法语国际频道、2009年俄语国际频道陆续开播。2004年5月,中央电视台英语国际频道开始启用外国人主持节目,央视实现主持人本土化。2007年,央视中文国际频道于2007年正式开始分为亚洲、欧洲、美洲三版播出,实现收视时间和文化认同的本土化,改变了央视中文国际频道"一个面孔面向全球"的状况。扩版后的中文国际频道,坚持以新闻为主导,荟萃节目精华,增强针对性和服务性,进一步满足全球观众的需求。分版播出以强化针对性、竞争性、有效性为原则,根据亚洲、欧洲、美洲地区观众的生活习惯和收视特点,丰富节目内容,强化特色编排,增强频道影响力和宣传效果。当前,中文国际频道改良突出反映为新闻节目改良和品牌节目引入两方面。新闻节目改良策略体现在播放时间和覆盖面两方面。欧洲版和美洲版每天增加新闻105分钟,实现了全天整点有新闻,并力求次次有更新。同时增加体育、财经等分类新闻,使报道覆盖面更广,针对性更强。《中国新闻》时长增加至1小

---

① 数据来源:《中国广播电影电视发展报告(2012)》,国家广播电影电视总局发展研究中心,2012年版。

时,致力打造品牌栏目。此外,增加两档 30 分钟的《环球时讯》(国际频道)、CCTV-F(法语国际频道)等国际频道有效进入当地主流社会,成为中国广播影视节目"走出去"、扩大对外宣传的重要途径。

  2004 年开始,由中央电视台主导,在海外市场化运营中国电视长城平台。截至 2011 年年底,已建成美国、加拿大、欧洲等 9 个系列平台,集成中央和地方近 30 个中文和外语频道,全球付费电视用户突破 10 万户,成为世界最大的付费华语电视平台。在节目内容编排上,"长城平台"本着"中央为主,地方为辅,荟萃精华、突出特色"的原则,汇聚了来自中央电视台、地方电视台及香港地区的优质频道。从节目内容、编排形式和播出时间等方面,尽量满足当地观众的收视需求。以最具影响的长城(美国)平台为例,该平台汇集了中央电视台中文国际频道、英文国际频道、西班牙语国际频道、戏曲频道、娱乐频道、中国电影频道及北京电视台、上海东方卫视、广东南方电视台(粤语)、江苏电视台国际频道、福建海峡电视台、湖南卫视、浙江电视台国际频道、厦门卫视(闽南语)、安徽电视台国际频道、重庆电视台国际频道、深圳卫视、中国黄河电视台、凤凰卫视美洲台、凤凰卫视资讯台、亚洲电视本港台(粤语)、华夏电视台(由旅美华人经营)等 22 个各具特色的电视频道,可以满足美国观众对文化娱乐和新闻信息节目的不同需求,照顾到华人华侨不同的家乡背景。从节目内容本土化程度看,由于长城平台以海外华人为主要目标受众,而华人受众的消费者需求与中国国内消费者有相似性,所以节目内容并不需要做出本土化适应和改进。从广播电视节目分销模式角度分析,长城平台在各区域的分销均采取低程度本土化模式,即完全借助国外 IPTV 网、有线电视网或卫星传送平台。综合看来,长城平台所涵盖的节目包括公有频道(中央电视台和部分省市台)和商业所有频道(如凤凰卫视),所以其运行机制也是公共支持和商业运作相支持。具体而言,在启动阶段,政府给予一定的财政支持,之后由中视国际传媒有限公司按照商业模式进行运营。提供节目的各电视台负责解决国际版权问题,中央电视台负责节目的集成和传输,外方合作伙伴负责节目播出、推广和客户管理。中外双方及参与平台的各电视台根据商业原则签订合作协议。

  此外,中央电视台的节目形式和频道已基本进行了本土化包装。如中央电视台的《开心辞典》节目,是对美国 ABC《百万富翁》的模仿,其成功不仅仅在于对《百万富翁》节目的游戏规则、场景设计乃至整个节目形态的克隆,关键在于改变了《百万富翁》原有的倾向性,注入了具有中华民族特质的灵魂,以实现"家庭梦想"取代《百万富翁》"你死我活"金钱刺激的拼杀场面,将节目的着力点由巨额奖金,转向对中国人来说意义重大的家庭和谐层面。无论是奖品的设置——如节目每期都推出家庭所需的各种奖品,包括电脑和书籍,还是节目播出时间的选择——都选在每个周末晚上一家人团聚的时候，或是主持人的选择——王小丫的亲切自然，都体现出中国亲情元素的注入，提升了节目的价值内涵，更大程度上拉近了引入节目与中国受众的距离。当一家人围坐在电视机前其乐融融地看着节目参与者家庭梦想的实现与追求时，会不自觉地勾勒出自己的家庭梦。节目没有百万奖金的刺激，却有着家人温情的感召力，所以在答题的过程中王小丫还会给选手一些善意的提示，换来的是金钱之外人与人的共鸣①。

据统计，从对节目的检测看，央视的新闻频道目前一些报道手法的各项指标已经不弱于CNN和BBC等媒体②。

三、中国国际广播电台的本土化战略

中国国际广播电台的本土化战略，主要体现在建设节目本土化制作机构、受众产品及受众活动本土化等方面。

在节目本土化制作机构建设方面，国际台自2009年以来，已先后建成非洲、西欧、北美、中东、亚洲、拉美、东欧、大洋洲等8个地区总站，各总站负责人均已赴前方开展工作，初步实现节目制作、编辑、播出平台前移。同时，国际台已通过委托建设、租用和委托制作节目等方式，在有关国家的首都或大城市建成24家海外节目制作室，全面启动节目本土化制作工作。比如，在泰国曼谷，国际台建立了亚洲地区总站，加强了对亚洲地区海外分台、记者站和节目制作室的综合开发和管理，提高了新闻采编资源的高效利用；泰国曼谷制作室已完成当地人员招聘，在当地采集、制作和播出节目，每天为中国国际广播电台泰国曼谷FM103调频台制作十余小时本土化节目，突出新闻性、娱乐性和服务性，内容主要包括当地流行歌曲和实用信息，中泰及世界各地重要资讯，以及中泰两国政府和人民友好往来的信息，此举使节目内容和形式更符合当地受众收听习惯，提升了国际传播针对性和吸引力。此外，以多媒体传播为载体，以本土化发布为特征，以覆盖全球为目标，国际台已相继开通18家环球网络电台，推进了国际在线本土制作、本土发布、本土服务和本土运营，提升了我国网络外宣影响力和竞争力。

从2003年开始，国际台在重点国家和没有播出语种的国家，探索战略联盟的方式。其中，与芬兰合作伙伴大众明天传媒公司的战略联盟就是典范。在这种合作中，由国际台提供由双方联合采访介绍中国情况的节目素材，再经芬兰大众明天传媒公司根据当地受众的需求和习惯，进行内容和形式上的本土化包装，在当地的主流中波、调频电台或网站播出。此模式一经推出，

---

① 高宪春：《从"洋模式"克隆到"本土化"创新——论中国广电媒体"本土化"策略的现实出路》，《电视研究》2012年第4期。

② 中央电视台总编室研究处：《六大国际英语频道对比研究报告》，《电视研究》2010年第7期。

节目的贴近性、针对性大大提高,听众反馈十分热烈,对促进北欧和法国听众、网友了解中国、扩大中国影响起到了显著作用。此后,国际台积极推动战略联盟模式。2007年,国际台本土化的语种扩大至四种(芬兰语、法语、瑞典语、丹麦语),通过合作伙伴芬兰大众传媒公司,在芬兰Classic FM主流调频电台、法国BFM主流商务电台、瑞典斯堪的纳维亚广播公司(SBS)和丹麦SBS广播网等主流广播公司及上述媒体机构各自所属的调频电台播出节目,分别覆盖芬兰赫尔辛基等11个城市,法国巴黎、里昂、马赛等16个城市,瑞典斯德哥尔摩、于默尔、哥德堡等30个城市,丹麦哥本哈根等17个城市,共有3000多万人口[①]。在推进节目本土化落地的同时,国际台根据北欧国家网络传播十分发达的情况,与芬兰大众传媒公司合作,于2006年1月1日正式建成和启动了国际台北欧网络电台(英语)。2005年、2007年、2009年和2010年,国际台又与芬兰大众Radio86网站合作,相继推出芬兰语、瑞典语、丹麦语、荷兰语、挪威语、冰岛语、立陶宛语、爱沙尼亚语等8种语言的网站。每天通过文字、图片、音频、视频等方式,向北欧网民发布有关中国商务、文化、旅游等各类信息,提供免费的在线汉语教学和中国音乐欣赏等服务,日均页面访问量达到8.65万,极大地提高了国际台在欧洲市场的影响力。

中国国际广播电台在受众产品本土化方面,也进行了初步实践,并取得了明显成效。

比如,在外文期刊的海外落地发行方面。目前,国际台拥有30多种外文期刊,作为一种有形的受众产品,国际台一直在探索外文期刊的海外落地发行之路。截至2012年,俄文杂志《中国风》、克罗地亚语杂志《凤凰——CRI之声》已经在对象国地区出版发行,实现了海外落地。《中国风》俄文杂志自2012年1月23日起,以报纸特刊的形式,随当天出版的《俄罗斯报》一起发行,通过该报遍布俄罗斯全国的发行渠道,到达俄罗斯的国家领导人、各级政府官员、企业家、知识分子、白领和普通订户的手中。全彩色印刷,4开16版,内容涉及文化、旅游、民俗、社会生活、健康、美食、教汉语、听众俱乐部及互动等。杂志内容全部由国际台提供,《俄罗斯报》负责杂志的印刷、发行。《俄罗斯报》是俄罗斯国家政府机关报,其地位相当于我国《人民日报》,在俄全境发行。该报纸是俄罗斯报界最有权威性的平面媒体,是俄罗斯官方各种法律文件的唯一法定刊载媒体。其读者群中,接受过高等教育的人群占43%,行政领导、专家和公务员占44.8%,高薪阶层占73.7%。该报也是俄罗斯国家领导人、各级政府部门官员每日必读

---

① 胡正荣、关娟娟:《世界主要媒体的国际传播战略》,中国传媒大学出版社,2011年版。

报纸。

外文期刊本土化发行具有以下几个优势：首先，发行规模和受众群扩大。《中国风》杂志由原来国际台印厂印刷、邮寄给国际台俄语对象国地区听众和网友的 5000 本小册子发展成为在莫斯科地区出版发行面向广大读者群体的 60000 份特刊。其次，节约发行成本。本土设计、印刷、发行后的杂志成本降低为国内设计、印刷、国际邮寄成本的四分之一。再次，有效规避政策壁垒。借助《俄罗斯报》的发行渠道，《中国风》杂志直接进入俄罗斯的主流社会。这样既避开了俄罗斯对外国平面媒体落地的法律壁垒，顺利进入俄罗斯的主流社会，同时以报纸副刊的形式出现又淡化了"中国的立场"，使普通民众更容易接受。

在受众活动本土化方面，国际台也进行了实践。2010 年，国际台在俄罗斯"汉语年"框架下策划实施的《你好，中国》是国际传媒受众活动本土化的一个典范。《你好，中国》选取了 100 个代表中国传统文化精髓的汉语词汇，如京剧、烤鸭、书法、太极拳等，针对每一个词汇进行特别解读，从不同侧面反映中华文化的博大精深，加深外国受众对中国文化的了解。《你好，中国》围绕这 100 个词汇，制作出了四种不同媒体形态的产品：100 集电视系列片、100 集广播教学节目、100 篇课文的纸质教材，以及集合了以上三种产品和网友在线互动交流的《你好，中国》官方网站。2010 年 6 月至 11 月，《你好，中国》节目登陆多家俄罗斯国家级电视、广播、平面与网络主流媒体，高密度、大范围地呈现给俄罗斯受众，获得广泛好评，是跨文化传播的一次有益尝试。根据调查数据显示，《你好，中国》系列电视片在莫斯科地区平均收视率[①] 为 0.58%，平均占有率为 2.8%，持续收看节目的受众[②] 17997700 人次。而在俄罗斯地区平均收视率为 0.32%，平均占有率为 1.59%，持续收看节目的受众达到 52528300 人次。

目前，《你好，中国》已经被翻译成英语、法语、土耳其语、罗马尼亚语、克罗地亚语、保加利亚语、乌克兰语等 18 种语言，在全球多个国家落地播出。如下表所示，《你好，中国》电视系列片已经在俄罗斯、美国、法国、埃及、土耳其和罗马尼亚等六个国家的电视台播出，巴基斯坦、克罗地亚、保加利亚、乌克兰等国也即将播出。

---

① 平均收视率是指特定时间段内所有单位时段的收视率之和（总收视率）除以该时间段总单位时段数所得的比值，及特定时间段内收视率的总体平均值。

② 在节目持续时间内完整观看频道节目的（节目、电视频道、时间间隔）观众平均数。

《你好，中国》电视系列片已经播出的国家和电视台

俄罗斯	文化频道
美国	麒麟电视平台
法国	明日电视台 DEMAIN TV
埃及	国家电视台 1 频道
土耳其	国家电视台教育频道 TRT-AKUL
罗马尼亚	国家电视台 1 频道 TVR-1

《你好，中国》项目是一个受众产品海外落地的成功典范。这里的受众产品不单单包括 100 集电视系列片，还包括 100 集广播教学片、100 篇课文纸质教材的多媒体产品。这些产品都凭借与对象国媒体的合作成功在海外落地。也就是说，受众在家打开电视就能看到《你好，中国》电视系列片，拨动频率就能听到《你好，中国》的广播教学片，走进书店就能读到《你好，中国》的纸质教材。

四、地方广电媒体的本土化创新

大体上讲，对地方广电媒体而言，本土化创新主要包括三个层面。

第一个层面，是直接引进节目运作的形态，即：主要结合现实要求，对引入的电视节目模式进行改造，一般是去掉不符合中国国情的部分，直接选用其具有吸引力而不违反政策的部分，以提高媒体收视率。比如，曾经红极一时的湖南卫视婚恋类节目《玫瑰之约》，就是在由台湾人摄制、凤凰卫视播放的恋爱速配节目《非常男女》的基础上改装而成的，这种较为粗浅的引入节目本土化，以其形式的新奇引起受众的关注，在初期是有效果的，但缺乏本土化的持久性内核，《玫瑰之约》也于 2004 年停播。

第二个层面，是节目本质内核的吸收再创新，即：引入海外电视节目模式中最具核心价值即最有创意的部分，之后进行规模化的生产。广电媒体不仅是对引入节目原有形式的模仿，而且是通过分析吸收引入电视节目模式的内在经验，探究国内类似节目运作新模式的可能性，用以指导国内电视节目模式的形成。比如，浙江卫视的《我爱记歌词》模仿美国的《歌唱小蜜蜂》，并由此模式展开，相继推出了《爱唱才会赢》、《我是大评委》、《越跳越美丽》等依托《我爱记歌词》的模式原创的新品种，可谓一树开多种花，是一种较高层面的、目前也较为流行的引入节目本土化。

第三个层面，是由引入电视节目促使本土电视节目的原始创新和扩展。这一层面是以形成具有自身特色的单一本土化电视节目模式为目标，融入更多广电媒体自身元素，由单纯被动引入电视节目模式，转入积极主动引领电

视节目模式创新,以引入和推出的双向良性互动,实现引入节目价值的全面开掘,成为电视节目模式新潮流的引领者。这一层面跳出了单一节目引入局限,以更长远眼光,来审视引入电视节目的本土化,运用国外的节目模式,提高自身整体原创能力。比如,2010年,江苏卫视推出的婚恋节目《非诚勿扰》获得成功,从正面说明引入节目成功落地,中国元素的巧妙融入功不可没。这档节目是对澳大利亚节目"TAKE ME OUT"的克隆,节目初期也存在"水土不服"的问题,但经过2011年的改版之后,无论是内容取向还是主持人等形式展现,都进行了洋模式的中国化改造,从中国主流价值观和婚恋观出发,在不突破社会道德底线的前提下,融入大众情感价值取向,真实地体现了中国转型期的社会状况,传递了一种新时代的价值观、婚恋观。

从地方广电本土化实践的经验与教训中,我们可以认识到,本土化并非机械地将中国元素生硬地加入引进的节目之中,做成"夹生饭",而是实时创新媒体理念,巧妙地实现中国元素的融入,为引进的电视节目模式本土化注入生命力,才能使本土化创新焕发生机与活力。媒体应该在优秀的海外节目模式中,融入中国本土的传统文化理念、道德风尚,展示儒家文化、大国风范,达到雅俗共赏、传承文明的目的,在收视率与中国道德伦理、娱乐性和社会责任之间的平衡中谋求发展。总之,实现广电节目的本土化策略,引进的不应只是节目形态,而更应通过此举,引发广电媒体本身节目理念的创新。这就需要在分析市场,对受众及市场竞争情况广泛调研的基础上,使用数据来进行节目设计和生产管理,实现由单纯节目引进,到节目生产创新的升华,分析把握国内外市场形势,理顺节目良性生产流程,进行自身优秀节目的营销和推广。在此意义上而言,广电媒体引进、模仿国外的节目形态,不光是要进行本土化改造,更重要的是通过引进、吸收和学习,提高自主创新能力。这三个层面是实时创新逐级提升的过程,也是引入节目逐渐形成本土生命力的过程。

五、民营企业的本土化实践——蓝海电视

蓝海电视(简称BON)是一家民间机制的商业电视播出机构,旗下拥有多个24小时全天候播出的卫星及有线电视频道,它是世界上第一个进入西方主流社会、传播中国内容、民间机制的商业电视播出频道。BON北美卫视目前覆盖美国、加拿大、墨西哥、古巴。BON亚洲卫视覆盖亚洲50多个国家,包括中国大陆、香港和台湾地区,覆盖地区观众2000多万人,其中有线用户600多万[①]。

蓝海电视经营的业务包括电视频道经营、电视节目制作、广告经营、媒

---

① 数据来源:http://hn.rednet.cn/c/2011/04/22/2240487.htm

体活动运作、媒体服务、节目发行等。蓝海电视的商业和盈利模式比较稳定，包括与多家美国有线运营商（付费频道）达成收费分成协议、适合西方受众习惯的原创英文节目的全球发行。

蓝海电视的语言是英文，原创西方表达方式的英文节目，节目的主持人、制作理念、节目形式与包装等都采取西方电视表达方式，符合西方受众的收视习惯。在制作理念上，蓝海节目强调客观、中立、尊重事实，没有政治主张，不宣传意识形态，不为政治服务，非官方民间立场。在内容选择上，蓝海电视充分发挥中国文化资源特点，主要涉及当前国外民众与中国关系较为密切的经济、商务、旅游、民生等方面，注重促进中外民众的经济、文化交流。其节目主要板块为：新闻、旅游、学习中国话、脱口秀等。

BON有线频道在美国多个主要城市落地，落地承载的运营商包括时代华纳、charter等，落地城市和地区包括纽约、洛杉矶、华盛顿、波士顿、费城、达拉斯、芝加哥和夏威夷等。2010年，BON实现全美的卫星电视和有线网络联网落地，并逐步向其他国家和地区拓展，最终形成一个全球联网的国际电视媒体。

蓝海电视在管理组织结构和人力资源结构等价值链辅助活动上也为内容本土化创作提供支撑。例如，在组织机构上，蓝海传媒集团总部在北京，在中国香港、美国纽约、加利福尼亚、佛罗里达、夏威夷等地设有分支机构。人员结构上，员工由来自世界各地的电视传媒专业人员和运营人员构成。

蓝海电视是中国对外传播的领先者，是最具规模和实力的"中国内容全球传播"民间机构，其本土化战略表现在以下三个方面[①]：

首先，用西方人的视角做节目。蓝海电视的创始人顾宜凡和诸葛虹云都非常熟悉美国的传媒和媒体经营模式。在美国多年的生活经历和在国内做节目的经验，让他们感到，要想让西方社会真正地了解中国，就必须用西方人熟悉的表达方式来传达中国的内容，用西方人熟悉的视角和方式来做节目。最近这几年中国的传媒处于比较好的政策环境背景，而中国和中国企业实力的增强，也具备了"走出去"和传播出去的需求，因此做对外传播的电视台也具备了广告支撑的基础。

其次，落地和融资的本地化突围。尽管蓝海电视的创始人在国内曾成功制作和运营了众多名牌栏目，但是要创办一家电视台，而且是对外传播的电视台，最大的挑战就在于落地和融资。在2006年到2009年的三年中，经过艰苦的谈判，蓝海电视终于能通过卫星覆盖美国、加拿大、墨西哥、古巴等50多个国家，并通过当地的有线电视在许多国家和城市落地。诸葛虹云坦言，

---

① 以下分析参照了业内相关论述，见：《蓝海电视"西游记"》，《中国经营报》2010年7月31日版。

在每个国家落地都是一个艰苦的过程，没有什么经验可遵循。但有一点，能否落地，落地到什么程度，金钱并不是最重要的，最重要的是向对方证明其频道能满足他们的需求。至于落地的费用与成本，不同运营商的落地费用有很大的差别。但可以肯定的是，作为一家定位民间商业化运营的电视台，要想在海外站稳脚跟，没有足够的资本来支撑肯定是不行的。创始人不仅专门去进修EMBA学位，系统地学习资本运营的知识，还充分利用2008年金融危机和美国的运营商谈判，用更低的价格获得了落地条件。而此后，蓝海电视利用这个成功的案例，也有了继续跟各方投资人进行接触的基础，直到遇到鼎晖创投逾千万美元的融资。

再次，盈利模式主打"媒体服务"。海蓝电视认为，要实现被西方接受的表达方式和内容，首先必须是非政府机构；其次，要通过商业手段实现媒体的公信力。所以，蓝海电视的商业模式区别于一般的电视媒体，主要盈利来自于媒体服务，而非电视广告。

比如，现在国内各地旅游市场蓬勃发展，对外宣传需求很大，但绝大多数的旅游景点都是花几十万元拍摄景点广告或电视节目，粗放地投放给媒体，以为就完成了推广和传播，实际上，这样的推广很不成功。蓝海电视的做法是，用西方的视角来宣传中国的旅游景点，例如蓝海电视与陕西省旅游局合作，打造陕西旅游的深度传播和推广，合作期为一年，蓝海电视将根据陕西省旅游局的需求和海外受众的需求，提供长期和深入的媒体服务。而作为一家民营电视台，服务的好坏也将直接影响到企业的生存。

海蓝电视作为规模性进入西方主流社会传播中国内容的英文媒体，使需要向西方主流社会推广的内容，能够到达真正的目标受众群。其"电视台＋通讯社＋网络新媒体"的组合传播渠道，使内容的推广到达不同的细分观众市场，覆盖面广，到达率高。而海蓝电视传播产品和传播方式符合外国受众的习惯和兴趣，便于接受，"制作——播出——发布"的一站式服务，使客户能够获得高效、便捷、成本低、性价比高的信息收益。

第六章 "走出去"的运作方式：公司化模式

第一节 公司化是世界主要媒体"走出去"的运作模式

公司化运作是发达国家媒体通行的海外拓展模式。公司化模式可以淡化国家媒体的意识形态属性，提高运作效率，更快更好地融入对象国的传媒环境，按照当地收听收视习惯与媒体运作规则进行本土化节目制作与媒体运营，赢得受众的认可与接受。以自建公司或者通过并购合资等资本运作方式，国家媒体或者传媒集团进入目标国传播领域，其目的不只是为了占据有限的媒体资源，而是通过高品质的内容资源、独特的市场定位，满足目标媒体市场的现实需求，提供信息娱乐产品以及公正平衡的观点表达，在激烈的同行竞争中树立媒体品牌，提升媒体的综合影响力。

国有媒体集团"走出去"是为了营造有利于本国经济发展、社会稳定的国际舆论环境，提升全球竞争力和影响力；商业媒体公司的全球化是为了获取更大经济利益，不断扩大企业规模，降低经营成本，实现资源共享，增强企业竞争力。由于意识形态、文化背景的差异，以及各国传媒政策的制约，要完成价值观的传递并被受众接受是一个长期博弈的过程。传播者的一厢情愿将会无果而终，必须充分了解研究目标国的法律许可制度及媒体市场现状，采用合作、合资、并购等灵活多变的市场运作机制，借助新技术等国际化包装方式，以相对灵活的形式实现媒体海外落地的既定目标。

一、公司化运作模式的内涵

公司化运作模式是与家族化运作模式、行政化运作模式相对应的概念，是指以市场经济为基础，以完善的企业法人制度为主体，以有限责任制度为核心，以公司企业为主要形式，以产权清晰、权责明确、管理科学为条件的新型企业管理模式。公司化运作模式包含三层含义：①公司化运作主体是具有独立法人财产权的公司；②授权责任制是公司化运作的必要机制；③营利是公司化运作的必要目的。良好的公司化运作模式具有三个特征：①产权清晰；②权责明确；③管理规范。①

家族式管理是一种适用于企业初创时期的有效管理模式。企业所有权和控制权的高度统一有利于企业管理者提高决策效率，集中企业有限资源在短期内占领市场，赢得主动。当企业形成一定规模之后，家族式管理的弊端逐渐显现：责权利不明晰、管理不规范、决策不科学、财务不透明、缺乏激励机制，极大地制约了企业的规模扩张和多元化发展。转换经营机制，建立职业化管理制度成为家族企业以及民营企业发展壮大的必由之路。美国洛克菲勒集团、福特集团，韩国三星集团、现代集团，日本索尼公司，德国贝塔斯曼集团，法国欧尚集团等国际知名企业，都是从家族企业起步，通过建立现代公司治理架构使企业成为国际化的集团公司。

行政化运作模式是指通过行政手段管理企业和经营性机构的方式，具有强制性、垂直性、公益性、封闭性等特征。计划经济时期，我国企业和事业单位采用行政化管理模式，以国家指令性计划配置资源，这种模式在实施国家战略目标上发挥了不可替代的推动作用。但是，进入市场经济后，政府管得过多过细、企业缺乏主动性、员工缺乏积极性、资源配置不合理等行政化管理的弊端，严重制约了市场经营主体的发展，必须建立基于市场需求的现代企业管理制度。公司化管理机制有利于资源合理配置，增强企业的主体意识，激发员工的积极性和创造性，生产符合市场需求的产品。我国出版行业的市场转制，就是让出版主体摆脱行政束缚，获得市场主导地位，运用企业化经营及管理制度，完全按照市场需求组织生产，展现出前所未有的活力和绩效。

二、广电媒体采用公司化模式的步骤

随着通讯和互联网技术的发展，传播全球化以及传媒全球化成为发展趋势。这一进程的推进力，一是国家对政治与全球竞争的需求，二是市场化媒体的利益追求。传统家族化管理及行政化管理模式，都无法满足媒体集团全球化过程中对资本、人才、技术以及管理的需要。实践证明，国际传播媒体采用产业化、市场化运作模式是其"走出去"，并且"走进去"的最优选择，尤其对于进入市场经济健全的传媒市场来说，公司化运作可以打破制度樊篱，使国外传媒以企业主体的身份平等地参与目标国的媒体竞争。

公司化运作是西方发达国家普遍采用的媒体海外业务发展模式，它符合国际传播规律以及媒体发展规律，具有投资少、见效快、风险低、可持续、

---

① 参见：百度百科"公司化运作模式"条目，http://baike.baidu.com/view/8519499.htm

易操作、高效益等特点。跨国媒体的公司化运作包括多种形式：①根据目标国相关法律规定，跨国媒体直接投资创办广播影视文化传播企业，独立进行公司运营、节目生产播出；②跨国媒体与海外合作伙伴在目标国注册控股公司，通过公司租用或购买当地媒体资源，播出独立制作或委托合作伙伴制作的节目；③跨国媒体通过企业间的收购兼并等资本运作方式，拥有目标国既有媒体的所有权或股权，参与媒体企业管理以及节目的生产与播出。海外媒体公司通过资本运作等方式迅速壮大实力，吸收海外资金、社会资金参与媒体海外发展项目。

（一）依据目标国法律，制定有区别的媒体"走出去"策略

广播电视作为传播信息、推广文化、影响舆论的一种重要工具，在国际传播中发挥着不可替代的重要作用。然而，意识形态、社会制度、法律制度以及社会经济发展水平的差异，影响着媒体"走出去"进程的快慢。由于意识形态不同，西方发达资本主义国家对来自社会主义国家或有官方背景的媒体从法律上严控入境；绝大多数东欧国家媒体，在社会经济转型中，因资金不足面临生存和发展的困境，迫切需要外国媒体的加盟，以刺激本国媒体的快速发展，这些国家法律允许本国公民个人、团体以及公司登记创办任何媒体；第三世界国家仍处于较低的社会经济发展水平，法律不健全，媒介市场对外资的管控较小，在传播技术、传播内容和媒体运营领域的依赖性较大，外资媒体进入这样的市场相对容易。

根据不同的国外媒介环境，媒体宜秉持灵活多样的原则确定公司化的具体运作方式。对于法律宽松的第三世界国家，直接在当地注册全资子公司或者控股媒体公司，拥有公司的产权和管理权，制定发展战略，掌控日常传播活动。

对于有法律限制的国家，要按照法律规定，进行市场化、公司化运作。俄罗斯总统普京在2000年提出了"国家信息安全"的新闻理念，遏制国外资本对媒体的渗透，议会提出，国外财团购买俄罗斯传媒股份应不超过20%。2001年，俄罗斯杜马通过关于"禁止外国人或有双重国籍的俄罗斯人在国家电台拥有控股权"的立法。1991年，印度开放了对电视频道的严格限制，允许外资进入。2002年，印度政府修改了新闻管理法律，对于新闻和时事类商业卫星电视，其资本构成中外资比例不得超过26%，而且频道所有者、编辑人员以及董事会成员半数以上必须是居住在本国内的印度人。2005年，印度政府再次放宽限制，允许外资在非新闻和时事类的娱乐频道以及专业报刊持有100%的股份。

发达国家为了限制外国媒体进入，降低对本国舆论以及文化的影响，制定了严格的法律规范。例如，法国法律规定，只有公司才被允许申请电视

（有线电视、无线电视和卫星电视）与广播许可证，基金会和协会（包括盈利和非盈利）只能申请广播许可证。非欧盟成员不允许在有线电视机构中拥有绝大部分股份。非欧盟成员国，或欧盟成员的经济合作与发展组织，不能直接或间接拥有20%以上的媒体股份，也不能直接或间接拥有被批准用法语播出的地面电视或广播节目。依据欧盟《无国界电视指导原则》，法国要求所有电视频道播放的欧洲节目不少于60%，法国本土制作的节目比例不低于40%，国外节目不得超过40%，违规者处以罚款①。在这些国家，外国资本控股广电媒体是非常困难的，大多通过兼并或股权购买方式进入媒介市场，根据法律和双边协议规定，向合作媒体或持有股份的公司提供信息或节目产品。

（二）打造本土化媒体公司

本土化是指跨国公司的海外子公司在东道国从事生产和经营活动中，为迅速适应东道国的经济、文化、政治环境，淡化企业的母国色彩，在人员、资金、产品来源、技术开发等方面实施当地化策略，使其融入当地公司。本土化的实质是跨国公司将生产、营销、管理、人事等经营诸方面全方位融入东道国经济中的过程，同时承担在东道国的公民责任，并将企业文化融入和植根于当地文化模式的过程②。

跨国媒体集团在目标国注册广播电视公司或者控股相关媒体之后，宜从品牌营销、人力资源、传播内容等方面，提升公司本土化程度，继而打造本土化媒体。本土化媒体更熟悉目标市场，可以有针对性地制定媒体未来发展战略，更有效地融合当地媒介。跨国媒体集团以传播信息、文化以及价值观为目标，其本土化效率和程度较一般商业企业更高，便于其迅速融入当地媒介市场。

1. 公司营销本土化

海外媒体公司要逐步建构营销体系。媒体营销首先要确定目标受众市场，用高品质的节目吸引受众持续关注，并通过广告、网络等方式推广媒体品牌及其核心价值。

品牌营销：进入一个新市场，广电媒体宜制定品牌本土化战略。新闻集团实施品牌多元化战略，世界各地的子公司大多保留独立的媒体品牌，便于进行本土化营销。可口可乐公司进入中国市场时，先赋予公司一个中国特色的名字，品牌的本地化拉近了与消费者的心理距离。当然，并非所有公司都实行品牌本土化，BBC实施的是品牌一体化战略。其跨国子公司突出强调的一定是BBC这个中坚品牌，不存在任何子品牌。品牌一体化彰显的是媒体的

---

① 明安香：《全球传播格局》，社会科学文献出版社，2006年版，第333页。
② 百度百科：http://baike.baidu.com/view/175042.htm

公信力。品牌营销有助于实现从实体媒体向品牌媒体的延伸，实现机构品牌、媒体品牌和节目品牌建设的有机统一，实现以品牌塑造媒体、以媒体承载品牌的目标。品牌化要求公司对广告大量投入，利用当地各种媒介推广媒体品牌及其内涵，这必然会增加公司运营成本，因此对公司的盈利能力提出挑战。

网络营销：广电媒体要在同时开通的当地网站上展开推广活动。例如，采用网民口碑相传的病毒营销方式在短期内迅速推介网络媒体与实体广播电视媒体。病毒营销在网民之间自发进行，传播效率高，成本费用低，可以作为媒体初创时的营销方式。其次，采用微博营销已成为各大主流媒体的营销手段。在当地主要微博、社交网站开通账号，每天推送节目内容或就感兴趣的话题与当地受众沟通交流，培养潜在受众群，同时通过共享与互动，可以获得更多新闻和视频内容，强化媒体的优势。此外，还可以采用电子邮件营销、论坛营销、个性化营销等方式提升当地受众对媒体的认可度和美誉度。

活动营销：由媒体策划组织的以丰富和完善媒体自身内容为主要目的的活动。它整合相关社会资源、媒体资源、受众资源、赞助商资源，构建全方位的内容平台、营销平台、传播平台，为媒体及各活动参与方带来一定社会效益和经济效益。近年来，媒体越来越多地借助大型活动吸引公众及赞助商注意。成功的活动营销有助于提升媒体品牌，扩大影响力。中国国际广播电台策划并实施的"中俄友谊之旅"大型跨媒体活动，开创了中俄媒体合作典范，提高了在俄罗斯的品牌知名度。

诚然，媒体营销不是独立完成的，它需要媒体的采编、制作、播出、受众联络、反馈等所有部门的共同努力，不断满足受众市场需求，只有这样，营销本土化才能收到预期效果。

2. 人力资源本土化

公司的发展离不开人才。海外媒体公司欲在所在国站稳脚跟，赢得发展，必须聘用了解当地媒体环境以及文化习惯的媒体人才、经营管理人才。人的本土化是最根本最深刻的本土化。海外广电媒体公司初创时期，日常的采编与管理工作都是由母公司委派人员完成，在一定程度上保证了媒体的正常运转，但是，对目标市场以及受众需求缺乏客观全面的把握，使媒体的市场认知度低，不具备竞争力。人力资源的本土化是打造本土化媒体的重要保障。几乎所有跨国知名企业的海外子公司CEO都由驻在国公民或了解当地市场的侨民担任。

在当地有影响力的报刊、网络、新闻专业类杂志等媒体刊登招聘广告，遴选有媒体从业经验和广泛人脉的复合型人才，实现采编队伍本地化、媒体管理专业化。借鉴西方媒体经验和国际通行做法，探索境外第三方聘用和管理方式，在符合当地法律基础上，积极开展境外人才合作。在资金许可的情况下，重金聘请当地有影响力的记者、编辑、主持人、策划人才、管理人才、营销人才。

按照驻在国媒体惯例，建立人员本土化统筹与协调机制。在不涉及意识形态、政治性弱的日常采访报道中，开放使用本地人员。鼓励本地员工创新，通过奖惩机制、升迁机制，调动员工工作积极性。创造宽松的工作环境，让员工对媒体公司有归属感①。

3. 传播内容本土化

本土化是全球化的必然结果。媒体集团海外子公司作为独立法人，拥有独立采编权、经营权以及相应的决策权。这有利于调动本土化员工的积极性和创造性，使其策划制作满足当地受众需求的广播电视产品。作为全球传媒帝国的新闻集团目前在70多个国家和地区播出新闻和娱乐节目。在本土化方面，新闻集团母公司对各国子公司在内容制作、采编原则等方面"基本不加干涉"，仅提供技术和资金上的支持，这种强有力的后盾充分调动了子公司员工的积极性和主动性②。

跨国媒体集团的本地化传播必须淡化意识形态差别，去政治化。一般新闻报道中，要发布全面真实的信息，突出客观公允的立场，不可主动制造拟态环境与真实环境的差距，彰显媒体社会责任感。对新闻事件的解读宜从世界利益的视角出发，而不是基于本国利益的考量，提供一种有吸引力的价值观引领新闻报道，吸引受众。BBC国际频道的报道以国际新闻为主导，从历史的角度衡量新闻价值，具有公信力，得到世界受众认可。2010年，美国CNN新闻网站推出在线中国新闻专栏《吉米的中国》，关注中国社会话题，诸如中国人口普查、中国新富、中国烟民、中国物价、李刚事件等，数据鲜活，采访深入，资料背景丰富，呈现出很强的本土化色彩。此外，借助市场化交换、购买体制，丰富媒体新闻产品；通过市场化合作机制，共同制作本土化内容产品；通过市场化制片体制，达到全面、客观的观点表达。

访谈类节目、纪录片、服务性节目、娱乐类节目的本土化过程，既向受众提供知识娱乐，也承担文化传播的使命。海外媒体本土化的前提是媒体集团的全球化发展趋势，在传播全球化的今天，本土化媒体根据集团公司战略，承担向目标市场传递母国文化的责任。文化差异以及媒介环境的不同制约了跨文化传播。实现媒体社会价值并满足受众期待，必须对多元文化进行本土化表达，让了解两种文化的媒体人用当地人习惯的思维和语言阐释文化多样性。此外，可以考虑将母国成熟的广播电视节目创意进行本土化制作。内容的本土化还必然包括节目始终关注所在国的经济、社会、文化、环保等诸多与

---

① 新华社新闻研究所：《我国媒体海外人员本土化面临的问题与对策建议》，全国哲学社会科学规划办公室网站，http://www.npopss-cn.gov.cn/GB/219471/219486/16237462.html

② 张娟：《从新闻集团全球化战略谈起》，《国际广播影视》2012年第5期，第60页。

当地受众息息相关的热点问题，本土化的内容才会具有吸引力和市场竞争力。

（三）借助资本市场、实现公司盈利

无论商业公司还是媒体公司都要考虑投入产出比，实现资源优化配置。综观世界主要国际传播媒体，资金来源都不是只有国家财政支持，而是借助资本市场做强做大。英国广播公司 BBC 在 2009 年的 517 亿元总收入中，英国政府的财政投入不到 30 亿元。2009 年，美国全国广播公司资产总额为 2307 亿元，总收入 1159 亿元。日本 NHK 资产总额为 626 亿元，总收入 503 亿元。新闻集团资产总额为 3628 亿元，总收入 2078 亿元，从 2003 年以来，年均利润增长率达到 10%。

媒体公司在健全对控股和参股公司的股权管控机制基础上，推动可经营资源和业务进入资本市场。在传媒业发展日趋成熟状况下，通过横向、纵向以及侧向，进行跨媒体、跨行业、跨领域扩张，用活媒体品牌资源整合全球资源，扩大价值链上下游规模，培育新的增长点，向集团化公司经营方向发展。一方面媒体规模得以增大，另一方面其内部资源的利用更为合理，集团各部分既相互协作又相互独立，其创造价值的能力更强，同时抗风险力和占有市场的能力也得到增强。各国广电媒体的竞争日趋激烈，为了制作精良节目吸引受众，为了聘用优秀的本土人才，媒体必须拥有雄厚的资金实力，因此，本土化的海外媒体必须融入当地资本市场，提高公司盈利水平。国际一流电视媒体不仅要有大笔投资做基础，同样需要具备盈利能力。只有具备了这种能力，媒体才能有向前发展的动力。同时，盈利能力也是衡量媒体机构公司经营实力的重要指标。

加入资本市场，就要根据市场状况和需求运作。其一，媒体品牌成为可靠的盈利来源。BBC 新闻报道客观严肃；CNN 新闻报道快速生动；NHK 纪录片制作精良。BBC 利用品牌优势扩展电视转播网络，销售节目版权、音像书籍等衍生品；CNN 利用品牌提高了股票价格；NHK 的品牌帮助其海外销售纪录片。其二，打造节目品牌是广电媒体的生存之道。CNN 的《拉瑞·金现场直播》、CBS 的《60 分钟》、ABC 的《20/20》、BBC 的《早餐新闻》和《芝麻街》、NBC 的《今天》等等，这些品牌栏目吸引了广告商，成为媒体的重要经济来源之一。其三，跨行业合作与扩张。今日俄罗斯电视台 2007 年开始与影响力巨大的视频网站 YouTube 合作，并以之为平台开设网络频道，半年内，电视台在 YouTube 上的固定用户超过 300 万。BBC 除了提供广播电视服务外，还收购报纸杂志，参股风险投资公司，从事英语教育，拥有并经营交响乐团等。其四，在股票市场获得公司持续发展的必要资金。目前西方传媒集团大部分是上市公司。英国路透社在伦敦证券交易所上市；新闻集团分别在美国纽约证券交易所、澳大利亚证券交易所、伦敦证券交易所上市；CNN

在美国证券市场上市；BBC 在伦敦证券交易所上市；NHK 在日本上市。

值得注意的是，在跨国传媒全球化过程中，由于受到政治意识形态的诱导，以及商业利益的驱动，一些西方媒体逐渐放弃了社会责任。资本、媒体、政治的紧密联盟，在一定程度上激起社会力量的反抗。要遏制资本对政治和民意的绑架，就需要重新确立媒体的公共性，让媒体回归到公共利益的轨道上来。

三、世界主要广电媒体的公司化运作

20 世纪 70 年代，世界许多国家对外国媒体进入本国市场实行干预和控制，跨国媒体没有生存的土壤。进入 80 年代和 90 年代，随着苏联和东欧剧变，自由化思潮普遍，一些政府放松了对媒体的管制，外国媒介资本开始进行全球化扩张，到 20 世纪 90 年代末，随着科学技术的进步和传播观念的更新，媒介资本不仅在发达国家之间流动，而且从发达国家向发展中国家渗透。世界主要媒体集团以小额投资、合资、合作、并购、独资等方式投资全球媒介产业，运用规模扩张手段确立传媒全球化领先地位，在国际传播领域占据主导权。发达国家广播电视媒体采用市场化运作手段在世界范围内开办调频电台，输出电视节目，经营卫星电视、有线电视频道，加大网络广播、手机广播等新媒体传播。这种本土化的传播形态，极大地提升了媒体的传播力，增强了综合影响力。

（一）英国广播公司（BBC）的公司化运作

英国广播公司成立于 1922 年。1932 年 BBC 国际台开始短波广播，开始时只用英语，1938 年开始用阿拉伯语和拉美西班牙语播出节目。BBC 国际台依靠财政拨款运营。2011 年，由于财政紧缩，BBC 国际台关闭阿尔巴尼亚语、马其顿语、塞尔维亚语、非洲葡萄牙语和加勒比海英语 5 个语言组，取消汉语普通话、俄语、土耳其语、越南语、乌克兰语、阿塞拜疆语以及对古巴广播的西班牙语广播节目。取消短波广播后，将把重点转移到互联网和新媒体平台，网站将是 BBC 国际台的未来发展方向。到 2012 年 2 月，BBC 国际台用包括英语在内的 27 种语言进行短波广播，在 150 多个国家首都开办调频广播。BBC 为世界各地约 2200 家合作电台提供新闻和其他节目。在美国，通过波士顿 WGBH 电台的平台，超过 500 家调频电台播放 BBC 节目。BBC 的独立调查显示，在华盛顿、纽约和波士顿，大约 24% 的社会意见领袖每周收听 BBC 国际台的广播节目。目前，全球收听 BBC 调频广播的听众是短波听众的 2 倍多[①]。

1991 年，BBC 全球新闻服务电视频道开通，向亚洲及中东播出电视节目，

---

① 《英国广播公司全球新闻总裁山姆·布鲁克的演讲全文》，新华网，2009 年 10 月 9 日，见：http://news.xinhuanet.com/world/2009-10/09/content_ 12200784_ 4.htm

第二年，该频道覆盖非洲地区。1995年更名为BBC全球新闻后，进一步覆盖欧洲地区，并在2001年完成全球覆盖。BBC分布全球的72家记者站及中心站发挥采编播职能的同时，也在当地直接建设地方台，或与美国、加拿大等国家和地区的电视台合作，建立合资台，直接针对当地进行本土化播出。除了全球新闻电视外，BBC还拥有29个经营性电视频道，面向100多个国家播出，内容包括教育频道、娱乐频道、儿童频道和纪实频道等。BBC全球新闻服务是一家商业电视台，在创办之初形成了围绕电视内容进行投资、研发、生产、销售及配套服务的完整产业链。这条产业链在逐步进入数字经济的过程中，由于传播渠道的扩充而不断增值，成为价值链。BBC在以高品质节目吸引广告的同时，还销售节目版权、图书、录像、游戏、软件、玩具等。

BBC重视新媒体传播，提出了"创意未来"的改革发展计划，加大技术投入，从2009年到2011年，BBC的新媒体业务支出年均增长27%。2008年，BBC租用巴士走访美国各地，采访报道美国大选，通过Facebook、Twitter和Flickr等社交媒体网站与新受众建立沟通交流。2009年，由17个语种组成的报道平台沿铁路线报道印度大选，并在Twitter和Flickr等社交网站同步报道。2011年阿拉伯之春期间，社交网站成为BBC采集和传播新闻的重要渠道。英国广播公司全球新闻总裁山姆·布鲁克认为，广播时代已经过去。我们生活在一个互联世界，种种界线都在瓦解，对话和交流往往在不受政府和监管者控制的情况下发生，议题的设置往往是由于受众的关注才引起了新闻媒体的注意。因此，BBC正在投资新的数字互动服务，让世界各地的人们共同参与全球对话。

BBC的基本原则是以信息、娱乐、教育为核心，编辑方针是以受众为先、内容为先、品质为先。BBC的核心竞争力就在于它能一如既往地制作出色且具有创意的不同种类和主题的节目。即使在商业力量和新媒体对传统电视新闻业构成如此巨大冲击的今天，BBC仍坚持"新闻立台"战略。2000年，为了提高效率，BBC进行了以节目制作人为中心、提高节目质量为目的的系列改革，主要政策是：调整公司管理结构，加强内部协作，减少内耗；撤销中间管理层；削减行政开支，加大对节目制作部门投入，推出代表公司品牌的高质量节目，提高收视率。BBC将原来独立的电视、广播和网络新闻运营平台整合成一个跨平台多媒体新闻中心，实行大编辑部制，又称"360度全平台"采编。

英语教育也是BBC世界新闻战略的一部分。BBC目前在许多国家发展网上英语学习和手机英语学习。英语教育可以为BBC赢得受众，增进对BBC的品牌认识。2004年，BBC英语教育（简称ELT）中国团队成立，2006年开办BBC英伦网，与新浪网、中国教育在线等众多中国网站和企业密切合作，围绕英语教学、留学英国以及英国生活和文化等举办大学校园研讨会和联合开展活动。BBC 与中国网站联手进行内容合作以提高网站流量。BBC 与诺基亚中国合作推出手机内容产品，与中视传媒合作拍摄《美丽中国》自然历史系列纪录片，并销售到 60 多个国家和地区。在未来，BBC 希望与中国合作伙伴共同推出电视平台。

此外，BBC 还拥有交响乐团和新闻学院。BBC 交响乐团被誉为英国的"王牌"交响乐团，新闻学院则用来培训遍布世界各地的记者编辑。

（二）新闻集团的公司化运作

鲁珀特·默多克于 1980 年组建新闻集团，经营出版、有线电视、卫星电视、电影娱乐等领域，业务遍及美国、欧洲、澳大利亚、亚洲和拉丁美洲，形成了一个多元化的全球传媒帝国。集团资产总额约 610 亿美元，年收入约 340 亿美元。新闻集团分别在美国纽约证券交易所、澳大利亚证券交易所、伦敦证券交易所上市。30 多年间，默多克通过资本运作和兼并收购创造了他的媒介王国。这其中，默多克亲手创办了《澳大利亚人报》、英国天空广播公司、福克斯有线电视网和福克斯新闻频道等，其他的媒体企业、影视公司和通讯社均通过并购收入囊中。新闻集团控股英国 40% 的报纸，控制澳大利亚 2/3 的报纸，拥有全美电视台总数的 40%，与 3 家拉美电视台合作播送 150 套卫星电视节目，在欧洲拥有天空电视台，在亚洲通过星空传媒用 10 种语言向 50 多个国家和地区提供 60 多个电视频道节目，全球近半数的数字卫星付费电视客户需要通过新闻集团的 NDS 公司来接收数字广播服务。

1999 年，新闻集团设立北京代表处，其亚洲全资子公司星空传媒总部设在中国香港，辐射整个亚洲地区，包括 9 个频道节目。其中，与华人合作推出的凤凰卫视成为亚洲最成功的电视台之一。星空传媒旗下的星空卫视于 2002 年开播，通过广东有线电视网进入珠三角地区，后来，获准进入中国三星级宾馆及涉外小区。与星空卫视的合作条件是新闻集团协助中国中央电视台第九套电视节目在美国和欧洲落地。新闻集团曾经参与投资天极网、中国网通、网易等企业，获得不小收益。过去几年，由于观众群数量增加有限，不具备广告价值，星空传媒考虑到较低的投资回报率，在 2010 年，将全资拥有的星空卫视普通话频道、星空国际频道、Channel [V] 音乐频道以及星空华语电影片库业务的控股权，转让给华人文化产业投资基金，新闻集团只保留近 50% 的资产，并将持有的全部凤凰卫视股权出售。

1991 年，新闻集团进入印度媒介市场。1996 年，星空卫视 Star 用英语和印地语在当地播出。Star 在印度运营 20 多个电视频道，其中包括一些地区频道，迎合印度不同文化族群。2009 年，新闻集团将发展迅速的印度市场从星空传媒分拆出来，成立星空传媒印度公司。如今，在印度最受欢迎的 50 个节目中，星空传媒的节目占了 46 个。新闻集团因此在印度获得了很好的商业回报，同时，星空传媒在亚洲其他市场（除中国内地）已实现了全线盈利。

在遍布全球的股份制企业中，新闻集团的控股权一般保持35%以上，以此确保具有绝对控制权和决策权。新闻集团追求"扁平化"管理模式，克服企业管理过程中等级严格、决策缓慢的弊端。集团建立起高效稳健的财务管理制度。默多克高薪聘请财务专家，每周提交财务损益表"蓝皮书"，便于默多克及时把握集团整体运营情况，并对出现的变化做出正确决策。新闻集团采用任人唯贤的用人制度，高薪聘用专业人才，员工间没有级别之分，机会均等，充分调动员工积极性。遍布全球的子媒体，使新闻集团的内容资源得以共享，提高了效率，也极大地节约了采编成本。

传媒市场化、商业化的运作手法，使新闻集团在30年内崛起为一家传媒帝国，但是，低俗化的商业逻辑支配媒体，把人的情感、本能当作商业资源来开发，破坏其自律性，形成严重的文化物化现象，从而遮蔽、挤兑媒介应有的公共性、公益性的本质规定，给社会带来危害。因为如此，发生在英国的窃听丑闻在一定程度上打击了新闻集团的扩张步伐。还应该看到，新闻集团的力量不仅在于其掌握资本，更由于其与政府关系密切。出于利益驱使，新闻集团在英国随时调整政治立场，服务于执政党。这种资本、媒体、政治的紧密联盟，成为西方民主政治的突出特征。要遏制资本对政治和民意的绑架，必须重新确立媒体的公共性，让媒体承担起应有的社会责任。

（三）美国有线新闻网（CNN）的公司化运作

CNN创办于1980年，总部在美国，隶属于时代华纳集团。CNN创办了世界第一家24小时播报的新闻频道，以对重大突发新闻的快速采访报道开创了电视新闻的全新时代。CNN拥有电视、广播、互联网和手机媒体平台，使用12种语言，通过有线电视网和卫星电视，向200多个国家和地区的受众播放新闻。CNN国际台节目有欧洲版、亚洲版、拉美版和美国版，提供国际新闻和地区性新闻，在全世界设立36个记者站，遇有重大或突发新闻，CNN会借力其他西方媒体，协同作战，提供快捷新闻。

CNN一直以来秉持敢为人先的创新精神，在媒体融合方面居于领先地位。1995年，CNN.com网站建立，推进电视与互联网的融合，延续CNN品牌优势，开通基于网络的"CNN交互电视"。Web2.0时代，CNN与微博网站Twitter、社交网站Facebook、视频网站YouTube等新媒体展开合作，实现资源互补与整合。2006年，创立公民记者报道网站iReport，带动全球民众报道热情，确立了草根新闻报道查询领域的独到优势。CNN大力发展手机电视、移动电视等新电视形态。CNN Mobile公司致力于为新移动设备开发软件产品，已开发出Wap、Java、iPhone和iPad版本软件，方便移动受众阅读CNN新闻产品。传统电视与新媒体的融合使媒体优势资源充分共享，提高传播效率，节约成本。

CNN 的收入源自收视费和广告销售，基本持平。2010 年，CNN 全年营业利润约 6 亿美元，创历史新高。取得这样的成绩除了国际广告收入坚挺，有线、卫星电视和电话分销商的月租费收入稳定外，数字业务收入激增是其主要原因。首先，CNN 创立了捆绑式一体化整合营销模式，向广告商承诺将广告同时投放到 CNN 拥有的多媒体平台上，实现广告效果最大化。CNN 约 80% 的广告销售收入来自这种一体化销售模式，它也帮助 CNN 在连续 6 年里实现了逾 10% 的年利润增长。其次，制定视频广告和富媒体广告策略。加强网站视频节目效果和广告设计，使网络广告更具互动性；为 iPad 用户定制更有针对性的广告页面。由于采用了这种策略，CNN 网站在 2010 年上半年取得了网络广告两位数增长和移动广告三位数增长的业绩[①]。最后，通过组织社交网站活动出售赞助广告；与无线通信服务商签订合约，从服务商处获得一部分订阅收入；来自 CNN iPhone 等个人应用程序的费用[②]。

（四）日本 NHK 电视台的公司化运作

日本广播协会简称 NHK，创办于 1925 年，是日本唯一的公共广播电视台。1935 年开始对外广播，如今，"NHK 世界广播"电台用 20 多种语言，向 17 个国家和地区进行国际广播。1998 年开播的卫星电视"NHK 世界电视"全天用英语放送新闻和信息节目，信号覆盖 170 多个国家和地区，经费来自收视费。NHK 在世界各地设有 34 个记者站。NHK 作为公共广播机构，资金来自于财政拨款和受众收视费，不以赢利为目的，不播广告，节目内容尽量摒弃商业成分。除了主营业务广播电视之外，NHK 还涉足其他媒介、服务业、文化艺术事业等领域，拥有众多协作公司。这些协作公司除了承担特定的延伸功能之外，也给 NHK 提供了更多利润来源，降低了广播电视生产成本。NHK 设立代理公司 NEP，负责节目的购买与销售，在 2009 财年，NHK 向 40 个国家和地区销售了 3700 多个节目。在文化活动领域，NHK 每年举办"NHK 国际音乐节"、"NHK 杯国际花样滑冰锦标赛"等活动，创办 NHK 亚洲电影节、NHK 国际电影工作者奖等重要国际性比赛。出于历史原因以及 NHK 自身的公共性质，NHK 的海外扩展步伐小心翼翼，尽力约束，在邻邦和世界各地树立了良好而可靠的形象[③]。

NHK 以制作高质量的纪录片著称于世。与 BBC、美国国家地理和探索频道相比，NHK 的纪录片涉及社会、政治、经济、时事等各类题材，尝试用其

---

① 转引自：程征、郭雨：《美国传统媒体在线广告回暖的六个秘诀》，《中国记者》2010 年第 10 期。
② 刘笑盈、张聪：《CNN 的新媒体战略》，《环球新视野》2011 年第 8 期。
③ 胡正荣：《外国媒介集团研究》，中国传媒大学出版社，2003 年版。

他国家的价值观去深入了解剖析该国发展及其对日本对世界的影响。本土化思考与高成本制作为NHK纪录片赢得了世界声誉，促进了其产业化发展。以有关中国主题的纪录片为例，NHK不像欧美媒体那样先入为主，对他国问题横加指责，而是从中国现实出发，不回避也不夸大，本土化特色鲜明，受众易于接受。据不完全统计，从1974年至今，NHK制作了超过5000期关于中国的节目，近几年有"激流中国"、"中国力量"系列纪录片①。

此外，贝塔斯曼、维亚康姆、迪士尼、维旺迪、时代华纳等世界主要传媒集团形成了各自的发展特色，或通过兼并重组迅速成长，或专注提高内容竞争力，或实施多元化发展战略。在金融危机和经济不景气的状况下，借助资本运作方式进行规模扩张，成为有实力的国际传媒的必然选择。

第二节　公司化的主要表现形式

就一般生产流通领域的公司而言，公司化的主要表现形式包括五种，即：产品出口（exporting），契约式合作，公司直接在国外投资建立工厂或公司（new wholly owned subsidiary），公司投资收购或兼并当地现有公司的控制性股份（M&A），公司与国外公司共同投资建立合资企业（joint venture）。传媒集团运用公司化模式进入国际市场，参与"全球化"进程从而实现自身发展，并在吸收消化的过程中，逐渐形成适合于媒介产业自身的公司化形式。

一、媒介产品海外发行销售

媒介产品海外发行销售脱胎于一般意义上的产品出口（exporting），其中，产品的质量和渠道是关键。

传媒公司所生产的产品和普通商品一样，具有价值和使用价值，但在价值和使用价值上，又有着自己的特殊性。就价值而言，媒介产品不仅有着生产产品所需要的社会劳动创造的物化形式的价值，即一般商品中的价值，更包含着消费者的"关注"，而且，这种"关注"是常规性和持续性的，因而具有潜在的经济价值。媒介产品海外发行销售成功与否，很大程度上取决于消费者的"关注"。获得关注的关键在于媒介产品的质量，如产品的趣味性、深度、与发行地文化的融合等，再有取决于产品能否顺畅到达，即渠道。

就使用价值而言，对于消费者，媒介产品提供"信息"这个使用价值；

---

① NHK，来自他者的眼光：http：//www.nbweekly.com/news/observe/201004/11822.aspx

对于生产者，提供"宣传主张、舆论导向"的使用价值。也就是说，在生产者向消费者让渡"信息"这个使用价值的同时，生产者也获得了消费者向其让渡的使用价值——"观念的认同"。媒介产品天生属于上层建筑，因此，媒介产品的海外发行销售格外敏感，受社会政治等上层建筑方面的影响和制约较大，在传播策略上必须与对象国主流文化及价值观相容。

沃特尔·迪士尼集团（Walt Disney Co.）于1998年制作的动画片《花木兰》（Mulan）在海外的成功发行。《花木兰》的整个制作班底有700多人，制作耗资1亿美元，历时2年精心打磨而成。影片有着浓厚的中国味：中国家喻户晓的"木兰代父从军"的故事、中国逶迤的长城、雄伟的东方宫殿、硝烟弥漫的古代战场、腾飞的巨龙，这些对于中国消费者来说再熟悉不过，容易引发中国观众的共鸣。但是，在这些表面中国化因素内的却是不变的美国价值观，如影片中花木兰所说"我是在证明我自己"。《花木兰》是中国元素包装下的美国梦，用中国的故事、美国的叙事，传达美国的价值观。虽然《花木兰》的发行力图运用与中国文化相容的手段方法，但运用得并不完美，反而因为对中国文化的误解，使得影片很多情节细节令人啼笑皆非。但就媒介产品引发受众"关注"这一点来说，《花木兰》无疑是成功的。

即便在今天渠道变得越来越重要的情况下，"内容为王"仍然是不变的准则。以巴西传媒集团 Rede GLOBO[①] 为例，它的全球化历程就是从媒介产品——电视小说开始的。[②] Globo 首先选择了葡萄牙市场。巴西和葡萄牙两国都使用葡萄牙语，不存在语言障碍，同时两国文化又具有很强的接近性。"通常来说，观众倾向于选择最具有文化相关性或接近性的节目，并且这种接近性一般是由文化的历史空间和语言的通用性决定的。"[③] 其次，葡萄牙本国生产的电视剧很少，而本国观众对电视小说的需求又很大，这样就存在电视小说的市场空白。起初 Globo 生产的电视小说，通过葡萄牙当地公司 PTR 在葡萄牙市场发行。

为了保证电视小说的质量，Globo 花重金聘请高水准编剧，优秀演员，经验丰富的制作人员。在谈到 Globo 的电视小说区别于其他国家制作的电视小说时，Globo 的欧洲销售主管 Roberto Filipelli 说："我们的剧情有1/3都是在外

---

① 巴西传媒集团 Rede GLOBO 是全世界最大的多媒体联合集团之一，创办于1962年，拥有报纸、广播、电视、录制公司、电影制片厂、新闻机构和主题公园，旗下子公司近百个。

② 电视小说是流行在拉美地区一种独特节目类型。20世纪80年代在中国热播的《女奴》（The Slave Girl Isaura）就是电视小说。电视小说有完整的情节，演员有固定角色，通常以情侣间关系的发展作为叙事核心，具有较强社会性，关注时代主题，受到拉美地区百姓的喜欢。

③ 李黎丹：《发展中国家电视媒体全球化路径研究》，中国传媒大学出版社，2012年版，第131页。

景拍摄。"① Globo 电视小说的制作成本是最高的，1997 年即达到平均每集 9 万美元以上。② 和韩剧一样，Globo 电视小说边拍摄边播放，根据观众反馈随时就剧本等进行修改，若收视率过低则干脆停止播放。就是这样的高投入、高标准，造就了高水准的电视小说产品，也正因为高水准的电视小说，造就了 Globo 无可替代的品牌。

1991 年，葡萄牙通过新的电视法案批准成立两个全国频道。为了获得更为有力通畅的渠道，Globo 借此机会向其中之一的 SIC（Sociedade Independente de Comunicao）注资该国法律所允许的外国投资者最大值 15%。1994 年 12 月，Globo 与 SIC 签订合同，从 1995 年 1 月起 SIC 独家播出 Globo 的电视小说。自此，Globo 电视小说在葡萄牙有了稳定的播出平台。③

现在葡萄牙已经成为 Globo 最忠实的海外市场。而 Globo 则凭借电视小说从葡萄牙走向了拉美、欧洲以及亚洲市场。

Globo 在占领葡萄牙市场的过程中，不是与葡萄牙本地品牌产品面对面竞争，而是选择了其薄弱的电视小说市场，使用差异化的市场策略，注重产品内容打造的同时，抓住时机建立稳定播出渠道，是一种先产品进入再建立渠道的模式。

和电视小说产品一样，韩剧也没有固定脚本，通常是边拍摄边根据受众反馈做出修改。韩剧中细腻的情感表达、精致的服装道具，乃至呈现的精美饮食都吸引着受众，引发持续性的关注。和 Globo 的海外战略不同，韩剧的国际化是靠国家力量推动的。

1998 年，韩国政府提出"文化立国"方针，1999 年，制定文化产业发展总目标。韩国政府制定专门的"韩流"计划，规划韩国文化包括韩剧输出的整体战略。质量上，韩国对电视剧的制作有严格要求。每部剧的利润只能占 10%—15%，其他的费用必须都用在电视剧本身制作上，比如服装、布景，甚至对外景地的选择。在进军海外市场时，韩国对韩剧市场进行差异化处理，将市场划分为四级。中国为一级市场，华人聚居地为二级市场，日本为三级市场，欧美为四级市场。一、二、三级市场在文化上与韩国有很多共通的地方，也是韩剧最容易进入和引起关注的市场，这样韩剧的生产以一、二级市场为主，制作在保留本土文化内核的同时，有的放矢地根据目标市场需求，制作符合当地受众口味的产品。营销中采用"毒品策略"（"drugs strate-

---

① *Brazilian soaps-popular, racy and high-budgeted*, Video Age International: Jan, 1992, issue.
② 陆地：《世界电视产业市场概论》，中国人民大学出版社，2003 年第 1 版。
③ 李黎丹：《发展中国家电视媒体全球化路径研究》，中国传媒大学出版社，2012 年版，第 123 页。

gy")——"首先你要给予，等到成功之后你可以卖个更好的价格。"① 以较低价格推广，以较高价格进阶。这种政府主导、内容把关严格、细分市场、低价倾销、占领市场、着眼长远的实践，为韩剧打开了世界的大门。在韩剧成为韩国的一张国家名片的同时，催生了外国对本国文化符号的认知，也就是韩国在提供给国外受众韩剧这个使用价值的同时，取得了"观念的认同"的使用价值。

二、媒介合作

通常，企业间的契约式合作包括特许经营、许可证合同交易、管理合同、交钥匙工程和国际分工等具体方式。传媒公司借鉴较多的合作方式，则是许可证合同交易。所谓许可证合同交易，指的是许证方与国外受证方达成协议，向受证方提供生产制作技术的使用权、商标使用权、专利使用权、商业秘密或者其他价值的项目，从而获取费用收入或提成。这种做法对于许证方而言，不用冒太大的风险就能打入外国市场，受证方则不必从零开始，即可获得成熟的技术，生产名牌产品或使用名牌的商标②，也就是常见的"贴牌"生产。

对于媒体集团来说，这种方式通常能以较小代价换取较大利益。特别是针对媒介市场操作难度大，不确定性因素较多的国家，媒体集团通常采用这种方式进入。而本土媒体集团在合作中获得技术、品牌和先进的管理。

以迪士尼集团进入中国市场为例。2001年3月5日，迪士尼集团下属互联网集团与中国海虹控股达成协议，海虹独家经营迪士尼中文网站（Disney.com.cn）以及迪士尼网上收费频道 BLAST 内容。合作期内，海虹支付迪士尼一定的内容使用费。同年8月，作为中国第一个正式以"迪士尼"为品牌的项目，"迪士尼中国网站"正式开通运营。该网站不仅保持了迪士尼以"娱乐、家庭"为宗旨的特色，而且兼顾中国国情，增加了"E-learning"（儿童英语教学）、"BLAST"（趣味游戏）等多个"寓教于乐、玩以致用"的特色频道。通过这种方式，迪士尼集团成功进入中国，海虹则在合作中得到迪士尼的优秀内容和品牌。值得注意的是，针对中国市场新增加的英语教学内容等多个趣味频道，是迪士尼集团"中国化"的结果。

与迪士尼集团进入中国的战略相似，2003年，国际著名传媒集团维亚康姆与中国唐龙公司合作，将旗下 Nickelodeon 儿童频道节目"尼克知识乐园"通过许可证合同交易引入中国。这一合作中，电视台负责节目拍摄许可、拍摄和终审；唐龙公司提供发行网络，负责节目发行和广告经营，维亚康姆只

---

① Helena Sousa: "Crossing the Atlantic: Globo's Wager in Portugal", http://ubista.ubi.pt.

② 胡正荣：《外国媒介集团研究》，中国传媒大学出版社，2003年版，第132页。

负责提供素材。结果不到两个月,"尼克知识乐园"就进入了中国 100 家电视台。① 目前"尼克知识乐园"已进入 200 多家有线电视台,有大约 8000 万个家庭可以收看到这些节目,在全国的总覆盖人口已经达到 3 亿—5 亿,从最早播出的 102 家电视台的收视调查表明,这个栏目的收视率高达 5%—8%,而节目的播出时间在 2002 年也由原来的每天 30 分钟逐步增加到每天两小时左右。

2003 年 12 月 28 日,尼克国际儿童频道与中国中央电视台正式达成合作协议,就正式开播的中央电视台青少频道展开全方位、大规模的合作,央视青少频道专门开辟每天半小时的时间,播出尼克国际儿童频道旗下的长篇动画连续剧《猫狗: Cat Dog》和《丽莎和她的朋友们:Wild Thornberrys》。

可见,通过许可证合同交易等合作方式,与对象国媒体公司建立战略联盟,依靠品牌产品,绕过政策壁垒,以极小代价进入对象国市场,是国际传媒集团常用的一种操作简便、见效快的公司化方式。

三、海外直接投资设厂

海外直接投资设厂,是企业公司在海外建立自己的生产基地、厂房和公司,直接建立和推广自己的品牌,树立当地企业形象,以便更好更多地销售自己在当地和本国生产的产品,避免更多的关税壁垒等。

这种形式的优点是接近消费者,受到消费者的喜欢和欢迎,从而可以提高销售额;另一方面,回避了关税壁垒和产生倾销的可能性。缺点是成本高,需要大量资金,审批手续以及出国人员手续复杂,以及信息的不对称将导致风险增大。

就企业来说,在向发展中国家投资时,一般以海外直接投资创建工厂或公司为主,这样可以随自己的意愿选择地点、确定规模,最有效地与发展中国家企业竞争;另一方面,发展中国家的市场机制并不完善,收购会受到一定的限制,因而创建更方便。②

就传媒集团而言,海外直接建设分公司优势是贴近受众,贴近市场,可以生产出更具针对性、更具市场竞争力的产品,内容表达、渠道和包装等也更符合当地受众的接受习惯;弊端是建设周期长、投资大、跨国管理存在难度,一不小心就会"水土不服"。德国贝塔斯曼集团的中国之路就是一个例子。

贝塔斯曼从 1962 年在西班牙成立第一个图书俱乐部"Circulo de Lectores"起,陆续在法国、葡萄牙、英国、意大利、美国和荷兰成立图书俱乐部。相似的文化背景、社会风俗、政治制度等,使贝塔斯曼图书俱乐部在这些国家

---

① 胡正荣:《外国媒介集团研究》,中国传媒大学出版社,2003 年版,第 204 页。
② 吴勤学:《中国海外直接投资理论与实务》,首都经济贸易大学,2006 年 1 月第一版,第 421 页。

经营得"风生水起"。但是，它在中国却遇到了跨国传媒集团在新兴市场里能遇到的所有问题。

1997年，贝塔斯曼在中国的第一个图书俱乐部在上海成立。2003年，北京贝塔斯曼21世纪图书连锁有限公司成立。2005年，贝塔斯曼拿到第一张在中国经营图书批发业务的外资牌照。然而到了2008年6月，北京贝塔斯曼21世纪图书连锁有限公司除保留上海的8家贝塔斯曼门店外，关闭了其在中国设立的其他36家贝塔斯曼书店，同时停止贝塔斯曼中国书友会的全部运营，停止接受新的订单，网上订购及目录订购也都停止。贝塔斯曼书友会在中国业务13年未能盈利以失败告终。究其原因，有受新兴的网络图书销售的冲击因素在，但更为重要的是贝塔斯曼进入中国后策略失误，未能有效适应中国市场需求。

贝塔斯曼书友会在欧洲的经营规则是要收取一定的会员费。如果会员在一个季度内没有买书，贝塔斯曼就会向会员发出"警告"，然后贝塔斯曼还会向读者推荐一本书友会"精心挑选"的图书。若会员坚持不消费，将会被取消会员身份。但在中国，大家更习惯免费，因此这种强制消费最终导致更多会员主动"消失"，书友会的信誉受到影响。其次，一成不变的欧洲式管理带来了巨大的成本压力。贝塔斯曼书友会雇用了700多员工，但销售额只有几千万，同时管理层人员全部来自欧洲，他们拿着上百万的年薪均却对中国市场一无所知。再者，营销方式老套，依旧是传统的广告和宣传手册。高昂的广告费用和每个月近300万的宣传手册制作费给贝塔斯曼加上了一层厚厚的成本压力。再加上频繁更换高管，令公司雪上加霜。所有这些无疑导致了书友会的关闭。

相比并购，独资到海外建分公司更容易因不了解对方市场而遇到管理等各方面问题。因此，传媒集团在选择海外建立分公司的方式时，更会偏向于与自身文化、政治制度、社会等具有相近性，同时运营成本相对较低的国家。

四、媒介并购

经济学上所说的"并购"，指的是兼并收购（M&A），即 Merger 和 Acquisition，既包括企业和实体间的兼并和收购，也具有联合、接管的含义。[1] 从微观上讲，并购的直接功能在于扩大企业的生产经营规模，实现企业的协同效应。[2] 从宏观上讲，并购有助于资源的有效配置和优化产业结构，是企业扩充

---

[1] 常永新：《传媒集团公司治理》，中国传媒大学出版社，2006年版，第113页。
[2] 所谓协同效应（synergy），指的是通过收购给企业生产经营活动在效率方面带来变化及效率的提高所产生的效益，使收购后两企业的总体效益大于两个独立企业效益的算术和。

规模和制度创新的重要方式。① 由此衍生出来的媒体并购,指媒体企业或实体间的兼并和收购、联合和接管,它是一种通过转移媒体企业所有权或控股权的方式,实现资本扩张和业务发展的手段,是媒体资本运营的重要方式②。

从经济学上讲,任何产品都包括固定成本和可变成本。所谓"固定成本"是指成本总额在一定时期和一定业务量范围内,不受业务量增减变动影响而能保持不变的成本,例如办公费和厂房租金等,随着产量的增加,单位产品分摊的固定成本减少。"可变成本"是指随着产出水平变化而变化的成本,例如原材料费用等,随着产量增减而呈正比例变化。就广播电视媒体来说,可变成本可以忽略不计,固定成本是制作节目所需的费用,包括人工费用、节目包装设计费用、差旅费用、设备费用、演播室租用费用等,与节目的发行量无关,也与受众变化无关。也就是说,节目成本与受众多少无关。但增加受众却可以大比例地增加收入,包括单位成本的附加值和整体的广告收入。所以,对于广播电视媒体而言,在成本基本固定的情况下,提高单位时间的广告收入,是增加赢利的主要途径,而提高单位时间的广告收入,需要收视率或者收听率提高和受众面积的扩大。③ 并购是达到这一目的极为有效的手段。并购可以互补为手段,做大市场份额,做强竞争主体,打通产业的横向和纵向链条、减少交易成本、降低交易风险、扩大国内外市场份额,在带来赢利的同时,使运营进入一种良性循环。也就是说,媒体并购将带来媒介产业的资本相对集中,使广播电视报纸杂志等的规模生产成为可能。通过并购,媒介以较小成本、较快的速度实现资产存量的增加,使之接近或达到最佳经济规模,实现传媒产业存量的有效配置。同时,还可以降低媒介企业在生产、销售、增加覆盖方面的成本、减少管理费用,并降低广告的千人成本④,从而提高媒介整体竞争实力。⑤ 另一方面,媒体并购使媒体集团更容易进入对媒介市场严格管控的国家,并以小代价获得已有成熟品牌、市场,从而实现自我扩张发展。因此,并购是目前国际传媒界最常见和有效的资本经营方式之一。

1. 兼并(Merger)

Merger 指"合并"或"兼并",在法律上指的是两个或两个以上的公司为生产经营活动的需要,通过协商,依当事人所订立的合并契约,并依公司法规定的合并程序,归并为一个公司。原公司的权利和义务由续存的公司承

---

① 胡正荣:《外国媒介集团研究》,中国传媒大学出版社,2003年版,第160页。
② 常永新:《传媒集团公司治理》,中国传媒大学出版社,2006年版,第113页。
③ 常永新:《传媒集团公司治理》,中国传媒大学出版社,2006年版,第23页。
④ 千人成本是将一种媒体或媒体排期表送达1000人或"家庭"的成本计算单位,是衡量广告投入成本的实际效用的方法。
⑤ 关于媒介并购优势的论述,可参见胡正荣:《外国媒介集团研究》,中国传媒大学出版社,2003年版,第165页。

接。合并分为两种，一是"吸收合并"，即合并的两个公司中被吸收的公司解散；二是"新设合并"，即两个以上公司合并设立一个新的公司为新设公司，合并的原各方解散。① 合并属于商品经济中产权转让机制，其活动主体是财产独立或者相对独立的企业法人，以产权有偿转让为基本标志，基本点是吞并或吸收其他企业法人的资产而实现产权转移，它是市场竞争中优胜劣汰、"优吃劣"的行为。②

2001年1月11日，美国联邦通信委员会（FCC）批准美国在线与时代华纳的合并案，由此，美国在线成功组建了世界上最大的媒体公司——美国在线时代华纳（AOL-Time Warner），经营领域包括无线广播网、有线电视、出版业、影视娱乐、数字媒体、音乐产业，同时拥有世界上最大的互联网接入服务商以及石油公司。

著名经济学家施蒂格勒曾经说过，一个企业通过兼并竞争对手的途径成为巨型企业，是现代经济史上的一个突出现象。没有一个美国大公司不是通过某种程度、某种方式的兼并而成长起来的，几乎没有一家大公司是靠内部扩张成长起来的。③ 美国在线时代华纳的组建则充分说明这一点。

2. 收购（Acquisition）

Acquisition指"收购"或者"购买"，指一家公司在证券市场上用现金、债券或股票购买另一家公司的股票或资产，以获得对该公司的控股权，该公司的法人地位并不因此消失。收购分资产收购（asset acquisition）和股份收购（stock acquisition）两种。资产收购是指一家公司购买另一家公司的部分或全部资产；股份收购是指一家公司直接或间接购买另一家公司的部分或全部股份，从而成为被收购公司的股东。按照收购方所获得的股权数量（比例），股权收购分为参股收购、控股收购和全面收购三种情况。④

参股收购，即收购方仅购得被收购公司的小部分股权。在这种情况下，收购方通常仅以进入被收购公司的董事会为目的。

控股收购，即收购方购得被收购公司达到控股比例的股权。所谓控股股份，理论上指要持有一个公司有投票权的股票（普通股）的51%以上。在被收购公司有相当大的规模，而股权又比较分散的情况下，往往掌握30%甚至更少比例的股份就可以有效地控制该公司，达到控股目的。

成立于1951年1月的墨西哥特莱维萨集团（Televisa），是墨西哥最大的传媒集团，也是世界上最大的西班牙语电视娱乐节目输出机构。它每年可以

---

① 关敬如：《产权置换、企业并购和理论与运行》，经济科学出版社，1999年版。
② 陈东升：《资本运营——理论·方法·案例》，企业管理出版社，1998年版。
③ 施蒂格勒：《产业组织与政府管制》（中文版），上海三联出版社，1989年版。
④ 魏杰：《现代产权制度辨析》，首都经济贸易大学出版社，2000年版。

提供 1.2 万小时的电视节目，其中只有 13% 是进口的。① 它生产的电视小说制作精良，是国际电视市场著名的节目品牌，出口到世界 100 多个国家，出口量超过美国三大电视网的总和，销售收入占公司总收入的一半。公司 15% 的收益来自美国最大的西班牙语电视网 Univision。

美国是世界上第五大讲西班牙语的国家，讲西班牙语的人口近 3000 万，占美国总人口的 13%，同时美国也是最为富有的西班牙语市场。美国西班牙语电视网 Univision 的前身——西班牙语国际网 SIN（Spanish International Network）是美国第一个被卫星连接的电视网。1976 年，特莱维萨占有 SIN 75% 的股份，控股。② 1986 年，由于美国联邦通信委员会裁定这种结构破坏了美国对外国人拥有广播和电视台所有权的限制，特莱维萨被迫将 SIN 出售，后几经出售，SIN 更名为 Univision，特莱维萨持有 12.5% 的股份（不被允许超过 25%）③，虽然不控股，但仍然是 Univision 播出节目的主要提供者。特莱维萨成为第一个进入美国腹地并站稳脚跟的外国媒体，这无疑得益于特莱维萨控股、参股 Univision。

全面收购，即收购方购得被收购公司的全部股份，被收购公司成为收购公司的全资子公司。④

2002 年，全美三大商业广播电视公司之一的美国国家广播公司 NBC（National Broadcasting Co.），出资 19.8 亿美元收购西班牙电视公司 Telemundo Communications 和娱乐有线电视 Bravo。美国 88% 的说西班牙语家庭可接收 Telemundo 的节目。通过收购，NBC 可使用 Telemundo 旗下 18 个电视台，从而占领正在迅速扩张的西班牙语电视市场。

同样，2001 年，维亚康姆以 30 亿美元价格购买了黑人娱乐电视网（Black Entertainment Television，简称 BET），从而成功进入非裔电视市场。该电视网在美国拥有 6240 万个家庭用户，它的爵士乐频道在另外 14 个国家播出。通过收购，维亚康姆拥有了 BET 所有用户群，并进入到海外 14 个国家。

美国第三大传媒公司维亚康姆公司源于 1954 年现任 CEO 萨姆纳·雷石东继承的家族企业国家娱乐公司，这是一家偏居麻省一隅的汽车影院连锁店。国家娱乐公司经过 30 多年的经营，雷石东把它变成了全美最大的一家连锁影院系统，并于 1986 年并购了维亚康姆公司，跨入了娱乐界。维亚康姆公司版图不断扩大的历程，实际上就是一部企业的兼并收购史。

1986 年，维亚康姆以 5.13 亿美元的代价，从美国运通和华纳公司手里盘

---

① Randewich, Noel: "Televisa", Business Mexico; June, 2002 issue.
② 1987 年，西班牙电视网 Telemundo 在美国成立，1990 年，加州的全国有线电视公司（Cable Television National）开办了第三个西班牙语的有线电视网。
③ http://www.ketupa.net/televisa2.html
④ 常永新：《传媒集团公司治理》，中国传媒大学出版社，2006 年版，第 191 页。

下了 MTV 全球电视网。1987 年，雷石东并购维亚康姆。当时的维亚康姆公司还只是一家很小的有线电视公司。1994 年，对 Blockbuster 百事达和派拉蒙影业公司的收购，进一步夯实了维亚康姆作为娱乐业霸主的地位，使维亚康姆从 1993 年 20 亿美元的销售额跃入媒介企业集团的第一梯队。1999 年，维亚康姆以 370 亿美元的代价，收购了美国三大电视网之一的哥伦比亚广播公司。两个公司的合并于 2000 年 4 月完成。此前的 1999 年 6 月，维亚康姆还通过招标购入了斯派灵娱乐公司的全部上市普通股股票，使其成为旗下的一家全资子公司。

3. 并购的种类

根据涉及的行业及企业之间的竞争和业务关系，可以将并购划分为横向并购、纵向并购和混合并购。横向并购是指两个或两个以上经营相同领域或生产和销售相同/相似实物产品（或服务产品）且具有竞争关系的公司之间的并购行为。

纵向并购是指产业链上下游企业之间或生产经营同一产品相继的不同生产阶段，在工艺上具有投入产出关系公司之间的并购行为。纵向并购企业之间不是竞争而是供应商和需求商之间的关系。

1995 年，迪士尼集团兼并美国广播公司 ABC（American Broadcasting Company）被著名投资家沃伦·巴菲特称作"最合适的投资"。迪士尼集团拥有主题公园、电脑以及电视制片公司、动画事业部、影片传播公司、迪士尼频道和全球 350 家迪士尼卡通人物专卖店，以及欧洲公司和哈帕出版公司。美国广播公司 ABC 拥有 225 个电视台，电视网深入 99.9% 的美国家庭，掌握 21 个电视网，为 3400 家电台提供服务，还拥有娱乐与体育节目电视网 ESPN（Entertainment and Sports Programming Network）80% 的股权。ESPN 在美国 9000 万家庭和全球 147 个国家可以收看。迪士尼集团兼并美国广播公司，实际上是最好的媒介产品公司与世界上最强的媒介公司结合起来。

混合并购又称复合并购、混合兼并，是指分属不同产业领域，既无工艺上的关系，产品也完全不相同的企业间的并购。混合并购不属于产业链上下游企业之间的并购，而是发生在不同行业的企业并购。并购的目的通常是为了进行多元化经营。[①]

2000 年，新闻集团注资 20 亿澳元，参股 Regional Programming Partner 和 Ventures Vrena 两家体育参股公司，收购福克斯体育网（Fox Sports）的全部股权，收购曼联足球队，由此拥有了高收视率的 Fox Sports Network 体育网络和

---

① 马瑞清、（澳）安迪·莫（Andy Mo）、（澳）珍尼斯·马（Janice Ma）：《企业兼并与收购》，中国金融出版社，2011 年版，第 9 页、第 10 页。

出色的 Fox/Liberty 体育节目制作商等。① 混合并购不是随意选择与经营主体无关业务进行纯粹的多元化并购，而是选择与媒体集团发展目标一致的传播业或与传播业相关的其他行业作为并购目标。

当然，对于媒体并购，通过一系列程序获得被收购媒体的控制权，只是完成并购目标的一半，收购完成后更为重要的事情是要对目标企业进行有效整合，使其与企业的整体战略、经营相一致。这种整合大致包括战略整合、业务整合、人事整合和文化整合。②

五、实体合资

广义的合资企业（joint venture）指的是从事如下活动的至少两个个人或法律主体（如合伙企业、公司、有限责任公司等）间的一种企业形式安排：为合作方的收益而进行某项或某些特定交易，或组成并经营特定企业，其中的各合作方共同分享利润和承担损失。这一广义的定义包括多种合作经营关系，它们都可以被看作为合资企业。③

采用实体合资建立合资企业的方式，既可以减少企业的资金投入，获得受资国政府提供的优惠待遇，又有利于弥补企业跨国经营经验不足的缺陷，还有利于吸引和利用合资伙伴的管理和营销技能以及在市场的信誉、供货的销售渠道等。但是，采用合资方式不利于保护技术秘密，④ 而作为本地传媒公司在与海外公司合资过程中获得技术、取得经验。

2010年5月，全球娱乐传媒巨头迪士尼集团与韩国SK集团下属SK电讯签署关于在韩国国内共同建立合资公司的合同。通过合资公司在韩国开放两个迪士尼频道，包括以面向儿童/家庭的节目为中心的"迪士尼频道"以及以面向学前幼儿的节目为中心的"Play House 迪士尼"。合资公司股份结构中，SK电讯持股51%，迪士尼持股49%。合资公司一改过去采用韩国国内的部分有线企业直接重播海外制作的节目方式，而是进行韩国语配音，便于国内观众更方便愉快地欣赏迪士尼节目。对于此次合作，Walt Disney International 总裁 Andy Bird 表示："本次合作将结合迪士尼的创意性、创新的服务内容和SK电讯在数字媒体以及通信领域世界的专业水平，给用户提供独一无二的服务。"而SK则表示希望通过合资企业运作获得经验为SK电讯未来开展的各种全球性事业提供巨大帮助。

---

① 胡正荣：《外国媒介集团研究》，中国传媒大学出版社，2003年版，第173页。
② 胡正荣：《外国媒介集团研究》，中国传媒大学出版社，2003年版，第178页。
③ 艾伦·S·格特曼著，李克宁、张放译：《国际合资企业的建立与管理（第三版）》，中国人民大学出版社，2012年版，第2页。
④ 吴勤学：《中国海外直接投资理论和实务》，首都经济贸易大学出版社，2006年版，第421页。

实体合资受政治因素影响很大,当合资方分别来自具有不同社会、文化和经济背景的国家时尤其如此。若当地局势不稳定,外国合资方将会受到管制者的大量审查;当某一合资方为当地政府或政府管控企业时,政治因素的影响会更加突出。就经营层面来说,合资企业所面临的最大挑战是如何对不同国家、价值观、文化及教育背景的管理者进行有效协调。

面对挑战,维亚康姆的经营策略是"全球化经营,本土化落实"。2004年11月3日,维亚康姆旗下的尼克儿童频道与上海文广新闻传媒集团成立合资公司"上海东方尼克电视制作有限公司",为中国观众量身制作本土化的儿童节目。合资公司注册资金600万美元,其中,上海文广占51%、维亚康姆旗下的尼克儿童频道占49%。合资公司利用尼克频道的品牌效应,以制作本土化的儿童电视节目为主,引进其《蓝色线索》、《孩子的选择》等名牌栏目的市场模式、制作理念,推出现场综艺栏目、游戏栏目和动画栏目"尼克时段",在中国30多个有线电视频道中播出,为上海文广传媒集团的东方少儿频道和全国各电视台提供少儿类的节目。取材中国的传统故事和人物,采用维亚康姆熟悉的先进的制作模式,纯熟的市场运作,无疑又是一次成功的实践。

第三节 中国媒体公司化运作的初步实践

随着中国综合国力的不断增强,尤其是国际金融危机后,中国越来越受到世界关注,世界对中国资讯、文化、社会等各方面的需求增大,由西方主要媒体公司控制的媒体市场一方面不能满足日益增加的市场需求,另一方面他们戴着有色眼镜看中国,提供的信息产品往往带有偏差乃至误解,无法向世界展示一个真实的中国。同时,中国在世界舆论舞台上微弱的话语权与日益增强的经济实力不相符的现状,使得无论是从满足世界对中国的需求方面,还是从中国自身发展、国家安全层面,都迫切需要中国媒体"走出去",在国际上发出中国声音。近年来,中国媒体加大了"走出去"步伐。无论是以新华社、中央电视台、人民日报、中国国际广播电台等国家级媒体,还是以南宁电视台、上海东方传媒集团、广东电视台等为代表的地方媒体,以及俏佳人、蓝海等民营媒体,都在通过产品海外发行销售、合作、合资和并购等多种方式,实践着公司化动作的出海之路。

一、媒介产品的海外发行销售

媒介产品海外发行销售,指包括书籍、影视剧作品及广播电视节目等在内的产品在海外的发行销售,其意义不仅在于产品本身销售带来的经济效益,更重要的是集结在产品内中国哲学思想和价值观等中国文化内核的传播和引发海外受众的关注。

畅销书《于丹〈论语〉心得》是近年引发海外受众极大关注的文化产品之一。从2006年11月上市到2011年4月,不到五年的时间里《于丹〈论语〉心得》已经签约28个语种、33个版本,已出版17个语种、22个版本。英、欧、美以及亚太地区的英语精装本2.3万册,于上市半年后售罄;平装本和电子书已出版上市。法语版自上市以来,精装本累计销售超过8万册。此外,法语版还推出了平装版、俱乐部版和MPS广播版,销售良好。匈牙利版凭借漂亮的装帧,被提名为2009年度匈牙利封面美装奖[①]。

《于丹〈论语〉心得》的海外走俏,主要得益于以下几点:首先,《于丹〈论语〉心得》抓住海外受众关注点有针对性地做文章。随着中国的崛起,特别是在世界大国纷纷陷入金融危机的时候,中国依然保持着8%左右的高经济增长率,这让外国人疑惑:"中国经济高速发展背后的文化因素是什么?"在他们看来,千百年来影响中国的孔子思想可以解答这个问题。

其次,《于丹〈论语〉心得》海外发行销售中优秀的翻译是至关重要的因素。书译得好,适合西方人的阅读习惯,这为发行成功打下了基础。《于丹〈论语〉心得》的出版商中华书局在翻译过程中一直坚持三点:第一,译稿里面涉及的《论语》原文必须经典化。中华书局指明要用香港中文大学教授、汉学家刘殿爵的译著。刘殿爵的《论语》英译本被西方公认是最好的版本,准确、平实、地道,已被收录到世界知名的"企鹅经典丛书"之中。第二,不仅要把意思翻译出来,而且要能够传神,能够反映作者的文风,英语读者读到的应该是一本漂亮的散文,而不只是一个译本。第三,译稿必须经中华书局审定后才能付印。

再次,《于丹〈论语〉心得》海外代理商广阔的发行渠道和优秀的资质,是海外发行成功的保障。英国著名文学代理商、麦克米伦出版公司(Macmillan Publishers Limited)负责《于丹〈论语〉心得》的全球推广代理。这家出版社具有一百多年历史,以其高质量的图书和期刊闻名于世。在代理合同签订的同时,麦克米伦公司就已制定了详细的全球推广计划,将《于丹〈论语〉心得》列入重点项目。2009年的法兰克福书展上,《于丹〈论语〉心得》英文版的大幅看板出现在麦克米伦公司的展台,引起广泛关注。

最后,媒体公关对《于丹〈论语〉心得》的海外发行销售起到了良好推动作用。《于丹〈论语〉心得》的作者于丹教授在境外接受了《泰晤士报》、

---

① 翁向红、王瑞玲:《文化的背后是国家的力量——中华书局版权"走出去"的特色和成绩》,《出版广角》2011年第4期。

《卫报》、《观察家报》、《每日电讯》、《经济学家》、《书商》、意大利《那不勒斯邮报》等报纸杂志和BBC、新华社、中央电视台、凤凰卫视、德国之声、挪威电台、瑞典国家电视台等多达几十家媒体的采访，并在剑桥大学、曼彻斯特大学、伦敦亚洲之家、德国OpenBooks书店和泰国、新加坡、瑞典、挪威等地的孔子学院作演讲和签售。这一系列的活动促进了《于丹〈论语〉心得》的海外销售。

《于丹〈论语〉心得》的成功海外发行是在坚持《论语》中蕴含的中国文化精髓的同时，对书籍进行优秀的翻译、寻找到合适的代理商并进行有效包装和宣传的结果。

与书籍的海外发行一样，电视专题片、电视剧、电影、纪录片、综艺节目等在海外出版发行中，首先要坚持的就是中国文化、中国哲学、中国思想等的精髓，只有坚持了这些中国特色内容，才能够在国际市场上具有差异化竞争优势。

以近两年海内外热播的都市情感剧《媳妇的美好时代》为例。其先后在韩国、日本和坦桑尼亚亮相主流电视台，不仅创造了可观的经济收入，而且收获了巨大的社会效益。韩国、日本与中国一衣带水，其文化、生活方式与中国接近，无疑为《媳妇的美好时代》的进入提供了基础。2010年，东京国际电视节将"最佳海外电视剧奖"授予《媳妇的美好时代》，这是中国的家庭类剧集第一次获得该奖项。与日本韩国相比，远在东非的坦桑尼亚无论在国情、文化、习俗等各方面都与中国有着广泛的差异，而《媳妇的美好时代》仍能在当地热播，原因主要有以下几个方面：

首先，虽然中国和非洲距离遥远，两国人民在文化、习俗、社会、心理等各方面存在较大差异，但是婚姻和家庭是跨文化的主题，婆媳之间、家庭之间的关系和矛盾有很大的共通性，很容易引起共鸣。影视剧《媳妇的美好时代》正符合这一点；并且，它轻松、诙谐和浪漫的基调恰好符合非洲人的喜好。

其次，电视剧的海外落地首要的语言问题得以成功解决。在亚非国家，中国电视剧的译制工作主要采取"字幕翻译"模式，对角色进行母语配音的情况极少。主要是因为：首先，文字或字幕翻译一个人就可以完成，角色配音则需要数十人完成，是一项专业的工作，耗时长，制作成本高，对声音的要求比较特殊；其次，角色配音翻译需要根据口型以及中外文长度特点进行再创作，因而对外语水平要求相对较高。通常来讲，这些国家缺乏既精通中文又精通当地语言的外语人才，坦桑尼亚就属于这种情况。中国国际广播电台作为《媳妇的美好时代》的译制方，既有传统广播的纯正播音优势，又有大量讲外语的外籍员工，能够满足给角色配音的需求，具有母语配音的能力，这就很好地解决了语言本土化问题。

再次，为了更好地本土化，译制方中国国际广播电台请来在东非国家具有高知名度的两位肯尼亚演员为主人公毛豆豆和余味配音，并以他们为形象制作宣传海报对外发布。这样既保证了纯正的非洲味道，又有效发挥了明星效应。

此外，《媳妇的美好时代》是2011年中国国家广电总局"中国优秀电视剧走进东非"工程的开局之作，在坦桑尼亚的合作方是坦桑尼亚国家电视台。国家力量推动以及坦桑尼亚国家电视台强大的播出渠道是《媳妇的美好时代》在东非热播的保证。而从营销层面来说，播出前在电视台滚动播出预告片、播出中开设有奖问答环节，并将电信运营收入让给合作方坦桑尼亚国家电视台，这些无疑促进了《媳妇的美好时代》的热播。

2011年11月23日，当毛豆豆和余味操着一口流利的非洲斯瓦希里语拌嘴吵架时，坦桑尼亚观众仿佛看到自己生活中的点滴，加上熟悉的非洲肯尼亚著名演员的配音，让这第一部以非洲本土语言斯瓦希里语配音的中国电视剧《媳妇的美好时代》具有了地道的"非洲味"。由于首播的反响热烈，2012年9月1日《媳妇的美好时代》在坦桑尼亚国家电视台黄金时段重播。同时，来自肯尼亚、乌干达、民主刚果等斯瓦希里语国家的多家电视台都表达了欲购买这部电视剧的版权在他们国家播放的意愿，"马太效应"[①] 正在形成。

可见，无论是《于丹〈论语〉心得》的海外畅销，还是《媳妇的美好时代》在韩国、日本和坦桑尼亚的热映，都离不开其中蕴含的厚重的中国文化。中国媒介产品要想在世界市场中获取成功，就必须具有差异化的优势，即"人无我有"的差别，和"人有我优"的优势。就营销学来说，企业的生产首先要找对市场，找对目标客户，根据市场需求生产产品。目前，国际市场对中国文化的需求是巨大的，这一市场有需求但还没有被服务好，对中国媒体公司来说有获取利益的基础。同时，在资源占有上，中国媒体具有得天独厚的优势，问题是如何以国际语言表达体现中国文化的中国元素。面对海外受众，中国媒体需要学会使用海外受众所习惯的表达方式、包装方式，把中国文化的内核放入世界表达的包装内。而这种变通是建立在对海外市场充分了解的基础上，对海外市场的了解可以通过企业自身开展海外调研也可通过与海外媒体的合作，其中选择一家有资质有渠道的合作方常常起到事半功倍的效果。

二、中国媒体在境外的媒介合作

（一）直接或间接与平台或系统运营商合作

目前，最普遍的国际频道海外落地的方式是进入各国有线网、直播卫星

[①] 研究者罗伯特·莫顿（Robert K. Merton）提出这个术语用以概括一种社会心理现象。马太效应在经济领域是指某个行业或产业的产品或服务，品牌知名度越大，品牌的价值越高，其忠实的消费者就越多，势必其占有的市场份额就越大。

平台或调频、中波频率。2011年9月14日,由新华社主办的中国新华新闻电视网(CNC)英语台在美国时代华纳有线电视公司平台正式播出,频道号为502。这标志着CNC英语台直接面向美国千万电视观众播出节目[①]。时代华纳有线电视公司由美国时代华纳公司控股,是美国最大的独资有线电视运营商之一,总部设于纽约。该公司在全美的28个州拥有超过1460万的有线电视用户以及880万数字电视用户。

而对于一些没有大范围覆盖的直播平台且有线电视市场还很分散的国家和地区来说,则通常采用委托代理推广频道落地。例如,2004年,中央电视台与英国载闻公司签订合作协议,委托他们在世界各地代理推广CCTV-9落地。载闻公司是美国自由媒体集团旗下的一家传媒公司,在世界各地特别是东欧地区有自己的推广团队,自由媒体集团更是在全球很多国家拥有控股的有线或直播平台。签约当年,载闻公司就促成了CCTV-9在东欧11个国家30多个有线网的落地播出,填补了英语国际频道在东欧地区落地的空白。

通过直接或间接与平台或系统运营商合作,使节目在当地频率、有线或直播平台中播出,只是完成"走出去"的第一步,重要的是走出去后的"走进去",使节目真正融入当地社会生活。这需要从适应对象国语言文化角度入手,找到"走进去"的方式方法。

以CCTV-4"走进"日本为例。根据日本相关媒体法规规定,外国频道进入日本当地有线网播出,必须以日语化的方式进行。"日语化"播出方式基本上有三种:日语同声传译、日语配音和日文字幕。日语同声传译就是用日语对节目进行同传翻译后直接播出;日语配音就是对节目进行日语配音后播出;日文字幕是节目在播出时保持母语配音,同时叠加日文字幕。一般来说,日语同声传译的方式主要用于新闻节目,而日语配音和日文字幕则主要用于专题、电视剧等非新闻节目。目前,在日本播出的外国电视频道共有40多个,包括美国CNN、英国BBC和韩国KBS在内的大部分外国频道已实现日语化播出。而中国电视频道(例如,中央电视台的中文国际频道CCTV-4和英语新闻频道CCTV-NEWS)因未能"日语化"在日本难以进入主流播出平台,大多局限于在华人观众群中播出。为了解决这个问题,2011年8月,中央电视台与日本大富公司正式签署了《关于CCTV中文国际频道在日本实施日语化落地播出的合作协议》,委托该公司负责日语化播出项目的实施。2012年1月22日,CCTV日语化频道正式进入日本最大直播卫星平台"SKY PerfecTV"的标清频道基本层和IPTV平台"光TV",用户总数约为60余万。[②] 更为重要

---

① 《中国新华新闻电视网英语台在美国时代华纳有线电视平台播出》,新华网,2011年9月16日,见:http://news.xinhuanet.com/zgjx/2011-09/16/c_131140099.htm
② 李宇:《CCTV日语化播出项目的本土化策略》,《传媒》2012年第4期。

的是通过与日本大富公司的合作,CCTV 中文国际频道节目真正地"走进"日本人的生活。其主要采取的"日语化"措施为:①

1. 节目语言的"日语化"

每天日语化节目的播出时长为 22 小时,原 CCTV-4 频道里的所有新闻节目,均采取日语同声传译的实时直播,时长约为 7—8 个小时;原 CCTV-4 频道中非新闻类节目采用配制日语字幕,滞后 7—10 天的方式播出。日本大富公司承担"日语化"的硬件工程和软件工程。硬件工程是指同声传译设备等方面的设计、施工和维护等,此部分由日本三信电气株式会社②负责。软件工程主要是日语化播出项目所需的同声传译人员和日语字幕译制人员,当前共有 10 名同声传译员,30 名日语字幕译制员,其主体由日本 INJESTAR 翻译公司负责,该公司同时还承担韩国 KBS 电视台在日本日语化播出的译制工作。CCTV 日语化频道的日语同声传译和添加字幕都是由日本当地公司完成,这确保了节目的翻译符合本地受众的语言习惯和文化特点,是节目"走进去"的基础。

2. 节目内容的"日语化"

除了通过同声传译或添加字幕的方式播出 CCTV-4 及央视其他节目外,还制作了大量日本本土节目,包括日本大富公司自办的《日本新闻》节目③和《收视指南》节目④。这些本土化的节目契合日本当地政治、经济和文化等方面的发展实际,能较好地满足当地受众的内容需求。

3. 节目推广运营的"日语化"

负责 CCTV 日语化播出项目的日本大富公司在日本主流报纸刊登广告,介绍 CCTV 日语化频道。这些报纸包括《日本经济新闻》、《东京新闻》,以及日本电视放送月刊《新媒体》等。此外,日本大富公司制作了宣传单,通过主流社会团体、学校、协会、企业等组织广为散发,并通过"SKY PerfecTV"直播卫星平台出版物向平台全体客户发送 50 万份介绍日语化项目的宣传单。日本大富公司还举办新闻发布会,向全日本约 70 家媒体发布日语化频道的相关新闻。这些宣传推广活动,对于提升 CCTV 日语化频道的知名度和影响力具有积极的作用。日本大富公司还积极利用熟悉当地市场等方面的优势,开展频道的广告运营,目前,在 CCTV 日语化频道中每周插播商业广播共计 59 档广告,总时长 247 分钟。

CCTV 中文国际频道在日本实施日语化落地播出是众多中国媒体海外本土

---

① 李宇:《CCTV 日语化播出项目的本土化策略》,《传媒》2012 年第 4 期。

② 三信电气株式会社是一家专业电视工程公司,曾经为日本多家电视台设计、实施电视工程。

③ 《日本新闻》节目每周一至周五晚 9 点 45 分播出,每期 15 分钟。

④ 《收视指南》节目每天播出 13—14 档,每档 1—8 分钟不等。

化的一个缩影。本土化是"走出去"战略中的一个重要方法，其核心就是根据海外受众的文化背景和思维方式以及行为习惯确定传播方式和策略。尤其是节目的制作要符合当地受众的接受习惯，因此，为海外受众提供节目信息、咨询等方面的服务和开展受众调查、搜集节目反馈成为摆在中国媒体公司面前的急需解决的重要工作。近些年的实践中，中国媒体公司通过与当地媒介公司的合作很好地完成对受众的服务。例如，在 CCTV 日语化项目中，位于东京的日本合作伙伴大富公司能较好地为用户提供相关咨询等方面的服务，在节目播出过程中，可以及时准确地收集受众反馈。这对及时调整节目内容、创新节目和打造品牌等具有重要意义。

像日本大富公司这样的当地代理商、合作公司或其他机构和个人，他们较为熟悉与落地相关的法律法规，同时在有线网等播出平台或相关领域有一定的人脉资源，通过与他们的合作可以获取频率/频道，实现节目"本土化"因而这些公司成为中国媒体公司"出海"中合作伙伴的首选。

（二）节目合作

与对象国媒体公司合作制作节目，有三大主要优势：首先，可充分利用双方各自的现有渠道，达到低成本传播的目的；其次，对象国媒体公司熟悉当地媒介市场和受众收听收看习惯，可以有效避免节目"水土不服"；第三，双方的合作过程是制作理念、技术、技能等多方面的交流和沟通，有利于提高双方的生产能力和节目制作水平。

从 2011 年 2 月起，德国巴伐利亚广播电视台的文化科教频道 Alpha 的《奥地利之窗》栏目中，出现了中国国际广播电台主持人的身影。这档节目叫《双座自行车》，通过设在北京（中国国际广播电台"CRI"）和维也纳（奥地利广播电视台"ORF"）的两个演播室，中奥两个主持人的对话以及多方多点连线方式进行中奥两国跨文化对比，从而全面介绍中国与奥地利两国的风土人情、文化特色和社会现状。

《双座自行车》是中国国际广播电台和奥地利广播电视台的合作项目，由双方共同拍摄制作，是一档跨文化交流节目。节目除在双方各自广播、电视和网络等平台播出外，更为重要的是在奥地利广播电视台的合作伙伴德国巴伐利亚广播电视台对欧洲德语区播出。德国巴伐利亚广播电视台是德国的公共广播电视台，德广联成员，公法媒体中的领头羊。德国巴伐利亚广播电视台的文化科教频道 Alpha 频道主要播出文化、科教类节目，频道通过卫星和有限电视网覆盖整个欧洲地区，约可覆盖 1 亿人口。在制播分离的前提下，奥地利广播电视台（ORF）每年以《奥地利之窗》栏目为名，为 Alpha 频道提供 250 集高质量的纪录片、深度报道和谈话节目，内容涉及科研、教育、文化、艺术、国情等，收视观众达 12 万。在德国等欧盟国家对外来媒体严格限制进入的背景下，通过中方和奥方合作，《双座自行车》顺利进入了欧洲德语区。

通过与奥方合作，中方了解到，欧美媒介市场虽然高度饱和，但对中国的关注仍带来了宝贵的市场需求，即欧美发达国家民众主要关注中国崛起对他们的挑战，而当地媒介市场中，中国信息的匮乏成就了这一宝贵的市场空白。中奥合作双方以《双座自行车》为契机，以探讨中西不同文化的对比冲撞为主线，每期节目邀请中奥两国专家、学者或官员到演播室进行访谈，在45分钟里就某一主题进行深入浅出的探讨。依靠特有的东西方文化交流特色，借助合作伙伴奥地利广播电视台的强大制作能力、通过德国巴伐利亚广播电视台强大的播出平台和传播网络，《双座自行车》很快在当地媒介市场脱颖而出，2011年平均收视率达到0.2%，2012年《双座自行车》从2011年的8集扩展到11集。

除中国国际广播电台这样的国家级媒体外，近些年，中国各地方台也充分利用自己的地理和资源优势，与邻国媒体展开合作。2006年10月，南宁电视台与越南数字技术电视台[①]建立友好合作台。经过双方协商，决定在中越两国共同节日——春节前夕，组织直播春节文艺晚会《春天的旋律·2007中越大型跨国直播迎春晚会》。此后，南宁电视台又与越南国家数字技术电视台、马来西亚家娱频道[②]、泰国中央中文电视台等分别于2009年1月、2010年2月和2011年2月，联合举办《春天的旋律·2009中越跨国连线春节晚会》、《春天的旋律·2010中马越跨国连线春节晚会》和《春天的旋律·2011中马泰跨国连线春节晚会》。通过与邻国国家级媒体的合作，南宁电视台的节目进入一个覆盖面较广的传输渠道。由于合作双方都有现成的且充裕的媒体资源可以使用，合作项目的前期宣传也得到了充分保证。

节目合作这一方式具有成本低、效果好的优点。其关键在于找对合作方。合作方的选择有以下几点需要考量：首先，其是否具有平台优势，在所在国是否具有广泛的覆盖率和受众群；其次，是否可以通过其进入第三国媒介市场，达到"1+1>2"的传播效果；再次，其在产品制作上是否具有强大的资源和制作能力；最后，双方合作的节目是否具有成长为品牌的潜力，是否具有可持续发展能力。

（三）组合模式

近年中国媒体公司在"走出去"过程中，为了集中优势资源开发海外市

[①] 越南数字技术电视台是由越南国家邮政部开办的国家级电视台，相当于国家二台，其信号覆盖占越南全国收视覆盖总份额的2/3，收视人口也占越南人口的60%。

[②] 马来西亚家娱频道是马来西亚首屈一指的中文卫星电视频道，在马来西亚覆盖达到95%面积。

场，参照美国辛迪加①的模式，逐步形成一种组合模式，其中最具有代表性的就是"长城卫星电视平台"。

2004年10月1日，中国国际电视总公司与美国回声之星公司合作推出的中国"长城卫星电视平台"在美国开播。长城平台以 CCTV-4 为龙头品牌，精选在国内和国际有品牌影响力的电视频道为成员台，汇聚各品牌的独家资源，用组合上的"加法模式"催生推广上的"乘法效应"。目前，"长城平台"已经在北美（美国和加拿大）、亚洲、欧洲、拉丁美洲和非洲等地落地。

长城平台的重点目标受众群体是海外华人华侨。由于所处国家、地区的文化、语言和个人的社会身份、教育背景以及兴趣爱好的不同，华人华侨在"炎黄子孙"的共性之外还存在着很大的差异，长城平台充分注意受众分化现象的研究，提供满足和适应特定目标受众的频道组合。以长城美国平台为例，CCTV-4 提供全方位的新闻、专题、娱乐节目；中央电视台戏曲频道则为老一代的移民提供戏曲盛宴；中央电视台的娱乐频道以其高质量的综艺晚会长久以来保持稳定的高收视率；成员台黄河电视台则针对华人子女的教育，偏重中文教学；湖南卫视的娱乐综艺类节目吸引年轻的留学生团体；粤语播出的广东南方卫视保持着稳定的粤语观众。由此可见，"长城卫星电视平台"打包各频道资源时细分受众群体，分析他们的特点和收视习惯，进行有效的市场组合，通过因地制宜、因人而异的策略，让品牌联合效果最大化，从而在相对饱和的国际传播市场中找准自己的位置。

总体上讲，组合模式既可解决海外节目制作能力的不足、节目资源缺乏的问题，也可增加节目的海外传播覆盖范围。在合作过程中，通过人员培训交流等方式，还可提升国内媒体从业人员的专业水平。

三、中国媒体在海外直接投资设厂

近些年，海外直接投资建厂成为中国媒体公司一种常用"阵地前移"方式。2008年11月，中国第一家海外民营出版社——新经典出版社在英国伦敦注册成功。2009年2月，《中国日报》正式推出美国版。2009年7月，新华社的第七家海外总分社亚欧总分社在莫斯科成立。通过在海外建立自己的分公司，中国媒体接近当地受众，本土制作播出发行符合当地受众接受习惯的产品，从而在当地打造品牌，树立自己的企业形象，在获得经济效益的同时，取得社会效益。

海外直接投资建厂受所在国政治、制度、法规和媒体市场发展情况等众

---

① 辛迪加（Syndicat）："组合"的意思，较稳定的资本主义垄断组织形式。指同一生产部门的少数大企业为了获取高额利润，通过签订共同销售产品和采购原料的协定而建立的垄断组织。参加辛迪加的企业在生产上和法律上有自己的独立性，但在商业上已失去独立地位，他们采购原材料和销售商品的业务均由辛迪加的总办事处统一办理。

多因素的影响，投资周期长，成本高。中国媒体作海外直接投资建厂决定时，需要全面考虑以上各种因素。按所在国划分，目前中国媒体公司的海外直接投资建厂，主要有两种类别：

一是在对华友好国家以及外国媒体准入门槛较低国家直接投资建厂。以2006年11月15日开播的中国国际广播电台（CRI）万象调频台"CRI FM93"为例。该调频台由老挝国家电台提供频率，中方负责技术支持和节目采集制作播出。"CRI FM93"调频台节目信号覆盖老挝人口最密集，经济最发达，社会最繁荣的首都万象市、万象省及中部波里坎赛省的大部分地区，同时覆盖泰国边境城市廊开市、塔波市等泰国东北部的城市。中国和老挝社会制度相同，意识形态相近，两国又是友好邻邦，因而，万象调频台自开播就以老挝"国字号"的媒体形象展现在老挝受众面前，也因"国字号"让调频台的发展格外顺畅。

二是在对华敌视以及限制外国媒体进入的国家直接投资建厂。这些国家对媒体管制较严，广播电台和电视台等媒体公司依靠市场规律生存发展，媒体市场发展成熟并趋于饱和。欧美发达国家大多属于此类。在这些国家通过运用媒体市场规则，可以规避市场对华壁垒，快速有效地获取媒体资源，"走出去"的同时实现自我发展，获得话语权和公信力。

以在美国创立的蓝海电视台为例。在美国有线电视网是非常稀缺的资源，美国电视节目在实现上星之后，落地阶段都被各大运营商控制。运营商通过用户付费产生赢利，拥有一定频道数量的各大运营商之间竞争激烈。要在美国这个高度发达的媒体市场立足，就必须按照美国新闻业的规则，通过美国当地运营商，实现节目落地和媒体公司自身发展。

2008年，中国第一家民营电视台蓝海电视台（Blue Ocean Network）在美创立。2009年，BON通过向时代华纳、AT&T等运营商购买落地频道等商业手段和商业战争，争取到落地机会，于同年9月在纽约开始落地播出，成为在西方第一个完全关于中国内容的、24小时播出的、民间商业英文电视媒体。2010年上半年，国内风险投资领域的翘楚——鼎晖风险创投基金宣布注资蓝海电视台，BON成为第一家引入风险投资的立足海外的中国媒体公司。目前，整个北美，南到墨西哥、古巴，北到加拿大，凡是有卫星的地方，都可以看到蓝海电视的节目。而广告、有线收视费用，以媒体为基础的市场活动等，构成了蓝海电视台的主要盈利模式。蓝海电视台从创立、节目落地到引入风险投资，都是依照美国媒体市场规则，运用市场规律通过商业手段完成的。①

蓝海电视台创始人之一、美国蓝海传媒集团CEO诸葛虹云，在总结落地

---

① 资料来源：《蓝海电视（BON）董事长顾宜凡：追梦蓝海》，网易，2010年8月2日，http://media.163.com/10/0802/18/6D3RF16S00762B72.html

过程中最重要的因素时提出,除了解对象国媒体运作机制外,能提供符合所在地区受众需求的节目,是其成功落地的重要因素,其主要表现在两个方面:①

一是节目内容要符合受众需求。蓝海电视台把目标受众定位为:对中国有商业兴趣的国际商界人士,以及相关人员亲友雇员;关注或研究对华关系的国际政界人士和学者;使用中国产品希望到中国旅游对中国文化感兴趣的国外家庭;华人华侨;在中国工作和学习的外国人以及关注中国国际化和对外交流的中国人。针对这一定位,蓝海电视台节目内容主要涉及当前国外民众与中国关系较为密切的经济、商务、旅游、民生等方面,注重促进中外民众的经济、文化交流。节目设置上,既有深度新闻调查节目《China Behind The Sceens》、全景式报道中国时事新闻节目《China Beat》、以西方独特视角透析中国新闻事件的深度时事报道节目《Beyoud The Headlines》、关于中国民众观点的网络媒体文摘节目《China Take》和综合性商业资讯节目《Biz Wire》等新闻资讯类节目;又有由西方游客自己介绍中国西部的谈话节目《Tibet》、无拘束无禁忌的东西方辩论节目《Disagree》、邀请影响中国各方面变革的人物进行对话的节目《Chinalogue》、外国人讲述自己在中国的亲身经历、感受到的中国文化、生活、人情和历史传统的谈话节目《Esay China》、旅游真人秀节目《Exploring China》和寓教于乐的汉语教学节目《Wonderful Word Of Chinese Characters》等旅游文化类节目。

二是节目形式符合地区受众需求。由于是在一个完全陌生的环境建厂,经常会出现"水土不服"的情况。中国国际广播电台"CRI FM93"万象调频台在建立之初就遇到过。开播之初,"CRI FM93"万象调频台由老挝语节目、汉语普通话节目和英语节目构成。而老挝的实际情况是:民众文化教育普及率不高,民众的英语水平有限,长期生活在当地的华侨对汉语普通话的掌握程度一般。"CRI FM93"三种语言的混搭形式并不符合当地受众需求,为此遇到市场冷遇。根据这一情况,"CRI FM93"万象调频台及时做出调整,将全部节目改为老挝语节目,并在万象建立了节目制作室,招聘当地员工。目前,节目制作室18名员工中15人为老挝员工,实现了真正意义的本土采集、制作和直播。

蓝海电视台的创始人顾宜凡和诸葛虹云都是多年的电视人,特别是在开发与运营国际交流领域传媒项目方面有着丰富的经验,对两国市场社会民俗文化等有深刻的了解,因而建立之初就制定了适合美国当地的策略。节目不是翻译成英文的中文节目,而是原创的西方表达方式的英文节目。在蓝海近

---

① 资料来源:百度百科,http://baike.baidu.com/view/3254775.htm;互动百科,http://www.hudong.com/wiki/蓝海电视

200人的团队中，外籍员工占了40%，其中，主持人、节目主编与撰稿等主创人员全部是来自母语为英语的西方国家的专业人士，例如原BBC资深主播Susan Osman。这保证了蓝海节目从主持人、节目制作理念到节目形式和包装等都是西方表达，符合西方观众的收视习惯。

而总部位于英国的中国第一家海外民营出版社——新经典出版社则采用了漫画配文字的方式阐释中国医药、孔孟思想这些中国传统文化；用中英文双语介绍中国著名旅游景点；用穿插大事记和小资料的方式，对历史性跨度较大和专业水平较深的文章进行背景资料补充等。

无论是"CRI FM93"万象调频台全部节目的"老挝化"、BON节目的"西方表达"，还是新经典出版社的"国际表达"，总而言之，他们采用各种方式和手段进行内容转换的目的，就是给当地受众呈现一个更加完整和真实的中国，让中国声音更好的以国际形式表达和传播开来。

四、中国媒体的媒介并购

2005年，在迪拜从事贸易工作的温州商人王伟胜，从阿联酋国家电视台手中全资收购了阿拉迪尔卫视，并正式更名为阿拉伯·亚洲商务卫视（简称"AABTV"）[①]。2009年初，同为温州商人的中国西京集团董事长叶茂西宣布收购了因国际金融危机影响而濒临绝境的英国PROPELLER（螺旋桨）电视台[②]，把这一原本由当地政府资助的电视台打造成中国文化的传播平台。2009年7月，有着10年海外传播经验的俏佳人传媒集团与拥有800万华人受众和1300万美国受众的国际卫视电视台正式签订并购合同。2011年7月，由新华社主办的中国新华新闻电视网（CNC）购买在英入户率达40%以上的英国天空电视[③]516号频道，从而进入欧美主流发达国家……近年来，中国的媒体公司，尤其是民间媒体公司，运用并购这一目前国际传媒界最为常见和有效的资本经营方式"出海"。通过并购，中国媒体公司做大市场份额，做强竞争主体，打通产业的横向和纵向链条，减少交易成本、降低交易风险，扩大国内

[①] AABTV是欧亚非地区唯一专门介绍中国信息的专业商务资讯电视平台。2006年8月，AABTV正式开播，用阿拉伯语和英语24小时不间断地向20多个阿拉伯国家播送节目，主要介绍中国文化、旅游和商品，发布中国商务资讯，推介中国产品和品牌，收视人口约达4亿。

[②] PROPELLER（螺旋桨）电视台是欧洲第一个100%放映全新原创节目的数字卫星电视频道，通过英国天空广播公司的卫星平台传送，由英国格林斯比研究所附属公司图像频道有限公司于2006年2月创办，它最早在英国约克郡播放，现在欧洲的覆盖国家已经达到40多个。2008年11月，该电视台在威尼斯获得"全欧洲最佳卫视电影频道"奖项。

[③] 英国天空广播公司运营着英国最大的卫星电视平台，在全英国拥有1000多万订户。501至519频段是该平台上国际新闻频道最集中的频段，包括了有线电视新闻国际公司（CNN）、英国广播公司（BBC）、福克斯新闻网（FOX NEWS）等重要国际新闻频道。

外市场份额，带来赢利的同时使运营进入一种良性循环。

以俏佳人传媒集团美国国际卫视并购案为例。2010年3月1日，俏佳人传媒全面完成了对美国国际卫视①的并购，成为美国本土华人最大的电视媒体，并更名国际中国电视联播网（ICN），拥有了14个电视台，其中7个数字无线电视台，3个卫星台，4个有线台，直接收视人口7000万人，将近美国人口的四分之一。②通过一系列程序获得被收购媒体的控制权，只是完成并购目标的一半，并购完成后，更为重要的事情是要对目标企业进行有效整合，使其与企业的整体战略、经营相一致。这种整合大致包括战略整合、业务整合、人事整合和文化整合。③并购后的中国电视联播网（ICN）推出了面向美国主流社会24小时播报以中国大陆为主要素材的英文节目，其中《直面北京》、《直面美国》和《新闻评论》等中美交流、中美热点问题解读类节目受到欢迎。相对节目资源的整合，来自中美两个不同团队的磨合则更显困难。除了旧金山，来自各地的原美国国际卫视的台长都是在美国生活30年以上的华人，他们很了解美国，却并不熟悉中国的国情，而来自俏佳人的高管的情况与此正相反。伴随着公司的发展，还将有越来越多的美国人加入。中国老板在合同制定、聘请专家、知识产权保护等方面，都在向美国规则靠拢。然而，由于不理解中国文化，美国雇员常常站在美国的立场上，而不是公司的立场上考虑问题，因此，中国老板和美国雇员之间时常有争吵。同时，作为一家在美国播出中国素材节目的电视台，ICN在接受节目源，与国内企业、团体打交道的时候，又得跟中国国情接轨。无疑，如何将来自中美两个不同文化背景的团队融合成具有统一企业文化的团队，是摆在ICN等众多中国媒体海外并购的一大难题。其中，不同文化背景下的团队成员跨文化沟通能力的提升成为融合的关键因素。

跨文化沟通能力是指来自不同文化背景的人能有效交往的能力，具有超越其所属民族文化的能力，也是企业管理者进行有效沟通和管理员工的能力。这种能力包括了解他人的能力、激励他人的能力、说服他人的能力、倾听能力、文化辨识能力、领导力、号召力以及团队精神，不仅要求懂外语，而且能够认识和感知不同文化差异，接受与自己不同的价值观和行为规范，在不同文化环境中能游刃有余。④要具有跨文化沟通能力，就需要进行"文化磨

---

① 美国国际卫视创立于1980年，是华人在美国开办最早、影响最大、覆盖最广的电视台。自2008年起，国际卫视开始独家代理发行CCTV每年500小时的戏剧节目，以及授权播出CCTV-4每日新闻，拥有800万华人受众和1300万美国受众。
② 沈小根：《民营文化公司并购美国国际卫视》，《经济日报》2012年2月13日。
③ 胡正荣：《外国媒介集团研究》，中国传媒大学出版社，2003年版，第178页。
④ 冯雷、夏先良：《中国"走出去"方式创新研究》，社会科学文献出版社，2011年版，第278页。

合",就是不同国度、不同企业之间的人怎么能够在一起很好地配合工作。在实际操作中,中国管理层人员需要多到基层与外国员工沟通,以达到理解进而相互接受各自的文化,从而"磨合"出适合自己的特有文化的目的。

五、中国媒体与境外媒体的实体合资

2005年6月,由广东电视台和马来西亚的一家电视制作机构合办的中文卫星频道——"家娱频道"开播,该频道主要面向东南亚华人,现已进入马来西亚、印尼、菲律宾、越南、老挝等国。2007年4月,广东电视台与香港爱国资本机构新办的粤语频道——"点心卫视"通过亚太6号上星,同时在香港Now宽带网播出。2009年,浙江出版联合集团与欧洲时报社在巴黎合资注册"东方书局",目前已经出版了《中国三门石窗艺术》、《中国舟山渔民画艺术》、《中法艺术家世界遗产之旅》、《中国儿童插画艺术》等众多法语版图书。2010年8月,浙江华硕国际贸易公司与新华书店美国公司在美国合资建立了新华博库美国有限公司,主要经营中国图书的网络和门店销售业务⋯⋯通过实体合资成立的海外公司,具有合资双方的渠道优势,弥补了中国媒体公司海外运作经验不足的缺陷,在选题策划、产品制作、销售发行等各方面贴近受众,从社会效益上看,收获不错,经济效益上属于初创阶段,还有待提升。

合资后的媒体公司急需解决管理的国际化问题,需要将变通的策略运用到管理上。即处理问题的方法要柔软、温和、易受、灵活,内心依据的原则要公平公正、严格无私;在日常的管理中应该注重采用灵活的方法,通过友善的沟通交流、积极协助支持,来达成管理的目标。圆和方的关系,就是方法与原则的关系,既讲方法又讲原则,是一种理想的管理状态。对待外方员工不能照搬中国式的管理模式,而要运用他们熟悉的欧美式管理方式。

在这方面,中国国际广播电台与北欧大众明天传媒公司(现更名为环球时代公司)合作成立国广世纪(欧洲)管理公司负责对欧洲业务的管理,可以提供些参考。国广世纪(欧洲)管理公司团队成员110多人,来自芬兰、中国、匈牙利、荷兰、爱沙尼亚、立陶宛、俄罗斯等25个国家。其中,高层管理人员少数来自中国,大多数来自欧美国家,他们熟悉欧美国家媒介市场运作规律,了解当地受众,但对中国却十分陌生。2010年,中国国际广播电台开通北欧、北美视频专线,定期与总部位于芬兰的国广世纪(欧洲)团队举行视频会议,初步建立海外业务远程管理模式。通过这一远程管理模式,中国国际广播电台实现对海外合作伙伴的监管和评估。中国国际广播电台经常邀请外方员工来华交流培训,国广世纪(欧洲)管理公司也经常组织员工就某一主题进行探讨,充分交流碰撞的基础上达成默契。

第七章 "走出去"的传播理念：差异化原则

第一节 差异化是世界主要媒体"走出去"的传播理念

一、差异化的概念

差异化原指企业在顾客广泛重视的某些方面，力求在本产业中独树一帜。换而言之，就是通过市场细分和个性化服务来获得差异化的竞争优势，做到"人无我有，人有我优"。差异化的领域主要包括有形和无形两个方面，有形的方面通常是围绕着产品的内容来进行的，如产品的设计与生产、交货系统及其促销活动等一系列内容[①]。

差异化竞争是由哈佛商学院教授迈克尔·波特（Michael E. Porter）提出的。波特通过五种力量模型，汇集了大量不同的因素，以此来分析一个行业的基本竞争态势。这五种力量包括同行业竞争者、供应商的议价能力、购买者的议价能力、潜在进入者威胁和替代品威胁。根据这五种竞争力量，企业可以尽可能地将自身的经营与竞争力量隔绝开来、努力从自身利益需要出发，影响行业竞争规则，抢先占领有利的市场地位，再发起进攻性竞争行动等，以增强自己的市场地位与竞争实力。波特认为，在与五种竞争力量的抗争中，蕴涵着三类成功型战略思想，即：总成本领先战略、差异化战略、专一化战略。这些战略思维的运用，有助于企业的经营在产业竞争中先人一步，高人一等。

波特的竞争战略研究，开创了企业经营战略的崭新领域，对全球企业发展和管理理论研究的进步，做出了重要贡献。波特也因此被誉为"竞争战略之父"。"五种竞争力量"、"三种竞争战略"构成了波特研究成果的主体。后

---

① 百度百科"差异化"条目，http://baike.baidu.com/view/1301719.htm

来，明茨伯特等许多著名学者指出，波特提出的三大竞争战略的本质都是差异化竞争战略，只是其差异化侧重点不同而已：成本领先战略是以低价格为基础的差异化战略，专一化战略是以细分市场为基础的差异化战略①。

在满足顾客需求全过程的某些环节中形成与竞争对手的差别，形成竞争上的优势。② 当前，差异化这一经营策略，正日益成为传媒业可资借鉴的发展理念。就传媒业而言，差异化衍生为相对于自己的竞争对手，各个不同的媒体在信息产品的生产、加工、营销等相关领域中所表现出来的差别与不同。③ 差异化原则已演化成众多媒体角逐的竞争优势之一。

二、差异化的现实意义

媒体间的竞争既残酷又充满着诱惑，竞争者有被吞噬的危险，也有从此壮大的可能。如何在媒介过剩、注意力稀缺的传媒环境中杀出重围，成为一枝独秀，差异化成为解决问题的关键所在。

一方面，差异化原则有利于在林立的媒体中占领一席之地，突破媒介过剩，传播内容、形式、渠道等同质化的瓶颈。

20 世纪 80 年代后，伴随着世界范围内的市场经济浪潮，全球很多国家的传媒业走上产业化道路，市场规则和消费者口味主导的大众文化，逐渐成为全球媒介的文化主流。近年来，随着传媒市场渐趋开放，互联网、手机、移动电视等新兴数字媒体迅速崛起，报纸、杂志、广播、电视等传统媒体急速应变，两者既相互竞争，又相互融合，全球文化商品和传媒文本日趋标准化和同质化。最为典型的一个例子，就是世界范围的电视出现了某种程度的互文本现象，其突出表现为欧美成功的节目形态在不同国家的电视屏幕上被复制。比如：世界上许多国家都有本土版的《谁会成为百万富翁》。在中国，欧美国家一批版式输入后形成的益智与娱乐节目已成为一种引人关注的文化现象：《中国好声音》、《玫瑰之约》、《快乐大本营》、《开心辞典》、《幸运52》、《实话实说》等当红的电视节目，几乎都是引进西方电视节目形态的产物，它们的母本可以是一个全球通用的模式，从制作程式到表现元素都高度类型化和模式化。④

此外，随着传媒市场进入相对饱和的状态，同质化竞争就衍化为一种替代型的竞争，即一种"有你无我"的"生死角逐"。现实的传媒市场中就不

---

① 陈小娟：《央视〈道德观察〉栏目差异化策略研究》，《新闻界》2009 年第 3 期，第 132 页。
② （美）迈克尔·波特：《竞争优势》，华夏出版社，2005 年版。
③ 高宏丽：《传媒竞争的差异化优势》，《采·编·写》2003 年第 5 期，第 53 页。
④ 欧阳宏生、梁英：《混合与重构：媒介文化的"球土化"》，《现代传播》2005 年第 2 期。

乏"不断有媒介在竞争中走向边缘化，并最终从市场上销声匿迹"[①]的例子。

在这一大环境下，媒体唯有通过提高传媒产品和形态的综合竞争实力，确保其在整个市场中的差异化、独立地位，才能跳出同质化竞争的漩涡，形成强有力的市场进攻与防御体系。当一个企业向其客户提供某种独特的、有价值的产品而不仅仅是价格低廉时，它就把自己与其竞争对手区别开来了。同理，传媒完全可以运用"差异化"这一营销学中的工具，将自身传播产品或品牌与市场上其他产品或品牌区别开来，从而在林林总总的媒体中占据一席之地。

另一方面，在信息大爆炸的今天，差异化可以吸引越来越稀缺的受众注意力，进而培养媒体品牌的美誉度和忠诚度，提升媒体的吸引力和影响力。

当今时代信息量以几何级别的增长，犹如海浪一般从四面八方涌入人类的生活。早在1971年，经济学家赫伯特·西蒙（Herbert A. Simon）就对现代人的注意力匮乏症做出诊断指出：信息消耗的是接收者的注意力。可以说，现代传媒提供的信息量已远远超出了人们所能理解和接受的范围，也严重分散着人们对信息的注意力。

美国加州大学科学家2011年研究结果表明，全球服务器每年处理的相关信息量达到9.57 ZB（即1万亿GB）。如果将这些转换成书本格式，那么这些书本摞起来的厚度长达90亿公里。而这仅仅是2008年的服务器处理量的统计结果，该研究预测，到2024年，全世界服务器处理的数据量将是2008年的4500多倍。[②]

不容置疑，如此海量的信息，人们实在难以完全将其收入脑中，必将对这些信息进行选择性接收。在这一选择的过程中，人的动机、需要、情绪、情感等因素，都会起到相当重要的作用。当传播内容能够满足人们的动机和需要，并能够带来愉悦的心理和生理体验时，人们的注意力就会指向和集中到这些内容上来。因此，在争夺受众"注意力"资源的今天，媒体若能贴近受众的不同需求，并力争传播内容和渠道等都与其他媒体有所差别，就有望在同行业中异军突起，独树一帜，就可以在日益激烈的传媒竞争中拥有一块"进可攻，退可守"的"根据地"。

然而，差异化战略是一个动态过程。任何差异都不是一成不变的。随着社会经济和科学技术的发展，受众的需求也会随之发生变化，昨天的差异化会变成今天的一般化。要想在激烈的竞争中占有一席之地，媒体发展也要顺应时代发展不断进行调整以获得持久差异优势。

---

① 朱春阳、王铃宁：《媒介形象创新：同质化市场环境下媒体竞争的新支点》，《中国广播》2005年第2期。

② 《全球服务器每年处理近万亿GB数据》服务器在线，2011年4月11日，见：http://www.doserv.com/article/2011/0411/3916778.shtml

此外，差异化战略是否实施得当，关键是要知己知彼，扬自己所长，避自己所短，在自己最擅长的领域从事最擅长的事情，抑或集众家之长为我所用。①

三、世界主要媒体差异化原则的具体应用

如何在同质化中探寻、塑造差异化，在差异化中打造品牌并保持其可持续发展，世界主要媒体都在不断进行探索和实践。其差异化原则主要体现在内容差异化、受众差异化和渠道差异化等三个方面。"独家性"、"独特性"和"独到性"成为贯穿始终的关键词。

（一）打造内容的独家性

独家是竞争的产物。独家新闻的含义，业界有很多解释，但有两个要素是不可缺少的：一是首发性，即为一家媒体率先发表的；二是价值性，即它具有相当的新闻价值。独家新闻一直是媒体竞争的焦点，也是差异化最突出的体现。

开播于 1980 年 6 月的美国有线电视新闻网（CNN），在过去的十几年间成为世界许多重大新闻的主要信息源。它成功的重要原因就以播发独家新闻来凸显内容的独家性，实现"差异化"传播：1986 年，在"挑战者"号飞船遇难那天，CNN 是唯一报道这一突发事件的电视新闻机构。1991 年海湾战争爆发时，伊拉克与外界仅剩的为数不多的联系渠道就包括 CNN 记者的战地报道。同年，戈尔巴乔夫辞去苏联共产党总书记的职务，还是 CNN 抢先报道了这则新闻。② 据统计，从 2001 年到 2007 年在全球关注的 100 件大事中，CNN 参与的报道是最多的，达 90 件，也是首发报道最多的，达 29 件。③

CNN 还首创了全天候电视新闻报道方式。此外，随时打断正在播出的节目或广告，插入突发性新闻事件的现场报道也成为 CNN 与众不同的一大特色。这个差异优势是美国传统的三大商业电视网，即，全国广播公司（NBC）、美国广播公司（ABC）和哥伦比亚广播公司（CBS）难以做到的。CNN 以与三大电视网差异化的报道内容和方式来提供新闻，成为不少观众了解最新消息的首选。然而，时至今日，CNN 的上述"独家"差异化优势已经遇到强劲的挑战。世界许多电视机构都竞相开办 24 小时新闻有线电视网，并

---

① 李晓春、姜转宏：《差异化战略：媒体竞争的利器》，《陕西广播电视大学学报》2004 年第 2 期。

② 毕一鸣：《世界广播电视发展史——视听传媒的历史变迁》，中国广播电视出版社，2010 年版，第 137 页。

③ （美）汉克·惠特莫尔：《CNN：内幕故事》（英文版），李特—布朗出版社，1990 年版，第 115 页。

无不声称其绝非 CNN 的翻版。位于卡塔尔首都多哈的"半岛电视台"便是其中之一。

半岛电视台是一家用阿拉伯语全天 24 小时不间断播送全球消息和报道的新闻电视台。在"9·11"事件发生后，半岛电视台几乎与 CNN 同步，用阿拉伯语播放美国遭到袭击事件的整个过程，并调动它在世界各地的 27 个记者站进行 24 小时跟踪报道。当美英对阿富汗实施空中打击时，塔利班政权宣布禁止各国记者入境，而半岛电视台成为唯一能够进入塔利班控制区的电视台。利用这一优势，半岛电视台开始在阿富汗战争的新闻报道中独领风骚：CNN 拍摄到的空袭画面不过是黑暗中微弱的灯光，半岛电视台却频繁播放了导弹袭击阿富汗首都喀布尔的实况；世界各国记者云集阿富汗边境却只能坐等消息，半岛电视台却源源不断地播出打着"独家"标志的新闻和图像，并以每分钟两万美元的高价转让给竞争对手；美国军方到处搜集本·拉登的情报而不得，半岛电视台却频频播出了本·拉登的讲话录像。

卡塔尔电视台的新闻制作手法与 CNN 相类似，却拥有 CNN 所不能比拟的阿拉伯和伊斯兰电视台的优势。半岛电视台充分将这一优势转换成了独家性传播内容，迫使 CNN 都不得不与其谈判购买其独家画面。半岛电视台因此迅速崛起，在阿拉伯地区的影响力已经远远超过了所有的美国新闻网，拥有 30 万访问量的电视台网站也在北美建成。与此同时，在美国和加拿大，半岛电视台网站的注册用户正以每周 2500 户的速度增加。[①]

可以说，"差异化"传播理念和原则指导下的独家性传播内容正是建立于 1996 年 11 月、作为一个小国电视台的半岛电视台得以与美国 CNN 和英国 BBC 这样的老牌传媒并驾齐驱的制胜法宝。

通过独有方式获取的独家新闻固然为上上之选，但在新闻同源化和报道同质化日趋普遍的媒体竞争环境中，更多的时候需要媒体在速度之外，通过角度、力度和深度的挖掘、整合才能打造出独家性内容。对此，有学者表示，媒体竞争正从独家新闻向独家观点过渡。

的确，随着自媒体时代的到来，当人人都有麦克风，人人都是记者，人人都是新闻传播者的时候，传媒生态发生了前所未有的转变。做独家新闻的难度也越来越大。传统意义上的独家新闻在这个开放的年代已几近消失。而在信息过于拥挤和塞车的情况下，受众亟待媒体帮忙筛选、过滤甚至甄别、鉴定这些海量信息。这种情况下，新闻的背后和事件的意义，成了受众希望探求和了解的新闻以外的真相。独家观点正是在这个时候脱颖而出，渐渐替

---

① （英）休·迈尔斯著，黎瑞刚等译：《意见与异见：半岛电视台的崛起》，学林出版社，2005 年 8 月版。

代了独家新闻，成为媒体新一轮竞争的焦点和抢夺的重点。①

路透社（Reuters Ltd）是英国在全球影响最大的传媒机构，是全球新闻评论和新闻图片的主要来源之一，每天发稿量多达 200 万字。为了打造独家性传播内容，路透社除了在全球 151 个国家和地区设有 190 个分支机构，派驻 2000 多名文字、图片和电视采编人员外，1999 年开始与道琼斯公司合资提供商业数据。其整合了来自《华尔街日报》、道琼斯公司和路透社新闻网以及全球 7000 多个商业消息和信息来源，用 20 多种语言向全球金融市场和新闻媒体提供包括实时的金融数据、集体投资的数据、数据式、文本的、历史的和图表式的数据库，以及新闻录像带、新闻图片等各类新闻产品。② 国际财经信息已然成为路透社区别于其他媒体的标志性产品。

与此同时，在整合新闻源的基础上形成独具匠心的风格，也是世界主要媒体打造独家性内容的形式之一。《华尔街日报》创办于 1889 年，日发行量约 200 万份，是美国金融界最具权威的专业报纸，在欧洲和亚洲分别创办有《欧洲华尔街日报》及《亚洲华尔街日报》。如果说路透社的金融信息以多而全立足，那么，《华尔街日报》则以编写风格扬名。该报每日摘编国内外要闻，以其简洁的新闻导语形成了颇具特色的"华尔街风格"。③

正如有学者指出的那样，无论是传统媒体还是其他所有不同形态的媒体，都只是一种传媒的外在形态，一旦确立了这样的认识，外在形态即使发生变化，也显得不那么重要了，主要的还是内容。④ 一直以来，独家的传播内容都是媒体差异化竞争的核心优势之一。

（二）注重受众的独特性

独特，顾名思义，就是独有的、特殊的。未来媒体竞争的将是一对一的竞争，即，针对某一地域、某一受众群，甚至是某一受众的竞争。⑤ 这就需要媒体充分研究受众所在区域、所处文化、所受教育等方方面面的独特性，并以此为基础形成自身独有的差异化传播。这就意味着媒体需要着力完成从"广"播到"窄"播，从大众传播到分众、小众传播，从模糊传播到精准传播的转变。

---

① 杨青：《网络时代媒体竞争：从独家报道到独家观点转化》，《新闻知识》2010 年第 7 期，第 8 页。
② 刘笑盈：《国际一流媒体系列介绍之流——世界财经信息专家：路透社》，《对外传播》2009 年第 6 期，第 58 页。
③ 李瑛、何力：《全球新闻传播发展史略》，郑州大学出版社，2004 年版。
④ 陈力丹、熊壮：《报业，拿什么来拯救你？》，《传媒》2008 年第 6 期。
⑤ 王琳琳：《媒体如何走出同质化竞争的泥潭》，《记者摇篮》2009 年第 10 期，第 41 页。

在 20 世纪 80 年代初期就已经呈现出"窄播"趋势的美国，作为专业频道的"历史频道"（History Channel），利润率就高于典型的大众资源频道 CNN。以 15 万用户起家的"探索频道"，在 15 年期间创造出了播出地区覆盖 146 个国家和地区，用户多达一亿的奇迹。在美国，专门为宠物开辟的频道一直以来也维系着一个令人满意的运营态势。①

英国广播公司（BBC）电视业的发展同样经历了从"大众"到"小众"的变化过程。1936 年，BBC 开始经营电视业务时只有一个频道，1964 年，开播了第二套节目，到 2004 年 5 月份，已经拥有 8 个电视频道以及一个互动频道。

BBC 的细分标准主要侧重于受众的年龄生命周期、教育水平及个性爱好。一般情况下，电视台只开设一套青少年频道以满足 0—16 岁电视观众的收视需求，BBC 却针对婴幼儿观众与少年观众收视习惯和心理上的差别，对少儿频道进行了更细的划分。在 CBBC 少年频道（6—12 岁）的基础上，又开发了针对 0—6 岁最小电视观众的 CBeebies 婴幼儿频道，还为 16—34 岁之间的青年观众开设了专门的频道。除了上述 3 个青少幼频道，BBC 还依据成年电视观众的不同收看需求来开设其他频道。BBC1 综合频道内容丰富、包罗万象，BBC2 则侧重于文学、历史、艺术等领域；BBC3 主要面对年轻电视观众，BBCNews 则以 55 岁以上的观众为主要收视群。除了传统的 BBC1 和 BBC2 拥有较高的收视率，BBC 其他 7 个频道的总收视率不过 2%。尽管如此，英国媒体研究专家 Condoc Branch 在分析了其频道细分及受众情况之后指出，建立在 BBC 强势品牌优势下的多个专业化频道，满足了英国不同的电视观众群的收视需求，为受众提供了多重选择，丰富了电视频道资源，进而使得 BBC 总市场占有率达到 39% 左右。②

与其他卫星频道相比，俄罗斯政府投资建设、开播于 2005 年年底的"今日俄罗斯"频道（Russia Today，以下简称为 RT）"剑指美国"，针对目标受众群而形成的媒体差异化十分明显。RT 在亚洲没有分站，从 2008 年起利用其华盛顿中心站每天为北美市场的观众制作至少 5 个小时的节目。RT 华盛顿中心站的节目策略与其频道扩张一样具有攻击性，那就是把克里姆林宫的观点清楚地表达出来，并且毫不留情地攻击其他新闻频道以体现自己的不同观点。统计数据显示，RT 在美国市场的收视规模是半岛电视台的 6 倍，在纽约、华盛顿、迈阿密、洛杉矶等地的落地和收视甚至比 BBC World News（BBC 世界新闻频道）更佳。RT 华盛顿中心站的主打栏目 Alyona Show 在美国

---

① 高宏丽：《传媒竞争的差异化优势》，《采·编·写》2003 年第 5 期，第 53 页。
② 杨莹：《CCTV 与 BBC 电视频道与市场细分的比较与分析》，《传媒观察》2004 年第 11 期，第 54、55 页。

观众群中有相当广泛的影响力。该栏目主持人约娜·明柯夫斯基（Alyona Minkovski）在《福布斯》杂志于2011年年底发布的12行业"未来之星"中榜上有名，并名列媒体领域30位青年才俊之第17位。①

早在1955年，迪士尼公司（The Walt Disney Company）就独创性地把动画片所运用的色彩、刺激、魔幻等表现手法与游乐园的功能相结合，推出了世界上第一个现代意义上的主题公园——洛杉矶迪士尼乐园，大获成功。此后，迪士尼于1971年和1983年，分别在美国奥兰多和日本东京建立的第二个和第三个迪士尼乐园同样引起轰动。1986年，迪士尼高层把注意力投向了法国巴黎，并信心满满：一则巴黎地理位置优越，在当时欧洲的人口中有3.1亿人居住在离巴黎迪士尼乐园选址仅两小时飞机航程之内，其中1700万驱车两小时即可抵达。法国政府寄望迪士尼乐园能为当地人提供3万个就业机会，因此还提供了10亿美元的补贴；二则之前在日本建成的迪士尼乐园太成功了。一家人到迪士尼乐园玩一次，住一晚，轻轻松松就消费了6百美元。然而，迪士尼公司未曾料到他们引以为豪的迪士尼乐园会在巴黎遭遇前所未有的滑铁卢之战。

欧洲迪士尼乐园于1992年4月在巴黎郊外建成了，一开放就遭遇了巨大的挑战。当时欧洲正值严重的经济衰退，人们都在节约开支。迪士尼乐园以明显高于在美国的价格，即按42.25美元一张门票收费。其宾馆也按一晚340美元的价格收费，其已高于巴黎最高档宾馆的价格。欧洲人有喜欢午餐和晚餐饮酒的习惯，而迪士尼乐园却规定在乐园内不准饮酒。迪士尼公司认为周一游客少而周五游客多，而实际情况则恰恰相反，致使周一游客多而服务人员少；周五游客少而服务人员多，工作混乱。他们听说欧洲人不吃早餐，就设计了很小的餐馆规模，结果，在只有350个座位的餐馆里，却要提供2500份早餐，游客排起了长长的队伍……

更为严重的是，迪士尼完全没有预测到欧洲游客，尤其是法国游客与日本游客相比，对美国文化的接受程度大相径庭。日本人对迪士尼的动画人物非常喜爱。学校组织的社会实践都包括去见米老鼠和它的那帮朋友。迪士尼已深深扎根于日本人的生活中，迪士尼乐园备受日本人青睐可谓水到渠成。在法国就不同了。欧洲迪士尼乐园在早期的广告中并没有强调众多诱人的娱乐项目，而是炫耀其规模。这反而激发起了法国人的爱国情结，他们把迪士尼看成美国文化殖民主义的象征。就在法国知识界同仇敌忾地抵制迪士尼乐园的同时，法国农民也走上街头，抗议政府以优惠价格出售当地的土地。一时间，法国人对迪士尼为代表的美国童话人物充满嘲讽，更加推崇他们自己

---

① 《福布斯评12行业未来之星：扎克伯格上榜》，腾讯网，2012年1月27日，见：http://tech.qq.com/a/20120127/000065.htm

的、惹人喜爱的漫画形象，比如，戴头盔的高卢勇士 Asterix。

正因为没有重视不同国家、不同地区、不同文化间受众的千差万别，法国巴黎建成的欧洲迪士尼乐园令开办者大失所望，截至 1993 年 9 月，在开园不到一年半的时间里，该迪士尼乐园亏损额就高达 9.6 亿美元。

直到法国人菲利普·邦圭根出任欧洲迪士尼乐园首位执行官才扭转了欧洲迪士尼乐园的困难局面。他将欧洲迪士尼乐园改名为"巴黎迪士尼乐园"，并改变了营销手段，强调"必须根据游客的文化和旅行习惯来欢迎他们"。

如今，巴黎迪士尼乐园是欧洲最大的景点。2010 年，法国政府与迪士尼签约，延长合作至 2030 年，并追加投资 80 亿欧元以扩大巴黎迪士尼乐园的规模。

（三）构建渠道的独到性

企业在执行生产、营销等各项活动时，将会决定它在满足顾客需要方面的贡献程度，从而决定企业间的差别化。传媒当然也概莫能外。媒体产业链分为传统媒体产品——报刊媒体、电视媒体、广播媒体和其相关点配套服务商（如广告公司、发行公司、调查公司等）；新媒体产品——互联网内容商、移动内容商、影视内容商和其相关点配套服务商。正如企业价值链中的任何活动能够潜在地对差异化做出贡献一样，媒体下属各渠道和平台的各项活动，也将创建出媒介的差异化。而这种差异离不开渠道和平台的合纵连横。

按照加拿大传播学专家文森特·莫斯可（Vincent Mosco）给出的定义，纵向整合是指在相同生产线上多家公司的集中，使一家公司能够控制整个生产过程。他指出，当市场环境中的变数越来越多而竞争的空间却呈相对减缩之时，媒体通过渠道的纵向整合，获得了对上下游公司的操控权，结果使媒体从差异化的竞争优势中获利不菲。比如，当《纽约时报》收购魁北克造纸厂，与其竞争者相比就获得了新闻纸进价的价格差异，进而降低了自己的生产成本；而好莱坞主要制片商在兼并奥迪盎多剧院后，则比对手减少了促销环节，节约了营销成本，从而使自己从中获得"超额"的收益。

媒体产业链的横向联合，指的是与媒体产业链相关的各项活动，通过非线性、"树突式"的拓展而进行的一种集中方式。联合的结果使差异化朝着两个相异的方向发展。

一方面，媒体间差异化的距离日渐拉近。从联合的动因上看，除了资本扩张与增值的目的外，资源共享与优势互补是媒体走向横向联合最为直接的理由。为了缩小与竞争对手间的距离，媒体通过"连横"的方式，与合作者取长补短，彼此弥合了对方的欠缺与不足。与竞争者差异的减小，势必带来竞争优势的提升。换句话说，"连横"削弱的是竞争对手的差异化优势。

另一方面，在横向连接的内部，差异化愈发凸显，专业化分工更加明晰。

虽然在联合媒体的内部，彼此之间的差异化在逐步扩大，但是在整体对外方面，体现出的却是差异化竞争优势的加强。①

CNN在创办之初，特纳就将其受众定位为政治家、企业家和中产阶级。为此，特纳运用了以下三种超常的运作手段来构建独到的传播渠道：一是为美国参议院免费安装卫星天线，并连接到每个议员的办公室；二是为世界各国政府首脑免费提供CNN的电视转播，这样一来，各国政府的外交、情报等于首脑关系密切的部门也成为CNN的用户；三是低价为各国三星级以上的酒店安装CNN新闻网接收解码器，让政界和商界高端人士在第一时间了解到美国和全球的重大新闻。②

依据市场情况，快速调整产品结构；依据特定政策环境，整合不同业务和部门，BBC则将原来独立的电视、广播和网络新闻运营平台整合成一个跨平台多媒体新闻中心，实行大编辑部制，又称"360度全平台"采编，打通了内部资源共享的渠道。

BBC目前有四大团队和节目内容生产直接相关：视觉、音频与音乐、新闻和北部中心团队，这些团队打破了过去按频道和类型划分结构的方式，其中，新闻团队的重组是相当成功的个案之一。新闻团队将原先独立的电视、广播和网络新闻运营平台整合成一个世界最先进的跨平台多媒体新闻中心，它可以将某一新闻资源按照受众不同需求与传播途径的差异进行调整，使其适合在电视、广播、网络、手机、互动电视等多个平台上播发，节约了新闻成本。2006年，BBC将娱乐、喜剧、戏剧、儿童节目等部门融合成一个新机构"视觉（Vision）"团队，2007年更名为BBC Vision Production，这个机构是目前世界上最大的内容生产团队，拥有4000多名员工和自由创作者。这个团队提供的视频节目内容同样可以在手机、互联网、互动电视、数字广播等全媒体平台播出。

2007年11月12日，BBC正式启用新多媒体编辑部办公楼。首先搬入的是BBC新闻网站和广播新闻部门，半年后BBC国际新闻频道及所有为BBC撰写文字新闻的记者也陆续搬入新编辑部。从此，BBC广播新闻、网络新闻和电视新闻这三大部门不复存在，取而代之的是一个新编辑系统。三大部门的功能被重组为两个部门：一是多媒体新闻部，负责BBC新闻网、广播新闻（Radio1除外）、BBC国际新闻服务、BBC新闻24小时、BBC国际等内容；二是多媒体节目部，它包含第五实况（Five Live）、今日、全球一体化、新闻时分、晚间新闻等内容。

---

① 高宏丽：《传媒竞争的差异化优势》，《采·编·写》2003年第5期，第53、54页。
② 胡正荣、关娟娟：《世界主要媒体的国际传播战略》，中国传媒大学出版社，2011年版，第89页。

而美国在线-时代华纳公司是网络时代跨媒体的鼻祖。《哈里·波特》的跨媒体出版与营销就是这个曾经媒体巨头的手笔,也是多渠道联合的经典案例。《哈里·波特》原本只是一个靠救济金维生的失业母亲所写的一本小书,投稿时连遭9家出版社退稿。其中包括著名的企鹅出版公司。1997年由布鲁姆伯瑞出版社出版时,精装本的首印数只有500本。1999年,美国时代华纳公司购买了该书的版权,经过一番包装炒作之后,使之进入了美国畅销书排行榜。2001年,华纳公司将《哈里·波特》搬上了银幕,票房收入高达9.84亿美元。图书与电影相互带动,DVD、游戏、动漫、玩具随后跟进,形成了一个超过数十亿美元的巨型产业链,让美国在线-时代华纳公司赚得盆满钵满,也使该书的作者罗琳成为亿万富婆。[①]

总而言之,传媒差异化的实质就是以最小的成本,将最好的内容与服务通过最大化的渠道送到最需要的受众手中。只有明确自己与竞争者的差异以及创建这种差异化优势,传媒才能准确定位自己的发展方向,不至于在未来的发展中被淘汰出局。

第二节 差异化的主要表现形式

世界各地的人们往往会具有不同的世界观和价值感,这就构成了不同的心理定势。不同国家和地区的受众有着自己独特的语言文化、生活方式、思维习惯、欣赏习性、接受习惯,等等,他们中间存在许多差别。在从事国际传播过程中,我们要根据不同时期、不同国家、民族、地区以及习惯等因素,制定不同的传播策略和方案,采用不同的对象国母语,进行分门别类的、有针对性的差异化传播。简而言之,就是要:因地制宜、因时制宜、因人制宜、因语制宜。

一、因地制宜 优化布局

国际传播媒体是党和国家的重要舆论阵地。国际传媒海外布局和发展应配合我国外交重点,因地制宜进行传播,在我国国家外交的重点国家、重点地区,在与国家安全和经济发展紧密相连的国家和地区,做好解疑释惑工作,维护好我国家安全和国家利益,有针对性、有重点进行布局。遵循中国外交"大国是关键、周边是首要、发展中国家是基础、多边是重要舞台"的总原

[①] 何清:《新媒体时代传统出版的应对策略》,《国际广播影视学刊》2009年第2期,第48页。

则，结合当今国际传播实际，为营造于我有利的国际舆论环境，当前我国国际传播媒体建设布局应大致遵循以下目标和原则：非洲进主流，周边扩影响，欧美求实效。

1. 非洲进主流

中非友好合作已历时半个世纪，在世纪之交的历史时刻，非洲在中国对外战略中的地位更加重要。政治上，冷战结束后，西方国家并未放弃对我国的"西化"、"分化"政策，非洲国家作为中国可靠的同盟军，是中国关于世界多极化主张的有力支持者。经济上，非洲丰富的自然资源和潜在的市场优势，对我国在21世纪的经济发展具有重要战略意义。进入新世纪以来，中国更加重视对非战略，积极构筑长期稳定、全面合作的中非关系。非洲绝大多数国家继续支持中国统一大业，在中国加入世界贸易组织、申办奥运会和世界博览会等方面都给予了有力支持。2006年，中非合作论坛首脑峰会的成功召开，标志着中非关系发展到了一个新的战略高度，良好的国家间关系为中国媒体在非开展国际传播赢得了良好的舆论环境。另一方面，相对于西方国家的媒体保护主义，非洲国家对国外媒体准入限制较低，这也为我国媒体进入非洲主流社会提供了可能性。

由于历史上西方列强的殖民掠夺，非洲国家经济发展相对落后，非洲传媒行业也停滞不前，截至目前，尚无一家非洲媒体能称其为国际性媒体。在国际新闻方面，非洲国家几乎全部依靠路透、美联、法新、彭博等西方通讯社。南非、尼日利亚和肯尼亚的媒体行业在非洲已算是具备较为发达和完备的新闻传媒体制与机构。以南非为例，新闻传媒行业历史较久，体制成熟，然而其国际新闻几乎全部来自西方通讯社。[1] 西方媒体在当今世界舆论格局中拥有强势话语权，他们制造的"一边倒"的倾向性舆论，往往屏蔽事实真相，误导国际社会[2]。非洲国际舆论、民意所向很容易受到西方媒体的引导和影响。近年来，世界主要大国都重视发展与非洲关系，纷纷制定了各自的对非战略。世界主流媒体如法国国际广播电台（RFI）、英国广播公司（BBC）、美国之音（VOA）等纷纷加强了对非传播力度，非洲国际传播领域竞争也越来越激烈。以德国之声、《纽约时报》等为代表的西方媒体把中国在非洲的投资比作新时期的"新殖民主义"。更有一些西方学者把我国家领导人对非洲产油国的成功外交称为"能源之行"或"石油之行"，肆意歪曲国际舆论。在这种情况下，我国主流媒体非常有必要进入非洲主流社会，影响当地有影响力的人，影响当地有影响力的媒体，突出我国与非洲互利合作共赢的宗旨，维

---

[1] 邵海军、安东·哈伯：《公平、共赢、包容、责任——国际媒体在非竞争四原则》，《国际视野》2011年9月，第101页。

[2] 郭纪：《擦亮我们的眼睛——从"3·14"事件报道看西方新闻观的虚伪性》，《求实》2008年8月。

护好我国的国际形象。

近年来,我国中央媒体加大了对非传播力度。2006年2月27日,中国国际广播电台在海外开设的第一家海外调频电台——肯尼亚内罗毕调频台(CRI FM91.9)正式开播,开创了中国对外广播在海外整频率落地的先河,截至目前,中国国际广播电台已在海外建立了80多家海外分台,其中在非洲有近20家,实现了在非洲许多国家首都和主要城市的有效落地。2007年,中国国际广播电台成立了第一个海外地区总站——非洲地区总站,借助当地媒体打造公众影响力,与驻在国政府高层加强往来,密切与使馆、当地合作电台、华人华侨、中资机构和媒体同行的联系,获得了各方面广泛认同和认可。2012年1月,中央电视台第一个海外分台——非洲分台及中国网络电视台"我爱非洲"手机电视开播仪式在肯尼亚首都内罗毕举行,肯尼亚副总统穆西约卡,新闻部部长塞缪尔·波吉西奥等政要出席了开播仪式。建设非洲分台是中央电视台完善全球新闻采集报道网络、提升新闻核心竞争力、提高国际传播能力的又一重要举措,将为促进中非友好、交流、推动中国媒体进快融入非洲主流社会发挥重要作用。

2. 周边拓影响

中国是世界上"邻国数目最多的国家",与14个国家大陆接壤,有两万公里长的大陆海岸线,与6个国家的领海相接或相重叠。中国的邻国包括了诸多国情差异巨大的国家,这在整个世界上是较为少见的。

在中国的周边国家中,既有社会主义国家越南、老挝、朝鲜,又有发达资本主义国家日本、韩国。其中,日本、韩国和菲律宾又是美国亚太地区盟友,对中国的和平发展存在很强的忌惮和防范心理。有与中国同属"金砖国家"(BRICS)之列的俄罗斯、印度,彼此之间既有合作,又存在很强的竞争关系。除了俄罗斯,还有与中国同为"上海合作组织"成员国的哈萨克斯坦、吉尔吉斯斯坦、塔吉克斯坦。此外,还有巴基斯坦、尼泊尔、不丹、缅甸等陆上和海上邻国,关系远近不一。领土争端、钓鱼岛问题、南海问题、台湾问题、分裂主义和恐怖主义等严重威胁着我国的国家安全与地区稳定,且在短期内难以根本解决。

美国因素是构成中国周边安全的重要威胁。以自由亚洲电台为代表的美国媒体也十分坚持顽固反华立场,以扭曲的事实来传播自己的意识形态,干涉别国内政,在亚洲每天使用汉语普通话和藏语播出20小时节目,覆盖东北亚和东南亚地区,除了直接用汉语、缅甸语、柬埔寨语、老挝语、越南语、朝鲜语等语言进行广播外,还进行网络传播,对我国的周边国际舆论环境带来消极影响。[①]

---

① http://media.people.com.cn/GB/40606/7307907.html

周边地区环境对于中国的生存和发展至关重要。历史事实表明，如果周边地区动荡，将给中国带来不稳定；如果周边邻国对华友好，中国可以从中受益。进入新世纪以来，面对错综复杂的地缘政治形势，中国一直奉行"与邻为善，以邻为伴"的外交方针，实行"睦邻、安邻、富邻"的外交政策，目标是维护和平与稳定，加强交流与合作，追求繁荣与发展，致力于建立一个长期和平的周边环境。

在当今国际社会，大规模战争的风险离我们很远，但是争端争议地区或海区的存在，却需要中国在一个积极的国际舆论环境中捍卫国家主权和领土完整。因为争端中的舆论误读不仅仅是意识形态偏见，还有国家利益摩擦，其困难不亚于甚至更甚于国际传播的西方壁垒，需要更深入的研究和更积极的实践。[①] 有效拓展周边国际传播影响力，争取对外传播的一个良性至少是中性的舆论环境，尽可能减少以美国为代表的西方势力对我国周边安全带来的负面影响，是我国加强周边国际传播能力建设的重要任务。这其中，关键是消解周边国家对我实力发展的戒心和误读。近年来，中国主流外宣媒体在拓展周边国际传播影响力方面做出了不懈的努力，取得了可喜的成绩。以中国国际广播电台为例，目前，国际台已成功实现了在巴基斯坦、越南、老挝、柬埔寨、缅甸、蒙古国等一系列周边国家的首都或主要城市落地。同时，已建设或在建北部湾之声、南海之声、东北亚之声、中亚之声、南亚之声等系列整频率边境落地电台，不断加大发射功率，增加播出时长，实现了对韩国、朝鲜、俄罗斯、日本、印度、尼泊尔等周边国家全部或部分国土的有效覆盖，影响力不断扩大。

3. 欧美求实效

当今世界格局虽依旧呈现出多极化趋势，发展中国家正在崛起，但美、德、英、法等西方主要大国的经济实力、军事实力和外交实力仍远远高于发展中国家，它们仍然在事实上主导着世界的发展方向，在"全球治理"中发挥着更为重要的作用。因此，就国家的重要性而言，这些国家必然成为中国全球传播的首选国家。

西方主要国家位于全球信息传播的上游，把控着信息的命脉，进而掌握着世界舆论的走向。目前，在世界范围内，人们所看到的国际新闻70%以上是西方主流媒体提供的。世界最有影响的媒体多数集中于西方国家，以新闻集团、三大世界性通讯社、美国CNN等为代表的西方主流媒体均把集团总部设在美、英等西方主要大国的政治、经济中心城市，并在这些国家和地区配备实力最强的报道团队，随时准备打响新闻战役。

对于中国的和平崛起，西方国家颇多畏惧。在意识形态领域，他们坚守

---

① 周庆安：《从南海问题看"争端中的公共外交"》，《对外传播》2011年9月。

文化霸权主义，妄想通过世界舆论影响中国的国际形象，达到削弱中国实力的目的，媒体则成为其强有力的武器。西方媒体充分利用英语这一全球通用语占据世界舆论主流位置，很大程度上影响了中国声音在国际社会中的传播。虽然一直以来中国媒体没有放弃同西方媒体在争夺话语权上的抗衡，但西方媒体把持着一百多年的话语权，对中国肆意报道和评说，这使得中国媒体报道国内新闻事件真相和对外塑造国家形象的努力步履维艰。

从当前媒体力量对比来看，中国媒体在经济实力、人力资源数量和结构等方面与西方大型传媒集团存在较大差距，短期内尚无法与之全面抗衡。以新闻集团为例，其业务范围涵盖报纸、电视、电影、图书出版、信息服务、数字媒体等几乎所有媒体领域，该集团2010年的收入为328亿美元，折合人民币近2080亿元。也就是说，如果不算电信带来的收入，国外一家大型传媒集团的收入基本上相当于中国整个传媒业的二分之一。然而，中国媒体开展国际传播活动面对的不仅仅是一个"新闻集团"，还有收入为158亿欧元（约1370亿元人民币）的贝塔斯曼集团，收入为131亿美元（约831亿元人民币）的汤森路透集团，等等①。

如果把中国一家媒体的经济实力与西方大型传媒集团作对比，更能看出差距的巨大：中国最大的国家级广电媒体中央电视台资产总额为350亿元人民币，而新闻集团的资产总额约是其10倍。从外籍员工的报道力量来看，中国媒体的外籍雇员不但数量少，素质也差强人意，在中国媒体中处于边缘化地位，没有进入关键岗位。特别需要指出的是，在全球范围内，中国媒体外籍雇员的布局不平衡，来自发展中国家和地区的外籍雇员较多，来自欧美发达国家及其他新闻热点地区的外籍雇员稀缺。这也必将影响到中国媒体与西方媒体在国际新闻竞技场上的较量。

不难看出，短期内中西国际传播力量对比依旧悬殊较大，因此，当前我国主流媒体在欧美大国的国际传播仍旧是以追求传播实效为主。在传统媒体领域，我们很难同西方主流媒体抗衡，而在新媒体领域我们与之几乎处于同一起跑线上。我们应该注重互联网等新媒体传播手段的应用，以西方大国的政治中心、经济中心为重点区域，将采编营销人员、传播终端、技术设施等向这些国家和地区聚集和倾斜，大力加强媒体建设，提高国际传播人员、终端和产品在西方国家的本土化程度，通过采取借船出海、公司化运营等形式，迅速提高覆盖率和落地率。将政府官员、工商企业高管、知识分子等社会精英作为国际传播的重点人群，逐步获得其对我国选择独特发展道路的理解和认同。

2001年，国家广电总局成功实现将央视CCTV-9频道节目通过新闻集团、

---

① 新闻集团、贝塔斯曼集团、汤森路透集团数据均来自媒体网站公布的2010年年报。

时代华纳以及维亚康姆在美国和欧洲的电视网络进行转播,央视节目顺利在欧美各大城市落地,使扩展中国媒体国际影响力以及提升中国"软实力"的努力向前迈进了一大步。自2007年以来,中国国际广播电台通过公司化运营等方式,成功实现了在北美的华盛顿、休斯敦、旧金山、洛杉矶、温哥华等16个主要城市整频率落地,媒体品牌和传播影响力在当地逐步拓展。中国一些英语广播、电视进入了美国主流社会,如"中国时讯"英语广播节目进入了美国三大广播电视网之一的CBS,黄河台进入了美国主流社会SCOLA电视网,等等。我们除继续巩固、充实和提高已有的阵地外,还要以开拓美、欧主流社会新阵地为重点,采取多种方式,通过多种渠道,稳定地进入西方各种媒体,特别是影响力大的媒体,逐步增强我国在西方主流媒体的声音。

二、因人制宜 分众传播

国际传播是跨国、跨文化、跨语言的信息交流。受众的国际性,意味着文化的国际性。不同民族都有着自成一体的文明形态,各自形成了适应社会发展阶段的制度体系和伦理规范,有着各不相同的生活习俗、宗教信仰、思维方式、审美趋向、价值观念乃至民族性格等。国际社会的多元文化,使得世界异彩纷呈,多姿多彩,也增加了国际传播的困难程度。因此,在从事国际传播的过程中,当一种文化传播到另一种文化时,必须适应不同国别受众的文化背景、宗教信仰、生活方式,做到入乡随俗,因人制宜,不能采用单一传播模式,一种审美倾向,否则就可能引发受众的反感乃至产生排斥心理。

"由于文化差异,当两种文化接触时,就不可避免地产生误读。"[①] 在全球化冲突中,文化冲突主要表现为东西方文明及不同文化圈的交流与冲突;不同制度文明的相互冲突;同一制度文明中不同文化的交流与冲突。正如美国社会学家伊安·罗伯特逊在他的《社会学》中所描述的:每个社会的文化都有其独特之处,都含有其他社会没有的行为准则和价值观念的各种组合。美国人吃牡蛎不吃蜗牛;法国人吃蜗牛不吃蝗虫;祖鲁人吃蝗虫不吃鱼类……美国人毕生经营,积攒个人财富;非洲刚果森林中的巴姆布提人却终生都把自己的东西同别人分享;西北太平洋岛屿上的瓦久特人则定期举行盛典,把自己的东西散发或毁掉。

价值观是文化的核心内容。生活在一定文化价值体系中的人们,总是自觉或不自觉地呈现出形形色色的文化特征。比如,在集体主义为主导的中国,大众普遍认可家庭和睦、社会团结、协助互助、共同富裕的观念,崇尚仁、义、礼、智、信等社会规范。与此相对,西方人重自由平等,重个人价值,大众普遍认同绝对权力、私有财产、个体利益、公平竞争的观念,崇尚民主、

---

① 乐黛云:《跨文化之桥》,北京大学出版社,2002年版,第67页。

独立、公开、法制、协商等社会规范。

宗教是文化要素之一，是文化中处于深层次的东西。不同的宗教有不同的文化倾向和清规戒律，直接影响人们认识事物的方式和行为准则、价值观念及消费行为。如佛教的核心思想是消除欲望、摆脱痛苦，与追求富裕和成就的思想是对立的；天主教强调礼拜和圣餐仪式，要求教徒绝对服从教会和神职人员；新教则否认世俗生活和宗教生活的差别，主张通过努力工作去取悦上帝。由于宗教信仰的不同，英籍印度作家拉什迪所写的小说《撒旦诗篇》，曾引起英国和伊朗的外交冲突。

在思维方式方面，中国人喜欢形象思维和对比思维，中国人的一篇不错的介绍赛龙舟的短文，但在习惯了逻辑思维和分析思维的西方人看来是"不知所云"。[1] 1997 年，一对到美国纽约旅游的丹麦夫妇，把婴儿放在饭馆外面的婴儿车里，自己进饭馆一边就餐一边透过玻璃窗照顾婴儿，由于两国有关照顾婴儿的法律不同引起了冲突，对判决结果丹麦人大骂美国人"疯狂"，要求克林顿总统为此事道歉。美国人则认为丹麦人"罪有应得"。

由此可见，文化、价值观、宗教信仰、思维方式都具有相对性，差异和矛盾无处不在。例如，甲文化的某个习俗，在甲社会里是可行的，在乙社会里则可能是可笑的，在丁社会里是大逆不道的，……在众多的民族文化中对甲的该习俗的态度将是五花八门。[2] 国际传播需要面对的是不同文化背景的受众，只有尊重他们的个性化色彩，采取差异化传播策略，为其量身打造特定的精神产品，才能赢得受众、引领受众。

在 2008 年北京奥运会期间，中国国际广播电台国际在线马来文网充分借助新媒体优势和特点，成功开办了"北京奥运·穆斯林指南"频道，通过电子地图等方式为当时来京的东南亚穆斯林朋友提供北京各大清真寺、清真餐馆的基本情况、详细地址及乘车说明、联系电话、每日祷告时间、天气预报等最实用的信息，成为了东南亚穆斯林受众在中国旅游、工作和生活必须浏览的网站之一，有效扩大了中国国际广播电台马来语广播和网站的受众群和知名度。

近年来，在政府政策和资金资助下，日、韩两国采用了"东进西取"的全球市场策略。一方面，日、韩两国利用民族文化身份相对接近的"先天条件"将包装精美、制作精良的"东方浪漫爱情故事"向中国等亚洲国家"倾销"。在中国等国家与地区出现的"哈日族"、"哈韩族"就是这种电影营销策略的一个直接后果。日、韩电影的这种市场定位策略可称为"东进式"本

---

[1] 段连城：《对外传播学初探》，中国建设出版社，1998 年版，第 137—138 页、第 243—244 页。

[2] 关世杰：《国际传播学》，北京大学出版社，2006 年版，第 181 页。

土化策略。另一方面，日、韩电影充分利用自身的经济优势和技术优势，尽力突破民族语言文化的局限，生产了许多适应欧美国家受众喜爱的电影作品或故事产品。这些成功的作品背后隐藏的无疑就是"西取式"国际传播策略。①

因此，国际传播作为跨文化传播，必须注意到不同民族文化之间差异性、多样性的客观存在，根据受众所处的地域、社会条件、文化传统的差异，进行有针对性的传播，因人而异，才能让受众接受媒体传播的信息，并认同传播中蕴涵的人生观和价值导向，最终实现国际传播的价值。

三、因时制宜　整合传播

因时制宜是指服务于国际传播总体战略，根据不同时期的具体情况，采取适当的传播策略。下面以中日关系为例。中日一衣带水，隔海相望，既有历史上和平与对立的双重关系，又有现实中依存和竞争的双重关系。从现状来看，在中日关系中，经济合作处于中心地位，对于整个中日关系具有特别重要的意义。目前，中国已成为日本第一大贸易伙伴，而日本则成为中国第三大贸易伙伴。从未来着眼，中、日作为亚洲乃至世界上的两个大国，两国间和平友好相处对于维护东北亚地区繁荣与稳定，推进亚洲一体化进程具有举足轻重的影响，对于维护、延长我国和平发展的战略机遇期也具有深远意义。因此，在日常对外传播过程中，我们应当积极配合国家外交战略，本着以史为鉴、面向未来、珍爱和平的原则，求大同、存小异，积极营造两国民间、政府间友好往来的舆论氛围，淡化信任危机，突出互利共赢，共同致力于东亚地区的共同繁荣。

然而，在当前美、日刻意制造东亚紧张局势，强力压制中国国力发展，单方面对我国固有领土钓鱼岛采取一系列非法措施，不断将钓鱼岛问题升级情况下，我们就不能再一味坚持"搁置争议、共同开发"的领土争端解决模式。针对日本顽固坚持钓鱼岛是日本"固有领土"的歪曲论调，从国际传播角度针锋相对，据理力争，拿出最有力的证据，证明钓鱼岛在历史上是不属于日本的，通过使用对象国母语，向日本民众阐明历史真相，维护我国国家利益。《大日本全图》是日本明治九年（即1876年）由日本陆军参谋局绘制出版，是迄今所见最有力证明钓鱼岛不属于日本的日方珍贵历史文献，它与中国近年现世的200年前清代文献《海国记》互为对证，对钓鱼岛属于中国做出最有力的回答。从当时的历史背景来分析，该图乃是日本为吞并琉球而作，但图中清楚表明钓鱼岛列屿不属琉球群岛，由此可从反面证明钓鱼岛属中国领土。该图由于出自日本陆军参谋局，属官方文献性质，因此具国际法

---

①　郭可：《国际传播学导论》，复旦大学出版社，2005年版，第153页。

效力。①

文化传播是国际传播的常态内容。然而，在社会发展的不同阶段和国内外重大事件发生的历史时刻，国际传播的内容就需要及时做出调整，适应国内外形势发展的需要，顺时而变，综合运用多种传播工具，使用多种外语，达成既定传播目标。

近年来，我国主流媒体充分抓住国家举办奥运会、世博会等全球重大事件的重要契机，采取各种渠道和方式，进行整合传播，有效提升了国家软实力。

举世瞩目的2008年北京奥运会，既是体育界的盛会，也是传媒界的盛事。奥运会电视转播覆盖220个国家和地区，吸引全球40亿观众的目光，是全面展示国家良好形象、提升国家软实力的大好机遇。充分利用奥运品牌资源优势和东道国的优势，实现电视、网络和平面媒体联动，传统媒体与新媒体互动，既完美呈现了体育赛事和健儿风采，又展示了中国悠久的历史文化以及中国改革开放30年来取得的伟大成就和欣欣向荣的精神风貌。

奥运会本身对于中国的公共外交活动是一次极为难得的机遇。中国从未有这样的机会面对大量的西方媒体和公众。由于成功地举办奥运会，以及国际舆论对于中国的进一步了解，中国公共外交将会出现一种持续的"奥运模式"。这种"奥运模式"强调在同一个平面上，通过对中国传统文化符号的现代性重构，构建现代中国的国家形象，并在这一过程中强化对传播效果的考察。在奥运会的开幕式上，张艺谋采用了他一贯的艺术手法，以宏大的彩色视觉画面创造了一种震惊的效果，以期表达出中国以"仁和"为特色的中国传统文化和全民动员、为奥运尽力的理念，希望能够在国际社会形成对中国文化的群体性认同。② 在北京奥运会的报道过程中，各种新媒体发挥了应有的作用。北京奥运会的互联网报道，最突出的就是方式创新，新华网用文字、图像、视频、同步快评、电子滚屏、手机报、播客、彩信等30多种报道形成滚动不间断播报，聚集开幕式直播、访谈等专题页面，特派记者搭乘直升机进行了连续三小时的航拍报道，首次实现了网络航拍北京。在直播报道过程中实现了主新闻中心与场内外100多个报道点7个承办城市全国31个省市以及世界30多个国家的连线报道，借助新媒体手机向100多万用户发送了手机报。包括中国国际广播电台、中央电视台在内的中央主流外宣媒体，采用音、视、网、报、刊等多种媒体手段，使用对象国语言对奥运会开幕式进行了全方位、多元化、立体式报道，形成了对外传播的规模效应。奥林匹克运动会

---

① http://baike.baidu.com/view/8999097.htm
② 田智辉：《新媒体环境下的国际传播》，中国传媒大学出版社，2010年版，第87页。

组织委员会北京奥运会新闻中心高级顾问杰夫·纳弗罗将奥林匹克的信息传播作用称为"一种爱的综合"。47亿观众在电视机上看到了这次奥运会,这是从未有过的媒体正面报道规模。对于北京奥运会对国家形象的改变,在奥运会前、中、后做的多次调查结果显示,中国国家形象确实得到了很大提高,城市形象提升尤其明显。由此可见,借助全球性重大事件,采取整合传播策略,取得的国际传播实效是非常显著的。对于重大突发性国际事件的报道同样如此。

2009年7月5日20时左右,新疆乌鲁木齐发生打砸抢烧严重暴力事件。6小时后,国内各大网站先后刊发了题为"乌鲁木齐发生一起打砸抢烧骚乱事件"消息;16小时后,媒体报道死亡人数。随后,有关这一严重暴力事件的报道接踵而至。和以往同类事件相比,中国媒体对"7·5"事件反应适度,信息充足,公众的知情愿望得到了很大满足。正是由于中国媒体通过各种渠道发布信息,解疑释惑,取得了很好的传播效果。

在事件发生后,国内网民与国外部门媒体及"疆独"分子展开了针锋相对的网络论战,网络信息渠道成为主要战场①。以搜狐网为例,在事件发生的前4天时间里,发布各类报道641条,平均每天140条左右,平均每小时刊发7条左右,其中包括大量传统媒体刊发的报道和评论。

在此次危机事件的报道中,新华社、人民日报、中央电视台、中央人民广播电台等中央级媒体及时发布相关信息,注重采用目击者、受害者、出租车司机、参观友人等的现场所观所感,提高了报道的真实性和可靠性。为回击境外敌对势力和西方媒体对我的歪曲攻击,中国国际广播电台充分借助新媒体手段和外语传播优势,在乌鲁木齐设置演播间,与土耳其主流媒体——方向电台合作,于7月13日至17日成功举办了五场"来自乌鲁木齐的声音"中土系列网络对话,国际台主持人、外籍专家、合作电视台的记者以及当地政府官员走进演播室与土耳其听众就其感兴趣的话题进行充分交流。据方向电台提供的数据,5天里共有近120万人通过该台收听了中土网络对话,且收听率呈逐日上升趋势。② 网络对话充分发挥了国际台独特的资源优势,利用新媒体传播手段,并借助境外媒体平台,坚持用事实说话,有效影响了国际舆论。

四、因语制宜 母语传播

所谓语言,是一定社会内部约定俗成的一套符号系统,它是通过一定的

---

① 张成良:《危机事件中的传播策略——乌鲁木齐"7·5"事件报道分析》,《新闻记者》2009年第8期。

② 关锐、李智:《母语传播概论》,中国传媒大学出版社,2011年版,第159页。

声音或文字形式去标记某种事物或思想,从而获得意义的。① 语言作为文化的载体和重要内容,不仅是表达思想和描述事实的工具,更重要的是构建社会事实,构建思想,甚至构建人的身份。② 人类的交往离不开语言,处于一定社会关系中的人,正是通过语言这一符号媒介才实现了人际交往;而在国际社会的跨文化交往中,也是通过语言符号的转换(即"语际转换"或"换码"),才使交往双方使用同一种语言或者说同一套能使双方共享意义的语码,最终实现跨国界的信息共享和思想观念的转换。每套语言符号都带有自身特定的民族文化特征。转换一套语言,就是转换一种文化,转换一套思维观念和思维方式。

任何一种传播,最基本的目的是让受众了解传播的内容,只有达到对传播内容的了解,才能说一种传播达到了"传通"的水平。在语言的本土化过程中,以受众的母语为传播媒介的母语传播,可以提高面向国际受众的针对性和传播的精准度,增强跨文化传播的亲和力和吸引力,同时有助于扩大对外传播的范围。在信息传播全球化的今天,母语传播尽量从接近受众的角度,用受众熟悉的语言对外传播,这无疑拉近了与受众的距离,使文化传播对受众的影响更为直接。从根本上说,母语传播在跨文化传播过程中的作用就体现在传播的有效性上,即有效地增强跨文化传播的效果。

当今世界各国涉外媒体几乎无一例外地从事着母语传播。如英国广播公司(BBC)、德国之声(DW)、日本广播协会(NHK)和法国国际广播电台(RFI)每天分别用32种、28种、21种、19种对象国语言对外传播,而美国整个对外广播机构所使用的外语达64种。中国的母语传播事业发展也非常迅速。目前,新华社每天用英语、西班牙语、法语、俄语、葡萄牙语和阿拉伯语等外语向美洲、欧洲、亚太、非洲、拉美等地区24小时发稿。中央电视台英语国际频道(CCTV-9)、CCTV-E、CCTV-F频道(用西班牙语、德语播音)、法语国际频道、俄语国际频道、阿拉伯语国际频道在亚洲、欧洲、北美、中南美洲、大洋洲、俄罗斯和非洲等150多个国家和地区海外落地,对外广播。中国国际广播电台是中国对外母语传播最大的传播平台,使用61种语言全天候向世界各地传播,对象国受众几乎覆盖全球。就使用外语语种数、传播覆盖面而言,它当之无愧成为了世界三大国际广播电台之一。

2011年11月底,作为国家广电总局"中国优秀电视剧走进东非"项目开局之作的斯瓦希里语版《媳妇的美好时代》,成功在坦桑尼亚国家电视一台晚间黄金时段播出。斯瓦希里语版《媳妇的美好时代》是首部被翻译成非洲

---

① 刘双、于文秀:《跨文化传播》,黑龙江人民出版社,2000年版,第64页。
② 秦亚青:《文化与国际社会:构建主义国际关系理论研究》,世纪知识出版社,2006年版。

本土语言并进行配音后在非洲国家级电视台播出的中国电视剧，中国国际广播电台承担了电视剧的全程译制工作。译制剧组由专程来华的3名肯尼亚籍演员与中国国际广播电台斯瓦希里语部的坦桑尼亚、肯尼亚和中国员工等十余人、译制导演等组成。剧中所反映的家庭成员间关系与非洲家庭情况十分接近，该剧所展示的中国现代社会风貌以及中国人的家庭观、价值观，成为了该剧最大的卖点。该节目播出后，在整个东非斯瓦希里语区一炮打响，东部非洲约1亿斯瓦希里语人口都能实现有效收看。

把中国优秀的电视剧用对象国的母语进行传播，并在非洲国家的国家级电视台播出，这是国际台向世界介绍和传播中国文化的又一次大胆创新和有益尝试。为推动"中国优秀电视剧走进东非"，批量生产供应非洲市场中国电视剧译制片，提供了可资借鉴的范本。

跨文化传播的最终使命是要打破语言的隔膜，突破语言的障碍。事实证明，翻译是一道必须由人类亲自逾越的鸿沟，是跨文化传播的活性转换器。在同一语言系统下，符号传播的过程是一个编码、解码的系统，即从意义到符号，再从符号到意义的二次转换。然而，翻译的过程中经常会出现的情况是，在一种语言中根本不存在相应的词汇来表达另一种文化中的思想或概念，即使是相同的词语也会因为文化的不同产生不同的意思。因此，翻译的中介转换不仅仅是个简单的技巧问题，一方面它受翻译家个人世界观、价值观、知识范围、经验等因素的制约，另一方面也受其所在社会、文化环境的制约。根据语言相对论的理解，思维方式的不同将引起语言表达方式的不同。中国人习惯于形象思维，在遣词造句上喜欢用华丽辞藻，在修辞中大量使用成语与比喻，方式多样，倾向于读者或听者自己理解，表现出"重意会、轻言传"的习惯。这是因为汉语言交流中听者已经掌握了大量的预置信息。然而，对于外国读者，由于感情基础的差异，阅读习惯的不同，华丽辞藻一般只能减少传播的清晰与效果，甚至被视为空话冗词和夸大宣传，尤其是英语读者，更惯于低调陈述，而不惯于用词强烈。

就语言差异而言，美国北卡罗来纳大学的艾凯特（Debashis Aikat）就曾指出：许多中国媒体的稿件本身只适合汉语传播，并不适合英语传播，"中国媒体英文稿件的中式英语现象比较普遍，读者对许多'特色'表述难以理解，而且中英文稿件报道的角度有着很大的差别，单纯地翻译稿件难以满足美国受众对新闻本身的要求"。话语力量建立在理解的基础上，语言障碍冲不破，我们就很难实现"中国故事，国际表达"。

在使用对象国母语进行国际传播，文化因素是影响母语传播效果的一个重要方面。要克服文化差异就要了解语言的文化背景，了解自身文化（己文化）和受众文化（他文化）相同点和不同点。只有做到知己知彼，并通过针对性地对己文化和他文化进行对比分析、总结归纳，才能实现语言在不同语境中的正确转化，从而实现文化的有效对接。

母语传播不仅跨越了语言的障碍，而且在一定程度上拆解了跨文化传播中的"文化围墙"，从而顺畅地打开了通向另一种文化的通道。因为在母语传播的过程中，语言一经转换，受众不仅能获得一种自身所熟知的语言符号产生的亲近感、认同感，从而大大缩短传受双方之间原有的文化心理距离；受众一旦感受到这种转换而来的"原汁原味"的母语，也会感到自身近乎完全处于本己的文化圈内，而不会有"异己"的存在意识，从而获得一种文化上的归属感。受众所拥有的这种归属感进而会很自然地转化为他们对传播国及其传播媒介的信赖和忠诚。

近年来，中国政府和各大媒体加大了母语传播力度。中国国际广播电台采取了广播外语上网、合作上网、委托境外制作、自身增加语种等灵活多样的方式，新增了乌克兰语、克罗地亚语、白俄罗斯语、荷兰语、希腊语、希伯来语、冰岛语和挪威语、立陶宛语、爱沙尼亚语等对外传播语种，扩大了母语覆盖范围，提升了使用受众母语传播信息的能力，得到了对象国受众的积极评价和国际舆论的广泛关注。到2020年，中国国际广播电台将在世界五大洲建成8个地区总站、70个海外节目制作室和150个海外分台，这对加快本土化运营、实现文化对接、实现母语传播的感染力和影响力，具有重要意义。

国际传播是使用对象国母语传播国家自身文化和优势的最佳舞台，谁能在台上更好的表演，与观众产生共鸣，谁就能成为舞台上的主角，获得认同，实现更好的发展。中国新闻媒体必须采取各种行之有效的国际传播策略，不断尝试用跨文化的视角去收集、理解和传播新闻信息，以民族文化为基础吸收不同文化的养分，根据不同文化背景下的受众特点调整传播策略，使中国文化在全球化的进程中得到国际社会的认同，从而赢得更好的发展机遇。

第三节　中国媒体差异化理念的初步实践

由于历史传统、价值观念、文化习俗、发展水平、社会制度等方面的差异，中国的国际传播从诞生之日起就体现了中国特色，在表达中国立场，传播中国文化，促进世界交流等方面发挥了重要作用。随着中国经济的迅速崛起，综合国力的增强，我国国际传播体系面临着提高我国软实力、提升国际传播力、增强国际话语权和影响力的时代使命。中国媒体开拓创新，在研究和借鉴世界主要媒体成功经验的基础上，在调研受众差异化和碎片化需求的前提下，强化国际传播中差异化理念，力求通过与西方主流媒体有差异的新闻报道和价值判断，赢得国际受众的认可与接受。

一、中国媒体与西方媒体的差异化国际传播

世界主要广电媒体采用差异化营销策略增强各自在国际传媒市场上的唯一性和独特性，强化核心竞争力，打造各具特色的媒体品牌，诸如，BBC拥有较高公信力，CNN以"快新闻"享誉国际新闻界，新闻集团以通俗娱乐节目见长，日本NHK高水准的纪录片得到世界认可，半岛电视台以中东视角吸引了世界的目光，等等。与之相比，我国的国际传播机构尚没有形成国际公认的差异化媒体品牌，但是，通过数十年的国际传播实践，中国传媒正在从传播内容和价值构建角度，逐步确立独特的传播体系，并且在实践中优化完善。

（一）基于中国文化的差异化传播

美国著名政治学专家塞缪尔·亨廷顿在《文明的冲突与世界秩序的重建》一书中指出："在后冷战世界中，人民之间最重要的区别不是意识形态的、政治的或经济的，而是文化的区别。在这个新世界中，区域政治是种族的政治，全球政治是文明的政治。文明的冲突取代了超级大国的竞争。"[①] 拥有五千年悠久历史的中华文明对地区和世界文明进步发挥了积极的推动作用。虽然中华文化与其他文化之间拥有着一定的共同性，但是在价值观、宗教观与历史观等方面依然存在着巨大差异，这极大地阻碍了中国文化的传播以及与其他文化受众的互动交流。展示中华文化的独特魅力，促进与世界的和谐共荣，是我国媒体国际传播实践的差异化选择。

在2008年北京奥运会开幕式上出现的巨大的"和"给世界观众留下了深刻印象。"和"文化是中国文化的重要内容，是区别于西方文化的基本属性。"和"是中国人最朴素的价值观和最高的价值理想。"和而不同，求同存异"常被用来处理人与人之间、国家之间的分歧与矛盾；"天人合一，贵和上中"体现出人与自然、人与社会以及世间万物的和谐。"和"的思想在当今这个仍然充满动荡、混乱以及冲突、对抗的时代，显得十分重要。基于对"和"文化的推崇，中国于1954年提出了处理国家间关系的"和平共处五项原则"，20世纪80年代，提出"和平与发展是当今世界的主题"，21世纪初倡导"和平崛起"，致力构建"和谐社会"，坚持谋求"互利合作，共同繁荣"，2005年，在联合国成立六十周年首脑会议上，中国向国际社会提出了建设"和谐世界"的重要构想。中国的一系列和平主张都源于中国的和谐文化，是中国文化对世界文明与发展的重要贡献。向往和平，追求和谐一直以来都是人类

[①] 塞缪尔·亨廷顿著，周琪、张立平等译：《文明的冲突与世界秩序的重建》，新华出版社，2010年版。

的终极理想,因此,"和为贵"可以被作为一种普世价值观推而广之,成为人们的行为准则。与中国"和"文化主张的合作共赢、多元并存、兼容并蓄所不同,西方国家奉行"零和思维"。零和,是博弈论的概念,指博弈双方此长彼消,胜者之所"得"加败者之所"失"等于零。在零和博弈中,双方决策时都以自己的最大利益为目标,彼此间没有合作共赢。[①]

西方媒体运用"零和思维"在国际传播中妖魔化中国,广为散布"中国威胁论",片面或者歪曲报道中国问题,甚至敌意造谣中伤、无中生有,目的是挤压遏制中国发展、诋毁中国形象、为中国制造不和谐的国际舆论环境。中国媒体作为中国公共外交的重要组成部分,大力传播建立在和谐文化基础上的维护和平、追求和谐发展的理念,通过对中国历史文化的多维度展示,促进世界各国人民对中国不称霸、不搞军事扩张的和平外交政策的认知与认同,减少对中国的误解,同时塑造中国"和平崛起的负责任的大国形象"。在对2011年开始的叙利亚危机报道中,面对错综复杂的局势,我国媒体以客观立场平衡报道各方的行动与表态,对平民伤亡深表关切,同时发出中国的声音。中国国际广播电台多语种播出平台、中央电视台海外播出平台、各家外文网站及时播报了中国常驻联合国代表在表决叙利亚问题决议草案中数次行使否决权,坚决反对干涉别国内政,呼吁政治解决叙利亚问题,表现出中国对国际社会积极的、建设性和负责任的态度,也彰显了中国维护和平的国家形象。

"和"文化包含和谐、和睦、包容、多元的思想。秉持"民族的就是世界的"理念,我国广电媒体制作了丰富多彩的音视频节目,表达人与自然的和谐、人与社会的和谐,讲述多元文化的魅力。诸如,2012年中央电视台制作的关于中国饮食文化的《舌尖上的中国》;四川电视台推出的将人文气息、民族文化与自然景观结合的纪录片《桃坪羌寨我的家》;云南电视台推出的表现人文关怀的纪录片《最后的马帮》;广西卫视2004年开播的《寻找金花》栏目,遍访中国少数民族以及韩国、日本、东盟十国的美丽使者,以平民化的视角,介绍各具特色的民族文化;中国国际广播电台的多语种播出平台均开设文化栏目,用对象国语言进行跨文化传播,尤其在本土化调频广播节目中,不仅传播中国文化,而且推介其他人类文明的优秀成果,促进世界不同文化的交流与理解。

(二)传播内容的差异化——中国立场、世界眼光、人类胸怀

在差异化国际传播中,我国媒体在传播内容上坚持"中国立场、世界眼光、人类胸怀"的传播理念。这种理念是"和而不同"观念的另一种体现。

---

① 百度百科:零和思维,http://baike.baidu.com/view/3542984.htm

具体来讲，就是站在世界与人类需求的高度，充分考虑不同国家和地区受众的文化传统、价值观念和思维方式的差异，坚持因地制宜、因人制宜，实施本土化传播，促进文化间的平等对话，不同文明人民的和谐相处。只有坚持"和而不同"理念，兼顾世界和人类的共同需要，为实现持久和平与和谐发展承担起负责任的大国应有的义务，那么中国的声音才能传得更远，才能为世界更多的人接受。

1. 中国立场

从国际传播角度来看，媒体选择什么样的新闻素材，选取什么样的报道角度，唯一的标准就是国家利益，它适用于全世界媒体。我国媒体在坚守新闻报道客观全面平衡原则的同时，坚持"中国立场"，在重大问题上，发出中国声音；广泛传播我国坚持和平发展道路、推动和谐世界建设的立场主张；展现中华民族博大精深的传统文化。中国立场的表达要避免生硬的"中国式表达"，应具有世界性、多元化、本土化，只有这样，受众才愿意倾听，才有可能接受中国的观点。我国对外传播媒体在实践中逐步提升"中国立场"的差异化表达。其一，用客观全面的报道让受众感知"中国立场"。2009年，为回击境外敌对势力和西方媒体对乌鲁木齐"7·5"事件的歪曲报道，国际台土耳其语网站播出了《来自乌鲁木齐的声音》五场网络对话。邀请新疆政府官员、土耳其国家电视台记者、语言文字学者、艺术家、宗教人士以及新疆普通民众，通过互动交流让土耳其网民了解事件真相，知道新疆宗教信仰自由和维吾尔族文化保护现状，以及当地人民稳定的生活现实。其二，合理借用他人之口表达"中国立场"，可以起到事半功倍的效果。2012年，针对黄岩岛事件，新华社记者专访了在菲律宾《马尼拉标准今日报》发表了"它（黄岩岛）属于中国"署名文章的菲律宾投资家维克托·阿齐斯。身为菲律宾人，阿齐斯从历史和法律的角度阐明了中国对黄岩岛拥有无可争辩的主权，指出菲律宾当地报纸向读者展示的谎言与扭曲的事实。目前，这种报道方式已经为我国对外传播媒体普遍采用，有选择性地用事实表达媒体观点，加大了采访的广度与深度。其三，在重大和突发新闻事件的国际传播中，要坚持中国立场，就必须增强价值判断力，不盲从西方媒体，要善用我国驻外使领馆、海外记者站、合作媒体、华人社团等各种资源对西方信源的真实性进行辨析，做出客观公正的报道。在"西强我弱"的传播大背景下，我国国际传播媒体，尤其是那些通过市场化手段组建的海外媒体，一定要强化中国立场意识，强化媒介的社会责任感，在追求新闻时效的同时，努力构建负责任的中国国家形象。

2. 世界眼光

就是用开放、宽容、普世、贴近等视野，把中国的发展放到世界发展的框架下思考与展示，赢得国际社会对中国的理解与认同；用本土化传播方式向世界报道中国,向世界报道世界。其一,对当前国际舆论中的"中国威胁论"、"中国崩溃论"等不和谐论调,我国媒体予以平和正视,运用历史观点、发展观点,进行因人制宜的差异化传播。对不了解中国情况的人,解疑释惑,加强沟通;向对中国存在偏见误解的人,用事实说话,以理服人;向对中国心存敌意的人,及时澄清是非,以正视听,通过有理、有利、有节的传播,赢得国际社会对我国的理解与认同[①],树立中国和平发展的国家形象。其二,世界眼光要求尊重文化差异,根据受众市场特点与需求,调整媒体传播内容与方式,进行本土化传播。我国国际传媒已经充分认识到原有的说教式、灌输式传播方式的弊端,逐步增强传播内容的亲和力、吸引力,研究对象国广播电视节目形态,在节目内容、主持方式、节目编排等方面做了大量尝试与实践,不断缩小差距。比如,在海外调频落地广播中,重大活动直播报道常态化,加大社会服务类、娱乐类节目的比重,推出话题访谈类节目,采用主持人对播形式,等等,提升了国际传播效果。此外,我国广电媒体大力推进传播手段的本土化。落地调频广播、卫星电视、有线电视、网络广播、手机广播、基于 Twitter、Facebook、YouTube 等社交媒体的传播,已经成为我国国际传播的主要方式,根据国家和地区的不同经济和社会发展现状,有区别地采用适宜的传播手段,不断增强国际传播力。

3. 人类胸怀

就是站在全人类的立场上,承认并尊重人类文明的差异,主张不同文化间相互借鉴、取长补短;面对全球的共同挑战,积极推动各国合作共赢、实现人类共同发展。首先,我国广电媒体承担客观、全面、平衡传播新闻的使命,站在全球的高度满足日益分众化的信息需求,提高新闻公信力。中国媒体从 20 世纪 90 年代初开始探索"走出去"路径,如今呈现出多语种、多渠道、全媒体、全天候的国际传播格局。其次,世界上有 200 多个国家和地区、2500 多个民族、6000 多种语言,存在着不同的伦理道德观、宗教信仰、意识形态和价值观。随着经济一体化、传播全球化的推进,我国国际传播在尊重文明差异的基础上,推动了跨文化交流与对话,减少了不同文化间的误解,促进了不同文明人民的和谐相处。

二、中国海外媒体与国内媒体的差异化传播

我国国际传播实践中常讲"内外有别",是指在对内传播与国际传播中,由于传播对象不同而采取有差别的传播策略,从而对国内和国际舆论产生影响。面对互联网技术的发展以及全球传播时代的来临,有些学者提出"内外一体"的传播思路,认为对内传播的内容通过卫星电视、IPTV 以及社会化媒

---

① 王庚年主编:《国际传播发展战略》,中国传媒大学出版社,2011 年版,第 113 页。

体可以及时转化为国际传播内容，内与外的界线被打破，再强调内外有别已经失去了现实意义。然而，传播内容可以在对内和对外两个渠道实现共享，但是传播所吸引的目标受众是不同的，产生的传播效果也不一样。因此，我国媒体坚持"内外有别"的差异化国际传播非常必要。

（一）职能作用的差异化

国内媒体的职能，是通过传播媒体产品满足国内受众不断增长的精神文化需求，引导国内舆论，维护和谐稳定的国内发展环境。媒体要及时准确地传播信息，把我国和世界发生的新闻真实地告知公众；客观正确地引导舆论，传播社会主义价值观，坚持有利社会发展和文明进步的舆论导向；传播各领域知识，把人类创造的新知识、新技术、新思想、新理论介绍给公众，促进知识的交流与创新；服务公众，满足大众在生活、经济、教育、娱乐等方面的分众化需求；坚持舆论监督，揭露公众关心的社会问题和社会矛盾，传达弱势群体的呼声，促进社会的和谐与稳定。

我国国际传播媒体的主要职能是表达中国立场，传播中国文化，提升国家形象，为我国的经济社会发展营造良好的国际舆论环境。海外媒体在坚持客观公正平衡的新闻专业主义的前提下，向世界正确阐述和科学传播中国发展道路和发展模式，争取新闻话语权，赢得传播主动权。通过国际传播，向分散在世界各地的华人华侨传播中国信息，用中国文化这根纽带更紧密地将他们与中国联系起来。对想要了解中国、对中国文化感兴趣的外国友人，我国的对外传播机构可以在他们与中国之间架起一座沟通和友谊的桥梁。对于不了解我国或者对我国存有偏见的人们，运用多种传播渠道介绍真实的中国，促进相互理解，营造良好的中国形象。

（二）传播内容的差异化

国内媒体主要为国内大众生产丰富多彩的信息、知识、娱乐等媒体产品。中央电视台和各省级卫视借鉴或者直接购买美国、欧洲、日本和香港、台湾的节目版权，加入本土化元素，推出各类新闻栏目、服务互动栏目以及各种综艺节目，满足了国内观众的多层次需求，赢得了国内受众的认可与喜爱。广播电台专业化运作更加成熟，节目以直播为主，记者连线、嘉宾访谈、手机网络互动等节目形态为听众及时传递讯息，交流观点，满足个性化需求。对内媒体更多关注与我国民众息息相关的政治、经济、民生、娱乐等方面的内容，在展示发展成就的同时还进行媒体的舆论监督。

国际传播与国内传播的差异化可以理解为与海外传播的本土化，也就是说，在制作海外节目时要打破国内节目制作的思维定式，摆脱说教和宣传味，从国外受众需求出发，用他们的语言和思维对内容加工、处理，用他们的风格表达出来，让当地受众能听懂，愿意听。在内容选择上，国际传播更注重让世界了解中国、让世界了解世界。比如，在新闻的选择和编排上要从对象国受众的关注度出发，尽量选用受众所在国或者与他们利益密切的新闻，并将这些重要新闻放在显著位置播出。对于某些突发事件，根据不同的受众定位，做出各有侧重的报道，传达媒体的价值取向。2011年日本大地震发生后，我国媒体的对内报道以及对日本本土报道体现出差异化传播理念。大地震发生后，国际台日语广播和日文网迅速确定围绕"中国民众对日本受灾群众的关切"为主线开展深度报道，在日文网首页放置了中国微博网友的手绘图片，图片上用日语和中文写着"日本，加油！灾难面前，我们就是家人！"中日两国的国旗被"手拉手"地画在一起。播报了国际台草拟的"致日本灾区的慰问信"，驻日本记者迅速展开关于地震的独家报道，图片和相关报道极具人文关怀，旨在增进中日两国人民的理解和传统友谊。同期，国内主流媒体的报道中，除了对事件本身的报道外，更多关注中国人在日本地震中的伤亡情况，中国人对这次灾难的反应，以及地震对我国及其周边的影响。

我国媒体在海外主打中国文化牌，把五千年灿烂的中华文化推向世界并非易事。要从海外受众的现实需求与中华文化的丰富内涵之间寻找结合点，在供与需之间架设桥梁进行精准传播，正如CCTV-4中文国际频道2007年改版为亚洲、欧洲、美洲三个版本，内容选择上各有侧重，满足不同地区观众需求。对于思想性、艺术性、现实性比较高的国内广播电视作品，不能生搬硬套地直接海外落地播出。要想打入当地主流受众群，取得比较理想的传播效果，必须进行本土化制作，包括使用当地语言播出，针对节目中的文化差异进行专题介绍，表达内容要合乎当地习俗，等等。对内传播基于文化共同性，传者与受者交流顺畅，没有理解上的歧义，但是，对外传播属于跨文化传播，如果在内容的选择与编排对文化差异考虑不周，那么交流就会受阻，甚至出现误解。

三、针对不同国家和地区的差异化国际传播

针对不同国家和地区进行差异化传播就是指国际传播中的"外外有别"，对内与对外传播要有区别，那么，对欧洲与非洲、对美国与蒙古国等不同国家和地区也要在传播内容和传播手段上有差别。媒体是公共外交的重要平台，媒体传播要服务于国家外交。我国外交指导方针是"大国是关键，周边是首要，发展中国家是基础，多边是重要舞台"。我国对外传播媒体据此制定了差异化传播策略：加大在世界主要国家的广播电视网络媒体的布局力度，展示中国构筑总体稳定、相对均衡、合作共赢的大国关系的愿景；继续增强在周边国家的传播力，营造有利于和平稳定、共同发展的周边舆论环境；进一步开拓与发展中国家的媒体合作，巩固与发展传统友谊；加强多边框架内的媒

体合作，积极传播经济合作交流，为加快转变经济发展方式服务。

（一）加大在欧美发达国家广电媒体的布局力度，增强我国的传播力和话语权

当今，欧美发达国家在国际传播格局中仍然占据绝对优势，在国际舆论舞台上居于主导地位。迅速发展的经济将中国推上了经济总量世界第二的位置，但是就国际传播力和国际话语权来说，中国还远远落后于发达国家。要提高中国在国际舞台上的影响力，中国传媒必须扩大在世界主要国家的传播渠道，重点是发达国家。西方发达国家的人们，在西方传媒多年刻意制造的拟态环境的影响下，对中国已经形成了某种刻板印象，要改变刻板印象，需要中国媒体长期的不懈努力。我国媒体从上世纪90年代开始进入欧美传媒领域。1991年，山西省广播电视局承办的中国黄河电视台成立并通过美国SCOLA卫星教育电视网播出，整合了国内多家电视台的节目资源，以汉语国际推广、中华文化传播为特色，目标受众是北美地区学习汉语的广大人群。中央电视台中文国际频道（CCTV-4）和英语国际频道（CCTV-9）在本世纪初成功进入美国、英国、法国等发达国家。2004年开始运作的中国电视长城平台率先在美国落地播出，之后拓展至欧洲、加拿大、澳大利亚、亚洲、拉丁美洲、东南亚以及非洲。该平台集合了中央电视台频道集群、地方电视台集群、黄河电视台以及香港卫视等数十个综合、专业频道，采用卫星电视或者IPTV播出。2010年，新华新闻电视网CNC中文台和英文台开播，成功获得欧洲合法广播资质，实现在英国卫星频道以及美国有线频道播出。2011年，中国国际教育电视台与美国天地卫视签约，实现了文化教育类节目在美国主流社会的覆盖。中国国际广播电台在美国洛杉矶、在意大利、希腊等国家开办了调频落地广播电台。

中央级广播电视机构积极拓展欧美国家的对外传播渠道的同时，我国民间资本在政策支持下，尤其是在2008年的全球金融危机之后，开始尝试进入欧美传媒领域。2009年，温州西京集团全资收购英国本土PROPELLER（螺旋桨）卫星电视台，该家电视台曾荣获"全欧洲最佳卫视电影频道"奖项。西京集团将把这家卫视打造成中国文化的传播平台。2009年，有着10年海外传播经验的俏佳人传媒完成对美国国际卫视电视台的并购，成立"ICN电视联播网"，拥有16个频道、3个覆盖全美的卫星频道和4个有线节目。该平台希望依托电视媒体影响美国主流社会，传播中国文化，展现中国形象。2009年，中国民营资本创办的蓝海电视在美国落地播出，之后在欧洲、澳洲、东南亚和非洲落地，是全球第一个面向西方主流社会传播中国内容的非政府英文媒体。蓝海电视不具有中国政府背景，是依靠风险投资建立并发展的民间媒体，他以客观独立的立场和独特的视角，向国外观众提供了一个深入了解真实中国的渠道。电视台的主持人、记者、导演、制片人绝大多数来自西方国家。在世界经济疲软的大背景下，还有不少中国民营资本跃跃欲试，不断寻找合适机会进入欧美发达国家传媒市场以及影视节目制作领域。

国家资本和民间资本合力开拓发达国家传媒市场的努力与尝试，让更多西方受众得以了解真实中国，认识中国历史和中国文化。西方一些受众开始摘掉有色眼镜，更客观地看待中国的发展与未来。国际传播在一定程度上提升了中国影响力，改善了国家形象。同时，应该注意到，目前我国在发达国家的传播还需要不断完善。首先，继续扩大播出渠道规模，影响主流社会的主流人群。现有渠道的受众大多来自海外华人社会，而且电视大多在收费的有线电视网、卫星电视和IPTV平台上播出，调频广播的听众也是华人圈和非主流人群，因此，我国传媒进入发达国家主流社会的步伐必须加快。其次，增强传播内容的生产力。通过资本运作并购国外媒体，获得渠道资源，对于中国资本来说不是一件难事，难的是真正让受众接受我们的渠道和传播的内容。渠道是手段，内容是关键。媒体在海外生存发展的前提和基础是拥有适合当地需要的独特的内容资源，提高我国海外媒体的内容生产能力迫在眉睫。只有传播渠道和内容的共同丰富，才能把我国的国际传播提升到一个新的高度，切实提高我国在国际舆论舞台上的影响力，增强国际话语权。

（二）拓展对周边国家的传播，促进睦邻友好，营造和谐稳定的周边舆论环境

中国是世界上邻国最多的国家。我国始终奉行"与邻为善、以邻为伴"的周边外交政策。早在2008年，中国便与除印度外的其他邻国完成了陆地勘界，使冲突之源变为合作之泉，有利于整个亚洲的安全与合作。海洋勘界成为目前以及未来中国与相关国家需要共同面对和解决的问题，中国提出构建"和谐海洋"的倡议，与东盟签署了《南海各方行动宣言》，以减少摩擦，维持地区稳定。为了促进地区内多边双边经贸与安全领域合作，中国加入亚太经和组织，建立中国—东盟自由贸易区，倡议成立上海合作组织，努力与周边国家共同营造一个和平稳定、开放包容、合作共赢的地区环境。

我国经济实力的增强使得西方散布的"中国威胁论"在周边国家很有市场，加上已有的利益争端影响了正常的经济发展与经贸往来。表达中国立场、增进相互理解、寻求合作共赢成为我国国际传播的主要使命。我国中央媒体和地方媒体纷纷发挥各自优势开拓周边国家传播渠道，为有效传播奠定了基础。中国电视长城（亚洲）平台通过卫星覆盖韩国、越南、缅甸、泰国等亚洲国家，长城（东南亚）平台以IPTV模式在马来西亚、新加坡等国家落地播出。中国国际广播电台用受众母语广播的调频电台分别在斯里兰卡、尼泊尔、孟加拉国、巴基斯坦、蒙古国、亚美尼亚、伊朗、老挝、柬埔寨、印度尼西

亚等国落地播出。同时，借助与周边国家国土相连、文化相近、语言相通、生活习惯相似等地缘优势，国际台开办边境电台进行国际传播。2009年，国际台和广西人民广播电台联合开办了"北部湾之声"，面向东南亚邻国播出；在延边朝鲜族自治州实现朝语边境调频落地；在边境城市二连浩特市推出蒙古语调频电台；准备在黑龙江黑河开办俄语整频率调频电台。国际台未来计划打造"中亚之声"、"南亚之声"、"东北亚之声"边境电台集群，实现对我国周边国家和地区的有效覆盖。此外，国际台的菲律宾语、马来语、土耳其语等语言的短波和网络广播经过数十年的发展，各自的传播力和影响力不断扩大。

地方广电媒体也积极投入到对周边国家传媒市场的开拓中。黑龙江电视台的俄语栏目《你好，俄罗斯》通过俄罗斯6家广播电视公司在俄播出，覆盖远东及部分西伯利亚地区。内蒙古人民广播电台通过蒙古国国家广播电台调频频率在乌兰巴托落地，内蒙古卫视在乌兰巴托落地播出。到2009年年底，新疆电视台的节目在吉尔吉斯斯坦、乌兹别克斯坦、哈萨克斯坦、蒙古国、土耳其等5个国家落地。西藏卫视的藏语频道进入尼泊尔最大的有线电视网。广西卫视在越南胡志明市、老挝万象市、柬埔寨金边市、菲律宾大马尼拉地区、印尼落地播出。每年在广西南宁举办的中国—东盟博览会以及广西北部湾经济区的开放开发吸引了东盟国家人民的注意力，广西卫视在东盟国家的落地播出成为他们了解广西和中国的一个渠道。云南卫视已经进入越南河内和胡志明市有线电视网，将中国地面数字电视传输标准引进老挝，与老挝国家电视台建立合资公司经营数字电视，并与柬埔寨在数字电视领域合作，播放中国电视节目，促进了中国文化产品输出，提高了中国文化传播力和影响力。以"香格里拉之声"命名的云南人民广播电台，用越南、华语两种语言在东南亚、南亚7个国家播出。广东电视台与马来西亚电视制作机构合作开办境外卫星电视频道"家娱频道"，面向华人播出，已经进入印度尼西亚、菲律宾、越南、老挝等国家的有线电视网和马来西亚的手机电视网。东方卫视2002年在日本落地播出，上海广播电视台旗下第一财经频道2012年进入新加坡传媒市场。对周边国家传播渠道的拓展不限于传统广播电视，各家传媒机构依据对象国媒介环境的改变，正在尝试手机广播电视，在Facebook、Twitter、YouTube等社交媒体平台开通页面，以及组织各种交流活动，运用各种渠道传播中国信息，加深双边理解，增加传统友谊。

在传播内容上，我国媒体关注周边国家的受众需求积极组织策划，制作针对性强的视听产品进行本土化传播。与西方国家相比，山水相连、文化相近的独特地缘优势，使我国与周边国家受众的互动交流更加顺畅。以中国和越南为例，两国文化有相通之处，中国的儒学等传统文化在越南民间影响广泛。中国的古典名著《西游记》、《三国演义》、《红楼梦》的故事情节和人物为许多越南人所熟知。当地人很喜欢看中国的影视剧。为此，2010年国际台越南语部组织了"六小龄童赴越交流"活动，利用《西游记》作品在越南的影响，展示以孙悟空为代表的自强、自立的中国文化精髓，促进中越民间文化交流和相互理解。活动在广播和网站形成了联动报道，听众反馈积极热烈。[①] 在印度尼西亚艾尔辛达调频广播中，针对印度尼西亚本土对中国和亚洲娱乐资讯报道空白的现状，开办"亚洲劲爆点"节目，介绍中国和全亚洲的影坛乐坛资讯，激发了听众极大的收听热情。[②] 对周边国家的传播实践证明，以文化为切入点，拉近中国与受众的心理距离，让他们喜欢收听收看中国的报道，认可中国是一个友善邻居的现实，进而消除对中国的疑虑，为中国的持续发展，营造和谐稳定的周边舆论环境。

（三）增强在发展中国家的本土化传播，巩固并发展传统友谊

作为最大的发展中国家，中国把发展与亚洲、非洲和拉丁美洲发展中国家关系视为外交立足点，提出建立"政治上平等互信，经济上合作共赢，文化上交流互鉴"的中非新型战略伙伴关系，同拉丁美洲和加勒比国家建立和发展平等互利、共同发展的全面合作伙伴关系。

相比亚洲发展中国家，由于文化传统、政治制度和意识形态存在差异，我国传媒对非洲和拉丁美洲国家的国际传播力度总体上要弱些。进入21世纪，随着中国与发展中国家经济贸易的迅猛发展，以及中国国力的逐步提升，我国对发展中国家的传播也步入了新的发展时期，广播电视媒体实现在非洲和拉丁美洲的落地播出。在非洲地区，中央电视台中文国际频道1997年以开路形式进入非洲家庭，之后英语频道和法语频道在长城（非洲）平台通过卫星覆盖撒哈拉以南38个国家和地区；中国国际广播电台在肯尼亚内罗毕和坦桑尼亚开办斯瓦希里语调频广播、在尼日尔开播豪萨语、法语调频台，同时，通过短波和互联网向广大非洲国家传播中国信息。对非传播的主要内容涉及有关中国的各类信息、中国改革开放的经验分享、双边在基础设施建设、农业、医疗、教育、人员培训等方面的合作、防治艾滋病的共同努力以及提供丰富多彩的中国和世界文化。我国对非洲地区的国际传播，进一步增强了双边的传统友谊与相互信任，有力地回击了西方舆论鼓噪的"中国新殖民主义"等无理指责和质疑。值得注意的是，随着非洲经济的发展，传媒市场也在发生变化。在非洲，调频广播仍然是当地的主要信息渠道，伴随手机的逐渐普及，收听方式开始由收音机向手机广播转变。据英国BBC的数据，现在13%

[①] 罗继成：《谈举办"六小龄童赴越交流"活动的经验和启示》，《国际广播影视学刊》2011年第7期。

[②] 辛睿：《谈国际台在印尼落地广播的意义及影响》，《国际广播影视学刊》2011年第3期。

的尼日利亚人通过手机收听调频广播节目,在拉各斯市,通过手机收听调频节目的听众达到23%。此外,在2010年的中东北非国家变局中,以社会化媒体为代表的网络新媒体发挥的巨大作用,也应该引起我国对外传播机构的重视。我国传媒应在准确分析受众市场差别基础上,对中东、北非以及整个非洲制定差异化传播策略,构建多元化立体式对外传播格局。

在拉丁美洲和加勒比地区,由于历史、政治等原因,我国广播电视媒体的落地工作起步较晚,规模有限。2008年,包括中央电视台英语频道和西班牙语频道在内的国内15家电视频道在长城(拉美)平台卫星频道播出。国际台2010年在墨西哥开办西班牙语调频电台,西班牙语和葡萄牙语的短波广播和在线广播继续发展。与我国目前在拉美的传播格局形成对比的是双边日益密切的经贸往来,中国已经成为拉丁美洲第三大贸易伙伴。双方经济互补性强,拉美国家正处于经济转型期,与中国的合作与经验交流有益于双方的共同发展。推动中国在拉美地区的信息传播、文化交流,增进民间沟通与友谊,提升我国在这一地区的影响力和吸引力,是摆在我国国际传播媒体目前的一项重大课题。

第八章 中国广播电视"走出去"的根本方略

第一节 按照"走出去"的需要推进体制改革

由于历史形成的行业壁垒和行政部门区划原因，我国广播电视依然存在着条块分割、重复建设、实力分散、竞争无序等体制问题。与西方发达国家相比，我广电媒体"走出去"模式相对简单，力量相对分散，渠道相对单一，实效相对不强。由于尚未建成国际一流广播电视媒体，我广播电视在重大国际事务中的话语权仍然有限，无论是国有广电机构，还是民营广电企业，在国际传媒界和文化市场的综合竞争力相对较弱，也缺乏具有较强国际影响力和竞争力的跨国综合传媒集团和知名广播电视品牌。当前，全球媒体进入体制转型、结构调整的关键时期。推动我广播电视全面增强综合实力和核心竞争力，必须以体制改革作为根本动力，以集团化、规模化、专业化、市场化为方向，加大资源整合、行业重组和融合发展，整合功能重复、内容同质、力量分散的媒体资源，打造具有国际竞争力的跨国传媒集团，形成优势集中、功能互补的广播电视传播格局，增强广播电视"走出去"主体的综合实力和竞争力。

一、发达国家传媒体制对"走出去"的积极作用

（一）公商并存的二元体制，有利于破解媒体"走出去"的身份障碍

目前，大多数西方发达国家的广播电视媒体具有两种组织形态：公共性质的媒体和商业性质的媒体。多数国家的公共媒体依靠视听接收费制度维持自身的运转，主要负担向社会提供公共服务的功能。商业媒体主要依靠广告费、视听费维持运转，主要负担满足社会多样化需求的功能。其中，商业媒体是主流，公共媒体主要提供社会所必需而商业媒体依靠市场机制难以提供或从盈利角度不愿提供的广播电视服务。二者的规模从其年收入的巨大差别就可见一斑。根据2001年经济合作与发展组织的统计，在美、英、德、法、

意等建立了公商并存二元体制的国家,美国的商业媒体收入比重最大,占到98%,公共媒体只占2%。英、德、法、意等国家商业媒体比重依次为59.1%、52.9%、68.7%和51.2%。[①]

在实施"走出去"过程中,西方发达国家的商业媒体,实施的是市场化、商业化运作模式。比如,新闻集团在进行海外落地和跨国扩张时,往往选择收购兼并当地媒体。新闻集团首席执行官默多克对福克斯公司、Direct TV、德国天空公司等一系列公司的收购均是如此。[②] 为了方便公司运作,默多克甚至把公司总部从澳大利亚搬到了美国。这种商业化运作的模式有两个直接好处:规避政策壁垒、加速境外落地进程。因为无论在西方还是东方,媒体都是敏感行业。当地政府会有各种各样的政策和法规,防止外国媒体的进入对本国的文化和信息安全构成威胁。而通过兼并或收购当地媒体,则可以马上获得该媒体原有的受众资源和发行渠道,并省去了品牌开拓的时间。

西方发达国家的公共媒体,也善于通过多种方式、多个渠道、多元资金来源,开展全方位、多层次的"走出去"。比如,英国广播公司(BBC)是公共媒体的代表,其通过BBC国际电台基金会(BBC World Service Trust)承担该台大部分广播节目境外落地工作。在运作方式上,BBC国际电台基金会采取政府搭台,广泛合作,财源多元的方式,其项目合作者除该台与BBC的各有关部门和对象国合作伙伴外,还包括一些实力强大、声誉卓著、权威性高的组织和机构,如:英国和外国的政府部门,欧盟、欧洲委员会、世界银行等国际组织,联合国教科文组织、联合国儿童基金会等联合国有关机构。BBC环球公司(BBC Worldwide)主要负责BBC电视境外落地工作,通过合作、并购等方式,在海外建设全资或合资电视台(频道),在美洲、亚洲、大洋洲等地区控股、参股的频道数量逾40个,辐射到全球200多个国家,其电视频道和网站遍布全球各大洲。[③] BBC的这些下属公司,使BBC成功规避了国外政策和法律壁垒。通过成立合资公司,直接变身为当地媒体,则绕开了法律对外国媒体的约束。

(二)综合媒体的业务形态,有利于形成媒体"走出去"的规模效应

纵观西方发达国家传媒巨头,其大多以媒体形态齐全、业务广泛多元的传媒集团形式出现,并凭借雄厚的资本实力、灵活的市场机制,通过横向与纵向的重组、整合与兼并等市场扩张手段,实现传媒发展规模效应、协同效应与多元效应,发展优势非常明显。大体上讲,国际传媒大鳄实施的市场扩张手段,主要有三种模式:一是传媒产业内不同行业的横向整合,如时代华

[①] 国家广播电影电视总局发展研究中心:《国外广播影视体制比较研究》,中国国际广播出版社,2007年版,第2页。

[②] 任永雷:《中外媒体境外落地特点比较及对策研究》,载《对外传播》2012年第5期。

[③] 任永雷:《中外媒体境外落地特点比较及对策研究》,载《对外传播》2012年第5期。

纳整合原有时代公司的报刊和华纳公司的电影和音像业，迪士尼公司则拥有娱乐业、主题公园、电影制作及音像业；二是传媒产业内的纵向整合，如贝塔斯曼和新闻集团注重对出版和传媒集团相关众多产业链进行整合；三是非传媒产业的跨行业整合，如日本索尼公司、微软公司也涉足传媒产业。① 这种以传媒集团形式呈现的综合媒体形态，有利于形成媒体"走出去"的规模效应，最大限度地提升"走出去"的整体实效。

以国际广播节目境外落地为例，国际广播节目的境外落地，是媒体"走出去工程"的重要组成部分。鉴于政治目标、经济实力和技术水平差异，目前世界上大规模开展节目境外落地业务的西方国家，主要是英国、美国、法国和德国。英国BBC、美国之音、法国国际广播电台、德国之声，都是集广播、电视、网络、新媒体等多种媒体形态于一体的传媒集团。它们在节目落地上的一个重要指导思想，是"利用受众使用的一切接收手段，覆盖一切可能达到的受众"，为此，它们加快了由传统国际广播平台向新型多媒体综合性传播平台转变的进程。在相当一个时期内，这些媒体将使用新手段扩大节目落地覆盖，把重点放在中波/调频、卫星电视和在线网络传播三大领域，并大力开拓和应用一切有利于国际传播的新技术。在落地战略上，实施"一体化、有侧重"战略。在难于使用某一手段进入的地区和国家，就大力推进其他易于进入的技术手段，以达到三种手段的分工合作与协同配合，用有限的资金实现最大的效益。在落地策略上，这些媒体均采取"统一部署、多元实体"的策略，各自制定了在全球扩大覆盖面、扩大受众群、确保传播实效的发展战略，从落地的任务、发展目标、落地重点、战略布局到技术手段、落地策略、节目模式与编排等，进行统一安排和部署。多数电台还采取了多元实体落地的办法，即不仅通过主打电台直接与国外合作伙伴开展工作，而且改头换面，以不同实体或机构的名义开展落地工作。比如，有的以民用电台面目出现开展合作，有的以非盈利公司或企业身份通过市场途径实现购买和开展合作，形式不拘一格，以达到殊途同归的目的，既更易于进入对象国家，也使资金来源多样化。

二、中国广播电视体制对媒体"走出去"的障碍

（一）我国广播电视体制现状

1. 传媒集团化程度低

长期以来，我国广播电视系统一直实行条块分割、以块块管理为主的"管办合一"的管理体制，造成广播影视行政主管部门既当运动员，又当教练

---

① 吴立斌：《中国媒体的国际传播及影响力研究》，中共中央党校博士学位论文，第428页。

员,还是裁判员,缺乏竞争意识,大大降低了决策和运营效率。我国按照行政区划设立广播电视播出机构的四级办广播电视模式,造成广播电视频率资源的浪费和网络资源的大量闲置,导致条块分割、重复建设、实力分散、竞争无序等不良态势,已经越来越不适应世界传媒业的发展趋势,越来越难以适应日趋激烈的市场竞争需要。同时,西方发达国家为了确保新闻报道的公正性、节目内容的多元化,以及对本国文化和国家利益的保护等多重原因,对外国资本在本国广电媒体所持股权的比例以及广电节目中播出的本国原创节目的比例,都有非常细致的要求。在这种情形下,具有中国政府背景的官方媒体,无论是想直接进入,还是通过控股、入股当地媒体等方式,都会遭遇到西方法律和政策的障碍。而且,即使进入了西方传媒市场,我们的媒体也无法同高度产业化的当地媒体如BBC、CNN等同台竞争。因为对方是有成熟运营经验的公司,而我国媒体缺乏媒体产业资本运营等方面的成熟经验。

为了做大做强中国的广电媒体,广电领域的体制改革,早在十几年以前就在酝酿,但依然处在攻坚阶段。1999年,国务院办公厅转发了信息产业部和国家广电总局《关于加强广播电视有线网络建设管理的意见》[①],提出广电媒体应该跨地区、跨行业经营发展的指导原则。该文件的出台,反映了广电行业根据市场形势的发展变化和建立竞争机制的内在需求,并从政策层面正式开启了中国广播电视集团化的体制改革浪潮。此后短短几年的时间里,全国陆续有20多家广电集团成立,国家广电总局也同时成为中国广播电影电视集团。然而,随着各地广电集团的成立,其中存在的问题也逐渐暴露。那就是集团化所实行的局机关和集团合一的运行体制,只是一种简单的叠加,是一种"物理变化"。其在运作模式和经营体制上并没有发生实质上的变化,广电媒体究竟是事业单位还是企业单位的定位依然不明确。集团内部行政与业务双轨并存、事业经营与企业管理双轨并存的问题非但没有消失,甚至在产权和性质上带来一定的混乱。

2004年年底,国家广电总局宣布不再组建新的广播电视集团,并对已经组建的集团进行经营性资产的剥离。广电总局还要求全国已经成立的众多广电集团,若要保留单位的事业属性,就必须剥离集团内的经营性资产,并建议将集团更名为广播电视总台。这实际上是对前期体制改革所暴露出来的矛盾所进行的反思和调整。回顾中国广电媒体的集团化体制改革,其问题的关键仍然是"事业/企业"或"公益性/经营性"一体两栖功能的矛盾定位上。这一矛盾使得广电媒体并没有成为市场主体,而政府这只看得见的手依然和

[①]《国办转发信息产业部广电总局〈意见〉加强广播电视有线网络建设管理》,《人民日报》1999年11月11日第2版。

市场这只看不见的手在一起主导行业的发展。集团化改革没有达到产权归属明晰、资源配置结构合理的改革初衷和本应该发挥的资源整合作用。这里所反映出的还有一个广电集团市场主体地位的"悖论"问题。按照广电集团"事业单位、企业化管理"的做法，很多集团仍然保留了与同级广电主管机构相当的行政级别，其管理层也由政府权力机关任命，在管理层上保留了所有事业单位的运作特征。这样做的目的，当然是为了确保舆论机关的宣传导向和主管权力免受商业市场的干扰与侵略，但也模糊了广电集团作为市场主体的独立地位。[1]

在当前中国传媒发展阶段，我国传媒集团的组建是行政命令的结果，还不是市场力量的结果。由于我国传媒产业起步晚，传媒发展市场手段、市场动力不足，我国传媒集团还不善于通过兼并重组的方式实现规模化、多元化发展，资源集中度还很低，甚至陷入长期为人诟病的"多而不精、大而不强、集而不团"困境。同时，我国传媒单位数量众多，但是传媒机构不合理，传媒发展的"纽扣现象"[2] 明显，在国际上缺乏能与西方发达国家传媒竞争的跨国传媒集团。从国际传媒市场态势来看，我国传媒业还处于明显弱势，不具备与国际同行抗衡的能力。

2. 传媒市场准入度高

传媒市场准入度高，是影响我国传媒产业竞争力的政策层面因素。我国政府对传媒实行严格的市场准入限制，在长达15年"复关"的艰难谈判中，传媒的市场准入问题始终是谈判的焦点问题之一。目前，我国传媒产业中，只有广告业和文化娱乐业的市场准入条件相对较低，允许国内私人资本设立私营企业。根据我国加入WTO有关广告业的承诺，允许外国服务提供者在中国设立中外合营广告企业，外资比例不超过49%；2003年12月10日后，允许外国广告公司在合资广告公司中控股，即可超过51%的股份；从2005年12月10日以后，取消在中国开展媒体业务必须成立合法公司的限制，允许外国广告公司以独资公司的身份进入中国广告市场。而在出版、音像、传媒、影视业，私人资本、外资只能有限进入这些行业的分销发行（放映）等下游环节，而且投资比例受到严格限制，不允许设立外商独资企业，也不允许外资控股，文化企业的经营管理和内容的编辑制作等核心领域是绝对禁止私人资

---

[1] 可参见：《中国广电行业管理体制改革中的几个节点问题》，http://blog.sina.com.cn/s/blog_4cc76f7d0100kyg0.html

[2] 纽扣现象通常用来形容中国制造业的"中国制造"特点：制造一个"芭比娃娃"，只分得2%的利润；制造打火机，可有的打火机不如国外的火柴值钱；制造纽扣，可纽扣却被国外用来做成品牌服装……这种为国外做贴牌加工，出口类似于纽扣的小零件，在国外加工后高附加值被国外挣取。由于缺乏自主品牌，只好为国外做代工、做贴牌，或者出口一些"零件"、"素材"，导致产品附加值低，企业收益率低。

本和外资进入的。①

有学者精辟地指出，这种严格的市场准入限制，已经影响了我国传媒产业的发展。②首先，将大量产业外资金排斥在外，限制传媒资本市场的发展，造成传媒机构投融资渠道不畅，无法利用产业外资金迅速发展壮大。其次，过高的市场准入加之传媒市场的条块分割，使传媒市场竞争强度大大减弱，不利于传媒单位在激烈的市场竞争中提高竞争力。第三，过高的市场准入限制会导致大量的违规行为。事实上，行业壁垒过高和产业竞争壁垒过低都不利于传媒健康发展。一方面，市场准入过严，大量私人资本、外资无法进入，限制了传媒产业迅速发展壮大；另一方面，政府的保护使传媒产业的竞争力难以提高，甚至可能会越来越弱。因为传媒在政府的保护下会失去动力，而坐享由保护带来的丰厚利润。所以说，就产业发展和竞争力的提升而言，政府的保护是很难奏效的。美国经济学家迈克尔·波特所说的："环视各国，若是政府强力介入的产业，绝大多数无法在国际竞争上立足"，"政府方面则必须设定适当的目标并追求生产率，这是经济繁荣的两大柱石。政府必须努力经营像诱因、努力与竞争等可能提升生产力的关键因素，而非一般常听到的补贴、集体研发或'短期'保护政策等看似有效、实则降低生产率的做法。政府的适当角色是，推动并挑战产业升级，而非提供使产业逃避进入的'协助'"。③

总之，与其他产业相比，我国传媒产业发展过程中政府这只能"看得见的手"的作用比市场"看不见的手"的作用大得多。我国政府对于传媒行业管约太紧导致市场配置传媒资源的功能难以有效发挥，传媒发展缺乏活力，致使国际传播力整体发展缓慢。

（二）我国广播电视体制对"走出去工程"的制约

我国广播电视自实施"走出去工程"以来，取得了不俗成绩。但目前我国广播电视以条块分割、重复建设、各自为政、有系无统等为主的体制特征，对推进媒体"走出去工程"产生了重要影响，导致广电媒体"走出去"模式相对简单、力量相对分散、渠道相对单一、实效相对不强，极大地制约着"走出去工程"的整体实效。

1. "走出去"模式相对简单

综观英国BBC、新闻集团和美国CNN等世界主要媒体，其"走出去"战

---

① 祁述裕：《中国文化产业国际竞争力报告》，社会科学文献出版社，2004年版，第185页。

② 以下关于市场准入高对传媒业发展的限制，可参见吴立斌：《中国媒体的国际传播及影响力研究》，中共中央党校博士学位论文，第332—333页。

③ （美）迈克尔·波特：《国家竞争力》，华夏出版社，2002年版，第4页、第28页。

略、策略、速度、规模、形式、手段、实效等，发展和提升很快。可以说，西方发达国家的媒体，已经实现了由原始的"打工者"，转变为以投资者的身份卖信息、卖产品；实现了从简单的、游击战式的传媒间经验交流与合作，发展成拥有"根据地"的媒体资源优势互补、长期合作；实现了从海外创办媒体的投资者角色，转变为在海外收购媒体，进行战略性投资的"大股东"角色。[①] 我国广播电视虽然也形成了落地覆盖、购买国外电台电视台播出资源、销售广播电视节目、到国外举办广播电视节目展、与国外合办晚会或项目等多种"走出去"形式，但"走出去"主体模式仍是落地覆盖为主。而且，覆盖率高、入户率低问题比较突出，海外实际注册用户不多。中国媒体在欧洲、北美、非洲等已经落地的地区，收视率排名较低，和BBC、CNN等国际著名媒体的差距依然很大。

仅以西方媒体在非洲的影响为例，尽管非洲对西方媒体把它描绘成一个充满灾难的大陆非常不满，但西方媒体在非洲新闻报道及塑造新闻工作者世界观方面依然占有主导性地位。一项研究发现，非洲在外交事务和当地新闻报道方面对西方媒体和新闻机构的依赖尤为明显。即使是在非洲记者报道的新闻中，构建其内容的也往往是那些总部设在亚特兰大、纽约或者是伦敦的外国新闻机构。曾经有一项研究表明，在2006年5月至6月期间，加纳最大的两家报社发表的543篇文章中，64%的文章来自于BBC，而只有13%的文章来自加纳新闻机构，剩余23%来自其他机构。[②] 中国媒体同西方传媒巨头在非洲的影响力差距尚且如此，在西方国家的情况也不难想象。

2. "走出去"力量相对分散

中央电视台、中国国际广播电台、中央人民广播电台、人民日报、新华社等中央主流媒体，是"走出去工程"的主力军，各地方媒体和民营广电企业是重要补充力量。但在"走出去"的过程中，我国媒体虽然进行了一定程度的合作，但受制于媒体自身隶属关系、行政区域分割、运作机制差别等因素，仍以各自为战为主，没有真正做到优势互补、资源共享、互利共赢。由于我国仍然缺乏具有国际影响力和竞争力的跨国传媒集团和知名媒体品牌，目前，中国传媒在世界上只是扮演了"演员"的角色，所提供的只是一种信息产品和文化产品，赚取的只是一点"劳务费"，"处于文化产业全球分工链条的低端"[③]。

3. "走出去"渠道相对单一

我国广播电视"走出去"，仍以传统的、官方背景的广播电视渠道为主，

[①] 吴立斌：《中国媒体的国际传播及影响力研究》，中共中央党校博士学位论文，第433页。

[②] 沙伯力、严海蓉：《非洲人对于中非关系的认知》（下），《西亚非洲》2010年第11期。

[③] 张玉玲、李慧：《中国文化产业：走出去赢回来》，《光明日报》2010年8月18日。

新媒体手段运用仍然较少,"走出去"的民营企业数量偏少。而西方发达国家主要广播电视都实施了全媒体、市场化、商业化的策略。同时,由于我国媒体特殊的政治背景,自身还没完全实现产业化市场运作,缺乏资金和人才,再加上对西方国家文化产业政策、传媒市场环境、运作规则、受众消费习惯不熟悉,广播电视"走出去"面临着多种政治风险、法律风险、财务风险、运营风险和战略风险,其进展并不顺利,实效亟待提升。

4."走出去"实效相对不强

我国广播电视节目内容的质量,比如时效性、贴近性、可视(听)性等,无法同国际媒体和当地媒体抗衡,这主要是因为本土化不高所致。在资讯来源日益多元、日益简单的全媒体时代,传统的"内容为王"和"渠道为王"模式,正在向"用户为王"或"受众为王"转变。西方主流媒体如英国BBC、美国CNN等,都非常注意节目本土化。CNN聘用了上千名海外记者,在全球设立了30多个演播室,而且根据不同国家和地区的需求,编辑了不同版本的节目。BBC则能根据当地受众需求,把BBC品牌节目加工制作成当地本土化版,如BBC环球公司与法国TF1电视台携手,为其量身定做的法国版《与明星共舞》以及美国版《疯狂汽车》等。[①] 中国广电媒体"走出去"战略所针对的目标受众在国外,但目前中国广电节目的选题策划和制作,大多在中国完成。毫无疑问,在这种条件下制作出来的节目,同国外受众的欣赏习惯和信息需求,都存在着不小的偏差。中国媒体的面向海外受众的节目过于关注中国,中国新闻多而国际新闻少;同BBC、CNN乃至半岛电视台相比,更像是外语频道,而不是国际频道。节目也大都由中国人制作,而非母语人士完成。而节目制作不能够实现本土化,带来的最直接的两个负面效果就是实效性和针对性不足。

三、中国广播电视体制改革的路径

传媒体制改革是激活传媒生产力的根本动力。中国传媒在经历30多年的改革之后,仍旧存在着阻碍传媒生产力进一步发展的体制障碍。由于传媒体制改革关系到媒体的意识形态属性,不同于一般的国有企业改革,改革的敏感性、复杂度都相对比较高,必须探索一条具有中国特色的传媒体制改革之路,根据媒体地位、经营业务、传播内容的不同,确定不同的改革对象与改革路径,理顺媒体与政府、媒体与市场、媒体内部三个层面的关系,合理确定媒体的传播主体、市场主体地位,使传媒体制适应传媒发展基础变化,为国际传播提供有力体制保障。李长春同志曾明确指出:要不断创新文化"走出去"的渠道、途径和方式方法,坚持"两条腿"走路,在继续推动政府主

---

① 任永雷:《中外媒体境外落地特点比较及对策研究》,《对外传播》2012年第5期。

导的文化交流的同时，积极探索市场化、商业化、产业化的运作方式，着力打造一批具有国际竞争力的外向型文化企业，打造具有重要影响力的国际文化交易平台，以企业为主体、以市场化运作为主要方式，推动我国文化产品和服务出口，扩大我国文化产品在国际市场上的份额。① 这就为加快我国广播电视体制改革，增强媒体"走出去"影响力和竞争力，指明了明确方向。我国广播电视应从政府、媒体和市场三个层面，加快推进体制改革力度。

（一）政府层面：打造具有国际竞争力的跨国传媒集团

自 20 世纪 80 年代以来，一大批传媒集团在西方发达国家诞生。这些大型传媒集团既有传统的广电媒体如 BBC、CNN，也有通过一系列大规模的兼并、收购等，将经营范围由传统的图书、报纸出版等扩展至电视电影节目制作、网络通信业、有线业务等，如贝塔斯曼等。这些西方国际传媒集团通过资本运作和多元化战略的实施，使得企业内部的资源得到充分运用，不但占据了当今世界媒体市场份额非常大的比重，而且垄断了国际传播的话语权。

综观西方传媒集团的发展，我们认为，具有国际影响力的传媒集团，至少具备三个特点：第一，有效受众多，且受众为当地主流人群；影响力大。第二，规模大，运营效益良好。第三，具有多种业务和渠道盈利，收入结构合理，避免单一收入所带来的风险。在当前发展阶段，我国传媒业的当务之急，是加快实施兼并重组战略，大力推进传媒产业结构调整，以中央重点媒体为龙头，着力打造语种多、受众广、技术先进、信息量大、影响力强、覆盖面广的，具有国际竞争力的传媒集团。应尽快改变现有传媒集团单一经营模式，鼓励传媒跨行业、跨地区、跨媒体、跨所有制的规模化经营。应创造有利于传媒集团兼并重组的市场环境，打破条块分割，使大量同质传媒之间形成竞合关系，形成真正的传媒产业链。同时，鼓励拥有多家传媒单位的地区、部门、单位和业务相同、相近的传媒单位，通过重组、联合、股份化等方式，按照优势互补、资源结合的原则，整合优势传媒资源，以资本为纽带，组建新的传媒集团，形成新的市场主体和战略投资主体。对于已经组建的传媒集团，应加快实现其传媒增长方式的转变。从传统的单纯由行政推动的传媒集团发展方式，转变为政府调控与市场竞争共同推动的发展方式；从自我爬行的"蜗牛式"增长方式，转变为横向与纵向合并的跨越式增长方式；从注重传媒资源数量的扩张、"粗放式"利用的发展方式，转变为注重资源质量效益提升、集约式利用的发展方式；从自我封闭的循环式发展，转变为注重

---

① 李长春：《正确认识处理文化建设中的若干重大关系 努力探索中国特色社会主义文化发展道路》，人民网，2010 年 6 月 17 日，http://politics.people.com.cn/GB/1024/11894011.html

利用国内、国际两个市场、两种资源的开放式发展。①

(二) 媒体层面：政府媒体与市场媒体的双轮驱动

在我国，任何媒体都是国有的，因此，政府媒体与市场媒体的区分也只是相对的概念。具体而言，中国的政府媒体是指国家所有的全额拨款事业单位；市场媒体则指实行市场化运作、自收自支的事业单位，尤其指那些党报媒体下属的子媒体。当前，政府媒体是"走出去"的绝对主力军。在国际传播中，政府媒体具有官方性、权威性、严肃性等特征，是中国声音和政府立场的权威传达者。但政府媒体在国际传播中，也有明显不足，比如，宣传味较重，传播性不足；政府性鲜明，社会性不够；刚性有余，灵活性不够，等等。这些不足也相当程度地制约了中国政府媒体国际传播的实效。因此，单一地借助政府媒体开展"走出去"等国际传播活动，不可避免地会暴露出其局限性，而政府媒体之外的市场媒体能弥补政府媒体的这些缺陷。首先，借助市场媒体进行国际传播，有利于淡化传播的"宣传"色彩，由于市场媒体与中国政府相对超脱的关系，使西方媒体在引用中国一些市场媒体报道时，喜欢加上"半官方"字样，表明他们更倾向于信任中国的市场媒体。其次，市场媒体比较注重新闻本身的价值，以及注重传播的市场效应，使它更能反映社会民众的多元声音，有利于向国际社会展示中国民众的力量。再次，市场媒体相对的独立性，使政府的声音通过市场媒体传达，有时则能收到别样的效果，起到试探舆论的作用，一旦国际舆论和政府反映不一致，政府也会有回旋余地。最后，市场媒体的市场本性，使其新闻话语表达体系有别于政府媒体的话语表达体系，其平民性、通俗性的特点更容易被国外的普通受众接受。②

可见，无论政府媒体还是市场媒体，都是服务于如何提高中国国际话语权、增强中华文化世界影响力、树立良好国家形象的目的。由于中国广电媒体的官办属性，其在新闻报道中所持的立场，都有可能被西方政治团体上升为中国政府的意志。这一点在涉及战争、宗教和民族、移民事务的报道中，风险尤其大。相同的原因，中国广电媒体在海外所遭遇的法律或经济纠纷，也因此可能演变成公关危机。鉴于此，我国广播电视实施"走出去工程"，必须是"两个轮子"一起转，既要发挥政府媒体的舆论权威作用，又要发挥市场媒体的独特功能，使两者有机联系、有机配合。政府媒体可探索成立市场

---

① 吴立斌：《中国媒体的国际传播及影响力研究》，中共中央党校博士学位论文，第427页。

② 关于政府媒体与市场媒体的区分、优势、不足的分析，参照了学者吴立斌的相关论述。参见吴立斌：《中国媒体的国际传播及影响力研究》，中共中央党校博士学位论文，第492—493页。

化运作公司，培育塑造市场主体，遵循国际游戏规则，切入海外传媒市场。市场化媒体应探索通过多种途径在海外参股、并购或投资创办一批文化传播企业和文化中介机构，培育境外实体；探索与境外有实力的媒体公司合作，建立专门的新闻信息产品营销公司，在重点国家和地区成立分支机构、发展代理商，建构符合市场运作规律、覆盖广泛的营销体系，提高信息产品的营销能力。同时，按照市场规律，运用市场手段，整合各种社会传播资源，充分利用其信息内容、运作模式、营销渠道、专业人士、传播品牌等优势，加快市场化步伐，提高国际传播竞争力。

值得注意的是，政府媒体成立市场化运作公司，必须遵循市场规则和国际传媒业发展规律，才能在市场竞争中做大做强。从20世纪90年代中期开始，BBC进行了多次体制改革和机构重组。其核心就是减少行政层级，加强内部竞争，开拓市场。纵观BBC不同时期的改革，可以发现作为一家西方发达国家公共广播电视媒体，它也曾遇到中国广电媒体现在面临的问题，诸如经费不足、行政机构臃肿、在公益性和经营性之间难以两全等问题。幸运的是，在不同的发展阶段，BBC都通过体制改革和机构改组完成了那一时期的阶段目标，始终保持着在世界媒体中的领袖地位。虽然中国和英国的国情不同，中国广电媒体不能照搬BBC的改革经验，但可以从BBC的改革措施中，获得有益启示与经验，为进一步推进体制改革，奠定坚实基础。

（三）市场层面：发挥民营企业不可替代的作用

随着多年高速经济发展，中国民间积累了实力雄厚的资本。当前，民营企业海外拓展的意愿明显增强，民营资本"出海"的意愿和活跃性都很高。对中国来讲，引入民间资本，对资金的使用效率和风险控制，都有裨益。于西方国家而言，他们对中国民间资本的戒备心理也较小，中国民间资本可以进入敏感领域。中国的吉利能够成功收购沃尔沃，同其非国企的身份有很大关系。可见，在收购境外知名品牌、营销网络和研发机构上，民营资本都可以发挥不可替代的作用。在广播影视领域，北京四达时代公司、俏佳人公司、西京集团等一批实力较强的影视文化企业，在海外成功并购运营广播电视媒体，开创了广电服务贸易的新模式。各级广电根据政府推动、企业运作相结合原则，培育了一批影视文化产品和服务出口企业，许多被列入当年度的"国家文化出口重点企业"名录，成为我国影视文化产品和服务出口的主力军，一批引领产业发展的国有和民营骨干型出口主体初步形成。应进一步发挥民营企业对文化产品和服务出口的引领、带动作用，建立健全"政府投入、以公司名义运作"的机制，通过公司运作方式，规避政治风险、法律风险和经济风险，应加大在境外收购知名品牌、营销网络和研发机构的力度，打造具有自主知识产权和核心竞争力的知名文化品牌，提高我国文化产品的附加值。应鼓励文化企业通过投资、合资、参股等多种方式,在境外兴办文化实体,使我国文化产品更直接地参与国际文化市场竞争。同时,利用各类国际展销活动平台,做好我国文化产品的推介和营销,扩大我国文化产品的国际市场份额,提升中华文化影响力。

第二节 按照"走出去"的需要加快机制创新

机制创新是优化各生产经营要素之间的组合,提高效率、增强竞争能力的重要举措。推进我国广播电视"走出去",要加快建立一套符合媒体发展趋势、符合对象国国情、符合国际惯例,刚柔并济的"走出去"制度体系,改进和提升管理水平与效能,切实做到科学管理、依法管理、综合管理。在运用行政管理手段的同时,注重运用经济、法律和技术手段,建立"走出去"综合管理体系,加强对"走出去工程"的保障和推动作用。

一、健全播出监测体系

西方主要国际广播媒体,每年都投入几百万以致上千万美元用于调查研究和播出监测工作。在西方一些大的广播电视机构,通常都有由40名至60名专家组成的专门研究机构。他们在受众调查公司所提供的各种数据的基础上,进行广泛的观众、市场和舆论等方面的分析与研究,整理出书面报告,在广播电视台内部的各个工作部门广为散发提供参考。研究部门还负责向管理、决策和销售部门提供对内对外传播方面的重大进展和发展趋势意见,派代表参与节目安排和广播电视发展前景的筹划。

比如,英国广播公司(BBC)每年以自主或委托方式,对若干国家进行规模不等的抽样调查,并尽可能在一段恰当时间内进行重复调查,以便比较。它还与美国、德国、法国、荷兰、加拿大、澳大利亚等国家的对外电台研究部门和社会调查机构交换调研资料和共同进行调研项目。此外,BBC世界电台委托独立的国际调查机构进行评估,评估的内容包括:听众规模、节目质量、听众喜爱程度、受众信任程度,以及每周到达率、认知度、客观度和实用度等。此外,英国广播公司世界电台有一个监听部,工作人员最多时达到506人,全天24小时监听150多个国家、100多种语言的三千多个信息源,在世界7个城市设有监听站。除监听任务外,还负责收集、分析当地及周边国家舆情,提交公司决策部门与有关政府部门。同时,英国广播公司负责国际传播事务的全球新闻部(BBC Global News,统管英国广播公司的世界电台、世界电视台和国际在线传播业务),也于2005年建立了世界电台研究小组

(BBC Research and Learning Group），成员是来自非洲、亚洲、中东和英国的媒介传播方面的专家。它主要通过在发展中国家招募和培养调研人员来完成4个方面的任务：提供受众和媒体市场的调研报告；评估国际传播媒体在当地的影响；培训当地的受众调研人员，提高当地的受众调研技能；证实和传播调研成果。迄今为止，该小组的调研成果已用42种语言传送到了非洲、亚洲、中东和拉美的39个国家。其进行过的调研类型包括形成性研究（Formative Research）、节目前期测试（Pre-testing）、受众反馈研究（Audience Feedback）和影响力评估（Impact Evaluation）。所使用的调研方式包括问卷调查（包括KAP[①]调查、媒体市场调查和公共舆论调查）、深度访谈（包括对舆论领袖、社会精英、目标受众和难于达到的人群等的访谈）、座谈、受众小组讨论、专题小组讨论、社区快速反馈、内容分析、政策分析等。[②] 2007年3月，全球新闻部（BBC Global News）对内部高层管理机构进行了调整与重组，其中包括重组了市场传播与受众部（Marketing Communications & Audiences），要求该部门承担起受众研究、推广英国广播公司品牌、扩大影响力的职责。通过这种工作机制前移，国际传媒可以更迅速、更及时、更准确地了解对象国家、地区和受众的情况和变化，从而调整传播模式与内容，提高传播实效。

近年来，国际台建设了监测监听系统与海外合作伙伴报告制度相结合的节目监控机制。通过这一系统和依靠这一机制的良好运行，对节目播出情况收集数据，进行实时监听监测，使落地节目的播出质量和接收效果不断改善。国际台在与海外媒体机构的合作中，通过合同明确约定了合作伙伴报告制度以及相关义务：合作伙伴要监测所播出的国际台节目情况，并确保节目正常播出；负责定期汇集重点稿件、重点策划、节目播出记录及听众反馈，形成月报告、季度报告和年度报告并及时报送国际台；凡转播国际台节目的，要确保与其接收到的节目保持一致。目前，此类评估考核已成为国际台每年与合作伙伴续签协议的重要依据。国际台还建立了定期出访、直接考察与境外合作电台间接收集听众反馈相结合的听众反馈收集机制。一方面，要求落地合作伙伴建立处理听众反馈的机制，加强与听众间的互动交流；另一方面，派出工作小组到当地监听节目播出效果，并与合作伙伴共同举办听众见面会，直接听取听众反馈。所有的反馈信息经过分析处理，用于节目制作、编排艺术的改进和提高。仅2005年，国际台就在境外与合作伙伴共同举办了20场听众见面会，反响热烈，大大提高了国际台在当地的知名度，扩大了落地节

---

① KAP，即英文Knowledge（知识）、Attitudes（态度）、Practice（行为）的首写字母。
② 见 http://www.bbc.co.uk/worldservice/trust/research/services/，http://www.bbc.co.uk/atw/gnd/message0307.shtml，http://downloads.bbc.co.uk/worldservice/trust/pdf/research_and_learning_group/aboutrandlgroup.pdf

目的听众数量和影响力。同时，通过举办听众见面会等多种活动，推动合作伙伴在落地节目中和在当地报纸等媒体上报道听众活动，并推介国际台落地节目，逐步加强对国际台落地节目的推广力度。此外，国际台还通过与合作伙伴电台交流研讨、及时总结落地工作新经验、借助国外合作伙伴力量等，加强对节目落地的调研。近年来，由国际台策划，与合作伙伴联合在境外进行了包括网上、听众小组面访、邮寄问卷等方式的多次落地节目传播效果调研，为推广本土化落地模式、改进落地节目和增强宣传实效提供了有价值的决策参考和借鉴。

我国广播电视要制定切实可行的播出监测规划和实施方案，积极争取外交、财政等相关部门的政策和资金支持，搭建技术平台，通过先进的技术手段，对落地节目的播出质量进行科学监测，促进提高节目播出质量。比如，建立环球监听监测网，对节目播出情况和播出质量实时监听、监测，及时分析判断，及时调整节目播出时间、频率和功率，在动态中保证节目收听效果。建立播出质量监管和用户服务平台，增设遥控监测站和数据采集点，基本做到对我重点覆盖城市和地区的租机、租时段播出和卫星直播效果进行全面的信号采集和质量监控，加强对国际广播主要对象地区落地节目的监控。建立全球多媒体数据传输和交换平台，实现海外记者站、制作基地等与台本部的信息交换，等等。同时，要加快开发科学高效的国际传播效果测评系统、国外舆情分析系统、新闻信息产品市场调查系统，建立覆盖广泛的多层次信息反馈网，客观、量化分析我媒体报道境外落地情况及市场占有情况。要通过建立受众数据库，确定媒体的受众范围、受众群体、受众特征，确定受众的个人信息和受众的媒体接触行为之间的关联，确定媒体受众市场的细分，向不同受众提供不同讯息，帮助媒体监控受众的增加或流失情况，以便通过多种方式，维护与受众的长期关系。

二、建立效果评估体系

应加快建立一套由专业评估机构、我国驻外使领馆、境外受众反馈相结合的收视收听评估体系，对落地节目进行客观有效评估；开展媒体评价和受众评价的定性定量调查，形成年度传播效果评价报告，提高节目播出实效。

以国际台为例。目前，国际台在全球建有8个地区总站和32个记者站。这些驻外站点都承担着收听监测任务，随时反馈有关播出和收听效果的情况。遇重大突发事件报道和专项报道时，国际台还安排驻外站点工作人员进行专门、实时的监听监测，为及时调整和完善相关报道提供重要依据。鉴于广电总局的监测网仅设在我国驻外使领馆内，国际台将与海外伙伴合作在这一监测网的基础上，依托互联网和现代无线通讯技术，适时建立一个基于数字接收机及监听服务器的互联网监听系统，以迅捷、准确、全面、细致地对所有海外节目进行实时监控，形成一个科学、有效的国际传播效果的监控体系。目前，国际台已通过网上在线收听、手机移动终端收听、网上FTP下载收听等多种手段，初步实现了对前方播出节目的日常监听和监管。此外，国际台将适时聘请国际化或当地专业化的节目评估公司，对海外节目进行定期评估，并形成报告，根据评估报告改进节目。定期开展或委托相关机构进行国际传播媒体调研，掌握对象地区社会、受众与媒体的关系，以及不同国际媒体的传播战略和相互关系。

三、构建人才保障体系

广播电视"走出去"走得好不好、快不快，关键在于能否过好人才关。当前，我国广播电视在"走出去"需要的人才规模、结构、布局、质量以及专业性、适应性等方面，仍然存在一定差距。当前，适应加快构建国际传播体系、"走出去"的要求，适应国际市场需求、国外受众收视收听习惯，能够掌握中国观点、世界表达的国际传播人才、国际营销人才，尤为缺乏。要牢固树立"人才是第一资源"的思想，采取多种方式，在人才国际化、体系化、专业化上下工夫，加快培养一支结构合理、德才兼备、锐意创新，既熟悉对外宣传，又了解国际市场，懂经营善管理的高素质、复合型人才队伍。

一是建设外向型人才队伍。加快培养一支了解国际市场，熟悉国际贸易规则，懂经营、善管理的高素质、复合型、外向型人才队伍，重点是加强国际传播能力建设中经营管理、版权贸易、专业技术和翻译人才的培养。应从政策上鼓励海外留学人员回国工作，使其通过加入媒体、兼职工作、项目合作、考察讲学、学术休假、担任顾问等多种形式，为国际传播事业服务。着力培养人才国际眼光，及时了解国际形势，积极钻研国际问题，加强对相关国家和地区情况的研究，深入了解国外受众的心理特点、思维方式、话语体系和接受习惯，打牢国际知识和国际视野根底，善于在错综复杂的国际舆论中把握报道的正确方向，在国际新闻报道中传播中国的立场和观点，在国际舆论斗争中维护我国国家利益和战略安全。针对中央和地方广播电视机构需求，有计划、分类型地开展系统化培训，不断提高广播电视对外工作队伍的政策水平和业务素养。每年定期对"走出去"人才进行国际贸易、国际法规、国际投资、国际风险控制等方面的培训。探索"走出去"人才培养新型模式。与高等院校联手，加快推进走出去后备人才建设工程。广播电视媒体要作为学生的实习基地，和高等院校联手培养学生的实务工作能力；同时，联手高等院校，建设专业工作平台，将学生融入可播出的时政性、新闻性节目制作的环节中，让学生了解和掌握高端新闻节目的制作流程和核心技术，为发展成全媒体复合型人才奠定坚实基础。

二是鼓励中外媒体开展多层次、多领域的专业人才互用、互培计划。学习借鉴全球著名广播电视媒体的国际营销、市场运作、经营管理等多方面的经验，用国际视角加强对领军人物和各类高层次专门人才的培养。同时，加强与非洲地区的人员交流，加大对非洲国家广播电视高层管理人员、新闻记者和技术人员的培训力度，与周边国家广播电视部门签署中长期合作交流协议，形成人员、节目交流的长效机制。大力吸引海外人才，实施国际传播急需紧缺人才引进和聘用计划，建立"走出去"人才信息库，重点引进媒体资本运营、市场营销、新媒体技术等方面的专门人才，聘请海外留学生、工作人员担任兼职记者、报道员、信息员、监听监看员，重点吸引华人华侨回国工作。欢迎全球广播电视行业高端人才到中国发展，注重发挥国外高端广电人才、经营管理人才的重要作用。

三是建立广播电视国际传播能力人才资源库。积极向相关国际组织和国际活动推荐我国广电国际化人才和专家，提升在多边舞台的话语权和影响力。比如，建立"走出去"的专家人才库，收录国际传播、国际贸易、国际法规、国际投资、国际风险控制方面的研究型专家，以及具有熟练翻译中国文化成果能力的外语人才，为广播电视"走出去"增添人才动力。利用中非媒体合作论坛、中阿合作论坛、中国东盟对话合作机制等，开展媒体高层对话，加强双方媒体交流合作。

四是改革完善广播电视外宣人才选拔机制和激励机制。驻外机构是国际传播事业"走出去"的前沿阵地。目前，我国主流国际传播媒体大都遵循"驻在一国，兼管一片"的布局，驻外机构的人才储备相对不足，年龄结构不尽合理、人员聘用方式不灵活、驻外记者待遇偏低。世界主要国际传播媒体驻外机构的组成，具有多样化的特点。除总部派出的正式记者外，还在尽可能采取各种用人方式，实现本土化战略。这些用人方式包括：聘用当地雇员作为翻译、秘书或记者；聘用在驻在国工作、学习的本国人员，或当地自由撰稿人作为特约记者；拥有负责向本机构提供新闻线索或信息的新闻线人。世界主要国际传播媒体总部派出的正式记者，全权负责媒体在驻在国的事务，在驻在国聘用的记者、特约记者、新闻线人，则协助其完成新闻报道任务，包括新闻采集、撰写、制作成品节目。总部派出的正式记者只负责新闻稿件或节目的策划与最后把关。国外媒体聘用当地雇员由来已久，从事这一职业的供方市场已相当成熟，从业人员的职业化素质都很高。这种运作方式，值得我国传媒借鉴。中央明确提出，要实现宽松的人才引进政策，鼓励媒体的驻外机构加大当地雇员聘用力度，逐步实现我国主流媒体信息采集、编辑制作、信号传输、节目推广等环节的本土化运作。我国广播电视要加大当地雇员聘用力度，建立适合驻外媒体机构工作特点的内部收入分配机制，为驻外记者编辑等人员创造更好的条件，培养一流的国际新闻采编队伍和一流的媒体机构经营管理人才,为"走出去工程"提供人力资源保障。同时,应该开辟外籍人才引进绿色通道,采取灵活的聘用制度,在海外选聘我国媒体急需的采编、播音、研究、技术等方面的高端人才到国内工作。

第三节 按照"走出去"的需要完善政策支持

广播电视"走出去",是文化产品和服务"走出去"的重要组成部分,是一项涉及面广、综合性强的复杂系统工程,离不开国家的政策支持,也与各相关部门的统筹协调和配合支持密切相关。美国、英国、法国、韩国等文化贸易发达国家的成功经验表明,文化贸易出口大国通常需要一整套灵活多变、意在推动其文化贸易发展的法律和政策,包括文化贸易的外汇管理、项目审批、商品结构、税收优惠政策等,是一个完善的战略性贸易政策体系。[①]相比较而言,在我国,由于文化管理体制的僵化、政府职能转变的滞后,导致在文化贸易管理中出现"缺位"和"越位"并存,文化贸易服务体系缺失、相关行业协会等非政府组织发育迟缓,产权信用环境不完善,金融担保、教育机构和文化贸易中介服务机构不足,文化产品"走出去"的过程十分艰难,程序非常复杂。为此,我国政府及有关部门出台了多项扶持措施,为推动广播电视等文化产品与服务"走出去"提供政策保障。应在用好用足现有各项政策的基础上,完善扶持"走出去"的财政、金融、税收、出口等政策体系,促进文化产品和服务贸易的繁荣昌盛。

一、国外对文化产品和服务"走出去"的政策扶持

政策扶持是文化产业和文化贸易发展繁荣的基本前提和重要保障。世界主要文化产业发达国家除了重视政府财政拨款等直接资金支持外,还积极鼓励多元化投资方式,共同为其文化产业发展和文化贸易的顺利开展,提供充裕的资金来源。总体来看,这些文化产业发达国家主要采取了三种方式,扶持本国文化及相关产业发展:一是直接动用财政资金。主要通过对文化基础设施的投入、对文艺团体的扶持、对民族文化保护的政府拨款来实现对文化事业的帮扶。二是运用税收杠杆进行调节。对于不同种类的文化企业、文化产品或文化服务实行区别对待。对盈利性非公益文化企业、产品、服务实行

[①] 陈柏福:《我国文化产业"走出去"发展研究——基于文化产品和服务的国际贸易视角》,厦门大学出版社,2011年版,第121—122页。

累进税制征收，赢利越多税率越高。对于非盈利性公益文化单位、活动、服务，则实行减免税或低税率。三是综合运用各种经济政策。在文化产业财税政策支持的基础上，综合运用各种经济政策和手段，扶持文化产业发展。①

美国的文化产业发展和文化贸易政策，可归纳为"放松管制与对外扩张并举"。一方面，美国实施市场化特征显著的文化产业政策。其文化产业政策大多数以法律条文形式来发挥作用，并具有"制定早、分类细、修改勤、覆盖面广"等特点。早在1790年就颁布了第一部文化产业政策法律——《版权法》，1965年出台了《国家艺术及人文事业基金法》，1998年，美国国会通过《数字千年版权法案》，并在2010年对该法案进行了修订。近年来，虽然联邦政府出台的支持文化产业发展的政策并不多见，但一些地方政府从本地文化产业发展出发，出台了减少税收、提供经营和贸易流通服务的文化产业举措，通过制定优惠的财税政策来鼓励各州、各企业集团以及全社会对文化艺术产业进行支持，吸引更多的外来资金投入文化产业。另一方面，美国具有灵活机动的财税支持政策。美国联邦政府没有主管文化的部门，也很少制定全国性文化产业政策。在政府资助方面，联邦政府一方面为文化艺术产业部门提供直接的财政资助，另一方面以税收优惠的方式提供政策支持。美国联邦政府主要通过国家艺术基金会、国家人文基金会、博物馆学会以及联邦政府的一些部门对文化艺术产业给予资助，州和地方政府也提供了大量资助。在当前的新经济条件下，以市场为导向的文化产业和贸易政策，主要是由美国地方政府制定。在特定的经济形势下，美国地方政府针对不同文化产业领域制定和实施财税政策措施，以促进对外文化贸易的发展。再次，美国实施战略性文化产业管理政策。美国强调文化产品和服务产、供、销的高度市场化，通过形成各种介于各州政府和具体文化产业部门之间的非营利性文化组织，设立基金会、创设各种资助文化单位的捐赠制度，促进各种文化企业、各个文化部门的协调发展。美国文化与经济的互渗程度和融合程度都是全球最高的，这种互渗和融合，特别是整个经济社会体制对文化产业的强有力支持，又使其文化产品和服务具有极强的国际竞争力。在美国倡导的自由经济条件下，美国文化产品和服务肆无忌惮地冲击着各个国家的文化市场，同时，美国文化产业依赖于跨国公司及其海外投资的成倍增长而不断壮大，当今美国文化产业更多的是由跨国公司来运作。②

---

① 吴庆华：《国外文化产业财税政策借鉴与启示》，《财会月刊》2010年2月中旬，第41页。

② 关于美国文化产品和贸易政策层面的分析，可参见陈柏福：《我国文化产业"走出去"发展研究——基于文化产品和服务的国际贸易视角》，厦门大学出版社，2011年版，第158—161页。国家广播电影电视总局发展研究中心：《国外广播影视体制比较研究》，中国国际广播出版社，2007年版。

英国非常重视文化产业的外向型发展,在文化产品和服务的出口贸易方面,政府通过实施帮助文化产品和企业走向世界的国家整体营销和品牌战略,全力发展英国文化创意产业。早在1988年,英国政府就专门组建了创意产业出口顾问团,主要负责研究促进创意产业出口的政策措施。英国境内也存在着一些主导创意产业的出口组织,主要职责是为创意产业出口制定切实可行的政策或组织相关活动,以帮助政府协助新成立的出口商增强国际贸易能力,并提供海外贸易的商机。同时,政府也会对国内的出口组织给予支持和帮助。为了促进创意产品和服务的对外贸易,英国政府会通过各种方式和途径促进国内贸易产业领域内的市场竞争,以提升文化创意产品和服务的品质。在此基础上,英国政府会利用国家力量来推动创意产品的全方位合作,以塑造其良好的国际形象,最终达到支持和鼓励本国创意企业和跨国公司开拓国际市场空间。[1]

法国在国际贸易中对文化产业始终强调"文化例外"。法国拥有目前国际上产业架构最为完整的文化产业税收扶持政策。法国政府非常重视文化基础设施的建设,每年政府都要拨出几十亿法郎用于兴建图书馆、博物馆、剧场等文化设施,这些资金由政府拨给文化部,再由文化部分配给各施工项目。法国管理图书出版事业的政府机构是文化部图书阅览司,图书的出版、发行和销售均由私人企业经营,文化部通过国家图书中心对图书出版业给予扶持和资助,国家图书中心每年都将为出版业提供一亿多法郎的资助。同时,法国政府通过国家电影中心对电影业的生产、发行和放映等各个环节给予扶持性资助。此外,法国政府还鼓励企业赞助文化产业的发展,并对赞助的企业实行税收减免政策[2]。

加拿大政府建立了一套称之为支持文化产业发展"工具箱"的文化政策系统,其中涉及财税政策的主要有两个方面:一是财政补贴。加拿大政府每年为公共广播服务提供超过10亿加元的补贴。二是采取税收优惠政策。1977年,加拿大国会对1958年的《所得税法案》进行了修订,规定在加拿大人拥有75%股份的期刊和80%股份的电视台做广告,可以享受税收减免待遇。加拿大政府还以财政资金为引导,通过各种文化理事会对文化产业进行帮扶。理事会每年为本国艺术家和表演团体、演出商提供资助,以鼓励和促进文化艺术产业的发展。政府为此设立了各种文化基金作为资助经费的来源,其中包括演出基金、边远地区艺术开展基金、表演艺术管理基金、艺术节基金、对外文化交流基金等。

---

[1] 关于英国文化产品和贸易政策层面的分析,可参见陈柏福:《我国文化产业"走出去"发展研究——基于文化产品和服务的国际贸易视角》,厦门大学出版社,2011年版,第170—171页。

[2] 关于法国政府文化产业财税政策的分析,参见吴庆华:《国外文化产业财税政策借鉴与启示》,《财会月刊》2010年2月中旬,第41页。

日本政府通过预算拨款、提供补助、设立专项基金等形式，不断加大对文化产业的投入，总体上看，已经形成了企业和民间为主、中央和地方政府投资为辅的多元投融资机制。大力扶持"创新产业"是日本行政指导的具体举措。长期以来，日本实行的是政府主导型经济，政府的"行政指导"通过制定良好的产业政策和实施优惠措施来逐步诱导企业发展。近年来，日本政府审时度势，在技术开发的"行政指导"方面，对"创新企业"实行较多的政策倾斜，通过信贷、政府补贴、税收优惠等经济手段，促进"创新企业"的建立和发展。日本政府高度重视文化产业发展，但并不直接插手，而是采取政府推动、政府和民间共同投入的机制，文化产业项目都进入市场操作。

韩国政府在"文化立国"战略指导下，通过完善和落实各项文化经济政策，进一步推动其文化产业发展。韩国利用税收、信贷等经济杠杆，实行多种优惠政策，并对文化企业的产品出口给予相关政策优惠，促进文化产品和服务顺利走出国门。具体而言，韩国在推行文化产品国际化发展战略上制定的措施，可以概括为以下几个方面：一是加强调研开发适销对路产品；二是集中力量开发名牌产品；三是在文化出口战略地区建立"前沿据点"；四是积极开展跨国生产合作；五是积极举办和参加国际性展销洽谈活动；六是集中资金支持重点出口项目；七是设立出口奖励制度；八是构筑海外营销网。韩国文化产业在资本运作方面，也形成了一套较为完善的资金投入和资本形成机制，其显著特征可概括为"多渠道筹资"，具体体现在"基金会、文化产业专门投资组合、政府财政预算等方面"。为了促进文化创意产业的发展，韩国政府在投融资方面设立了多种基金会。比如，韩国设立了文化振兴基金、文化产业振兴基金、信息化促进基金、广播发展基金、电影振兴基金、出版基金等多种专项基金，以扶持与文化及相关产业的发展。韩国还进行"文化产业专门投资组合"，即以动员社会资金为主，全民共同合作的投融资运作方式。总之，为了使各方面资金聚集到文化产业和文化贸易中来，韩国政府试图建立和健全资金支持机制，采取一系列措施，多渠道筹措文化产业发展资金，按照"集中与选择"的原则，有目的、有重点地实施资金支持，在经费上确保文化产业的发展。① 韩国政府还特别成立影音分轨公司，对将韩文翻译为外语和制作的费用几乎给予全额补助。此外，韩国对电视剧出口免税，出口电视剧的利润由电视台和制作公司五五分成，同时还设立出口奖励制度、构建海外营销网。②

---

① 关于韩国文化产品和贸易政策层面的分析，可参见陈柏福：《我国文化产业"走出去"发展研究——基于文化产品和服务的国际贸易视角》，厦门大学出版社，2011年版，第176—177页、第179—180页。

② 程曼丽、王维佳：《对外传播及其效果研究》，北京大学出版社，2011年版，第68页。

二、中国鼓励文化产品和服务"走出去"的政策措施

2003年开始的文化体制改革,为新世纪我国文化产业发展创造了宏观背景。2003年至今,国家陆续出台制定了一系列扶持文化发展的政策措施,鼓励广播电视等文化产品和文化服务加快"走出去"步伐。

2003年,文化部在《关于支持和促进文化产业发展的若干意见》中提出,要实施"走出去"的发展战略,《意见》要求"积极争取有关部门支持,对出口的文化产品和文化服务给予优惠,在金融、保险、外汇、财税、人才、法律、信息服务、出入境管理等方面,为文化企业开拓国际市场,扩大市场份额、提高国际竞争力创造必要条件"。"扩大与管理规范、技术先进、对我友好的国外知名文化集团的合作,把我国的文化产品和文化服务尽可能多地打入国际市场。"①

2005年,文化部制定《国家文化产品出口示范基地认定管理办法(暂行)》,对国家文化产品出口示范基地进行的认定工作全面展开。

2005年,中央办公厅、国务院办公厅下发了《关于进一步加强和改进文化产品和服务出口工作的意见》,对我国文化产品和服务出口的基本原则、实施主体、渠道方式、政策措施等进行了规定。《意见》提出:"有关部门要改变或废除那些与形势发展不相适应、不利于文化产品和服务出口的规定和做法,制定鼓励文化产品和服务出口的相关政策,修订与文化产品和服务出口有关的法律法规,依法规范对外文化产品和服务的出口工作,加强文化外贸信息平台建设,做好对外文化产品和服务出口的统计工作,向文化企业及时提供国际文化市场信息,为各类企事业单位创造公平竞争的环境和走向国际市场的条件。"《意见》明确要求,"文化部、商务部、国家广电总局、新闻出版总署等部门研究制定文化产品和服务进出口贸易发展战略,加快培育一批具有国际竞争力的出口品牌,从研发设计、政府采购、境外投资、出国参展、广告宣传、整体推广、国际营销体系建设、贸易便利、金融保险、知识产权保护、公共信息服务等方面给予扶持"。"文化部、商务部、国家广电总局、新闻出版总署等部门抓紧制定文化产品和服务出口指导目录。文化部、国家广电总局着手建立国际商演产品信息库和对外交流广播影视产品、服务资源库。外交、公安、商务、文化、海关、广电、新闻出版等有关部门对各类'走出去'活动和工程在项目审批、出入境管理等方面给予支持和保证,做到简捷便利、提高时效。财政部门对符合条件的文化企事业单位文化产品和服务项目的资助申请给予支持。各类文化企业出口广播电视节目、电视

---

① 文化部:《关于支持和促进文化产业发展的若干意见》,中国出版网,2003年9月5日,见:http://www.chuban.cc/ztjj/mysy/zcjd/200612/t20061222_7669.html

剧、电影、动画片、音像制品、电子出版物的收入应单独核算，出口文化产品按现行有关规定享受出口退税待遇。海关对文化产品和服务出口依法提供通关便利。商务部依法为符合条件的企业办理对外贸易经营者备案登记。""商务部、文化部、海关总署、国家广电总局、新闻出版总署加强我对外文化企事业单位的管理，特别要加强对不可再生文化产品出口的管理。文化行业协会发挥行业自律的作用，促进文化产品和服务出口工作健康有序发展"①。

2006年，国务院办公厅转发了《财政部等部门关于鼓励和支持文化产品和服务出口的若干政策》的通知（国办发［2006］88号，以下简称《若干政策》），出台了一系列鼓励和支持文化企业"走出去"的政策。在财政支持方面，《若干政策》明确提出"中央和省级宣传文化发展专项资金、文化'走出去'专项资金，要加大对文化产品和服务出口的支持"，"利用中央外贸发展基金支持文化产品和服务出口。利用中小企业国际市场开拓资金支持文化企业在境外参展、宣传推广、培训研讨和境外投标等市场开拓活动。按照现行援外管理规定，从援外资金中安排专门预算，推动文化产品和服务出口"。在税收政策方面《若干政策》提出"研究制定文化产品出口退税政策。对企业在境外提供文化劳务取得的境外收入不征营业税，对企业向境外提供翻译劳务和进行著作权转让而取得的境外收入免征营业税，对在境外已缴纳的所得税款按现行有关规定抵扣。对从事广播影视节目在境外落地的集成播出企业，从境外取得的收入免征营业税"。在金融政策方面《若干政策》要求"中国进出口银行、国家开发银行等政策性银行要把文化产品和服务出口纳入业务范围。列入《文化产品和服务出口指导目录》的出口项目和企业，需要银行贷款的，可提出贷款申请，银行要按规定积极给予支持"。在出口政策方面《若干政策》要求"充分利用出口信用保险扩大文化产品和服务的出口。鼓励从事出口信用保险业务的保险机构积极开发相关险种"。"推动成立全国性的文化产品和服务出口联盟，在商务、文化主管部门的指导下，整合企业力量，扩大对外宣传，加强行业自律，帮助企业开拓海外文化市场"②。

2006年，《国家"十一五"时期文化发展规划纲要》提出："要培育外向型骨干文化企业、实施'走出去'重大工程项目政策，重点扶持具有中国民族特色的文化艺术、演出展览、电影、电视剧、动画片、出版物、民族音乐

---

① 《关于进一步加强和改进文化产品和服务出口工作的意见》，中国文化产业网，2007年11月12日，见：http://www.cnci.gov.cn/content/20071112/news_13652_p6.shtml

② 《国务院办公厅转发财政部等部门关于鼓励和支持文化产品和服务出口的若干政策》，国办发［2006］88号。参见：http://cul.runsky.com/content/2011-03/28/content_3858948.htm

舞蹈和杂技等产品和服务的出口"。①

2006年，国务院办公厅转发财政部中宣部《关于进一步支持文化事业发展的若干经济政策》，提出"继续对宣传文化单位实行增值税优惠政策，对电影发行单位实行营业税优惠政策。有关部门要在完善相关政策的同时，突出扶持重点，更好地促进宣传文化事业健康发展。"②

2007年，为支持我国文化产品和服务出口，商务部、外交部、文化部、广电总局、新闻出版总署、国务院新闻办共同制定《文化产品和服务出口指导目录》，列出27类文化产品和服务"打包"推向国际市场，支持我国文化产品和服务的出口贸易。其中将年出口30万美元以上的影视企业列为"国家文化出口重点企业"。符合标准的企业将获得在市场开拓、技术创新、海关通关等方面的支持。根据《指导目录》，评选并发布了《国家文化出口重点企业目录》和《国家文化出口重点项目目录》。

2008年，文化部下发《关于奖励2007—2008年度优秀出口文化产品和服务项目的通知》，对评选出的优秀出口文化产品和服务项目给予物质奖励，鼓励中国文化"走出去"。

2009年，国务院下发《文化产业振兴规划》，要求"落实国家鼓励和支持文化产品和服务出口的优惠政策，在市场开拓、技术创新、海关通关等方面给予支持"，"制定《2009—2010年度国家文化出口重点企业和项目目录》，形成鼓励、支持文化产品和服务出口的长效机制。"③

2010年，商务部、中共中央宣传部、财政部、文化部、中国人民银行、海关总署、国家税务总局、国家广播电影电视总局、国家新闻出版总署、国家外汇管理局等十部门联合发布《关于进一步推进国家文化出口重点企业和项目目录相关工作的指导意见》，加大对文化出口重点企业和重点项目的支持力度。在资金支持力度方面，《意见》要求"财政部会同有关部门研究制定财政支持文化出口的政策。通过贷款贴息、项目补助、奖励、保费补助等多种方式支持文化出口，支持文化企业在境外参展、宣传推广、培训研讨和境外投标等市场开拓活动，支持重点文化产品的对外翻译制作和出版活动"。在实行税收优惠政策方面，《意见》要求"贯彻落实《财政部、国家税务总局关于支持文化企业发展若干税收政策问题的通知》（财税〔2009〕31号）规定

---

① 《国家"十一五"时期文化发展规划纲要》（全文），人民网，2006年9月13日，见：http://culture.people.com.cn/GB/22226/71018/4814170.html

② 《国务院办公厅转发财政部中宣部关于进一步支持文化事业发展若干经济政策的通知》，发改委网站，2007年4月29日，http://www.sdpc.gov.cn/shfz/t20070429_133314.htm

③ 《文化产业振兴规划》，中国政府网，2009年9月26日，见：http://www.gov.cn/jrzg/2009-09/26/content_1427394.htm

的支持文化企业出口的税收政策。对文化企业从事国家鼓励发展的文化项目,进口项目自用且国内不能生产的设备和按照合同随设备进口的技术及配套件、备件,根据有关规定免征关税"。在提供金融支持方面,《意见》要求"积极改进和完善金融服务。根据文化企业的特点,鼓励和引导银行业金融机构完善信贷管理制度,创新金融产品和服务方式,加强对文化企业的融资支持。根据实际需求做好贷款投放,并合理确定贷款期限和贷款利率。加强文化企业信用增强体系建设。尽快研究建立健全无形资产(如版权、商标权)价值评估体系,制定有关无形资产价值评估标准,建立无形资产价值评估中介机构和抵(质)押登记、交易平台。在有效防范信贷风险的基础上,积极探索股权、债权、仓单、保单、应收账款、知识产权等无形资产质押担保方式,增强文化企业的融资能力"。在拓宽文化企业融资渠道方面,《意见》要求"支持符合条件的文化企业通过发行股票、企业债券、短期融资券和中期票据等债务工具扩大直接融资。支持符合条件的文化企业在境内外资本市场上市融资。鼓励符合国家规定的相关金融机构以投资参股等形式支持文化出口。全方位做好对文化企业扩大出口和发展境外业务的金融咨询、金融理财和进出口收付汇等贸易融资服务"。在完善出口信用保险体系方面,《意见》提出:"根据我国文化出口实际情况,采取灵活承保政策,优化投保手续,不断扩大支持规模,为文化企业提供快捷高效的风险保障、融资便利、资信评估和应收账款管理等服务。"①

2011年,《国家"十二五"时期文化改革发展规划纲要》对"推动文化产品和服务出口"做出明确规定:实施文化"走出去工程",完善支持文化产品和服务"走出去"政策措施,进一步扶持文化出口重点企业和重点项目,完善《文化产品和服务出口指导目录》,培育一批具有国际竞争力的外向型文化企业和中介机构,形成一批有实力的文化跨国企业和著名品牌。扶持文化企业开展跨境服务和国际服务外包,生产制作以外需为取向的文化产品。②

2011年,党的十七届六中全会通过《中共中央关于深化文化体制改革推动社会主义文化大发展大繁荣若干重大问题的决定》,明确提出"落实和完善文化经济政策","加大财政、税收、金融、用地等方面对文化产业的政策扶持力度","实施文化走出去工程,完善支持文化产品和服务走出去政策措

---

① 《商务部等十部门关于进一步推进国家文化出口重点企业和项目目录相关工作的指导意见》,商务部网站,2010年2月20日,见:http://www.mofcom.gov.cn/aarticle/b/xxfb/201002/20100206786845.html

② 《国家"十二五"时期文化改革发展规划纲要》,人民网,2012年2月16日,见:http://politics.people.com.cn/GB/70731/17126442.html

施","完善译制、推介、咨询等方面扶持机制,开拓国际文化市场"。①

2012年,文化部出台《文化部"十二五"时期文化改革发展规划》,对健全文化产业投融资体系、推动文化产品和服务走出去、文化贸易促进政策做出明确规定。关于健全文化产业投融资体系。《规划》提出:"促进文化产业与金融业全面对接,引导和鼓励社会资本投入文化产业,建立健全多元化、多层次、多渠道的投融资体系。推进银行业全面支持文化产业,鼓励金融机构开发适合的金融产品,巩固和深化部行合作机制,加大信贷投放,创新授信模式。发挥资本市场作用,形成文化企业上市梯次推进格局,推动上市融资,扩大直接融资规模。支持文化企业通过债券市场融资。充分发挥投资拉动作用,促进文化产业投资,培育文化产业领域战略投资者。推动文化产业保险市场建设。加强对文化产权交易的管理,引导文化产权交易机构健康有序发展。探索完善文化类无形资产确权、评估、质押、流转体系"。关于推动文化产品和服务"走出去"。《规划》要求,"积极探索推动中华文化'走出去'的新方式、新办法,鼓励更多地以民间和商业的方式'走出去',促进不同文化的相互了解和尊重,建立健全政府对外文化贸易工作框架。"关于文化贸易促进政策。《规划》要求,"加大已有支持对外文化贸易各项优惠政策的落实力度,进一步落实完善有关财税政策,支持文化企业'走出去'。支持文化企业在海外投资、投标、收购、营销、参展和宣传等市场开拓活动,依法完善对文化企业的出境出口审批政策,减少出境出口审批程序,为文化企业走出去提供通关便利。对符合条件的文化企业发展海外业务给予账户开立、资金汇兑方面的政策便利。加强文化企业和文化产品在进出口环节的知识产权保护,维护权利人的合法权益。建立外向型企业和产品网络资源库,在重点口岸建立对外文化贸易出口基地和服务平台。扶持外向型产品研发及文化产品出口和企业落地经营。对出口业绩优秀的企业和项目予以奖励,分区域制定实施文化产品推广计划"。②

2012年,为支持我国文化产品和服务出口,商务部、中宣部、外交部、财政部、文化部、海关总署、税务总局、广电总局、新闻出版总署、国务院新闻办共同修订发布《文化产品和服务出口指导目录》,同时废止2007年制定的《文化产品和服务出口指导目录》。新的《文化产品和服务出口指导目录》要求"各部门将在列入本目录的项目中认定一批有利于弘扬中华民族优秀传统文化、有利于维护国家统一和民族团结、有利于发展中国同世界各国

---

① 《中共中央关于深化文化体制改革、推动社会主义文化大发展大繁荣若干重大问题的决定》,新华网,2011年10月25日,见:http://news.xinhuanet.com/politics/2011-10/25/c_122197737.htm

② 《文化部"十二五"时期文化改革发展规划》,参见:文化部网站,http://59.252.212.6/auto255/201205/t20120510_28451.html

人民友谊、具有比较优势和鲜明民族特色的国家文化出口重点项目；在符合本目录要求的企业中认定一批具备较强国际市场竞争力、守法经营、信誉良好的国家文化出口重点企业。各部门、各地区依据有关规定在市场开拓、技术创新、海关通关等方面创造条件予以支持"①。

根据各项政策规划和部署，我国有关部门加强协调沟通，完善政策落实步伐，初步形成了全面支持"走出去"工作的政策扶持体系。

比如，我国已建立国际传播能力建设部际联席会议②、文化出口重点企业和项目相关工作部际联席会议③、对外文化工作部际联席会议、服务贸易跨部门联席会议、援外与广播电视"走出去"相结合等工作机制，为对外文化工作的科学发展提供了机制保障，为文化"走出去"提供了全新的互助和合作平台，为对外文化工作形成国内外一盘棋的工作格局、构建人文交流网络，提供了有力支持。联席会议制度的建立，体现了中央关于加强全国对外文化工作"统筹协调、规划部署、指导检查、形成合力"的战略意图，旨在统筹协调全国对外文化资源，增强战略谋划，推动中华文化有计划、可持续的"走出去"，必将对整合各方资源，形成合力，推动我国对外文化工作发展，产生重要而深远的现实意义。

再比如，我国已设立了文化产业发展专项资金、对外经济技术合作专项资金、国家文化出口重点企业和项目扶持资金、国际传播能力建设专项资金、广播影视"走出去"专项资金等，加大了对媒体"走出去"的政府投入和支持力度。相关部委也在财政、税收、建设费管理、技术创新、金融、保险等方面，出台了配套性政策。

总体上看，中央和中央有关部门以及国家广电总局制定出台的系列政策措施，具有很强的针对性、指导性和实践性，为我国广播电视"走出去"提供了有力的领导保证、思想保证和政治保证。

---

① 《商务部等十部门联合发布公告2012年第3号》，商务部网站，2012年2月23日，http://www.mofcom.gov.cn/aarticle/b/xxfb/201202/20120207980777.html

② 国际传播能力建设部际联席会议制度成立于2009年年底，由中央宣传部牵头，中央外宣办、中央对外联络部、中央编办、外交部、国家发展改革委员会、教育部、工业和信息化部、财政部、商务部、国家税务总局、国家广电总局、新闻出版总署等部门及人民日报、新华社、中央电视台、中国国际广播电台、中国新闻社、中国日报等中央重点媒体参加。联席成员单位明确一名领导干部牵头负责，并指定一名司局级干部担任联络员。各重点媒体需根据规划要求，制定本单位总体实施方案和年度方案，设立专门的领导机构，指定专人负责项目实施，并实行项目重大进展报告制度。

③ 文化出口重点企业和项目相关工作部际联席会议的成员单位，由商务部、中宣部、财政部、文化部、人民银行、海关总署、税务总局、广电总局、新闻出版总署、外汇局组成。

三、完善中国广播电视"走出去"的政策支持

文化产业和文化贸易的发展离不开完善的制度环境,除了需要作为文化企业和文化贸易的企业主体必须具有强大的竞争力之外,政府所营造的制度环境和政策扶持体系也是必不可少的保障条件。目前,为推动广播电视等文化产品和服务"走出去",我国政府及有关部门出台的多项扶持措施,有的已经收到明显成效,有的尚未完全落实到位。比如,国内金融机构提供外向型企业、工程项目加快发展的信贷支持没有完全到位;文化产品出口贸易渠道尚未通畅,通关手续繁琐,往往要接受工商、外汇、海关、质检等多个部门的严格审核;在文化产品出口的政策扶持和优惠上,国内文化出口企业受到资金、技术等多方面客观因素的制约,等等。要抓紧建立完善全面支持"走出去"工作的制度保障和财政、金融、税收、出口等具有较强针对性、可操作性的政策体系。

1. 完善财政投入政策

目前,我国广播电视"走出去"尚处于起步阶段,政府更应加大对"走出去工程"的资金投入。财政部等有关部门应增加广播影视"走出去工程"配套资金额度,重点用于解决出口影视产品的译制、版权购买和宣传推广、广电援外培训等资金瓶颈问题。在优秀影视产品的翻译、制作、传播所涉及的选片、获得版权许可、版权付费优惠等问题上,加大特殊政策支持力度。加大资金投入,鼓励与国外广播电视广泛开展节目交流、技术合作、人员培训等多方面的交流合作。财政部、商务部等有关部门,应增加对外援助中广播电视援外项目的比重,带动节目、技术和设备走进更多国家。通过"对外经济技术合作专项资金"、"文化产业发展专项资金","中央外贸发展基金"等专项资金,对积极参与"走出去"的民营文化企业给予更多的政策倾斜,对符合条件的文化出口重点企业在境外参展、宣传推广、培训研讨和境外投标等市场开拓活动给予一定资金扶持,对境外投资项目给予补助,对优秀新闻信息文化产品策划、生产、营销等环节,视实际传播效果予以奖励。同时,可组建一支海外媒体并购基金,由相关部门调拨,协调国内传媒类上市公司为有限合伙人,实现在境外收购、并购当地广播电视媒体,并由国家相关部门会同行业协会,在被收购的海外媒体投放"中国制造"、"中国创造"、"投资中国"等中国形象广告,做好我国文化产品的推介和营销,增加收购媒体的经营收入,更好地宣传我国良好国家形象。

2. 完善金融扶持政策

2010年,中央宣传部、中国人民银行、财政部、文化部、广电总局、新闻出版总署、银监会、证监会、保监会等9部委制定下发《关于金融支持文

化产业振兴和发展繁荣的指导意见》（银发［2010］94号），要求"各金融部门要把积极推动文化产业发展作为一项重要战略任务，作为拓展业务范围、培育新的盈利增长点的重要努力方向，大力创新和开发适合文化企业特点的信贷产品，努力改善和提升金融服务水平，促进我国文化产业实现又好又快发展"[①]。根据《指导意见》精神，我国政府应采用贷款贴息、补贴和奖励等多种方式，鼓励银行或其他金融组织，向文化创意产业提供优惠贷款。相关金融主管部门和机构应继续加大对"走出去"广电企业和项目的金融扶持力度，积极研究以广电节目版权等无形资产进行质押，获得授信的评估方法，积极推荐符合条件的重点影视出口项目和出口企业获得多种形式的金融支持。改革新闻机构投融资体制，发挥政府投入导向作用，支持重点媒体通过银行信贷、企业债券、上市融资、扩充股权等方式，广泛筹措"走出去"资金，形成多元化的投资格局。支持符合条件的文化企业通过发行企业债、集合债和公司债等方式融资。在信贷、担保方面，积极支持重点媒体和国有企业、民间资本以多种方式进入国际传媒市场，允许海外资金、社会资金参与重点媒体海外拓展项目。提高文化产业贸易投资便利程度。便利文化企业的跨境投资，满足文化企业对外贸易、跨境融资和投资等合理用汇需求，提高外汇管理效率，简化优化外汇管理业务流程，促进文化企业提高外汇资金使用效率，降低财务成本，提高我国文化企业核心竞争力。

3. 完善税收优惠政策

税收优惠政策，是指税法对某些纳税人和征税对象给予鼓励和照顾的一种特殊规定。比如，免除其应缴的全部或部分税款，或者按照其缴纳税款的一定比例给予返还等，从而减轻其税收负担。税收优惠政策是国家利用税收调节经济的具体手段，国家通过税收优惠政策、可以扶持某些特殊地区、产业、企业和产品的发展，促进产业结构的调整和社会经济的协调发展。2009年，财政部、海关总署、国家税务总局制定下发的《关于支持文化企业发展若干税收政策问题的通知》（财税［2009］31号）明确规定，文化企业发生的两类进出口业务可以享受税收优惠，一是"出口图书、报纸、期刊、音像制品、电子出版物、电影和电视完成片按规定享受增值税出口退税政策"。二是"为生产重点文化产品而进口国内不能生产的自用设备及配套件、备件等，按现行税收政策有关规定，免征进口关税"，此外，"文化企业在境外演出从境外取得的收入免征营业税"。[②] 税务、海关和外汇等主管部门，应继续落实现有优惠政策，允许中央重点媒体按现行规定享受相关税收优惠政策，减免

---

① 《授权发布：9部委关于金融支持文化产业振兴和发展繁荣的指导意见》，新华网，2010年4月8日，见：http://news.xinhuanet.com/fortune/2010-04/08/c_1223199.htm

② 《关于支持文化企业发展若干税收政策问题的通知》，http://baike.baidu.com/view/3383538.htm

国际台、中央电视台等媒体的海外项目税收费用。同时，加大对影视文化产品和服务出口的税收支持力度。比如，对企业对境外提供文化劳务、演出、翻译和进行著作权转让等取得的境外收入免征营业税；争取我影视企业与境外合拍影视剧时，提前支付给境外合作方的投资款视为税前成本，不按境外机构收入代扣代缴相关税收。对在境外已缴纳的所得税按现行有关规定抵扣。出口音像制品、电影和电视完成片按规定享受增值税退税，等等。同时，可实行税利返还政策，由财政部门拿出一部分与创意产业相关的税金，返还给文化主管部门，集中用于应扶持的创意产业。财税部门返还给文化主管部门的税利，可分别设立各种文化基金或专项资金，其目的是对创意产业的主导行业和重要产品提供资金支持。如建立各种科技研发基金、文化创新基金、创意投资基金，搭建创意产业产业化平台，为创意产业提供资金支持。

4. 完善出口便利政策

2010年，商务部等十部门联合发布的《关于进一步推进国家文化出口重点企业和项目目录相关工作的指导意见》中对提高出口便利水平提出了要求，"海关在有效监管的前提下为文化产品进出口提供通关便利，为境内文化企业出境演出、进行影视节目摄制和后期加工，以及境外文化企业来华演出、进行影视节目摄制和后期加工所需暂时进出境货物提供通关便利，提高通关效率，降低企业成本"，"对从事文化出口的销售人员、演出人员，简化因公出境审批手续，实行一次审批、全年有效的办法，并研究出台管理细则。完善文化出口收汇管理，加快企业出口收汇资金结算速度，改进出口收汇核销方式，简化出口核销手续，为文化企业出口收汇开辟'绿色通道'"。① 要根据《指导意见》的精神，进一步完善《文化产品和服务出口指导目录》，扩大出口资金扶持规模，培育一批具有国际竞争力的外向型文化企业和中介机构，形成一批有实力的文化跨国企业和著名品牌。扶持文化企业开展跨境服务和国际服务外包，生产制作以外需为取向的文化产品。同时，按照《文化产品和服务出口指导目录》的标准，结合有出口实绩的文化企业的行业和领域分布，引导奖励资金重点支持体现核心内容的、附加值较高的新兴行业，逐步提高行业竞争力。进一步简化退税、出口报关、办理外汇等相关手续，不断提高出口便利水平。

---

① 《商务部等十部门关于进一步推进国家文化出口重点企业和项目目录相关工作的指导意见》，商务部网站，2010年2月20日，见：http://www.mofcom.gov.cn/aarticle/b/xxfb/201002/20100206786845.html

主要参考文献

一、著作

北京外国语大学公共外交研究中心：《中国公共外交研究报告（2011—2012）》，时事出版社，2012年版

卜彦方编著：《传媒经济学：理论与案例》，中国国际广播出版社，2008年版

常永新：《传媒集团公司治理》，中国传媒大学出版社，2006年版

陈柏福：《我国文化产业"走出去"发展研究：基于文化产品和服务的国际贸易视角》，厦门大学出版社，2011年版

陈兵：《媒介品牌论：基于文化与商业契合的核心竞争力培育》，中国传媒大学出版社，2008年版

陈卫星主编：《大众传播和国际关系》，北京广播学院出版社，2003年版

程曼丽：《国际传播学教程》，北京大学出版社，2006年版

储建勋主编：《中外传播政策》，科学出版社，2009年版

冯雷、夏先良：《中国"走出去"方式创新研究》，社会科学文献出版社，2011年版

关世杰：《国际传播学》，北京大学出版社，2004年版

国家广播电影电视总局发展研究中心编：《中国广播电影电视发展报告》，新华出版社，2006—2012年版

国家广电总局发展研究中心课题组：《发达国家广播影视管理体制和管理手段研究》，中国传媒大学出版社，2007年版

国家广电总局发展研究中心：《国外广播影视体制比较研究》，中国国际广播出版社，2007年版

郭可：《国际传播学导论》，复旦大学出版社，2004年版

郭可：《当代对外传播》，复旦大学出版社，2003年版

何敏等编著：《文化产业政策激励与法治保障》，法律出版社，2011年版

胡正荣：《外国媒介集团研究》，中国传媒大学出版社，2003年版

胡正荣主编：《21世纪初我国大众传媒发展战略研究》，中国广播电视出版社，2007年版

胡智锋：《传播文化：全球化与本土化》，中国传媒大学出版社，2010年版

黄晓钟、杨效宏、冯钢主编：《传播学关键术语释读》，四川大学出版社，2005年版

简新华、李雪编著：《新编产业经济学》，高等教育出版社，2009年版

蒋姮、王志乐编：《合规：全球公司发展新趋势》，中国经济出版社，2012年版

李黎丹：《发展中国家电视媒体全球化路径研究》，中国传媒大学出版社，2012年版

李良荣等著：《当代西方新闻媒体》，复旦大学出版社，2003年版

李鹏：《媒聚变：媒介融合背景下报纸转型研究》，北京大学出版社，2012年版

李希光、赵心树：《媒体的力量》，南方日报出版社，2002年版

李希光、周庆安主编：《软力量与全球传播》，清华大学出版社，2005年版

李欣：《西方传媒新秩序：从独立传媒、家族传媒到公司传媒》，南方日报出版社，2008年版

李瑛、何力：《全球新闻传播发展史略》，郑州大学出版社，2004年版

李宇：《中国电视国际化与对外传播》，中国传媒大学出版社，2010年版

刘成付：《中国广电传媒体制创新》，南方日报出版社，2007年版

刘国强：《媒介身份重建——全球传播与国家认同构建研究》，四川大学出版社，2009年版

刘继南主编：《国际传播与国家形象》，北京广播学院出版社，2002年版

刘继南、何辉等著：《中国形象：中国国家形象的国际传播现状与对策》，中国传媒大学出版社，2006年版

刘明：《中国传媒集团上市实践与探索》，中国人民大学出版社，2011年版

刘文栋：《华为的国际化》，深圳出版发行集团海天出版社，2010年版

刘阳春：《中国企业对外直接投资动因与策略分析》，中山大学出版社，2009年版

明安香：《传媒全球化与中国崛起》，社会科学文献出版社，2008年版

欧阳坚：《文化产业政策与文化产业发展研究》，中国经济出版社，2011年版

钱津：《突破点——走进市场的国有企业》，经济科学出版社，2006年版

唐润华主编：《解密国际传媒集团》，南方日报出版社，2003年版

唐润华、吴长伟、文建：《传播能力再造：新媒体时代的世界性通讯社》，北京师范大学出版集团安徽大学出版社，2012年版

田智辉：《新媒体环境下的国际传播》，中国传媒大学出版社，2010 年版

王海：《西方传媒对外报道策略》，中国传媒大学出版社，2009 年版

王军旗：《十七大以来党的理论创新与实践创新》，人民日报出版社，2012 年版

王润珏：《产业融合趋势下的中国传媒产业发展研究》，中国书籍出版社，2011 年版

王铁军、胡坚主编：《中国中小企业融资 28 种模式》，中国金融出版社，2006 年版

王志乐、丁继华：《2012 走向世界的中国跨国公司》，中国经济出版社，2012 年版

吴勤学：《海外直接投资理论与实务》，首都经济贸易大学出版社，2006 年版

邢厚媛、李志鹏：《"走出去"营造新优势》，中国商务出版社，2011 年版

郄永忠：《出海：中国企业国际化经营战略》，中国经济出版社，2010 年版

徐琴媛等著：《世界一流媒体研究》，中国广播电视出版社，2011 年版

姚望：《大国崛起的步伐：中国"走出去"战略》，科学出版社，2008 年版

喻国明：《传媒新视界：中国传媒发展前沿探索》，新华出版社，2011 年版

喻国明、焦中栋：《中国传媒软实力发展报告》，同心出版社，2009 年版

张彩：《世界广播发展研究》，中国传媒大学出版社，2007 年版

张金海、梅明丽编著：《世界十大传媒集团产业发展报告》，武汉大学出版社，2007 年版

张君昌、张建赓主编：《21 世纪中国广播电视大趋势》，中国广播电视出版社，2012 年版

张咏华、何勇、郝近平、曾海芳：《西欧主要国家的传媒政策及转型》，上海人民出版社，2010 年版

张咏华：《媒介分析：传播技术神话的解读》，复旦大学出版社，2002 年版

中国文化国际传播研究院课题组：《银皮书：2011 中国电影国际传播研究年度报告》，北京师范大学出版集团北京师范大学出版社，2012 年版

周鸿铎主编：《媒介组合策略——媒介经营与管理丛书》，经济管理出版社，2005 年版

周鸿铎主编：《传媒集团运营机制》，经济管理出版社，2005 年版

周鸿铎主编：《世界五大媒介集团经营之道》，经济管理出版社，2005年版

周庆山：《传播学概论》，北京大学出版社，2004年版

周小普：《全球化媒介的奇观》，中国社会科学出版社，2006年版

朱春阳：《现代传媒集团成长理论与策略》，上海人民出版社，2008年版

（法）阿芒·马特拉、米歇尔·马特拉著，孙五三译：《传播学简史》，中国人民大学出版社，2008年版

（加）马歇尔·麦克卢汉著，何道宽译：《理解媒介：论人的延伸》，商务印书馆，2000年版

（美）艾伦·S·格特曼著，李克宁、张放译：《国际合资企业的建立与管理》，中国人民大学出版社，2012年版

（美）凯利·莱特尔著，宋铁军译：《全能记者必备》（第7版），中国人民大学出版社，2010年版

（美）罗伯特·福特纳著，刘利群译：《国际传播："地球都市"的历史、冲突及控制》，华夏出版社，2000年版

（美）帕特里克·A·高根著，顾苏秦、李朝晖译：《兼并、收购和公司重组》（第四版），中国人民大学出版社，2011年版

（美）萨默瓦著，闵惠泉译：《跨文化传播》（第四版），中国人民大学出版社，2004年版

（美）斯蒂芬·李特约翰著，史安斌译：《人类传播理论》，清华大学出版社，2004年版

（美）斯坦利.J.巴伦著，刘鸿英译：《大众传播概论》，中国人民大学出版社，2005年版

（美）唐·R·彭伯著，张金玺、赵刚译：《大众传媒法》（第13版），中国人民大学出版社，2005年版

（美）叶海亚·R·伽摩利珀著，尹宏毅译：《全球传播》，清华大学出版社，2003年版

（美）约翰·帕夫利克著，周勇、张平峰、景刚译：《新媒体技术——文化和商业前景》（第2版），清华大学出版社，2005年版

（英）达雅·屠苏著，董关鹏译：《国际传播：延续与变革》，新华出版社，2004年版

（英）露西·金-尚克尔曼著，彭泰权译：《透视BBC与CNN：媒介组织管理》，清华大学出版社，2004年版

John D. Zelezny: *Communications Law: Liberties, Restraints, & the Modern Media*，清华大学出版社，2004年1月版（影印）

Joseph R. Dominick: *The Dynamics of Communication: Media in the Digital*

Age (Seventh Edition),中国人民大学出版社,2003年8月版(影印)

Edward S. Herman and Noam Chomsky:*Manufacturing Consent*:*The Political Economy of the Mass Media*. New York:Pantheon Books,2002

二、硕博士论文

贾品荣:《世界性通讯社经营管理研究》,华中科技大学博士学位论文(2009)

吕蓁:《媒介"本土化"与"全球化"的博弈分析》,武汉大学硕士学位论文(2005)

茅根红:《海外华人华侨世界的新变化及其对中国未来发展的影响》,暨南大学硕士学位论文(2006)

钱广贵:《中国传媒体制改革研究:从两分开到三分开》,武汉大学博士论文(2009)

吴立斌:《中国媒体的国际传播及影响力研究》,中共中央党校博士学位论文(2011)

吴艾:《我国传媒国际营销模式研究》,上海交通大学硕士论文(2010)

杨文延:《中国广播电视产业海外本土化战略研究——以美国为例》,武汉理工大学博士学位论文(2011)

三、网站

21cn网 http://news.21cn.com/

百度百科 http://baike.baidu.com/

凤凰网 http://ent.ifeng.com/

国际在线网 http://gb.cri.cn/

国家广电总局网站 http://www.sarft.gov.cn/

国家统计局网站 http://www.stats.gov.cn/

环球网 http://world.huanqiu.com/

求是理论网 http://www.qstheory.cn/

人民网 http://www.people.com.cn/

商务部网站 http://www.mofcom.gov.cn/

搜狐网 http://news.sohu.com/

文化传通网 http://www.culturalink.gov.cn/

新华网 http://news.xinhuanet.com/

新浪网 http://www.sina.com.cn/

新民网 http://news.xinmin.cn/

中国共产党新闻网 http://theory.people.com.cn/

中国经济网 http：//www.ce.cn/
中国新闻网 http：//www.chinanews.com/
中国网 http：//www.china.com.cn/
中国网络电视台 http：//www.cntv.cn/
中国文化交流网 http：//www.whjlw.com/
中国文化网 http：//www.chinaculture.org/
中央政府门户网站 http：//www.gov.cn/

撰写人员名单

绪　论
　　卜伟才
第一章
　　第一节　汤　黎
　　第二节　刘　聪
　　第三节　张　燕
第二章
　　第一节　闫　涛
　　第二节　张　弘
　　第三节　齐　莉
第三章
　　第一节　汪佳音
　　第二节　汪佳音
　　第三节　于　旋
第四章
　　第一节　刘焕兴
　　第二节　邱天姝
　　第三节　韩春苗
　　第四节　卜伟才
第五章
　　第一节　华春玫
　　第二节　陈家蒂
　　第三节　陈家蒂
第六章
　　第一节　李　洁

第二节　张　平
　　第三节　张　平

第七章
　　第一节　华春玫
　　第二节　刘焕兴
　　第三节　李　洁

第八章
　　第一节　秘小胜
　　第二节　卜伟才
　　第三节　卜伟才

后　记

　　本书是对中国广播电视"走出去"战略进行的第一次全面深入的探索和研究，对十多年来我国广播电视"走出去"的战略部署、理论思索、实践体会，进行了系统梳理和理论升华。

　　本书在撰写过程中，参阅了学术界、业界观点和国内外相关的研究资料，附载在参考资料和注释中，这些较成熟和前沿的研究，开阔了我们的视野，启发了我们的思维，在此，一并向作者表示感谢。由于当今时代信息高度发达，媒体发展瞬息万变，加之时间仓促，写作与认识水平有限，本书在观点、材料使用方面可能有疏漏之处，敬请各位专家、同仁及广大读者批评指正。

　　本书出版得到国际台财经办大力支持，谨致谢意！

图书在版编目（CIP）数据

中国广播电视"走出去"战略研究 / 臧具林，卜伟才主编.
北京：中国国际广播出版社，2014.6
ISBN 978-7-5078-3589-2

Ⅰ.①中… Ⅱ.①臧…②卜… Ⅲ.①广播工作－研究－中国②电视工作－研究－中国 Ⅳ.①G229.2

中国版本图书馆CIP数据核字（2014）第105166号

中国广播电视"走出去"战略研究

主　　编	臧具林　卜伟才
责任编辑	赵　芳　郭　广
版式设计	国广设计室
责任校对	徐秀英
出版发行	中国国际广播出版社（83139469　83139489[传真]）
社　　址	北京复兴门外大街2号（国家广电总局内）
	邮编：100866
网　　址	www.chirp.com.cn
经　　销	新华书店
印　　刷	环球印刷（北京）有限公司
开　　本	710×1000　1/16
字　　数	350千字
印　　张	20
版　　次	2014年6月 北京第一版
印　　次	2014年6月　第一次印刷
书　　号	ISBN 978-7-5078-3589-2 / G・1403
定　　价	58.00元

欢迎关注本社新浪官方微博
官方网站 www.chirp.cn

版权所有
盗版必究